KB056421

한일국교정상화 교섭의 정치사

한일국교정상화 교섭의 정치사

초판 1쇄 발행　2024년 7월 25일

지은이 | 김은정
펴낸이 | 윤관백
펴낸곳 | 선인

등　록 | 제5-77호(1998.11.4)
주　소 | 서울시 양천구 남부순환로 48길 1, 1층
전　화 | 02) 718-6252 / 6257
팩　스 | 02) 718-6253
E-mail | suninbook@naver.com

정가　43,000원

ISBN　979-11-6068-904-4　93340

한일국교정상화 교섭의 정치사

김은정

본서는 일본 산토리문화재단(サントリー文化財団)의 2022년도 해외출판조성기금에 채용되어 한국에서 번역출판할 기회를 얻었다. 이 기금을 제공해 준 산토리재단에 감사를 전한다.

This book's translation and publication in Korea was made possible through the Suntory Foundation's Support for Overseas Publication program for 2022. Thank you for your funding from the Suntory Foundation.

本書はサントリー文化財団の2022年度海外出版助成を受けたものです。良い機会を提供してくださった財団に感謝いたします。

책을 펴내며

2000년대 이후 한류붐 등으로 한일 양국의 민간 교류는 급증했지만, 최근 10여 년간 역사 문제로 인한 한일 간 대립과 갈등은 해방 후 가장 최악의 상태로 치달았다. 대학원 박사 과정에서 본격적으로 한일회담에 관한 연구를 시작할 즈음인 2012년 8월 10일, 당시 이명박 대통령이 전격적으로 독도를 방문하면서 한일 관계는 급속히 냉각되었다. 해방 전 일본 오사카에서 태어났고 일본에 대한 좋은 추억을 스스럼없이 말하던 이 대통령을 친일파라고 칭송하며 크게 기대했던 일본은 이 대통령의 독도 상륙에 대해 '뒤통수를 얻어맞은 듯한' 충격을 받은 듯, 격한 논조를 쏟아냈다. 일본은 국내 정치로 궁지에 몰린 이명박 대통령이 국민들의 관심을 밖으로 돌리기 위해 독도 상륙을 감행했다고 분석하면서도, 한국 내에서 '반일 감정'에 국내 이슈가 덮이는 광경에 당황스러운 기색이 역력했다.

박근혜 정권에 대한 일본의 기대도 남달랐다. 한일국교정상화를 성사시키고 일본과의 관계가 양호했던 박정희 전 대통령의 딸에 대한 기대였다. 그러나 박근혜 정권에서도 한일 관계는 크게 개선되지 못했다. 박 대통령은 2015년 12월 28일 아베 정권과 '위안부 문제에 관한 합의'에 전격적으로 합의하며 역사 문제 해소에 나섰지만 국내의 거센 비판에 직면했다. 이후 한국과 일본의 정계와 매스컴은 국내에서 '반일'과 '혐한'을 조장하며 정부 차원의 한일 관계는 지속적으로 위축되고 악화되었다. 인터넷상에서 양국 국민들 간의 감정 대립도 격해졌다. 국내의 반일 감정을 의식했는지, 박 대통령은 아베 총리와 노골적으로 대립각을 세우기도 했다.

문재인 정권은 박근혜 정권과 아베 정권 사이의 위안부 합의에 뒷거래가 있다고 비판하는 시민 단체들에 떠밀려 이 합의의 무효화를 시사했다. 이후 위안부 합의의 파기와 재교섭을 둘러싼 한일 간 갈등이 첨예화되었고, 2018년 11월 한국 대법원에서 징용공 출신 할아버지들에 대한 일본 전범 기업의 배상을 명한 판결까지 나오자 한일 관계는 악화의 일로를 걸었다. 윤석열 정부가 들어서면서 한일 관계가 호전된 듯이 보이지만, 한일 간 역사 인식의 차이는 여전히 크며 이 문제가 언제 또다시 한일 관계를 악화시킬지 모른다.

사실, 한일 관계는 역사 문제를 제외하면 모든 분야에서 매우 안정적이다. 안보면에서 한국과 일본이 전쟁을 할 가능성은 매우 희박하다. 동북아시아는 물론 동남아시아와 서남아시아를 포함한 아시아 전체에서 한국과 일본만이 성숙한 민주주의와 선진화된 자유 시장 경제를 성공시키며 선진국 대열에 들어가 있다. 한국의 경제 성장으로 경제면에서 한국은 일본의 라이벌이 되었지만 선의의 경쟁을 펼칠 수 있는 성숙한 관계이다. 민간을 중심으로 한 대부분의 교류도 돈독하다. 한국과 일본은 문화적으로도 매우 가깝고, 임진왜란에 대한 기억을 제외하면 역사적으로도 친근감이 강하다. 일본에 오래 살면서 개인적으로 느낀 것이지만, 일본인만큼 한국인과 성격과 기질이 잘 맞는 민족이 있을까 싶을 정도로 양국 국민의 '궁합'은 정말 좋다.

하지만 한국인과 일본인들 사이에서는 일제강점기에 대한 역사 인식 및 위안부 문제와 징용공 문제에 대한 인식이 사뭇 다르다. 과거사 문제를 둘러싼 대립 때문에 서로를 미워하고 원망하는 감정적

소모가 큰 것은 사실이다. 현재의 한일 간 갈등의 기원은 일제강점기에 대한 양국의 역사 인식의 차이에 있다. 또한 일제강점기 때 일제 권력에 피해를 입은 피해자들에 대한 보상과 사죄가 여전히 해결되지 못하면서 과거사에 관한 한일 간 대립은 평행선을 달리고 있다. 이 문제를 해결했어야 할 한일국교정상화 교섭에서 끝내 이 문제가 해결되지 못한 채 1965년 한일협정은 불완전한 상태로 체결되었다. 특히, 청구권협정은 현재 진행 중인 위안부 문제와 징용공 문제에 관한 한일 간 갈등의 씨앗으로 지적받고 있다.

박사 과정에서 청구권 문제에 관한 연구와 논문을 집필할 때, 필자의 연구에 대한 지인들의 격려의 초점도 달랐다. 일본인 지인 대부분은 "미래 지향적인 한일 관계를 위해 가교 역할을 해달라"면서 응원했다. 한국인 지인 대부분은 "역사적 가해자인 일본의 죄를 낱낱이 밝혀달라"라고 했다. 본서가 쌍방의 요구를 완벽하게 만족시키기는 어려울 것이다. 하지만 해방 후 일본의 대한(対韓) 외교의 본질을 규명하면서 한국과 일본 어느 한쪽에도 치우치지 않는 가치중립적 분석을 위해 노력했다는 것은 자신 있게 말할 수 있다. 쌍방으로부터 칭찬을 받는다면 더할 나위 없겠지만 혹시라도 쌍방으로부터 비난을 받을 수도 있겠다는 각오를 하면서, 한국의 집단 지성에게 본서와 필자의 연구를 객관적이고 냉정하게 평가받아 보자는 용기와 결심이 생겼다. 본서가 해방 후 한일 관계를 심도있게 해명하고 한일 간 갈등의 본질을 냉정하게 고찰하는 데 조금이나마 도움이 되기를 바란다.

필자는 2015년 1월 일본 고베대학교 대학원 법학연구과에 정치학 박사학위논문으로 「戦後日本の韓国外交—日韓国交正常化交渉の再検討—」을 제출하였다. 이후 일본 문부성의 출판조성기금인 '研究成果公

開促進費'를 획득하면서, 박사논문을 더욱 심화시켜 큰 폭으로 가필하여 2018년 2월에 일본의 千蔵書房 출판사에서 『日韓国交正常化交渉の政治史』를 출판하였다. 같은 해 10월, 일본 마이니치 신문사(毎日新聞社) 산하인 '사단법인 아시아조사회((社) アジア調査会)'가 수여하는 학술상인 '제30회 아시아태평양상 특별상(第30回 アジア太平洋賞·特別賞)'을 수상하였고, 이듬해 5월에는 일본의 현대한국조선학회(現代韓国朝鮮学会)에서 수여하는 '2018年度 現代韓国朝鮮学会賞(小此木賞)'을 수상하였다. 2022년 4월에 일본 산토리문화재단(サントリー文化財団)의 해외출판조성 기금에 채용되어 한국에서 번역출판할 기회를 얻었다.

이 과정에서 많은 분들의 도움을 받았다. 일일이 열거할 수 없어 은사님들만 소개하겠다. 먼저, 대학원 은사이자 논문 지도교수님이신 오니시 유타카(大西裕) 교수님(현재, 고베대학교 법학연구과 교수)이다. 교수님은 석사 과정 입학 후 첫 연구 테마 발표 때 반일 감정으로 똘똘 뭉친 나의 발표를 듣고 유쾌하게 웃으시며, "자네가 어떤 연구를 하든, 일본을 비판하든 상관없다. 다른 사람들이 자네의 연구에 납득할 수 있도록 설득하기만 하면 된다. 다만 감상적인 접근은 연구자에게 도움이 되지 않는다. 냉정하고 냉철한 연구자가 되었으면 좋겠다"라고 말씀하셨다. 한국인으로서 일본의 역사 인식에 대해 당연히 화를 낼 수는 있지만, 연구자로서의 자세로는 조금 부끄럽다는 생각이 들었다. 박사 과정에 진학했을 때 그해 오리엔테이션을 담당하셨던 오니시 교수님은, 이제부터 우리들을 자신과 같은 평등한 한 명의 연구자로 대우하겠다고 말씀하셨다. 그리고, "수도원에 들어왔다는 각오로 박사 과정에 임해야 한다"라고 하시면서, 연구자 생활이 쉽지 않다고 말씀하셨던 기억이 생생하다.

오시니 교수님은 한국의 정치와 경제 그리고 일본의 국내 정치를 비교정치학과 행정학 측면에서 연구를 하시기 때문에, 일본 외교사 분야인 나의 연구와는 연구 방법이 완전히 다르다. 그래서 연구적인 면에서 상세한 지도보다는 큰 틀을 위주로 지도해 주셨다. 학교 내에서는 나의 연구에 필요한 모든 지원을 적극적으로 밀어주셨고, 학교 밖에서는 나에게 좋은 인맥을 만들어 주시기 위해 도움을 주셨다. 박사 과정 1년 차이던 2011년 11월, 교수님과 같이 가입하고 있는 현대한국조선학회에 참가했다. 나는 주로 대학원생들과 대화를 하면서, 한일 관계 분야에서 유명한 교수님들이 계셔도 쭈뼛쭈뼛하며 먼저 다가가서 선뜻 인사를 드리지 못하고 있었다. 그런데 오니시 교수님이 나와 같은 분야의 교수님 몇 분을 찾아가서 "제가 청구권 문제는 잘 모릅니다. 김상을 많이 가르쳐 주십시오. 잘 부탁합니다"라고 말씀하시면서 깊이 인사를 하셨다. 오니시 교수님은 원래 수줍음이 많고 내성적인 성격인데, 제자가 없는 곳에서 제자를 위해 고개를 숙이시는 지도교수님의 모습을 멀리서 보고 꽤 감동을 받았다. 그때의 감사함을 지금도 잊을 수 없다.

나의 연구에 가장 많은 영향을 주고 연구적으로 절대적인 도움을 준 분은 대학원 선배이자 같은 전공 분야인 이노우에 마사야(井上正也) 교수님(현재, 게이오대학교 법학연구과 교수)이다. 오니시 교수님이 부모님 같은 관심과 연구를 잘할 수 있는 환경을 지원해 주셨다면, 이노우에 교수님은 나의 연구의 첫발 떼기부터 직접 사사해 주셨다. 선행 연구에 대한 접근과 분석, 공문서 등 1차 사료의 조사 및 수집 방법, 학회 발표 요령, 첫 학술논문 게재 준비, 박사논문 심사, 출판 서적의 감수 등 절대적으로 도움을 주신 분이다. 열심히 하는 후배들과 학생들에게 대가 없이 도움을 주시고 오사카 사람 특유의 정많은 젊은 교수님을 따르지 않는 후배들이 없을 정도이다. 대신, 본인 자신이 일본 외교사 분야에서 큰 학자로 성장한 만큼 후배 연구자들에 대한 기대의 수준도 높다. 연구지도 만큼은 냉정하고 냉철하고 직설적이어서, 이노우에 교수님의 평가 기준에 맞추기 위해서라도 열심히 했다.

학부 시절 지도교수님이신 나가이 후미오(永井史男) 교수님(현재, 오사카공립대학교 법학연구과 교수)께도 항상 감사드린다. 학부 2학년 때부터 교수님의 수업을 수강하면서 교수님이 주관하는 국제 정치학 독서회에 참가하였고 3, 4학년 때에는 전공(국제 정치학) 지도교수님이셨다. 대학원 진학을 고민할 때, 교수님은 오랜 시간 상담과 대화를 거듭하면서 나에게 맞는 학교 몇 곳과 지도교수님이 될 가능성이 있는 교수님을 소개해 주셨고, 대학원 시험을 위해 봐야 할 교재들을 알려주셨다. 잘 모른다고 하면 언제든지 가르쳐 주셨다. 오랜 유학 생활을 하는 동안 가끔씩 학교 생활과 관계없는 문제나 고민에 직면했는데, 유학 초창기 시절부터 편하게 대했던 교수님이라 그런지 곤란한 일이 생기면 거의 나가이 교수님에게 상담하게 된다. 교수님도 항상 문제 해결을 위해 같이 고민해 주시고 좋은 방향으로 해결되도록 유도해 주신다. 대학원 은사이신 오니시 교수님과는 교토대학교와 동 대학원을 같이 다닌 친구 사이라서 자연스레 나에 대한 소식은 두 교수님이 공유하시는 것 같은데, 왠지 든든하다.

한국 학계에는 별로 인맥이 없는데, 거의 유일하게 도움을 주고 계신 이원덕 국민대학교 일본학과 교수님께 각별하게 감사 말씀드린다. 이원덕 교수님은 원래 오니시 교수님과 막역하게 알던 사이라 박사과정 때 오니시 교수님의 소개로 처음 인사하게 되었지만, 나와 같은 청구권 문제를 연구하시기 때문에 학회나 심포지엄에서 자연스럽게 자주 뵙게 되었다. 박사학위 취득 후에는 공동 연구나 공동 집필에 참가시켜 주시면서 나에게 좋은 기회를 여러 번 제공해 주셨다. 이번 번역출판을 독려하시며 선인출판사를 소개해 주시는 등 여전히 고마우신 선생님이다.

본서의 출판을 맡아서 늦어지는 원고를 인내심 있게 기다려 주시고 무사히 출판해 주신 도서출판 선인의 윤관백 대표님과 편집부 여러분께 너무 감사드린다.

2003년 3월 말에 일본에 유학을 와서 일본어 학교, 대학(학부), 대학원을 거쳐 여기까지 왔다. 새로운 유학생들이 나의 유학 경험에 대해서 많이 물어보는데, 특히 긴 유학 생활 동안 유학 비용을 어떻게 마련했는지에 대한 현실적인 질문이 많다. 나는 매우 운이 좋게도 일본어 학교 때부터 대학원 졸업 때까지, 장학금의 액수는 매년 달랐지만 장학금을 한 번도 놓치지 않았고 부모님의 지원 한 푼 없이 공부를 마쳤다. 학부와 대학원 때에는 장학금 외에도 성적 우수자로 매년 학비를 거의 전액 면제받았다. 대학원에 진학해서는 학비 면제와 장학금 외에도 각종 연구비를 획득하면서, 아르바이트나 한국에서의 지원 없이 연구를 무사히 마쳤다. 모든 연구가 다 사정이 있겠지만, 외교사 연구는 공문서의 조사와 수집이 필수적이며 이를 위해 드는 시간과 비용이 만만치 않다. 연구비 덕분에 도쿄, 서울, 미국에서의 공문서 수집 및 그 외의 연구 비용을 걱정하지 않고 충당했다. 그동안 취득한 장학금에 관해서는 일일이 열거하기가 어렵지만, 일본 대학원에서 연구자의 길을 걷고 싶어 하는 예비 연구자들을 위해 내가 받았던 연구비 목록을 소개하겠다. 단, 본서의 기반이 된 박사 과정의 연구와 출판에 관련된 연구비만 소개하겠다.

- 神戸大学凌霜賞 海外派遣事業 (2011年度)
- (公)神戸大学六甲台後援会 海外研究支援助成 (2010-2014年度)
- (公)小林節太郎記念基金 [富士ゼロックス] 在日外国人留学生研究助成 (2013-2014年度)
- (公) 松下幸之助記念財団 研究助成 (2015年度)
- 日本学術振興会科学研究費補助金 研究成果公開促進費 (2017年度)
- サントリー文化財団 2022年海外出版助成

끝으로, 내 인생에서 아주 소중한 엄마, 돌아가신 아빠, 3명의 동생에게 감사를 전한다. 부모님은 자식을 멀리 보내기 싫어서 나의 일본 유학을 반대하셨는데, 아빠는 밖에서는 내 이야기를 많이 하셨다고 한다. 지금의 나의 모습을 가장 기뻐할 분은 아빠이시지만, 아빠는 내가 대학원에 진학하기 전에 돌아가셨다. 엄마는 내가 대학원에 진학한다고 하자 많이 낙담하셨다. 왜 가시밭길을 가느냐며, 한국으로 돌아와 평범하게 결혼해서 살기를 바라셨다. 박사학위를 받았을 때에도, 동생들과 친구들은 축하해 주었는데 엄마는 별로 기뻐하지 않으시고 언제 한국으로 돌아오느냐고만 물었다. '다른 집들은 딸이 박사가 되고 대학 교수가 되면 온 동네 자랑한다는데 그깟 결혼이 뭐라고 불효자 취급을 하다니, 우리 엄마는 너무 촌스럽다' 싶어 많이 서운했었다. 2017년 일본에서 출판 준비를 하면서 명절과 연휴 때 한국에 가지 못했는데, 명절이 지나 막냇동생한테 전화가 왔다. 평범한 안부 이야기 끝에, 동생이 "엄마가 친적들한테 언니 자랑 엄청 하더라"라고 말했다. 너무 기뻐서 작은 내 방이 울리도록 크게 웃었다.

지금까지 나를 있게 해 주신 모든 분들께 감사드린다.

2024년 그다지 덥지 않았던 초여름에

김 은 정

일러두기

1. 1차 사료 및 참고문헌은 공개, 출판된 나라의 언어로 표기한다.
2. 한국인 저자이지만 외국에서 해당 언어로 출판된 저서는 위의 원칙을 따른다.
3. 외국인의 이름은 처음 등장 시에만 '한글 표기(원어 풀네임)'의 형식으로 기재하고, 두 번째부터는 한글로만 표기한다. 또한, 한국인의 이름은 성을 포함하여 표기하지만, 외국인의 이름은 해당 국가의 관례 또는 한국에서의 통칭에 맞춰 표기한다.
4. 본문에 등장하는 외국의 문헌 제목이나 조직 이름 등은 처음 등장 시에만 '한글 표기(원문 표기)'의 형식으로 표기하며, 이후 한국어로만 표기한다.
5. 한국외교문서에는 단기(檀紀) 표기가 종종 있으며, 일본외무성문서에는 원호(元号, '和暦'이라고 함) 표기가 매우 많은데, 날짜 표기는 모두 서기로 통일한다.

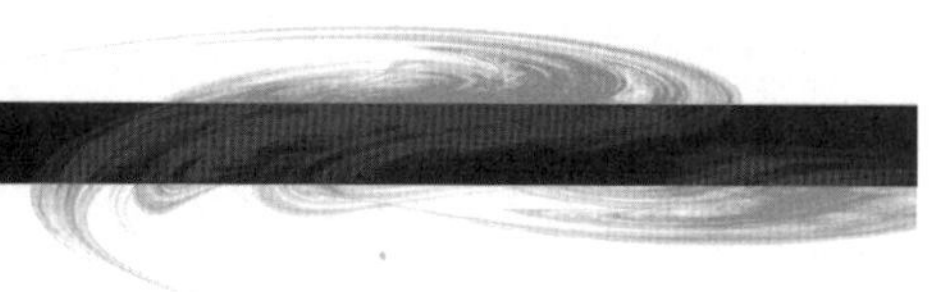

차 례

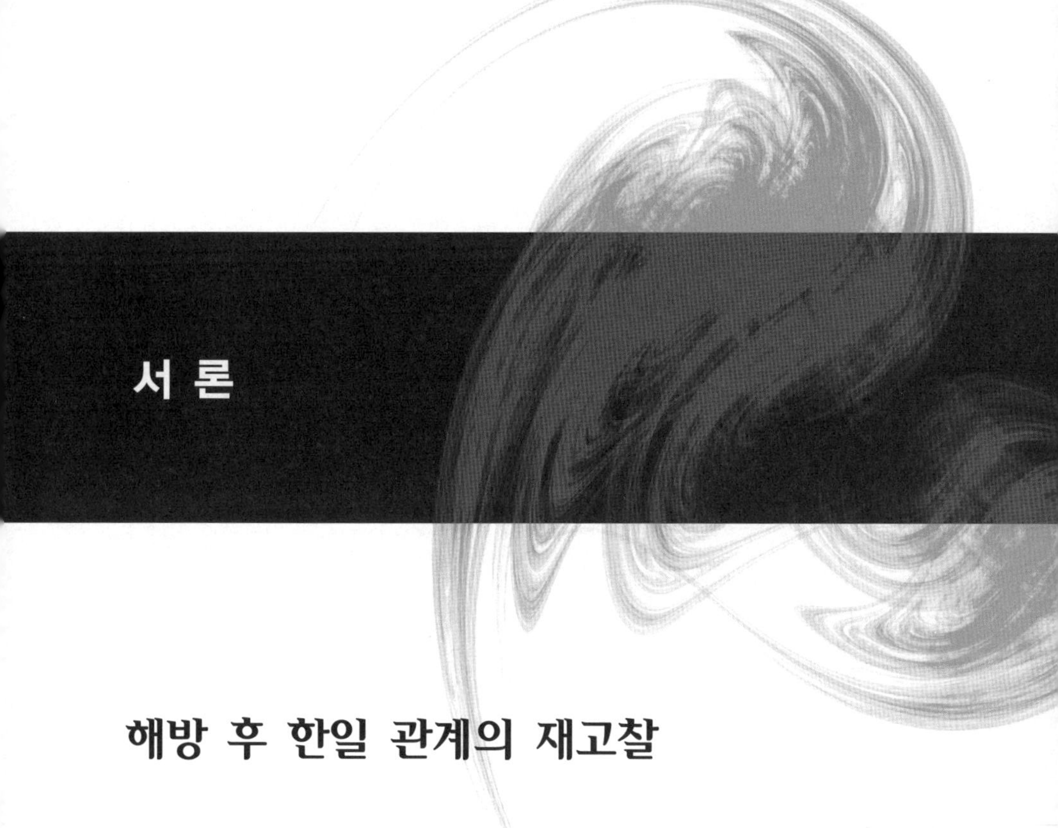

서 론

해방 후 한일 관계의 재고찰

서 론

해방 후 한일 관계의 재고찰

1. 한일 청구권 교섭의 의미

한국과 일본은 1965년 국교 정상화 이후 정치, 경제, 문화 등 거의 모든 분야에 걸쳐 협력 관계를 확대하여 왔다. 그러나 한편으로는 일제강점기에 대한 양국 간의 서로 다른 역사 인식으로 인해 파생된 논쟁과 대립이 현재에도 지속되고 있다. 이러한 논쟁의 불씨를 해결하지 못한 채 1965년에 체결된 한일협정은 한국 내에서 비판의 대상이 되고 있다.

한일협정은 한일국교정상화 교섭(이하, 한일회담)[1] 결과 한일 간에 체결된 일련의 조약들이다. 청구권협정(정식 명칭은, 대한민국과 일본국 간의 청구권 해결 및 경제 협력에 관한 협정)도 한일협정 중 하나이다. 한일회담은 1951년 10월에 예비 회담이 시작되어 1965년 6월에 최종 타결될 때까지 약 14년이 걸린 난교섭이었다. 한일회담에서 한일 양국의 대립이 가장 격렬했던 곳은 청구권 교섭이었다. 청구권 교

[1] 한일국교정상화 교섭은 '한일회담' 또는 '한일교섭'으로 약칭되는 경우가 많다. 본서는 직접 인용한 경우나 문맥상 필요한 경우 이외에는 '한일회담'으로 약칭한다.

섭은 한일회담 그 자체의 성공 여부를 결정짓는 중요한 열쇠였다고 해도 과언이 아니었다.

한국에게 청구권 교섭이 중요했던 이유는 일제강점기와 관련된 여러 문제들을 외교적으로 해결할 수 있는 공식적인 기회였기 때문이었다. 일본에게는 과거의 제국주의와 식민지 통치에 관한 자신들의 역사를 부정하지 않기 위해 반드시 거쳐야 할 중요한 관문이 청구권 교섭이었다. 일본은 과거 청산에 기반을 둔 한국의 대일 청구를 과거사 문제와 관련 없는 방식으로 지불하고, 전후 재정의 부담을 줄이기 위해 한국이 요구하는 대일 청구액을 최대한 감액시켜야 했다.

하지만 한국과 일본은 청구권 교섭에서 일제강점기에 관한 역사 인식의 차이를 극명하게 드러내며 한일회담을 오랫동안 타결시키지 못하고 있었다. 잘 알려져 있듯, 청구권 교섭은 최종적으로 과거 청산을 의미하는 청구권 명목이 아닌, 경제 협력 방식에 의해서 타결되었다. 그 결과 일제강점기에 대한 한국의 배상 청구권뿐만 아니라 식민지 지배로 인해 발생한 한국인 피해자들에 대한 개인 청구권까지도 봉인되어 버렸다.

본서는 한일 청구권 문제가 경제 협력 방식으로 타결되는 과정을 재검토한다. 일본 정부 내의 정치 과정에 초점을 맞추는 독창적인 분석의 틀로, 한일회담에 관한 방대한 1차 사료(史料)를 면밀히 분석하여, 기존 연구에서 불투명했던 경제 협력 방식의 정책적 기원과 정책 형성 과정을 실증적으로 해명하는 것이 본서의 큰 특징이다. 한일회담 결과 체결된 청구권협정 및 한일 간 역사 인식에 대해 새로운 고찰의 시점을 제공하고 싶은 것이 본서의 목적이다.

2. 선행 연구의 동향

한일회담에 관해서는 한일 관계사,[2] 한국 현대사,[3] 일본 외교사[4] 등의 분야에서 많이 연구되어 왔다. 본서는 일본 외교사 연구에 속한다. 한일회담에 관한 선행 연구들은 주로, 일제강점기를 정당화하고 과거사에 대한 반성이 없는 일본의 역사 인식에 대한 비판적 시각에서 한일회담의 과정을 통사적으로 해명하고 있다. 현재까지도 한일 갈등의 불씨가 되어있는, 청구권 문제가 경제 협력 방식으로 타결된 배경에 대해선, '일본에 편향적인'[5] 미국의 개입이나 박정희 정권의 친일적인 대일 인식을 강조하는 경향이 크다. 또한 대부분의 선행 연구들은 대체적으로 다음의 세 가지 역사관을 기조로 청구권 교섭 과정을 분석했다.

첫 번째는 '단절 사관(史觀)'이다. 한일회담 청구권 교섭의 과정을 '1950년대의 교섭 정체기'와 '1960년대의 교섭 진전'이라는 대조적 구조의 틀로 나누고 이 두 시기 간 교섭의 단절성을 부각하며, 1960년대

---

2) 高崎宗司, 『検証日韓会談』(岩波新書, 1996); 山本剛士, 『日韓関係』(教育社, 1978); 吉澤文寿, 『戦後日韓関係—国交正常化交渉をめぐって [新装新版]』(クレイン, 2015); 李庭植, 『戦後日韓関係史』(中央公論社, 1989).

3) 太田修, 『日韓交渉－請求権問題の研究 [新装新版]』(クレイン, 2015); 木宮正史, 「韓国における内包的工業化戦略の挫折」, 『法学志林』 91巻3号(1994), pp.1~78; 木宮正史, 「1960年代韓国における冷戦と経済開発」, 『法学志林』 92巻4号(1995), pp.1~116; 박진희, 『한일회담』(선인, 2008); 장박진, 『식민지 관계 청산은 왜 이루어질 수 없었는가: 한일회담이라는 역설』(논형, 2009); 장박진, 『미완의 청산』(역사공간, 2014).

4) 이원덕, 『한일 과거사 처리의 원점—일본의 전후처리 외교와 한일회담—』(서울대학교출판부, 1996).

5) 선행 연구 대부분은 한일회담에 관한 미국의 개입을 '일본에 편향적'이라고 분석하면서도 당시의 국제 정치 상황에서 이렇게 귀결될 수밖에 없었다는 점도 지적하고 있다.

박정희 정권에서 청구권 교섭 및 한일회담이 극적으로 타결되었음을 강조해 왔다. 1950년대 한일회담에 관한 선행 연구의 공백은 크지만, 이 시기 한일 양국이 청구권 문제를 두고 격렬하게 대립하며 청구권 교섭 및 한일회담 자체가 실질적으로 진전하지 못한 것은 사실이다.

한일회담 후반기에 해당하는 1960년대에 들어서자 청구권 교섭은 급속히 진전되었다. 1962년 11월에 일본 이케다 하야토(池田勇人) 내각의 외무대신(이하, 외상(外相))인 오히라 마사요시(大平正芳)와 박정희 정권의 이인자로 불린 김종필 중앙정보부(KCIA) 부장의 주도로, 청구권 문제를 총액 6억 달러의 경제 협력 방식으로 해결하자는 데에 전격적인 합의가 이루어졌다. 이것이 이른바 '김－오히라 합의'이다. 이 합의에 의해서 청구권 교섭이 어느 정도 일단락되자 한일회담의 다른 의제들에 대해서도 논의가 진전되었고, 1965년 6월에 한일국교정상화 교섭이 최종적으로 타결되면서 한일협정이 체결되었다. 이러한 한일 간의 교섭 경위만을 보면 1950년대와 1960년대의 한일회담 양상은 대조적이며 단절적으로 보인다.[6)]

선행 연구에서 강조하는 두 번째 역사관은 '정치가 결정 사관'이다. 한일회담이 약 14년이라는 긴 세월에 걸쳐 진행되는 동안 중요한 시기마다 등장한 정치인의 정치적 결단이 회담을 다음 단계로 진전시키는데 결정적인 요인이 되었다고 한다. 본문에서 상세히 서술하겠지만, 1957년 일본의 기시 노부스케(岸信介) 총리에 의한 역청구권 주장의 철회 약속, 1962년에 이케다 총리의 반대를 무릅쓰고 김종필과 청구권 문제에 전격적으로 합의한 오히라 일본 외상의 정치적 결단, 박정희

---

6) '단절 사관'은 오타(太田, 앞의 책, 2015), 타카자키(高崎, 앞의 책, 1996), 야마모토(山本, 앞의 책, 1978), 요시자와(吉澤, 앞의 책, 2015), 이원덕(앞의 책, 1996), 이정식(李庭植, 앞의 책, 1989) 등 한일회담 전 기간의 교섭 과정을 통사적으로 논하고 있는 저서들에서 공통적으로 보인다.

대통령과 김종필의 정치적 역량과 강한 추진력 등은 정치가의 강한 의사 결정에 의해 한일회담이 진전된 전형적인 사례로 회자되고 있다. 그러나 이 사관은, 청구권 문제가 한미일 간의 '정치적 야합'으로 타결되었다는 비판과 같은 맥락에 있다.[7)]

'정치가 결정 사관'과 표리일체 하는 것이 세 번째 역사관인 '미국 개입 사관'이다. 한일회담 과정에서 특히 청구권 문제가 경제 협력 방식으로 타결되기까지 미국이 깊이 개입했었다는 것이 정설이다. 당시의 신문 보도와 시대적 상황을 고려하면, 미국이 한일회담에 적극적으로 개입했고 한일 양국 정치가의 의사 결정에 영향을 끼쳤다는 것은 부정할 수 없는 사실이다.

한일회담에 대한 미국의 개입을 실증적으로 분석한 연구는 1990년대 중반 이후에 등장했다. 1990년대 중반, 한국과 일본은 정부 문서에 관한 '30년 보존' 기간이 지났음에도 한일회담에 관한 외교 문서 및 내부 문서 등을 '문서 공개로 인한 국익의 손상'이라는 이유로 여전히 공개하지 않았다. 다행히 이 시기 미국에서 공개된 국무성 관련 공문서(公文書)들 중에 한일 관계 및 한일회담에 관한 문서들이 다수 포함되어 있었다. 이후 미국 국무성의 1차 사료들을 분석하여, 한일 관계가 당시의 국제 정세 및 미국의 대외 정책과 어떻게 연동했는지를 실증적으로 검토한 연구가 발표되기 시작했다. 이 연구들은 한일회담에 대한 미국의 개입과 영향력의 실체를 실증적으로 검토하면서 '미국 개입 사관'을 뒷받침했다. 동시에 미국의 조정자 역할이 기존의 인식만큼 원활하지 않았다는 것도 새롭게 해명했다.[8)] 한일회담에 대한 미국

---

7) 주석 6)과 동일.

8) 李鍾元, 「韓日会談とアメリカ」, 『国際政治』 第105号(1994), pp.163~181; 李鍾元, 『東アジア冷戦と韓米日関係』(東京大学出版会, 1996); ヴィクター D·チャ [著], 船橋洋一·倉田秀也 [訳], 『米日韓反目を超えた提携』(有斐閣, 2003); 빅터차, 「1965년

의 영향력이 어느 정도였든, '미국 개입 사관'은 미국의 외압이나 개입 때문에 독자적인 대외 정책을 관철할 수 없었던 한일 양국의 '외교적 취약성'을 지적하고 있다.

2000년대 중반 이후 한일 양국에서 한일회담과 관련된 정부 문서 즉 공문서가 전면 공개되면서, 한국과 일본의 1차 사료를 기초로 한 연구들이 진행되고 있다. 새로운 문헌의 입수로, 기존에 해명되지 못했던 부분들이 새롭게 밝혀지고 실증적인 검토가 어려웠던 견해들이 재검토되고 수정되는 등, 한일회담에 관한 연구가 본격적인 실증 연구의 단계에 들어서는 큰 전기를 맞이했다. 그리고 기존의 역사관이나 논리가 수정 또는 재검토되기도 했다.

가장 눈에 띄는 것은, 2005년 한국 정부가 전격적으로 공개한 한일회담 관련 문서를 바탕으로 한국의 대일 정책의 본질을 분석한 장박진의 연구이다.[9] 장박진은 일련의 연구를 통해, 한일 간 청구권 교섭 과정에서 보인 한국 정부의 정책적 연속성에 주목하면서 한국의 대일 정책에 내재된 일관된 인식을 실증적으로 해명했다. 기존의 '단절 사관'에서 탈피하여 이른바 '연속 사관'의 시점에서 한일회담을 분석한 것이 특징이다. 사실 이러한 '연속 사관'에 바탕을 둔 분석은 1차 사료의 공개 덕분에 가능해진 것이며, 연구자의 독창적인 분석 기법이라고 보기는 어렵다. 하지만 '연속 사관'에 기반한 한일회담의 재검토는 기존과는 다른 시점에서 한일 관계를 고찰할 수 있는 시사점을 주고 있다.

한일 수교 협정 체결에 대한 현실주의적 고찰」, 『한국과 국제 정치』 Vol.25(1997), pp.263~297.

9) 장박진, 앞의 책(2009); 장박진, 앞의 책(2014); 장박진, 「한일회담에서의 피해보상 교섭의 변화 과정 분석—식민지관계 청산에 대한 '배상', '청구권', '경제협력' 방식의 '연속성'을 중심으로」, 『정신문화연구』 제31권 제1호(2008), pp.209~241.

장박진은 청구권 문제가 과거 청산의 명목이 아닌 경제 협력 방식으로 타결된 배경에 대해 '냉전의 논리'나 '경제의 논리'가 중요하게 작용했다는 선행 연구의 견해를 인정한다. 다만, 청구권 교섭 및 한일회담 타결 과정에서 '역사의 논리'가 배제된 이유를, '냉전의 논리'나 '경제의 논리' 등 외부 요인에만 귀결하고 있는 선행 연구와는 달리, 한국의 내부적 요인이야 말로 중요한 배경이라고 논하고 있다. 즉, 한국은 분단 국가라는 현실과 해방 후 신생 독립국이라는 취약한 국가 기반 때문에 '반공의 논리', '냉전의 논리', '경제의 논리'를 우선시할 수밖에 없었고, 동시에 독자적인 대일 외교가 불가능했다는 점을 지적했다.

한일회담 관련 연구가 풍부한 1차 사료를 바탕으로 일보 전진한 것은 사실이나, 공문서를 토대로 한 실증 연구는 여전히 미흡하다고 말하지 않을 수 없다. 특히, 한일 청구권 문제에 관한 일본 정부 내의 논리나 정책 형성에 관한 실증적 분석은 본서를 제외하고 거의 없는, 미개척 분야에 가깝다. 장박진이 일본 정부 내의 동향에 대해서 일부 언급하기는 하지만, 주로 한국의 대일 정책에 분석의 초점을 맞추고 일본의 대한 교섭 태도는 한국의 주장이나 요구에 맞춰 방어적으로 형성된 수동적인 것으로 서술했다는 인상이 강하다. 이종원도 '김-오히라 합의' 내용의 원천이 되는 정책이 1950년대 말 일본 외무성에서 형성되었다는 점을 언급하지만,[10] 이 정책이 일본 정부 내에서 어떻게 형성되었는지에 대해서는 해명하지 못했다.

---

10) 李鍾元, 「日韓の新公開外交文書に見る日韓会談とアメリカ(二)」, 『立教法学』 77号 (2009), pp.109~140.

3. 문제 제기와 분석의 틀

한일회담에 관한 선행 연구들의 성과는 매우 의미가 있으며, 본서도 앞에서 언급한 선행 연구들의 역사관과 논리를 중요한 토대로 하고 있다. 본서는 이러한 선행 연구의 바탕 위에서, 일본의 대한 교섭·전략은 정치가의 결단이나 미국의 영향력에 의존할 만큼 취약한 것이었나, 일부 정치가들의 정치적 야합과 미국의 개입이 경제 협력 방식의 타결에 결정적인 요인이었나 하는 점에 문제를 제기한다.

이러한 문제 제기는 다음과 같은 가설로 바꾸어 말할 수 있다. 즉, 청구권 문제와 관련해서 일본의 기시 총리나 오히라 외상의 정치적 결단이 내려질 때, 이들의 정치적 판단과 결정을 뒷받침해 주는 정책적 기반이 일본 정부 내에 이미 형성되어 있었던 것은 아니었을까, 한일회담 초기부터 타결 때까지 일본 정부 내에는 일관된 대한 교섭 전략과 대한 정책이 존재하고 있었던 것은 아니었을까 하는 점이다.

거의 대부분의 선행 연구에서는, 일본 정부 내에는 한일 청구권 문제 및 경제 협력에 관한 명확한 교섭 전략이 결여되어 있었다고 논하고 있다. 그러나 메이지유신 이후 정책 형성을 주도하는 매우 뛰어난 관료 집단을 가지고 있는 일본 정부가, 한국과의 외교 또는 한일 간 청구권 문제에 관한 독자적인 정책이나 교섭 전략을 가지고 있지 않았다는 것이 더 의문이다.

본서는 이러한 문제의식에 초점을 맞춰, 1950년대와 1960년대를 관통하는 '연속 사관'과 '한일회담에 관한 일본 정부 내의 정치 과정'이라는 두 개의 분석의 틀에서, 한일 청구권 문제가 경제 협력 방식으로 타결된 과정을 검토한다. 앞서 언급했듯이 '연속 사관'이라는 분석의 틀은 1차 사료의 공개 덕분에 가능해진 것이나, '한일회담에 관한 일본 정부 내의 정치 과정'을 분석의 틀로 하는 것은 본서가 최초이자 거의 유일하다. 이 두 개의 분석의 틀은 매우 유기적이다. 한일 청구권 문제에 관한 일본 정부 내 논의의 연속성을 해명하여, 기존 연구에서 설명과 논리가 부족했던 많은 부분들을 보완하게 될 것이다.

구체적으로는, 경제 협력 방식의 정책적 기원이 1950년대 초기 일본 정부 내에서 형성된 대한 정책에 있음을 밝히고, 이것이 한일회담 최종 타결 때까지 어떻게 관철되고 실현되는지를 통사적으로 해명한다. 한일 청구권 문제가 경제 협력 방식으로 최종 타결할 때까지, 일본의 대한 정책의 표면적인 변화와 함께 그 기저에 있는 정책 논리의 본질과 정책 방향의 연속성을 고찰한다. 그리고 한일 청구권 문제에 관한 정책을 두고 일본 정부 내에서 일어나는 부처 간의 갈등과 대립, 정권 수뇌의 대한 인식(対韓認識) 및 관료 정치와의 연동, 정치가와 관료의 관계성 등을 분석하면서 한일 간 교섭 및 한미일 간의 협의 과정을 포괄적으로 검토한다.

덧붙이자면, 외교사 연구를 포함해서 한일회담에 관한 기존의 연구들은 일본의 대외 정책에 관한 결정 주체로 '일본', '일본 정부', '○○ 정권' 등을 포괄적이고 단일적인 합리적 행위자(actor)로 서술하는 경향이 강하다. 그러나 이 안에는 다양한 행위자가 존재하며 하나의 외교 과제에 대해서도 행위자들 간에 각각의 정책 논리와 정치적 이익이 존재하는 것은 당연하다. 본서는 한일회담과 관련된 일본 측 행위자를, 최고 정책 결정자인 총리 및 집권 여당인 ○○ 정권뿐만 아니라, 외무성과 대장성 등 일본 정부 내의 관련 부처로 분해하여, 한일회담에 관한 일본 정부의 정책 결정 과정을 상세히 해명한다.

이러한 분석 모델은, 쿠바 미사일 위기 때 미국의 대응을 분석한 그레이엄 엘리슨의 정책 결정 과정 모델 중, 정부 조직을 행위자로 하는

'조직 행동 모델'에 가까워 보인다. 조직을 세분화하고 관료들 간의 협상을 통해 대한 정책이 결정되는 과정도 해명하고 있는 점에서 엘리슨의 '정부 내 정치 모델'과도 가깝다.[11] 한일회담과 관련된 기존 연구에서 시도하지 않았던 이러한 분석의 틀은, 경제 협력 방식의 입안자와 결정자가 누구였는지를 구체적으로 파악하고 또한 현재의 한일 관계에 의미 있는 시사점을 제공하는 데 매우 유효하다고 생각한다.

4. 본서의 구성

본서는 총 6장의 본문으로 구성되어 있으며, 앞서 서술한 두 개의 분석의 틀로 한일회담 청구권 교섭 과정을 시계열에 따라 재검토했다.

제1장부터 제3장까지는 한일회담이 거의 진전되지 않았던 1950년대를 서술하고 있다. 최근 공개된 일본외무성문서를 면밀히 분석하여, 1950년대 한일 간의 교섭이 정체되는 가운데 일본 정부 내에서는 어떠한 동향이 있었는지를 해명했다. 그리고 1차 사료의 철저한 분석을 통해 기존에 밝혀지지 않았던 사실들을 새롭게 발굴했다. 1950년대 일본 정부의 내부 동향에 관한 실증적 분석과 해명은 본서의 독창적인 성과라고 할 수 있다.

제1장에서는, 한일회담이 시작되기 이전 일본 정부 내에서 한일 청구권 문제에 관한 법적 논리가 형성되는 과정을 해명했다. 제2장에서

---

11) 필자는 일본어판인 グレアム·アリソン, フィリップ·ゼリコウ [著], 漆嶋稔 [訳], 『決定の本質: キューバ·ミサイル危機の分析 第二版』 I·II(日経BPクラシックス, 2016)을 참조했으나, 한국어판으로도 출판이 되어 있다. 그레이엄 엘리슨, 필립 젤리코 『결정의 본질』(모던아카이브, 2018).

는, 초기 한일회담 시기인 1952년 2월부터 1953년 10월까지를 분석 대상으로 하여, 청구권 문제를 두고 일본 정부 내 각 부처 간의 인식과 이해가 충돌하는 양상, 이런 상황에서 일본 외무성이 한일 청구권 문제에 관한 구체적인 정책안을 형성해 가는 과정을 해명했다. 제3장에서는, 한일회담의 긴 중단기였던 1953년 10월부터 1957년 12월까지 일본 정부의 내부 동향을 분석 대상으로 하여, 한일 청구권 문제에 관한 일본 정부의 정책적 변화 또는 기존 정책과의 연속성을 해명하고 그 의미를 분석했다.

제4장부터 제6장까지는 한일회담이 타결로 향하는 1950년대 후반부터 1960년대까지의 한일회담 시기에 대한 분석이다. 1960년대 한일회담에 관한 선행 연구는 많이 존재하지만, 본서는 독창적인 시점과 방대한 1차 사료의 면밀한 분석을 바탕으로 이 시기의 한일회담 과정을 재검토하고 일본 정부 내의 정치 과정을 해명했다. 그리고 이 시기 일본 정부 내의 논의가 1950년대 초기의 대한 교섭 전략 및 대한 정책의 연장선상에 있다는 것을 밝혔다.

제4장에서는, 제4차 한일회담과 제5차 한일회담이 정체되는 상황에서, 일본 정부 내에서 외무성의 초기 대한 정책안이 변용 또는 연속성을 가지면서 일본 정부의 대한 정책안으로 자리 잡아가는 과정을 해명했다. 제5장과 제6장에서는, 청구권 문제를 경제 협력 방식으로 해결한다는 전제하에 진행된 제6차, 제7차 한일회담의 과정을 1차 사료를 통하여 재검토했다. 경제 협력 방식에 관한 한일 간 갈등, 일본 정부 내의 정책 결정 과정, 미국의 개입 등을 유기적으로 분석하면서 청구권 문제 및 한일회담이 최종 타결되는 과정을 재구성했다.

한편, 본서는 '일본 정치 외교사'의 시점에서 서술하고 있다. 따라서 각 장과 각 절은 일본의 정권 교체 시기나 일본 정부의 대한 정책 및 대한 교섭 전략의 변화 시점에 맞춰 구성되어 있다.

5. 한일회담 관련 공문서

본서에서 사용한 공문서에 대해 정리한다. 문헌을 중심으로 한 외교사 연구의 가장 큰 과제는 1차 사료의 발굴과 확보를 통한 실증적 검증, 사료들에 대한 객관적이고 중립적인 해석(解析)이라고 할 수 있다. 1차 사료에는 당시의 신문 자료도 포함되나, 한일회담에 관한 한일 양국의 1차 사료 중 가장 중요하고 절대적인 영향을 갖는 것이 정부가 작성한 공문서이다.

한일 양국에서 한일회담에 관한 정부 문서가 본격적으로 공개된 것은 2000년대 이후이다.[12] 우선 2005년에 한국의 노무현 정부는 한일회담과 관련된 한국외교부의[13] 문서를 전격적으로 전면 공개했다. 이 문서는 1951년 예비 회담부터 1965년 제7차 한일회담을 거쳐 한일협정이 체결될 때까지의 전 기간을 포함하고 있으며, 총 156점, 약 3만 5,354페이지에 이르는 방대한 양이다. 한국외교문서는 서울 시내에 있는 외교사료관 및 국회도서관에서 일반 공개되어 수집이 가능하며,

---

12) 한국 정부와 일본 정부가 한일회담에 관한 공문서를 공개하게 된 경위 및 이와 관련된 기사에 대해서는 李鍾元, 「日韓の新公開外交文書に見る日韓会談とアメリカ(一)」, 『立教法学』 76号(2009), pp.1~7에서 상세하게 설명하고 있다. 한국외교문서의 공개 과정에 대해 정리한 한국어 문헌은 김창록, 「『한일 청구권협정』 관련 문서 공개의 의미」, 『역사비평』 70호(2005), pp.22~38을 참조.

13) 한국 외교부는 1948년 7월부터 오랫동안 '외무부'라는 호칭을 사용하였고, 1998년 2월에 '외교통상부'로 개칭되었다. 이후 2013년 3월부터 '외교부'로 개칭되어 현재까지 사용되고 있다. 본서에서는 한일회담 당시의 명칭인 '외무부'를 사용하고 있다. 한편, 한국외교문서가 전면 공개된 노무현 정부에서는 '외교통상부'였다.

동아일보 웹사이트에서도 전문이 게재되어 있고 다운로드가 가능하다.

일본외무성문서의 공개는 한국 측의 움직임에 자극을 받은 일본 시민 단체의 개시 청구(開示請求) 소송 결과 실현되었다. 요시자와 후미토시(吉澤文寿), 오타 오사무(太田修) 등의 학자들과 전후 보상을 요구하는 시민 단체를 중심으로 2005년 12월에 결성된 모토메르카이(求める会)는[14] 2006년 4월 일본 외무성에 대해 '행정기관이 보유하는 정보의 공개에 관한 법률'에 의거하여 한일회담 관련 문서의 공개를 청구하였으나 외무성은 문서의 대부분을 비공개 결정했다. 모토메르카이는 이러한 결정을 내린 외무성을 상대로 소송을 일으켰고, 그 결과 외무성은 2006년 8월부터 2008년 5월까지 7차례에 걸쳐 총 1,367건의 문서를 전면 공개하기에 이르렀다. 그러나 공개된 일본외무성문서 중에는 일부를 먹칠한 상태로 사실상 비공개한 문서가 다수 포함되어 있었고, 모토메르카이는 추가적인 개시 청구를 지속하여 먹칠된 부분의 일부가 해제되는 등의 진전이 있었다.[15] 이러한 일본외무성문서의 공개 상황 개선에 의해 일본의 대한 외교(対韓外交)를 다각적으로 해명하는 것이 가능해졌다.

본서는 일본의 대한 외교를 연구대상으로 하고 있으므로 기술의 대부분은 일본외무성문서에 의거하고 있다. 이 외에 일본 측의 1차 사료로서 대장성(현, 재무성)이나 외무성의 간행물을 보완적으로 사용하고

---

14) 日韓会談文書·全面公開を求める会[한일회담 문서 전면 공개를 요구하는 모임]이 정식 명칭이며, 보통 '求める会[모토메르카이/요구하는 모임]'로 약칭한다. 모토메르카이는 2016년 12월 23일에 공식 해체하고 활동을 종료했다.

15) 현재, 한일회담 관련 일본외무성문서는 '日韓会談文書 情報公開アーカイブズ/일한회담 문서 정보공개 아카이브즈'라는 사이트에서 입수가 가능하다. (http://www.f8.wx301.smilestart.ne.jp/nikkankaidanbunsyo/index.php)

있다. 단, 한국 정부의 입장에 관해서는 한국외교문서를 인용하였고, 한국, 일본, 미국의 입장에 따라 다른 해석이 나올 수 있는 부분에 대해서는 각국의 공문서를 교차 체크하며, 1차 사료를 종합적으로 분석하는 외교사적 연구 방식을 철저하게 고수했다.

6. 한국 독자들을 위한 보충 설명

본서는 2018년 2월에 일본의 치쿠라쇼보(千蔵書房) 출판사에서 출판한 『日韓国交正常化交渉の政治史』를 저자(필자)가 직접 번역한 것이다. 한국어와 일본어는 어순이 비슷하고 한자 문화의 영향을 받은 공통점 때문인지 언어적으로 매우 가깝다. 하지만 언어 구조가 비슷하다는 점 때문에 서양의 언어를 한국어로 번역할 때와 다르게 일본어를 한국어로 번역할 때에는 한자어나 어순 등을 그대로 직역하는 경향이 강하다. 한국어를 일본어로 번역하는 경우도 마찬가지이다. 필자의 경험상, 이런 점 때문에 일본어를 한국어로 번역 시 '직역의 오류'가 많이 발생한다. 필자가 번역가에게 맡기지 않고 직접 번역한 이유는, 직역과 의역을 적절히 구사하면서 필자의 주장과 논리를 정확하게 한국인들에게 전달하기 위해서였다.

본서의 번역출판을 계기로 그동안의 연구를 복기하고 자신의 연구와 논리를 더 깊이 고찰하게 되는 소중한 기회를 얻었다. 한편으로는, 번역을 하기 위해 일본어 원서를 다시 보니 문장의 순서나 작은 표현들 중에 수정하고 싶은 곳이 많이 보였다. 또, 일본어 원서 출판 이후에도 한일회담에 관한 새로운 자료를 발견하고 다른 측면에서 분석을 한 논문들을 여러 개 집필했기 때문에 가필에 대한 고민도 있었다. 하지만 최대한 수정과 가필의 '유혹'을 뿌리치면서 원서의 번역에만 충실했다. 단, 독자들이 편하게 이해하도록 원서의 주장과 논리와 전개를 전혀 해치지 않는 범위 내에서 문장이나 작은 '절' 들을 이동하고 약간의 편집을 하였다. 일본인 독자들에게는 인용이 필요 없으나 한국인 독자들에게는 설명이 필요한 부분을 보충하거나 풀어서 썼고, 흥미로운 에피소드를 몇 곳에 약간 추가했다. 이 점 때문에 본서의 목차가 원서와 약간 다르고, 일본어 원서보다 훨씬 많은 분량이 나왔다. 일본어 원서와 본서를 대조하고 싶은 열정적인 독자들에게, 이러한 점들을 감안하여 본서와 원서를 직역의 구조로 대조하기보다 문맥과 주장의 흐름으로 대조하는 것이 좋겠다고 말씀드린다. 한편, 본서에는 일본어 뉘앙스에 가까운 표현이 여전히 남아있다고 생각한다. 조금 거슬리시더라도 넓은 이해를 부탁드린다.

마지막으로, 한국의 독자들에게 다소 혼선을 줄 수 있는 용어들에 대해서 필자가 어떠한 배경으로 사용하고 있는지 정리한다.

우선, '조선'이라는 표현에 대해서이다. 고종은 청일전쟁 직후인 1897년에 국호를 '조선'에서 '대한(大韓)'으로 바꾸고, 제국주의적인 시대 배경에 따라 자신을 '왕'에서 '황제'로 칭하면서, '대한제국(大韓帝国)'이라는 호칭도 사용하였다. 이 국호는 1910년 국권 상실 때까지 사용되었기 때문에 1910년 경술국치의 조약은 '조일(朝日)합병'이 아닌 '한일(韓日)합병'이다. 일제는 한일합병을 공식 발표하면서 대한제국이라는 독립 국가를 대일본제국의 하나의 '지역'으로 격하시킨다는 의미로 '조선'이라는 호칭을 다시 사용하였고, 민중 사이에도 '조선'이라는 명칭이 일반적이었다.

1919년 4월 11일 중국 상해에 수립된 대한민국임시정부는 대한민국이라는 국호를 처음으로 사용하였다. 대한제국의 망명 정부이면서 근대적 공화국의 체제를 갖췄다는 의미로 '대한민국'이라고 한 것이다. 해방 후 이남의 정부 수립 과정에서 '조선'과 '대한'이라는 명칭을 두고 대립이 있었으나, 최종적으로 '대한'을 선택하여 1948년 8월 15일 '대한민국' 정부가 정식으로 수립되었다. 북한은 민중 사이에서 널리 사용된 '조선'이라는 호칭을 선택하게 되고, 1948년 9월 9일 '조선민주주의인민공화국'의 수립을 공식 선포했다. 본서에서는 문맥의 전후 흐름에 맞춰 일제강점기, 조선 식민지 통치, 조선 식민지 지배 등의 용어를 혼용한다.

다음은 재일교포에 관한 호칭에 대해서이다. 한국에서는 일제강점기 시대 일본으로 건너가 정착한 사람들과 그 자손, 해방 이후에 건너가 정착한 사람들과 그 자손, 이 중에서 조선이나 한국의 국적을 보유하고 있거나 일본에 귀화한 사람들을 모두 포함해서 재일교포로 정의한다. 하지만 재일교포들 입장에서는 그리 단순치 않다. 재일교포들은 일본에 거주하게 된 경위나 시기, 해방 후 본국의 정치 상황과 연계된 재일교포 사회 내의 이념 갈등 등으로 인해 복잡하고 다양한 배경을 가지고 있다.

해방 후 재일교포들은 남북한 대결이나 이념 문제와는 상관없이 일제강점기 때 불렸던 명칭대로 자신들을 '조선인'이라고 불렀으며, 대일강화조약인 샌프란시스코 조약 발표 이후 일본 국적이 공식적으로 박탈되면서 '재일조선인'이라고 부르기 시작했다. 재일교포 사회에서 '조선'이라는 호칭은 거부감 없이 보편적으로 사용되었고, 1945년 9월 일본에 거주하고 있던 한반도 출신 유학생들이 결성한 단체의 이름도 남북한 대결이나 이념에 상관없이 '재일본 조선유학생 동맹'이었다. 한국을 지향하는 교포들의 조직으로 잘 알려진 '민단'의 정식 명칭도 1946년 10월 3일에 결성될 당시 '재일본 조선거류민단'이었다가 이후에 '재일본 대한민국 민단'으로 변경되었다. 1965년 한일국교정상화를 계기로 한국 국적자들이 늘어나면서 '재일한국인'이라는 호칭이 확대되었고, 이후 양자를 평등하게 부르자는 의미로 '재일한국조선인'이라는 호칭이 보급되었다. 시간이 더 지나자 보다 중립적인 의미로 '재일코리안'이라고 부르는 움직임도 활발해졌다. 이 외에 '자이니치', '올드커머', '뉴커머' 등의 호칭도 사용되고 있다.

본서에서는 1965년 한일국교정상화가 체결되기 전까지 재일교포 사회에서 보편적으로 사용했던 '조선인', '재일조선인'이라는 호칭을 사용하겠다. 단, 한일회담의 의제로서 거론되거나 민단 계열 등 특별히 한국 지향의 재일교포들을 지칭할 때에는 '재일한국인'이라는 호칭을 사용하고, 인용문의 경우에는 인용 표기를 그대로 사용한다.

한편, 냉전 시기에는 북한을 조국으로 지향하는 조총련계 재일교포들이 월등히 많았다. 조총련계 교포들은 한국 국적을 취득하지 않고 꽤 오랫동안 외국인등록증의 국적란에 '조선'을 표기한 채 생활했다. 1990년대 후반 이후 조총련계 교포들 중에서 한국 국적으로 전환하거나 일본 국적의 취득, 즉 일본으로의 귀화를 선택한 이들이 급격히 늘면서 조총련의 활동과 영향력은 급속히 쇠퇴하였다. 외국인등록증의 국적란에 '조선'이라고 표기된 교포들이 아직도 존재하지만, 현재 일본으로 귀화하지 않은 재일교포들의 국적 구성비는 한국 국적이 압도적으로 많다. 단, '조선'이 현재 북한을 칭하는 명칭이긴 하지만 북한과 일본은 미수교 상태이기 때문에 일본 입장에서 '조선'은 국적으로 취급하지 않는다. 일본 법무성은 재일코리안들의 '조선' 표기에 대해서, 일본의 외국인등록상의 기호를 나타낼 뿐이며 실제의 국적 또는 북한과 무관하다는 입장이다.[16)]

중국에 대한 호칭에 대해서도 부연 설명 하겠다. 본서의 배경이 되는 1950년대와 1960년대 당시 중국과 대만의 정세 때문에, 오랫동안 대륙의 '중화인민공화국'은 '중공'으로, 1971년까지 유엔에서 중국 대표권을 행사했던 대만의 '중화민국'은 '중국'으로 불렸다. 하지만 본서에서는 현재 국제 사회에서 공인되어 통용되고 있는 대로, 대륙을 '중국'으로 대만을 '국민당 정부'의 약칭인 '국부' 또는 '대만' 등으로 호칭한다.

제2차 세계대전의 종전을 기준으로, 일본은 전전(戦前)·전후(戦後)라는 표현을, 한국은 해방 전·해방 후라는 표현을 쓰는데, 이 책이 한국인 독자들을 대상으로 하고 있는 점을 고려하여 해방 전·해방 후를 주로 사용하고 있다. 단, 인용의 경우나 일본의 입장에서 설명을 할 때는 전후라는 표현을 종종 사용하고 있다.

---

16) 임범부, 「재일코리안의 법적 지위의 변천과 문제점」, 『한일수교 50년, 상호 이해와 협력을 위한 역사적 재검토 1』(경인문화사, 2017), pp.190~191.

제1장

한일 청구권 문제에 관한 일본의 법적 논리

역청구권 주장을 위한 법이론의 형성, 1949~51년

제1장

한일 청구권 문제에 관한 일본의 법적 논리

일본 정부는 어떠한 논리를 가지고 한일회담에 임했을까? 본 장에서는 한일 간 청구권 문제에 관한 일본 정부의 법적 논리와 그 형성 과정을 분석하고, 1965년에 타결된 경제 협력 방식의 내재적 논리를 일본 정부의 법적 논리를 통해 고찰한다.

1950년대, 이승만 정권은 일본에 대해 일제강점기 및 아시아태평양 전쟁과 관련된 배상 청구권을 주장했다. 그러나 일본은 한국의 대일 배상 청구 자격을 인정하지 않았다. 오히려 패전 후 한반도에 남겨진 일본의 국공유 자산 및 일본인의 사유 재산에 대해, 일본이 한국에 반환을 청구할 권리가 있다고 주장했다. 이것이 잘 알려진 일본에 의한 역청구권[1] 주장, 즉 일본의 한국에 대한 청구권 주장이다. 일본의 역청구권 주장은, 한국의 대일 청구권을 감액 또는 상쇄하기 위한 목적이 가장 컸다. 일본의 역청구권 주장 자체만으로도 양국은 대립했지만, 이 주장의 적법성에 관한 국제법적 논쟁과 일제강점기에 관한 한

[1] 한국에서는 역청구권, 일본에서는 대한 청구권(対韓請求権)이라고 호칭한다. 본서에서는 한국식 호칭인 역청구권으로 통일하겠으나, 대한 청구권이라는 호칭을 사용한 일본 측 문헌이나 발언 등을 직접 인용할 경우에는 인용 원문의 호칭을 그대로 사용한다.

일 간 역사 논쟁까지 가열되며, 1950년대 양국은 격렬하게 충돌했다.

기존 연구에서 일본의 역청구권 주장을 둘러싼 한일 간 법률 논쟁에 관해서는 항상 언급하고 있으나, 역청구권에 관한 일본의 법적 논리가 어떤 근거와 배경으로 형성되었는지에 대해서는 거의 불투명하다. 또한 조선 식민지 통치에 대한 성찰과 반성이 결여된 일본의 역사 인식을 비판하면서도, 이러한 일본의 역사 인식이 어떻게 한일회담에 투영되었는지는 충분히 해명하지 못하고 있다. 한일회담에 관한 한일 양국 정부의 공문서가 미공개인 상태에서 실증적인 분석이 어려웠다는 것이 가장 큰 원인이다.

2005년 한일회담에 관한 한국외교문서가 공개된 이후 장박진이 한국 정부의 대일 청구권 및 대일 정책에 관한 내재적 논리를 면밀히 분석했지만, 한일회담의 다른 한쪽 당사자인 일본의 내재적 논리에 대한 실증적인 해명은 아직 없다. 또한 선행 연구의 대부분은 한일회담 타결의 기운이 높았던 1960년대의 한일회담 과정에 대한 검토에 편중되어 있으며, 1950년대 한일회담에 관해서는 실증적인 분석이 진전되지 않고 있다. 더군다나 1950년대 일본 정부 내의 동향에 관한 분석은 연구상 공백에 가깝다.

본 장에서는 1차 사료(史料)인 공문서를 바탕으로, 한일회담이 시작되기 이전부터 일본 정부 내에 형성되어 있었던 역청구권 주장에 관한 일본 정부의 법적 논리와 그 형성 과정을 실증적으로 해명한다. 일본의 역청구권 주장 논리에 상응한 한국 정부의 법적 논리에 대해서도 분석 고찰한다. 또한 일본의 역청구권 주장을 가능하게 했던 당시의 국제 정치적 배경 및 국제 사회의 인식에 대해서도 고찰한다. 이러한 해명으로 인해 일본의 역사 인식에 대한 기존 연구의 지적과 비판이 수정되지는 않을 것이다. 다만 한국인에게는 다소 불편할 지도 모를,

식민지주의에 대한 국제 사회의 민낯에 마주할지도 모른다는 것을 밝히고 시작한다.

1. 해방 후 한일 관계의 출발

⁘ 일본 정부의 인식

1945년 8월 15일 일본은 아시아태평양전쟁에서의 패배를 인정하고 연합국에 대한 무조건 항복을 선언했다. 일본의 패전과 동시에 일본의 식민지였던 한반도도 연합국의 점령하에 들어갔고, 한반도에 거주하고 있던 일본인들은 본국으로 철수하기 시작했다. 일본인들의 철수는, 미군정하에 있던 위도 38도선 이남 지역에서는[2] 1946년 3월에, 소련군의 점령하에 있던 이북 지역에서는 1947년 4월에 정점을 찍었다.[3] 이 과정에서 이남 지역의 일본계 자산(이하, 재한일본재산)[4]은

---

2) 해방 후 위도 38도선을 기준으로 이남 지역은 미군이 이북 지역은 소련군이 점령했다. 이후 이남 지역에는 1948년 8월 15일에 대한민국정부가 수립되었고, 이북 지역에는 같은 해 9월 9일에 조선민주주의인민공화국이 수립되었다. 한반도에 남북한 두 정권이 정식으로 성립한 것은 1948년이지만, 그 이전의 상황도 한국 독자들의 정서에 맞게 '이남 지역', '남한', '이북 지역', '북한'이라는 호칭을 적절히 사용하겠다. 1948년 이후에 대해서는 '한국'과 '북한'으로 호칭하겠다.

3) 정병욱, 「조선 총독부 관료의 귀환 후의 활동과 한일 교섭—同和協会·中央日韓協会를 중심으로」, 『광복 60 새로운 시작 종합학술대회 자료집 I』(2005), pp.214~232.

4) 일본외무성문서에는, 북한 지역의 일본계 자산은 '재조일본재산(在朝日本財産)'으로, 남한 지역의 일본계 자산은 '재한일본재산(在韓日本財産)'으로 구별하여 호칭하는 경우가 있으나, 한국과의 청구권 교섭에서 전략적으로 이용하기 위해 대부분 두 지역을 구별하지 않고 한반도에 남겨진 일본계 자산을 통칭하여 '재한일본재산(在韓日本財産)'으로 불렀다. 또는 한국을 격하하기 위한 호칭인 '조선'을 사용하여 한반도에 남겨진 일본계 자산을 통칭해서 '재조일본재산(在朝日本財産)'으로 호칭하기도 하는 등 혼란스러운 부분이 많다. 한편, 해방 이후부터 지금까지 대한민국의 헌법상 북한은 한국의 일부이므로, 한국 정부가 일본과의 교섭에서

국공유 자산과 사유 재산을 불문하고 1945년 12월 6일 자로 주한미군정청(USAMGIK)이 반포한 군정령(軍政令) 제33호(이하, 명령 33호)에 의해 미군정청으로 귀속되었다.[5] 명령 33호에 의해 몰수된 재한일본재산은 대한민국(이하, 한국) 정부가 수립된 직후인 1948년 9월 21일 '한미 간의 재산 및 재정에 관한 최초의 협정(이하, 한미협정)' 제5조에 의해 한국 정부로 이양되었다.[6]

이러한 일련의 조치들은 미국 정부의 초기 대일 점령 정책이었던 징벌적 대일 배상 청구 방침에 의거한, 폴리(Edwin E. Pauley) 대사가 이끄는 배상사절단에 의한 판단이었다. 폴리 사절단은 1945년 12월 7일 "일본 군국주의의 부활을 불가능하게 하고, 최소한을 제외한 공업 설비를 일본의 침략을 받은 나라들에 이전한다"는 취지로, 중간 배상에 관한 보고를 발표했다.[7] 그리고 일본이 점령 지역에서 형성한 재산을 착취로 규정짓고, 일본의 재외재산에 대한 모든 소유권을 동결했다. 이러한 방침은 한국에 남아있는 일본계 자산에도 적용되었다.[8]

언급하는 '재한일본재산'이라는 표현은 한반도 전역에 남겨진 일본계 자산을 의미한다고 할 수 있지만, 사실 한국 정부가 얼마큼 명확한 인식을 갖고 발언했는지는 알 수 없다. 본서에서는, 한일 간 청구권 교섭과 관련해서는 모두 '재한일본재산'이라고 칭하며, 북한 지역의 일본계 자산을 구별하여 설명할 필요가 있을 때에는 부연 설명을 하겠다.

5) 外務省アジア局第一課, 「日韓会談における双方の主張及び問題点の附属資料」 1958.1.20, 일본의 '행정 기관이 보유하는 정보의 공개에 관한 법률'에 의거하여 공개된 일본외무성문서(이하, 일본외무성문서) 2006-588(청구번호)-69(문서번호). 이하, 일본외무성문서는 같은 요령으로 표시한다. 한편, 명령 33호의 영문 내용은 이 문서에 「HEADQUARTERS UNITED STATES ARMY FORCES IN KOREA Office of the Military Governor Seoul, Korea ORDINANCE NUMBER 33:VESTING TITLE TO JAPANESE PROPERTY WITHIN KOREA6 December 1945」로 수록되어 있다.

6) 外務省アジア局第一課, 「日韓会談における双方の主張及び問題点の附属資料」, 위의 일본외무성문서, 「アメリカ合衆国政府と大韓民国政府との間の財政及び財産に関する最初の取極(一九四八年九月二一日京城で署名)」.

7) 太田修, 『日韓交渉—請求権問題の研究 [新装新版]』(クレイン, 2015), pp.39~40.

8) 이원덕, 『한일 과거사 처리의 원점—일본의 전후처리 외교와 한일회담—』(서울대

그러나 일본 정부는 명령 33호 등에 의해 재한일본재산이 한국 정부에 권리 이전된 것이나 한국 정부에 의해 이 재산들이 처분된 것을 일제히 부정했다. 예를 들면, 외무성은 1949년 12월에 『할양지에 관한 경제적 재정적 사항의 처리에 관한 진술』이라는 연구 보고서에서 일본의 조선 통치는 착취가 아니며 오히려 동 지역의 근대화에 공헌했고, 재한일본재산에 대한 명령 33호의 조치는 가혹하다고 주장했다. 대장성은, 부속 기관인 '재외재산 조사회'를 통해 전쟁 전 일본인의 해외 활동 상황을 조사하고 정리했다. 그리고 동 조사회의 조사 결과를 1950년 7월에 『일본인의 해외 활동에 관한 역사적 조사』라는 제목으로 35권의 책으로 엮어서 간행했다. 이 조서는 조선 식민지 통치 시절 한반도에서 행해진 일본 및 일본인의 활동을 정상적인 경제·문화 활동이라고 자평하고, 일본이 조선에 많은 원조를 했다고 주장했다.[9)]

조선 총독부 관료들도 패전 직후인 1945년 8월에 조직한 '조선 총독부 종전 사무 처리 본부'를 통하여, 일본인은 식민지 조선에서 각 방면에 걸쳐 착취가 아닌 정당한 경제 활동을 한 것이라고 주장하고, 한반도 내 일본의 공장 설비 등이 "보상 없이 조선인에게 접수되었다"라고 비판했다. 이 조직의 주장 중 눈에 띄는 것은, 재한일본재산은 일본과 한국 사이에서 청산해야 할 문제가 아닌 연합국과 일본 사이의 문제이며, 연합국에 대한 일본의 전쟁 배상 성격으로 처리되어야 한다고 주장한 부분이다.[10)] 뒤에서 상세히 서술하겠지만, 이 주장은 패전 후 해외에서 귀국한 일본인(이후, 인양자(引揚者))들이 일본 정부에 대해

학교출판부, 1996), pp.17~22.

9) 高崎宗司, 『検証日韓会談』(岩波新書, 1996), pp.5~10.

10) 조선 총독부 출신 관료들의 일본 귀환 후의 활약이나 한반도에서 철수한 인양자들의 조직적인 운동에 대해서는, 정병욱의 앞의 논문(2005)을 참조했다.

그들의 해외 자산에 대한 국가 보상을 요구하는 논리와 연결된다. 또한 "한일합병은 당시 일본과 대한제국 사이에서 적법하게 행해진 것이다. 조선의 독립은 일본의 패전 결과 일어난 일이며 일본과 한국은 전쟁 상태가 아니었다"라는,[11] 일본 정부의 인식과 같은 맥락에 있었다.

이와 같이, 패전 직후 일본은 제국주의적인 사고 안에서 조선 식민지 지배 및 그 시대에 한반도에서 형성된 일본계 자산에 대한 권리 주장을 정당화하고 있었다. 당시 일본인들의 모든 경제 활동이 불법적이며 부당했다고 치부할 수는 없지만, 식민지 지배 구조하에서 한국인들의 근대법에 대한 무지와 식민지 행정의 횡포 및 차별로 인해 한국인과 일본인 간의 공정한 경쟁이 어려웠다는 것은 짐작이 가능하다. 이러한 상황을 감안한다면, 재한일본재산에 대한 일본의 권리 주장은 부당한 것이었다. 사실, 이러한 일본의 인식은 제2차 세계대전 후 연합국의 인식 및 국제 정치 상황과 무관하지 않았다.

연합국의 인식

유럽에서는 제2차 세계대전 종전 직후부터 강화 준비가 진행되어 1947년 7월에 파리에서 강화 회의가 열렸다. 이 회의에 참가한 미국, 영국, 프랑스, 소련 등 연합국 측은 패전국에 대해 제2차 세계대전 이전의 식민지 지배에 대한 과오를 추궁하고 책임을 청산하려는 의지가 없었다. 그것은 패전국인 추축국뿐만 아니라 연합국 자신들도 식민지를 보유하고 있었기 때문이었다. 오히려 영국, 프랑스, 벨기에 등 유럽 측 연합국은 제2차 세계대전 이후에도 아시아, 아프리카, 중동 지

11) 外·管·経, 「朝鮮における債務の処理について」 1949.3, 일본외무성문서 2006-588-1559.

역의 식민지를 독립시키지 않고 계속 보유하고 있었고, 주변국들을 병합하여 탄생한 소련도 자신들의 이익을 내려놓지 않았다. 따라서 유럽에서 열린 강화 회의는 제2차 세계대전에 관한 전승국과 패전국 사이의 전후 처리 색채만을 강하게 띠고 있었다.[12)]

연합국은 파리강화회의 결과 이탈리아강화조약을 체결하면서 이탈리아의 전쟁 책임만을 물었고, 서독과 동독으로 분단된 독일과는 제2차 세계대전에 관한 강화 조약을 독일 통일 이후로 미뤘다. 이후 서독은 독자적인 행보로 나치스 독일의 유태인 학살에 대한 사죄와 희생자에 대한 보상을 철저하게 진행했다.[13)] 하지만 서독도 제국주의 시절 독일의 침략 행위나 식민지 지배에 대해서는 책임지지 않았다.

일본의 조선 식민지 지배에 관한 연합국의 인식은 더 처참했다.

미국은 일본 나가사키에 원폭을 투하한 다음 날인 8월 10일, 위도 38도선을 경계로 한반도를 분할하기로 결정했다. 이미 8월 8일 이북 지역에 진입해 있던 소련은 미국의 38도선 분할 방침을 조용히 수용했다. 38도선 이남 지역에는 일본과의 유일한 지상전이었던 오키나와 전투를 지휘한 존 리드 하지(John R. Hodge) 장군의 미군 제24군단이 한반도 점령 임무를 받고 9월 8일에 상륙했다.[14)] 미국은 일본 전역에

---

12) 佐々木隆爾,「アジア·太平洋戦争の戦後補償のために支払った金額」,『日本史研究』388号(1994), pp.193~207.

13) 国際法事例研究会,『日本の国際法事例研究(6)戦後賠償』(ミネルヴァ書房, 2016), pp.27~28.

14) 大沼久夫,『朝鮮分断の歴史』(新幹社, 2005), pp.48~55; 브루스 커밍스[저서], 조행복[번역],『브루스 커밍스의 한국전쟁』(현실문화, 2017), p.162. 브루스 커밍스의 한국어판 서적은 방대한 원서를 축약 발췌하여 한 권으로 엮어 번역한 것이다. 원서를 그대로 번역한 일본어판 서적은 다음과 같다. ブルース·カミングス [著], 鄭敬謨·林哲·加地永都子 [訳],『朝鮮戦争の起源 1: 1945- 1947年, 解放と南北分断体制の出現』(明石書店, 2012); ブルース·カミングス [著], 鄭敬謨·林哲·山岡由美 [訳],『朝鮮戦争の起源 2: 1947-1950年,「革命的」内戦とアメリカの覇権』上·下(明石書店, 2012). 브루스 커밍스는 한반도의 분단 과정, 한국전쟁에 관한 미국의 인

대한 단독 점령과 동시에 남한도 점령하게 되었다.

미국은 유럽 열강들과는 달리 식민지주의에 소극적이었지만 식민지주의 자체를 부정하는 것은 아니었다. 오히려 남한을 점령하고 있는 주한미군정청의 하지 사령관이나 아치발드 아놀드(Archibald V. Arnold) 군정장관은, 한반도를 대일본제국의 불가분의 일부로 보고, 남한에 대한 점령을 일본 영토의 일부에 진출한 것으로 간주하고 있었다. 게다가 하지는 조선 총독부를 해체하지 않고, 남한의 점령 행정에 조선 총독부의 각 기구 및 관료를 그대로 이용하는 간접 통치안을 구상하고 있었다.[15]

주한미군정청뿐만 아니라 미국 정부도 처음에는 하지 사령관의 남한 점령 정책을 부정하지 않았다. 하지만 하지의 조선 총독부를 통한 남한 점령 정책안은 남한 국내에서 큰 실망과 반발을 샀다. 한국인들에게는, 미국이 한반도를 적국의 일부로 취급하고 한국인을 일본제국주의로부터 '해방된 인민'이 아닌 '적국민'으로 취급하는 것과 다름없는 것으로 받아들여졌다. 이것은 일제강점기에 대한 일본의 책임을 묻지 않겠다는 미국의 인식을 단적으로 보여주는 것이었고, 또한 "일본제국으로부터 노예 상태인 한국인을 해방한다"라는 카이로 선언의 취지[16]와도 모순된 것이었다. 이후 미국 정부 내에서는 하지안에 대한 하지 자신의 준비 부족과 이 정책의 실현 가능성을 의심하는 의견

식과 한국전쟁의 고도의 정치성, 한국전쟁의 발발과 전개 과정에 대해 매우 상세하게 해명하고 있다. 또한 소련의 북한 진출 과정 및 한반도 정책, 북한의 식민지 잔재 청산과 사회주의 혁명의 연관성 등에 관해서도 흥미로운 기술이 많다.

15) 小此木政夫, 「米軍の南朝鮮進駐―間接統治から直接統治へ―」, 赤木完爾·今野茂充 [編], 『戦略史としてのアジア冷戦』(慶應義塾大学出版会, 2013), pp.84~96.

16) 패전국 일본의 운명이 시사된 '카이로 선언'이 카이로 회담에서 어떠한 정치 과정과 배경에 의해서 형성되었는지에 대해서는 다음을 참조했다. 五百旗頭真, 『米国の日本占領政策』 上(中央公論社, 1985), pp.155~175.

이 대두되었다. 미국 정부는 하지의 구상은 남한 점령 정책에 대한 중대한 실책이라고 인정하면서 1945년 9월 20일에 최종적으로 하지안을 철회하고, 남한을 직접 통치하는 방향으로 정책을 전환했다.[17)]

하지만 미국 정부가 하지 사령관의 남한 점령 정책안을 철회했다고 해서 일본의 조선 식민지 통치에 대한 미국의 인식이 바뀐 것은 아니었다. 미국이 남한에 대한 직접 통치 방식을 선포한 것은 남한 주민들을 자극하지 않기 위한 눈가림이었다. 주한미군정청은 실질적으로 조선 총독부 각 기구들의 기능을 유지하고 미군 장교가 조선 총독부의 행정 체계를 거의 그대로 답습하며 점령 행정을 수행했다. 미국은 이러한 통치 방식이 효율적인 점령 정책을 위해 필요한 수단이라고 생각했다.[18)] 그리고 1951년 9월 8일 샌프란시스코에서 조인되어 다음 해 4월 28일 발효된 대일강화조약은[19)] 실질적으로 미국이 단독으로 주도했는데, 미국은 일본의 식민지 지배에 대한 책임을 묻지 않고 최종적으로 일본의 전쟁 책임만을 규정했다.

이렇게 해서 제2차 세계대전에 관한 일련의 전후 처리는 과거의 식민지주의에 대한 처벌과 책임이 암묵적으로 배제된 채 일단락되었다. 이러한, 미국을 포함한 연합국들의 전후 인식은 조선 식민지 지배가 합법했다는 일본 정부의 주장을 묵인하는 것과 다름이 없었다. 덕분에 일본은 한반도에 대한 제국주의적인 인식을 유지한 채 전후 한일 관계를 설정했다.

---

17) 小此木, 앞의 논문(2013), pp.93~96.

18) 小此木, 위의 논문, pp.96~100.

19) 본서는, 제2차 세계대전 후 연합국과 일본 사이에서 체결된 강화 조약을 '대일강화조약'이라고 통일해서 사용하며, '대일평화조약'이나 '샌프란시스코강화조약'으로 표현된 문장을 직접 인용할 경우에는 원문의 표현을 그대로 사용한다.

미국의 대일 점령 정책의 변화

시간을 조금 거슬러 올라가서 서술하겠다. 제2차 세계대전 당시 프랭클린 루스벨트(Franklin D. Roosevelt) 미국 대통령은, 아시아에 관한 전후 질서 체제로 중국의 대국화를 구상하고 있었다. 전후 일본의 팽창을 억제하기 위해서 중국을 중심으로 한 아시아 질서의 재편을 노린 것이었다.[20] 1945년 4월 12일 지병을 앓고 있었던 루스벨트 대통령이 종전을 보지 못한 채 갑자기 사망했고, 부통령인 해리 트루먼(Harry S. Truman)이 대통령으로 승격했다. 잘 알려져 있듯, 트루먼 대통령과 그 측근들은 루스벨트 정권과 달리 공산주의에 대한 환멸과 적개심이 매우 강했다. 트루먼 정권은 유럽 정책에 있어서는 공산주의 국가인 소련을 위협적인 존재로 인식하고 냉전 전략을 전개했다. 하지만 아직 냉전이 본격화되지 않았던 아시아에 대해서는 전 정권의 '중국 대국화' 정책을 계승하고 있었다.[21] 대일 전후 처리에 있어서도 폴리 사절단의 엄격한 대일 배상 청구 방침을 유지했다.[22]

한편 대일 점령 정책을 총괄적으로 담당하고 있었던 주일연합국군 총사령부(Supreme Commander for the Allied Powers 이하, SCAP)의 더글러스 맥아더(Douglas MacArthur) 최고사령관은 일본에 관대한 점령 정책을 실시하고 있었다.[23] 그리고 파리강화회의가 거의 마무리되어

---

20) 루스벨트 대통령의 '중국 대국화'를 골자로 한 전후 아시아 질서 구상에 관해서는 다음 문헌을 참조했다. 五百旗頭, 앞의 책(1985), pp.129~154.

21) 李錫敏, 「トルーマン政権期における『冷戦戦略』の形成とアジア冷戦の始まり」, 赤木莞爾·今野茂光 [編], 『戦略史としてのアジア冷戦』(慶應義塾大学出版会, 2013), pp.21~25.

22) 太田, 앞의 책(2015), pp.38~39.

23) SCAP의 대일 점령 정책에 대해서는 다음 문헌을 참조했다. 五百旗頭真 [編], 『戦後日本外交史 新版』(有斐閣アルマ, 2007), 第1章.

가던 1947년 3월 17일, 일본 정부 관계자와 오찬 중이던 맥아더는 본국 정부와 사전 협의 없이 대일강화조약의 조기 체결 즉 대일 점령의 조기 종결 방침을 일방적으로 발표했다. 맥아더는 일본 점령의 주된 목적인 일본의 비군사화와 민주화는 이미 달성되었다고 평가하고, 일본의 경제 부흥만이 과제로 남은 상태에서 일본의 경제 재건에 장해가 되는 징벌적인 대일 배상 청구 정책을 중지해야 한다고 워싱턴에 요구했다. 맥아더의 대일 조기 강화론에 대해 영국은 바로 긍정적인 반응을 보냈으나, 트루먼 정부는 맥아더의 제안을 반대했다.[24)]

대일 점령 정책에 관한 트루먼 정부와 맥아더의 견해 차이에 대해서는, 트루먼 대통령이 맥아더의 일방적인 언동을 경계했기 때문이라는 설이 있으나 중국 대륙의 정세를 의식한 측면도 있었다. 1946년부터 중국 대륙에서는 국민당과 공산당 간에 제2차 국공내전이 전개되었는데, 미국의 압도적인 지원을 받고 있던 국민당보다 공산당에게 유리한 쪽으로 전세가 기울고 있었다.[25)] 중국의 정세가 불안하게 전개되자 트루먼 정부 내에는, 일본의 정치적인 안정이 회복되지 않은 상태에서 대일 점령이 종료되어 일본에 대한 미국의 영향력이 감소한다면 일본의 정치적 경제적 혼란이 가중되어 이 기회를 이용한 공산주의 세력이 일본에 확대될 것이라고 우려하는 목소리가 우세했다.[26)]

그러나 맥아더의 주장과는 별도로, 미국 정부 내에서는 육군성을 중심으로 한 군부와 국무성이 중국 정세의 급변 및 냉전의 격화에 대비하여 대일 정책을 전환해야 한다고 주장하고 있었다. 육군성은 1946년 가을부터 폴리 사절단의 징벌적인 대일 배상 정책에 이의를 제기하면

24) 樋渡由美, 『戦後政治と日米関係』(東京大学出版会, 1990), pp.5~10.
25) 波多野善大, 『国共合作』(中央公論社, 1973), pp.246~254.
26) 李錫敏, 앞의 논문(2013), pp.23~25.

서, 특히 일본의 생산 설비 등 현물 중심의 배상 취득이나 배상 배분률을 두고 소련 및 다른 연합국들과 의견 충돌이 발생한다는 점이 미국에게는 그다지 도움이 되지 않는다고 지적했다. 게다가 중국 대륙의 공산화가 현실화되고 소련과의 냉전이 격해지자 일본을 반공의 방패로 육성해야 한다는 요청이 높아지면서, 엄격한 대일 배상 정책 때문에 일본의 경제가 약화되는 것을 막아야 한다는 의견이 설득력을 갖게 되었다.[27]

미국 국무성도 중국 대륙의 정세 급변에 대비하여 경제 부흥에 의한 일본의 정치적 안정의 회복이 중요하다고 주장하면서, 대일 강화를 조기에 달성하여 일본의 경제 부흥을 돕는 것이 바람직하다고 정부를 설득했다. 이후 트루먼 정부는 국무성과 군부의 제안을 받아들여, 1948년경부터 미국의 대일 점령 정책은 매우 관대한 정책으로 전환되었다. 1949년 5월에는 대일 점령 정책을 총괄하는 극동위원회가 기존의 징벌적인 대일 배상 정책을 폐기하기로 결정했고, 최종적으로 대일강화조약에 일본의 배상 의무를 규정하지 않았다. 대일강화조약이 발효되어 일본이 연합국의 점령으로부터 정식으로 독립한 것은 1952년 4월 28일이지만, 중국이 공산화된 직후인 1949년 가을 이후 일본은 외교권만 여전히 정지된 상태에서 그 외의 면에서는 '사실상 독립'이 진행되었다.[28]

1949년 10월 1일 중국 대륙에 공산당 정권이 이끄는 중화인민공화국(이하, 중국)이 수립되었고, 국공내전이 끝내 공산당의 승리로 끝나면서 같은 해 12월 장개석이 이끌던 국민당 요인들은 대만으로 패주했다. 장개석은 타이페이를 새로운 수도로 하여 중화민국의 계승을

---

27) 楠綾子, 『占領から独立へ』(吉川弘文館, 2013), pp.208~210.

28) 楠綾子, 위의 책, pp.234~248.

선포하였다. 이로써 중국 대륙은 공산화되었고, 1950년 중화민국은 장개석을 총통으로 한 국민당 정부(이하, 국부(国府))의 집권하에 대만에서 새롭게 재편되었다.[29]

1950년 6월 25일에는 북한의 남침으로 한국전쟁이 발발하였고 북한은 파죽지세로 부산을 제외한 남한 전체를 순식간에 점령했다. 전쟁 발발 직후 미국은 침략자인 북한을 규탄하고 미군을 중심으로 하는 유엔군을 지휘하며 수세에 몰린 한국을 지원하기 위해 한국전쟁에 참전했다. 유엔군은 1950년 9월에 인천상륙작전을 성공시키며 전세를 뒤집고 북한을 궁지에 몰았다. 그러나 10월 25일에 중국이 북한을 지원하며 한국전쟁에 개입했다. 내전으로 시작된 한국전쟁은 발발 약 4개월 후 미국과 중국의 대리전 양상으로 전개되며, 이로 인해 동아시아의 국제 정세는 냉전의 색채가 명확해졌다.[30]

아시아에서도 냉전이 본격화되자, 미국이 주도하는 대일강화회의는 이러한 국제 정세의 변동과 연동하여 진행되었다. 이 과정에서 미국은 한국의 가치를 다음의 두 가지 맥락에서 평가했다. 하나는 한국과 일본 경제를 연결하여 일본의 경제 재건에 도움을 주도록 하는 것이며, 또 하나는 한국을 이용하여 공산주의 세력의 확대를 봉쇄하는 것이었다.[31] 또한 미국은 비교 우위론에 근거한 국제 분업 체제를 전제

29) 井上正也, 『日中国交正常化の政治史』(名古屋大学出版会, 2010), p.14.

30) 한국전쟁의 발발과 전개에 관해서는 브루스 커밍스, 앞의 책(2017), pp.31~72를 참조. 한편, 미국의 역사가이자 저널리스트인 데이비드 할버스탐(David Halberstam)은 『The Coldest Winter』에서 한국전쟁의 이면에 관한 흥미로운 사실을 상세하게 서술하고 있다. 한국에서는 아직 번역 출판이 되지 않았지만, 일본어로는 번역 출판이 되어 있다. ディヴィッド·ハルバースタム [著], 山田耕介·山田侑平 [訳], 『ザ·コールデスト·ウインター: 朝鮮戦争』 上(文春文庫, 2009); ディヴィッド·ハルバースタム [著], 山田耕介·山田侑平 [訳], 『ザ·コールデスト·ウインター: 朝鮮戦争』 下(文春文庫, 2012).

31) 브루스 커밍스, 앞의 책(2017), pp.283~286.

로 동남아시아에 대한 일본의 공업 제품 수출의 길을 열어주었다. 이러한 미국의 방침은 아시아태평양전쟁 당시 일본과 동남아시아 국가들 간의 불균형적인 무역 패턴을 상기시켜 동남아시아 각국의 민족주의와 반일 감정 더 나아가서는 반미 감정까지 자극할 수 있는 위험이 있었다. 하지만 미국은 이 지역의 반미 운동이 확대되지 않도록 주의하면서 이 지역에 대한 일본의 경제적 진출을 용인했다.[32)]

요약하자면, 식민지주의에 대한 책임을 묻지 않는 연합국의 태도에 더해, 아시아에서도 냉전이 표면화되자 미국의 대일 점령 정책이 관대하게 전환되었고, 미국의 아시아 전략 또한 일본의 경제 부흥을 기반으로 아시아의 안정을 유지하는 것으로 전환되었다. 이러한 미국의 냉전 전략 및 대일 정책의 변화는, 아시아 지역에서 일본의 존재감이 다시 부각되는 동시에 한국을 비롯한 동남아시아 각국에서 꿈틀거리고 있던 탈식민지에 대한 염원이 퇴색되는 결과로 이어졌다.

한국의 좌절

1945년 주한미군정청은 재한일본재산을 몰수하는 과정에서 재한일본재산이 일본의 전쟁 배상 지불에 충당될 가능성이 없음을 천명했다. 재한일본재산이 한국으로 귀속되지 않고 연합국인 미국에 대한 일본의 배상 지불에 충당될지도 모른다는 한국의 우려를 불식시키기 위한 발언으로 보인다. 또한 대일 배상사절단의 폴리 대사는 한국이 대일 전승국은 아니지만 일본으로부터 배상을 받을 수 있다는 견해를 시사하기도 했다. 이 견해를 받은 한국은 일제강점기의 부당함과 이에 대한

32) 菅英輝, 「アメリカの戦後秩序構想とアジアの地域統合」, 『国際政治』 第89号(1988), pp.109~125.

피해 보상을 전제로, 미군정하의 남한과도정부 시기였던 1947년부터 대일 배상 청구에 관한 이론과 사실 관계의 정리에 착수하고, 대일 배상 청구 리스트 작성을 시작했다. 그런데 얼마 지나지 않아 대일 점령 정책을 총괄하는 극동위원회는 대일 배상의 청구 자격을 연합국에 한정한다는 결론을 내렸다. 게다가 1948년경부터 미국의 대일 정책이 관대한 정책으로 전환되면서, 미국은 자국의 대일 배상 청구 포기뿐만 아니라 다른 연합국들에 대해서도 대일 배상 청구의 삭감 또는 포기를 권유했다.[33)]

미국과 극동위원회의 새로운 방침 때문에 한국이 준비하고 있었던 대일 배상 청구의 성격과 범위가 애매해졌고, 대일 청구의 규모도 제한받게 되었다. 사실 '배상'이라는 용어는 제1차 세계대전 후 연합국과 독일 사이에서 체결된 강화 조약인 베르사유조약에서 처음 등장했다. 이 조약에서 규정한 배상이란, 패전국이 전쟁으로 인해 발생한 전승국의 피해, 손해, 손실 등을 원상으로 회복하기 위해 지불하는 것을 의미한다고 한다.[34)] 따라서 한국이 대일 배상 청구를 하기 위해서는 대일 전승국인 연합국으로서의 자격을 획득해야 했다.

1947년 9월에 완성되어 1954년에 대한민국 정부가 간행한 『対日賠償要求調書(이하, 대일배상요구 조서)』의 서문에는 대일 배상 청구 논리에 관한 한국 정부의 고심의 흔적이 엿보인다. 우선, 한국은 일본의 식민지 지배에 대한 배상을 요구하지 않고 있다. 동 조서는 피해 요구의 대상을 한일합병 시점인 1910년부터 해방을 맞이한 1945년 8월 15일까지로 했다. 그리고 이 36년간 일본에 의한 식민지 통치는 "조선인의 자유 의지에 반한 일본의 단독적이며 강제적인 행위"이며, "(한국의)

33) 이원덕, 앞의 책(1996), pp.17~29.

34) 波多野澄雄, 『日本の歴史問題』(中公新書, 2022), pp.55~56.

대일 배상 요구의 기본 정신은 일본을 징벌하기 위한 보복의 부과가 아닌 희생과 회복을 위한 공정한 권리의 이성적 요구"라고 했다. 그러나 "일본의 비합법적인 식민지 통치에 의한 무한한 손실에 대하여 배상을 요구할 수는 있지만 이것은 일체 불문"으로 하며, "중일전쟁 및 태평양전쟁 기간에 한하여 직접 전쟁에 의해서 피해를 입은 인적 물적 피해에 대해서만 배상을 강력하게 요구"한다고 했다.[35]

이와 같이 동 조서의 서문에는 일본의 식민지 지배에 대한 배상 청구의 정당성이 주장되고 있으나, 그 근거나 책임 추궁은 명확하지 않다. "조선인의 자유 의지에 반한 일본의 단독적이며 강제적인 행위"라는 언급은 식민지 지배의 '불법성' 또는 '책임'을 추궁하기에는 매우 추상적인 표현에 불과했다. 이승만 정권은 '반일'을 대일 정책의 기조로 하면서도 일본의 식민지 지배에 대한 책임 추궁을 제대로 하지 못했고, 결국 동 조서의 배상 청구 범위를 중일전쟁 및 태평양전쟁 기간 중으로 한정하고 있다.

이후 이승만 정부는 전쟁 배상에 가까운 개념으로 대일 배상 청구를 시도했다. 그리고 식민지주의 청산을 위한 참가 자격이 아닌, 대일 전승국인 연합국의 지위로 대일강화회의에 참가할 자격을 확보하기 위해 노력한다. 이승만 정부는 중국 상해에 있던 대한민국 임시정부를 대일 교전국 지위 획득을 위한 근거로 하여, 대일강화조약에 대한 연합국 자격을 미국에 요청했다. 즉, 일제강점기 동안 대한민국 임시정부는 항일 독립 투쟁을 전개했을 뿐만 아니라, 제2차 세계대전 때에는 광복군을 결성하여 대일 선전 포고와 함께 연합국인 중국군에 편성되어 일본군과 싸웠다고 주장했다.[36] 이에 대해 맥아더는, 한국에 연합국

---

35) 大韓民国政府,『対日賠償要求調書』(1954), pp.1~3.

36) 太田, 앞의 책(2015), p.65.

자격을 부여하고 서명국으로서 대일강화회의에 참가하도록 할 것을 본국에 건의했다.[37] 존 무치오(John J. Muccio) 주한미국대사도 이 문제에 관한 국무성으로부터의 의견 타진에 대해, 1949년 11월 23일 "한국이 미군정으로부터 양도받은 재한일본재산과 대일 배상 청구를 상쇄하는 것"을 조건으로 한국을 대일강화회의에 참가시킬 것을 권고했다. 존 덜레스(John F. Dulles) 미국 국무장관 고문은 맥아더와 무치오의 건의를 받아들여, 1949년 12월 29일에 작성된 대일강화조약의 초안에, 한국이 연합국의 자격으로 대일강화회의에 참가한다고 명시했다.[38]

그런데 영국 정부가, 한국은 일본의 식민지였을 뿐 일본과 교전 상태가 아니었다는 이유로 한국에 대한 연합국 자격의 부여에 반대했다. 미국은 영국의 의견에 동의하고, 전쟁 중 대한민국 임시정부가 결성한 광복군이 연합국의 일원으로 대일 전쟁을 수행했다는 한국 정부의 주장을 각하했다. 1951년 6월 14일 자로 작성된 대일강화조약 미·영 공동 초안에서 한국은 서명국 리스트에서 제외되었다.[39]

이 문제에 대해 선행 연구들은 다음과 같은 분석을 하고 있다. 오타(太田)는, 한국의 대일강화회의 참가에 대해 영국이 반대하고 미국이 결국 그것에 동조한 배경에는 식민지 통치를 합법적인 것으로 인식하는 연합국의 '제국의 논리'가 기저에 있으며, 이 논리에 의해 일본의 식민지 지배에 대한 청산의 기회가 소멸되었다고 논하고 있다.[40] 김민수는, 중국 대표권 문제 때문에 미국과 영국이 정치적으로 타협한 것이라고 분석했다. 당시 미국과 영국은 유엔의 상임이사국 중 하나

---

37) 高崎, 앞의 책(1996), p.16.

38) 이원덕, 앞의 책(1996), pp.27~29.

39) 金民樹, 「対日講和条約と韓国参加問題」, 『国際政治』 第131号(2002), pp.133~147; 太田, 앞의 책(2015), pp.61~65.

40) 太田, 위의 책, p.65.

인 중국에 대해, 그 대표 자격을 어디에 줄 것인지를 두고 대립하고 있었다. 미국은 대만으로 이전한 중화민국의 국부를 중국 대표로 인정하자고 했고, 영국은 중국 대륙을 사실상 지배하고 있는 중화인민공화국을 중국 대표로 인정해야 한다고 주장했다. 중국 대표권 문제를 두고 영국과 대립하던 미국이 한국의 연합국 자격 부여 문제에 대해 영국에 양보하는 대신 국부를 유엔의 중국 대표에 앉히기로 타협했다는 것이 김민수의 분석이다.[41] 장박진은, 한국이 대일강화조약의 서명국에서 배제된 배경에 영국의 반대가 절대적으로 작용했다기보다는, 미국의 전후 동아시아 정책과 냉전 전략이 대일 강화의 논리와 복잡하게 연동되어 나타난 미국의 논리적 모순의 결과라고 논하고 있다.[42]

한편, 연합국은 자신들의 식민지였던 동남아시아 국가들에 대해서는 대일강화회의에 참가할 자격을 부여했다.[43] 즉, 전승국의 식민지였던 동남아시아 국가들에게는 연합국 자격으로 대일강화회의에 참가할 기회가 부여된 반면, 패전국 일본의 식민지였던 한국에는 그 자격이 인정되지 않았던 것이다. 연합국의 대일 배상 청구 논리에 식민지주의 청산의 의지가 배제되고 전후 처리 성격의 논리가 우선되었음을 알 수 있다. 한국은 유럽 열강들의 제국주의 논리, 연합국의 이해관계, 미국의 냉전 전략 등의 이유로, 대일 배상 청구 논리에 일제강점기에 대한 배상 요구뿐만 아니라 전쟁 배상 요구도 제약을 받게 되었고, 이러한 한국의 고심이 『대일배상요구 조서』에 잘 드러나 있었던 것이

41) 金民樹, 앞의 논문(2002).

42) 장박진, 『식민지 관계 청산은 왜 이루어질 수 없었는가: 한일회담이라는 역설』(논형, 2009), pp.213~214.

43) 原朗, 「戦争賠償問題とアジア」, 『アジアの冷戦と脱植民地化(近代日本と植民地八)』(岩波書店, 1993), pp.269~289.

다. 한국은 이승만 정권 시기부터 과거 청산이나 전쟁 배상의 성격으로 대일 배상 청구를 하는 것이 어렵다고 인식하고 있었다는 추측이 가능하다.

한국의 대일 배상 청구 논리의 한계

1951년 7월 덜레스가 발표한 대일강화조약 초안의 내용은, 대일강화조약에 대한 서명국 지위 확보에 실패한 한국의 입장을 더욱 불리하게 했다. 가장 문제가 된 것은 동 조약 제4조 (a)항이었다. 한국 정부는 재한일본재산이 명령 33호 및 1948년 9월에 체결된 한미협정에 의해 이미 한국 정부에 귀속되었다고 생각했다. 그런데 제4조 (a)항에는 한일 양국 간의 외교 교섭에 의해 재한일본재산의 소유권 이전에 관한 논의를 새롭게 해야 한다는 취지의 문구가 명시되어 있었다. 제4조 (a)항이 한국의 대일 청구권을 사실상 봉쇄할 수도 있다는 위기감을 느낀 이승만 정부는, 이 조항이 일제강점기를 정당화하고 더 나아가서는 일본에 의한 역청구권 주장을 인정하는 결과로 이어진다며 격렬하게 비난했다. 그리고 미국에 동 조항의 수정을 요청했다. 미국 정부는 이것을 받아들여 대일강화조약이 서명되기 직전인 1951년 8월 16일 자 강화 조약 최종안에서 제4조의 (a)항을 약간 수정하고 (b)항을 신설했다.[44]

대일강화조약 최종안 제4조의 수정된 (a)항과 신설된 (b)항, 이 문제와 관련된 제2조의 내용은 다음과 같다.[45]

---

44) 高崎, 앞의 책(1996), pp.16~20.

45) 外務省条約局·法務府法制意見局 [編], 『解説平和条約』(印刷庁, 1951), pp.18~19. 대일강화조약의 원문은 영어이며, 일본 정부가 일본어로 번역한 것이 있다. 하지만, 제4조 (a)항은 영문과 일문 모두 문장이 장황하고 조악하여 한국어로 옮기는데

제2조 (a) 일본은 조선의 독립을 승인하고 제주도 거문도 및 울릉도를 포함한 조선에 대한 모든 권리, 권한 및 청구권을 포기한다.
※(b)항부터 (f)항까지는 생략

제4조 (a) (b)항에 따를 것을 조건으로, 제2조에 규정된 지역에서의 일본 및 그 국민의 재산의 처분 및 채무를 포함한 그들의 청구권 <……중간 생략……> 처분은 일본과 그 당국 사이의 특별협정의 대상이 된다.[46)]
(b) 일본은 제2조 및 제3조에 언급된 지역에 있는 연합국군에 의해 처분되었고 또 그 지령에 따라 행해진 일본 및 그 국민의 자산 처리의 효력을 승인한다.

새롭게 추가된 (b)항은, 재한일본재산의 처분에 관한 명령 33호의 효력을 일본에 인정시키는 것이었다. 당시 한국 정부는 대일강화조약 제4조에 (b)항을 삽입시킨 것을 큰 외교적 성과라고 평가할 정도였다.[47)]

일본은 1951년 9월 8일 샌프란시스코강화회의에서 (b)항이 신설된 대일강화조약 최종안에 조인했지만, (b)항이 삽입된 것은 일본 정부에게 예상 밖의 일이었다. 1951년 10월 10일부터 열린 일본 제12회 국회

무척 고심했다. 따라서 본서의 논점을 이해하는 데 필요한 부분만을 발췌하여 번역했다.

46) 제4조 (a)항 원문은 다음과 같다. Article 4 (a) Subject to the provisions of paragraph (b) of this Article, the disposition of property of Japan and of its nationals in the areas referred to in Article 2, and their claims, including debts, against the authorities presently administering such areas and the residents (including juridical persons) thereof, and the disposition in Japan of property of such authorities and residents, and of claims, including debts, of such authorities and residents against Japan and its nationals, shall be the subject of special arrangements between Japan and such authorities.

47) 金東祚 [著], 林建彦 [訳], 『韓日の和解—日韓交渉一四年の記録』(サイマル出版会, 1993), pp.7~8.

'평화조약 및 일미안전보장조약 특례위원회'에 참석한 니시무라 쿠마오(西村熊雄) 외무성 조약국장은, "동 조약이 한국의 강력한 외교 활동에 의해서 삽입되었으며 일본에는 불리한 조항이다"라고[48] 인정했다. 외무성은 일본 정부 내에서, 당초 덜레스가 한국의 요청을 받아들여 한국이 연합국으로서 대일강화조약에 조인하는 것을 승인하려고 했지만 최종적으로 한국의 이런 요청은 좌절되었고 대신 한미협정에 의한 재한일본재산의 양도를 최종적으로 확정시키기 위한 이승만 정권의 요청으로 제4조에 (b)항이 삽입된 것이라는 경위를 설명하고, 동 조항이 앞으로 한일 간 교섭에 미칠 파장을 우려했다.[49]

하지만 한국 입장에서도 (b)항이 신설되었다고 해서 대일 청구권이 확실하게 보장된 것은 아니었다. (b)항의 삽입으로 대일 청구권이 재한일본재산과 일방적으로 상쇄되는 것을 막고 일본에 대한 어느 정도의 교섭력을 확보하기는 했지만, (b)항과 모순된 내용의 (a)항이 여전히 존재했기 때문이었다. 한국 정부는 일찍부터 이 문제에 대해 고민했다.

한국 정부는 대일강화조약의 최종안이 발표된 직후인 1951년 8월 20일부터, 국제법학자인 유진오 고려대학교 법정대 학장, 강기영 한국은행 부총재, 홍진기 법무부 법무국장, 이건호 고려대학교 교수 등 주로 법률 및 경제 분야의 전문가로 구성된 좌담회를 열었다. 이 해 10월로 예정된 한일회담 예비 회담이 다가옴에 따라, 이 좌담회에서는 대일 배상 청구의 성격을 어떻게 규정해야 하는지가 주된 논의의

---

48) 「第十二回国会参議院平和条約及び日米安全保障条約特別委員会会議録第十号」 1951.11.5, 일본 국회회의록 검색 시스템 http://kokkai.ndl.go.jp(이하 생략). 일본 외무성문서에도 위의 정부 답변 내용의 발췌 요약이 기록되어 있다. アジア局第二課, 「国会における在外財産補償に関する政府答弁等」, 일본외무성문서 2006-588-1234.

49) 西沢記, 「日韓問題定例打合会(第三回)」 1951.12.10, 일본외무성문서 2006-588-1631.

대상이었다.[50] 이들이 이후 한일회담 한국 대표단에 참여한 것을 고려하면, 이 좌담회에 주목할 필요가 있다.

이들은 한국의 『대일배상요구 조서』는 전승국과 패전국 사이의 전비(戰費) 배상 개념이 아닌 기성 채권 또는 수확물의 반환에 대한 청구로 구성되어 있는 특이성이 있다고 설명하며, "(한일 간에) 배상을 집행함에 있어 독자적인 방법에 의해 그러한 특수한 요구를 관철해야만 한다"라고 했다. 그리고 대일 청구권을 미국으로부터 받는 원조와 더불어 한국 경제의 재건을 위한 중요한 자금 조달의 한 수단이라고 하면서, 대일 배상 청구의 경제적 가치를 강조했다.[51]

이 좌담회에 관한 한국 측 사료는 아직 발견하지 못했고, 한국 측 인사의 전언을 바탕으로 일본에서 정리한 사료만 존재하는데, 이 사료만 보면 이들이 말하는 '특수한 요구'의 진의를 정확히 알 수는 없다. 다만 앞뒤 문맥상, 좌담회 인사들은 한국의 대일 배상 요구는 배상의 본래 개념인 전쟁 피해에 관한 차원이 아닌 채권·채무의 처리 개념에 가깝다는 점을 지적하고 있는 것 같다.

좌담회 참석자들은 과거 청산이나 전쟁 배상의 성격으로 대일 배상 청구를 하는 것이 어렵다고 인식했는지, 한국의 대일 배상 청구의 근거로 연합국의 견해를 여럿 인용했다. 첫 번째는 포츠담 선언이었다. 이들은, 일본의 무조건 항복을 천명한 포츠담 선언에는 일본이 폭력과 탐욕에 의해서 약탈한 모든 재산을 원상 회복하도록 하는 취지가 명시되어 있다고 해석했다. 두 번째는 일본제국주의를 비판한 폴리 배상사절단의 성명이었다. 세 번째는 1947년 8월 호주의 수도 캔버라에서 열린 영국 연방의 대일 강화 예비 회담에서 발표한 "일본이 점령

---

50) 「一九五一年八月二十日座談会」 1951.8, 일본외무성문서 2006-588-1572.

51) 「韓国の対日賠償要求について」, 일본외무성문서 2006-588-1572.

지에서 강탈한 일체의 재산을 정당한 소유자에게 반환하도록 명한다" 라는 결의 성명이었다.[52] 그러나 이러한 연합국 측의 견해들은 한국에 대한 일본의 배상 책임을 직접 언급한 것이 아니었다.

지금까지 검토하고 분석했듯이, 제2차 세계대전 이후 국제 질서를 주도한 연합국은 제국주의 시대의 식민지 지배에 대한 반성과 책임을 회피했다. 미국은 대일 강화를 실질적으로 단독 주도하는 과정에서 일본의 조선 식민지 통치에 대한 책임을 묻지 않았으며, 대일 점령 정책을 완화하면서 한국의 대일 배상 청구의 근거를 약화시킬 수 있는 조치를 취했다. 그리고 이러한 환경에서 해방 후 한일 관계가 출발하게 되었다.

2. 일본의 역청구권 주장 논리의 형성

대일 강화에 관한 연구와 『야마시타 보고서(山下報告書)』

일본 외무성 내에서는 패전 직후인 1945년 11월, 다가올 대일강화회의에 대비하여 '평화조약문제연구 간사회(平和条約問題研究幹事会)'라는 연구회를 발족시켜 대일강화조약에 관한 연구에 착수했다. 니시무라 외무성 조약국장을 좌장으로 한 이 연구회는 여러 방면에 걸쳐 연구 항목을 설정하고 기초 자료를 작성해 갔다. 외무성 내의 연구회로 출발한 이 조직은, 1947년 3월 SCAP의 맥아더 사령관이 대일 조기 강화의 방침을 밝히자 다른 정부 기관도 참여한 각 부처 간 연락 간사회로 발전하였고, 관련 연구는 정부 차원의 검토로 이행되었다.[53]

52) 위와 같음.

외무성 조약국의 주도로 진행된 이 연구에서 가장 큰 비중을 차지한 것은, 유럽에서 체결된 패전국과 연합국 사이의 강화 조약 내용 및 연합국의 전후 처리 동향을 분석하는 것이었다. 여기에 관한 분석은 뒤에 『강화조약연구 자료(講和条約研究資料)』라는 제목으로 간행되었는데,[54] 그 과정은 다음과 같다.

조약국은 우선, 대일 강화에 관한 각 연구 항목들 중 영토 할양에 동반한 주요 문제에 대해서 국제법학자인 나고야대학교 법학부의 야마시타 야스오(山下康雄) 교수에게 연구를 위촉했다. 조약국과 야마시타는 영토 할양에 동반한 주요 문제로서 (1) 영토 할양과 국적 및 사유 재산, (2) 강화 조약과 재외재산, (3) 강화 조약과 외국 재산, (4) 강화 조약과 공업 소유권, (5) 전쟁과 계약, (6) 미국의 독일 재산 처리 등 6개의 개별 항목을 설정했다. 연구의 주된 초점은, 패전국의 옛 점령 지역에 남겨진 재산의 처분이 전쟁 배상과 어떤 관련이 있는지에 맞춰졌다.[55]

야마시타는 강화 조약의 배상 관련 조항을 경제 분야에 관련지어, 이성에 의해서 다툴 수 있는 분야는 경제와 관련된 조항이며 자신의 이러한 연구는 국제법의 발달에 중요한 의미를 가진다고 자찬했다.[56]

---

53) 西村熊雄, 『サンフランシスコ平和条約』(鹿島研究所出版会, 1971), pp.21~28.

54) 条約局法規課, 『講和条約研究資料 第一巻~第五巻』(1950); 条約局法規課, 『講和条約研究資料 第六巻－平和条約案に対する独乙国意見書－』(1951); 条約局法規課, 『講和条約研究資料(上巻)』(1951); 条約局法規課, 『講和条約研究資料(下巻)』(1951).

55) 条約局法規課, 『領土割譲と国籍·私有財産 講和条約の研究 第一部(山下教授)』(1951); 条約局法規課, 『講和条約と在外資産 講和条約の研究 第二部(山下教授)』(1951); 条約局法規課, 『講和条約と外国財産 講和条約の研究 第三部(山下教授)』(1951); 条約局法規課, 『講和条約と工業所有権 講和条約の研究 第四部(山下教授)』(1951); 条約局法規課, 『戦争と契約 講和条約の研究 第五部(山下教授)』(1951); 条約局法規課, 『米国の独乙財産処理 講和条約の研究 第六部(山下教授)』(1951).

56) 条約局法規課, 『戦争と契約 講和条約の研究 第五部(山下教授)』(1951), 「序説」.

이러한 인식에서 진행된 야마시타의 일련의 연구 성과들은 1949년부터 1951년 사이에 차례로 정리되어, 외무성 조약국에 의해 『야마시타 보고서(山下報告書)』라고 이름이 붙여져 간행되었다.57) 조약국은 야마시타의 연구 조서를 "강화 문제를 포함한 그 외의 연구 및 집무상 극히 유익하다"라고 평가하고, 외무성 내외에 배포했다.58)

야마시타 보고서는 그 후 전후 배상에 관한 일본 정부의 법적 논리의 기초 자료가 되었다. 1951년 10월 25일 참의원에서 진행한 '평화조약 및 일미안전보장조약 특례위원회'에서, 야마시타는 국제법학자로서는 유일하게 참고인으로 국회에 출석하여 재외일본재산의 처리 및 배상 문제에 관한 자신의 법적 견해를 피력하기도 했다.59)

본 장이 야마시타의 연구 보고서에 주목하는 이유는, 이 보고서가 한일 간 청구권 문제에 관한 일본 정부의 법적 논리 형성에 많은 영향을 끼쳤기 때문이다. 이 보고서는 유럽 패전국의 재외재산 처리에 관한 문제를 상세하게 검토한 후, 재한일본재산에 대한 일본의 권리 주장을 정당화하는 법이론을 정리하고 있다. 당시 외무성 조약국의 하라 후지오(原富士男) 사무관이 한일 간 청구권 문제에 관한 법적 견해를 보충 설명할 때 "……우리 측 견해에 이론적 기초가 된 나고야대학교 야마시타 교수의 견해에 대해서……"라고 말한 것으로 보아도, 일본 정

57) 야마시타와 외무성의 주도로 진행된 연구 성과는, 1949년 9월 『領土割譲の主要問題』의 간행을 시작으로, 1950년과 1951년 사이에 『講和条約研究資料』 第一巻~第六巻(1950), 『講和条約の研究』 第一部~第六部(1950), 『講和条約研究資料』 上巻, 下巻(1951)이 차례로 간행되었다. 『講和条約の研究』 第一部~第六部는 처음에 등사(謄写)로 간행되었다가, 1951년에 활판 인쇄로 새롭게 간행되었다.

58) 山下康雄, 『領土割譲の主要問題』(1949), 「序」; 条約局法規課, 『米国の独乙財産処理講和条約の研究 第六部(山下教授)』(1951), 「はしがき」; 条約局法規課, 『講和条約研究資料』 上巻(1951), 「はしがき」.

59) 「第十二回国会参議院平和条約及び日米安全保障条約特別委員会会議録第三号」 1951.10.25, 일본 국회회의록 검색 시스템.

부의 법적 논리가 야마시타에게서 영향을 받은 것은 분명하다. 하라가 작성한 이 문서는 일본 외무성 아시아국에서도 인용하고 있다.[60]

패전국의 재외재산 처리에 관한 연구

대일강화조약 발효 후 일본의 외교 과제는 해외 각국과 직접적인 외교 교섭을 통해 국교를 정상화하는 것이었다. 하지만 대일강화조약에 서명하지 못한 중국, 한국 및 일부 동남아시아 국가들과의 교섭에는 여러 난관이 있었다. 우선, 해당 국가들과 배상 문제 및 국교 정상화를 위한 교섭을 할 때, 해당국 내에서 연합국에 의해 실시된 일본 자산의 처분에 대해 어떻게 받아들여야 할지 규정할 필요가 있었다. 이러한 문제의식은 야마시타 보고서가 만들어진 배경이기도 했다.

조약국은 패전국의 할양 지역(옛 점령 지역)에 형성된 재산의 처리 문제와 전쟁 배상과의 관련성에 관한 연구를 진행했다. 이때 야마시타에게 제1차 세계대전 후에 독일과 연합국 사이에서 체결된 베르사유조약과, 제2차 세계대전 후에 이탈리아와 연합국 사이에서 체결된 이탈리아강화조약을 선례로 할 것을 제안했다.[61] 조약국은, 두 조약을 그대로 일본에 적용시키는 것은 어렵지만 좋은 선례가 될 것이라고 언급하고, 두 조약에서 할양 지역에 남아있는 패전국의 국공유 자산 및 사유 재산이 어떻게 취급되었는지 가늠하고자 했다.[62]

야마시타는 조약국의 의도대로, 옛 점령 지역에 거주하고 있었던 패전국 주민의 국적과 그들의 사유 재산 그리고 패전국의 국공유 자

60) 北東アジア課, 「平和条約第四条(ｂ)項と在南鮮旧日本財産との関係」 1952.2.6, 일본외무성문서 2006-588-1567.

61) 条約局法規課, 『講和条約研究資料(上巻)』(1951), 「はしがき」.

62) 条約局条約課, 「講和資料第二十二号」 1951.1, 일본외무성문서 2006-588-1560.

산이 패전 후 영토 할양에 동반하여 어떻게 처리되었는지에 초점을 맞춰 연구를 진행했다. 조약국은 야마시타의 연구 결과를 토대로 베르사유조약과 이탈리아강화조약에서 패전국 관련 재산이 어떻게 처분되었는지 그 특징을 다음과 같이 정리했다.[63]

우선, 선례가 되는 두 조약 모두 패전국의 국공유 자산은 실질적으로 할양 지역의 계승국에 무상으로 양도되었다고 해석했다. 차이가 있다면, 베르사유조약의 경우 독일 명의의 국공유 자산이 계승국에 대한 배상의 의미로 몰수되었다면, 이탈리아강화조약의 경우에는 배상과는 별도의 카테고리로 이탈리아 명의의 국공유 자산이 계승국에 몰수되었다고 했다. 그리고 이탈리아강화조약은 베르사유조약과 비교해서 계승국에 몰수되는 국공유 자산의 범위가 넓기 때문에 가혹한 규정이라고 지적했다. 단 이탈리아강화조약에서는 할양 지역에 있는 패전국 국민의 사유 재산의 존속을 인정하고 있기 때문에 사유 재산의 몰수 범위를 엄격하게 규정한 결과로써 국공유 자산의 처리 범위가 가혹하게 정해진 것이라고 판단했다.[64]

다음으로, 제한적이기는 하지만 두 조약 모두 패전국 국민의 사유 재산에 대해서는 원소유자의 권리를 인정하고 있다고 해석했다. 이탈리아강화조약에서는 할양 지역 내에 거주하고 있던 이탈리아인의 재산이 적법하게 취득된 것이라면 그 사유 재산권을 보호하고 있으며, 계승국 국민과 평등한 권리를 부여하고 있다는 것이다. 또한 연합국 및 그 동맹국의 영역 내에 있는 이탈리아인의 사유 재산도 조건이 충족된다면 원소유자에 반환하거나 그 권리를 인정하고 있다고 보았다. 베르사유조약에서는 할양 지역 내에 영주하고 있는 독일인의 사유 재

63) 위와 같음.
64) 위와 같음.

산권만이 보호되고 있지만, 영주자가 아닌 독일인의 사유 재산권도 완전히 배제된 것은 아니라고 했다.[65]

조약국이 내린 결론은 다음과 같다. 두 조약 모두 국공유 자산은 대체적으로 패전국에 반환하는 것을 인정하고 있지 않다. 그러나 사유 재산에 관해서는 원소유자인 패전국 국민에게 어느 정도 권리가 인정되고 있다.[66] 단, 베르사유조약에서는 개인의 재외재산이 배상 지불에 사용된 경우 그 재산의 원소유자에 대해 독일 정부가 보상할 의무가 있다고 한 점에 주의를 환기하고 있다. 조약국은 이 선례가 일본인 인양자들의 국가 보상 요구의 논거로 거론될 가능성을 우려한 것이다.[67] 이러한 패전국의 재외재산 처리 문제에 관한 일본 정부의 견해는, 제12회 국회 중의원 및 참의원의 '평화조약 및 일미안전보장조약 특례위원회'에서 니시무라 조약국장에 의해 진술되었다.[68]

분리 지역론

일본 외무성 조약국은 패전국의 재외재산 처리에 관한 연구를 토대로, 주한미군정청에 의한 재한일본재산의 처리에 관해서도 의견을 정리했다. 조약국이 재한일본재산의 처리에 관해 우선 문제시한 것은 한국의 지위였다. 앞서 말한 바와 같이, 동남아시아 국가들에게는 대일 전쟁 배상 청구가 가능한 연합국의 자격이 주어진 반면, 한국에 대

65) 위와 같음.

66) 条約局法規課, 『領土割譲と国籍·私有財産』(1951), 「序説」.

67) 条約局条約課, 「講和資料第二十二号」 1951.1, 일본외무성문서 2006-588-1560.

68) 「第十二回国会衆議院平和条約及び日米安全保障条約特別委員会議録第四号」 1951.10.19, 일본 국회회의록 검색 시스템; 「第十二回国会参議院平和条約及び日米安全保障条約特別委員会 会議録第十一号」 1951.11.6, 일본 국회회의록 검색 시스템.

해서는 그 자격이 배제되었다. 그럼에도 불구하고 한국의 요구로 대일강화조약 제4조에 (b)항이 삽입된 결과 한일 간의 청구권 문제가 복잡해졌기 때문에 한국의 지위를 명확하게 규정해 둘 필요가 있었다.

이 문제에 관한 연구도 야마시타에게 맡겨졌다. 야마시타는 이 연구에서, 할양 지역 및 분리 지역에서의 패전국 국민의 사유 재산 처분에 관한 법적 논리를 국적 선택 문제와 관련해서 상세하게 논하고 있으나, 본서는 야마시타가 재한일본재산에 대한 일본의 권리 주장을 합리화하기 위해 할양 지역과 분리 지역을 구분한 점에 초점을 맞춰 설명한다.

한국의 지위 규정에 관해서 야마시타는 "조선은 독립국이므로, 할양지가 아닌 분리 지역, 즉 'detached territory'라고 하는 것이 적절하다"라는 견해를 밝혔다. 야마시타는 분리 지역을 "일본의 지배에서 제외된 영역" 또는 "관치(官治)하고 있던 당국"이라고 정의했는데, 어떠한 기준으로 할양 지역과 분리 지역을 구분하는지에 관해서는 명확한 기준을 제시하지 않았다.[69]

할양 지역 및 분리 지역에 관해서는 현재도 국제법상 충분히 정의되어 있지 않다. 일본의 국제법 권위자인 사카모토 시게끼(坂本茂樹) 교수에 의하면, 일반적으로 할양 지역은 조약에 근거해서 할양된 지역을 가리키며, 영토의 획득과 상실에 관한 법적인 근거의 하나로서 할양이라는 개념이 사용되고 있다고 한다. 한편 분리 지역이란 영토의 획득과 상실에 관한 법적인 근거에 한정하지 않고 좀 더 넓은 일반적 의미로 사용되는 경우가 많다고 한다.[70]

---

69) 条約局法規課, 「平和条約第四条について(上)(未定稿)(講和条約研究第三号)」 1951.9, 일본외무성문서 2006-588-1562, 「はしがき」.

70) 필자가 2014년 11월 21일 국제법학자인 사카모토 시게끼(坂本茂樹) 고베대학교 명예교수에게 서면으로 의견을 묻고, 사카모토 교수가 정리하여 서면으로 답변한

이와 같은 정의를 전제로 정리하자면, 할양 지역이란 일본의 점령을 받았지만 대일 전승국이라는 근거로 정식으로 주권을 회복하였고, 대일강화조약에 서명국으로 참가할 수 있는 자격을 취득한 지역을 가리킨다. 반면에 분리 지역이란, 조약 등의 법적 근거가 없는 상황에서 일본의 패전에 의해서 자동으로 분리된, 대일 전승국이 아닌 지역을 가리킨다고 할 수 있다. 야마시타와 조약국도 이러한 일반적인 인식을 토대로 한국을 분리 지역으로 구별하고 있었던 듯하다. 즉, 한국은 법적인 근거나 조약 등에 의해 정식으로 일본으로부터 할양된 지역이 아닌, 일본의 패전에 의해 국제법적인 뒷받침이 없는 상황에서 일본으로부터 자의적으로 분리된 지역이라고 해석한 것 같다.

하지만 문제는, 야마시타가 한국과 마찬가지로 일본의 식민지였던 대만에 대해서는 할양 지역이라고 규정하고 있다는 점이다. 야마시타는 "대만에 대한 정치적 고려, 즉 중국 정부와 국민당 정부를 고려해야 한다"라고 말했는데,[71] 이는 다음과 같은 국제 정치적 배경을 의식했을 것으로 보인다.

중국은 제2차 세계대전에서 연합국 측의 일원으로 일본과 교전하였고, 이로 인해 중국에게는 대일 전승국의 자격이 부여되었다. 뿐만 아니라 유엔 상임이사국의 한 축으로도 결정이 되었는데, 유엔의 중국 대표 자리를 두고 미국과 영국이 대립했다는 것은 앞에서 언급했다. 미국은 유엔이나 대일강화회의에 중국 대표로 참가할 수 있는 자격을 국부에 주어야 한다고 주장했다. 미국은 냉전이 심화되는 상황에서 중국의 공산당 정권에게 유엔의 상임이사국 자리를 주고 싶지 않은

것을 인용했다. 바쁘신 가운데 학설을 정리해 주신 사카모토 교수에게 감사드린다.

71) 条約局法規課, 「平和条約第四条について(上)(未定稿)(講和条約研究第三号)」 1951.9, 일본외무성문서 2006-588-1562, 「はしがき」.

속내도 있었지만, 1912년 청조 붕괴 후 대륙에 처음으로 성립한 중화민국을 계승하고 대일 선전 포고와 함께 대일전을 사실상 이끈 장개석의 국민당 정부가 더 정통성이 있다고 생각했다. 그러나 영국은 중국 공산당에 패하고 대만으로 도주한 국부가 아닌, 현재 중국 대륙을 실질적으로 지배하고 있는 중화인민공화국이 중국의 대표가 되어야 한다고 주장했다.

이 문제는 일본 정부 내에서도 논쟁이 되었다. 니시무라 외무성 조약국장은 중국 대륙을 상실한 국부를 중국 대표로 인정한다는 미국의 방침에 대해서 법률적으로도 정치적으로도 곤란한 점이 있다고 지적하며 부정적인 입장이었다. 요시다 시게루(吉田茂) 총리도 장래의 중국 시장을 의식하여 국부를 선뜻 지지하지 못하고 있었다. 그러나 패전하여 미국의 점령을 받고 있는 일본의 처지와 대일강화조약의 조기 타결에 지장이 있을 것이라는 덜레스의 압박을 의식하여, 요시다 총리는 최종적으로 미국 정부의 입장을 따라 국부를 지지하는 의향을 명확히 했다.[72] 야마시타는 이러한 논쟁이 진행되고 있다는 점을 의식하고, 대일강화회의에 국부가 중국의 대표로 참가할 가능성을 고려한 듯하다. 즉 대만이 일본의 식민지 통치를 받았다는 점에서는 한국과 같은 입장이었지만, 만약 대만에게 중국 대표권이 부여될 경우 대만은 대일 전승국의 자격을 부여받게 되며, 대만과 한국은 대일강화조약 및 대일 배상 교섭에 있어서 명확하게 다른 지위가 부여되는 것이었다.

베르사유조약과 이탈리아강화조약을 선례로 하여, 할양 지역 및 분리 지역에 남아있는 일본의 재외재산 처리에 관하여 야마시타가 정리

72) 井上, 앞의 책(2010), pp.14~23.

한 견해는 다음과 같다([표 1-1] 참조).

우선, 사유 재산에 관한 견해는 다음과 같다. 베르사유조약에서는 독일인의 사유 재산이 할양 지역을 접수한 연합국에 의해서 청산되는 것을 승인했는데, 이탈리아강화조약에서는 할양 지역에 있는 이탈리아인의 사유 재산을 청산하지 않았다. 그러나 분리 지역에 있는 사유 재산에 관해서는 두 조약 모두 귀속이 불분명하다. 이탈리아강화조약과 같은 경향은 제2차 세계대전 후에 체결된 다른 일련의 강화 조약에서도 보인다. 따라서 제2차 세계대전 후의 경향은, 할양 지역에 있는 패전국 국민의 사유 재산권을 보호하고 있으며, 분리 지역에 남아있는 패전국의 사유 재산에 관해서는 선례가 없으나 이것을 연합국이 청산하는 것을 암묵적으로 배제하고 있다는 해석이 가능하다. 야마시타는 이러한 견해를 배경으로, 일본의 분리 지역인 한반도에 남아있는 일본인들의 사유 재산이 주한미군정청에 의해서 완전히 청산되었다고는 해석하지 않는다고 결론지었다.[73)]

다음으로 국공유 자산에 관해서, 야마시타는 선례가 되는 두 조약을 비롯하여 국제법상의 일반적인 원칙으로서 할양 지역뿐만 아니라 분리 지역에 남아있는 것은 모두 몰수를 인정하고 있다고 했다. 단, 국유 재산이 이탈리아강화조약의 규정처럼 '무상'으로 양도되는지 베르사유조약의 규정처럼 '배상의 대체'로 간주되는지에 관해서는 논의의 여지가 있다고 했다. 하지만 분리 지역에 있는 일본계 국공유 자산을 이탈리아강화조약의 '무상 양도' 형식이 아닌, 베르사유조약처럼 '배상의 대체'로 할 수 있는 가능성은 열려 있다고 주장했다. 따라서 재한일본재산 중 국공유 자산이라도 한국의 대일 청구권과 상쇄할 수

---

73) 条約局法規課, 「平和条約第四条について(上)(未定稿)(講和条約研究第三号)」1951.9, 일본외무성문서 2006-588-1562, 「第一章 私有財産」, 「第二章 国有財産」.

있는 대상이 될 수 있다고 했다. 한편 사유 재산이 한국의 대일 청구권과 상쇄 대상이 되는지에 대해서는 명확한 견해를 밝히지 않고 있다.[74] 앞에서 언급한 바와 같이, 베르사유조약에서는 개인의 재외재산이 배상 지불에 사용된 경우에 그 재산의 소유자에 대한 독일 정부의 보상이 의무로 규정되어 있었다. 이 시기 이미 일본에서는 한반도에서 귀국한 사람들에 의해 그들의 사유 재산에 대한 국가 보상 요구의 목소리가 분출하고 있었다. 야마시타는 이 점을 의식했던 것이다.

[표 1-1] 패전국의 해외 재산 처리에 관한 야마시타 보고서의 견해

구분	할양 지역		분리 지역	
	국공유 자산	사유 재산	국공유 자산	사유 재산
WWⅠ후 베르사유조약	몰수/ 배상의 대체	일부 몰수/ 배상을 대체하고, 독일 정부가 보상	몰수	선례 없음
WWⅡ후 이탈리아강화조약	무상 몰수	유지	몰수	선례 없음
재한일본재산의 경우	해당하지 않음	해당하지 않음	몰수/ 배상의 대체	암묵적 유지

* 일본외무성문서, 「平和条約第四条について(上)」[75]를 요약하여 필자가 재구성함.

재한일본재산에 대한 일본의 소유권 문제

일본 외무성 조약국은 야마시타 교수의 견해를 바탕으로 패전국 국민의 사유 재산권 보호는 국제법상 배제되지 않았다고 정리하고, 따라서 재한일본재산 중 사유 재산에 관해서는 일본의 재산권 요구가 가능하다는 결론에 도달했다.[76] 그러나 재한일본재산의 처분을 명한

74) 위와 같음.
75) 위와 같음.
76) 위와 같음.

주한미군정청의 명령 33호의 효력을 대일강화조약 체결 후에 어떻게 받아들여야 하는지에 대한 문제가 다음 연구 과제로 떠올랐다.

야마시타의 연구 보고서 중에서 한국과의 청구권 문제와 관련된 것은 『平和条約第四条について(上)(下)(평화조약 제4조에 관해 상·하)』이다. 이 보고서는 한일회담이 본격적으로 시작되기 이전인 1951년에 외무성 내에서 정리되었고, 제1차 한일회담이 결렬된 후 일본의 역청구권 주장을 두고 한일 간 갈등이 한창이던 1952년 가을에 「在韓日本財産に対する請求権(재한일본재산에 대한 청구권)」이라는 제목의 논문으로 공표되었다.[77] 외무성 내에서는 재한일본재산에 관한 일본의 소유권 주장, 즉 역청구권을 주장하기 위한 법적 논리가 일찌감치 정비되어 있었던 것이다.

야마시타는 『평화조약 제4조에 관해 상·하』에서, 명령 33호에 의한 재한일본재산의 몰수를 대일강화조약 제4조와 관련해서 어떻게 해석할 것인지, 재한일본재산에 대한 일본의 권리는 어디까지 주장이 가능한지에 대해서 논하고 있다. 그는 제4조 (b)항에 대해서 "졸렬한 규정"이라고 비판하면서, 명령 33호에 의한 재한일본재산의 처분에 관한 효력은 제4조 (a)항의 규정대로, 한일 간의 외교 교섭에 의해서 새롭게 정리해야 한다고 주장했다. 그리고 "한국이 재한일본재산이 제4조 (b)항에 의해서 최종적으로 한국에 귀속되었다고 해석하고 안심하고 있다면 '바보스러운' 것"이라고 했다.[78]

재한일본재산에 관한 야마시타의 주장은 다음과 같이 네 가지로 요

---

77) 山下康雄, 「在韓日本資産に対する請求権」, 『国際法外交雑誌』 第五一巻第五号(1952), pp.1~30. 이 논문은 1952년 10월 25일에 공표되었으나 그 전에 외무성에 제출되어 있었다. 「在韓日本資産に対する請求権」 1952.7.30, 일본외무성문서 2006-588-1311.

78) 条約局法規課, 「平和条約第四条について(下)(未定稿)(講和条約研究第四号)」 1951.9, 일본외무성문서 2006-588-1562, 「第四章アメリカ軍の日本資産処理」.

약된다. 첫 번째, 국제법상 사유 재산에 대한 존중 원칙이 있기 때문에 주한미군정청의 명령 33호에 의한 일본인들의 사유 재산에 대한 처리는 '몰수'나 '최종적인 소유권의 이전'을 의미하지 않는다. 두 번째, 명령 33호는 전시 중 영미의 적산 관리 제도를 간소화한 것으로 재한 일본재산에 대한 매각 행위 등의 재산 처리 효력만을 승인한 것이다. 세 번째, 한미협정에 의해 재한일본재산이 한국에 이전된 것은 한국의 대일 청구권을 담보하기 위한 조치이다. 한국은 일본 자산의 관리자에 지나지 않으며 원소유권은 일본에 있다. 네 번째, 대일강화조약 제4조의 (a)항과 (b)을 잘 읽어보면, 재한일본재산의 최종적인 행방은 미해결인 상태로 되어 있다. (b)항은 이 자산들에 대한 일본의 권리를 포기시킨 것이 아니다. 일본 정부는 (a)항에서 보장되어 있는 한일 간의 특별한 협약에 의해서 한국 정부에 대해 재한일본재산의 매각 대금 등에 대한 반환이나 손해 배상을 요구할 권리를 가진다.[79] 이것이 이른바 역청구권에 관한 일본의 법적 논리이다.

단 야마시타는, 대일강화조약 발효 후 한일 간 교섭에서 역청구권의 대상을 정해야 하지만, 여기에 관한 '법률론적인 청구권 논의'와 '정책론적인 청구권 논의'는 별개의 문제라고 하고 있다. 그리고 정책적 관점에서, 일본의 역청구권을 (1) 무조건 소멸시킴, (2) 한국의 대일 청구권 포기를 조건으로 소멸시킴, (3) 완전히 존속, 이라는 세 개의 안을 제시했다. 흥미로운 것은, 이 세 가지 안이 한일 간 청구권 문제에 관한 이후 일본 정부 내 논의의 기본 틀과 매우 유사하다는 점이다. 즉, (1) 안은 일본의 역청구권만을 포기, (2) 안은 한일 간 청구권을 상호 포기, (3) 안은 한일 간 청구권을 모두 인정하고 당사자 간에

---

79) 山下, 앞의 논문(1952).

직접 상쇄하기로 각각 바꿔 말할 수 있다.[80]

또 여기서 주목되는 점은, 야마시타는 일본 정부가 한국 정부와의 별도 교섭을 통해 역청구권을 정식으로 포기하는 것이 바람직하지만 그렇다고 대가 없는 포기는 아니라고 부연하고 있다. 야마시타 자신은 한일 간의 청구권 문제를 둘러싼 실질적인 해결책으로서 (2) 안을 염두에 두고 있었다고도 할 수 있다. 한편 야마시타는 일본에 의한 조선 식민지 통치 과정에서 발생한 문제 중 해결되지 못한 일들에 대해서는 일본이 책임을 져야 한다고 했다. 구체적으로, 과거 일본의 관리였던 한국인에게 지불하지 못한 급여나 연금, 한국인이 보유하고 있던 일본 공채에 대해서는 보상을 해야 한다고 했다. 야마시타는 "굳이 말하자면 이러한 것들이 한국이 주장할 수 있는 대일 청구권"이라고 규정한 후, 한국 정부가 이것을 포기할 때 그에 대한 보상으로서 일본도 재한일본재산에 관한 권리를 포기한다고 주장했다.[81] 즉, 일제강점기 때에 '일본인이었던 조선인'에 대한 보상과 채권·채무의 해결만을 한국의 대일 청구권으로 인정한다는 것이었다. 이와 같은 야마시타의 견해는 조선 식민지 통치가 합법적이며 정당했다는 인식에 입각하고 있다.

지금까지 검토한 것처럼, 야마시타는 베르사유조약과 이탈리아강화조약을 국제법상의 선례로 하여, 패전국의 재외재산 처리 과정에는 사유 재산 존중의 원칙이 적용되어 있다고 주장했다. 또한 한국의 대일 청구권을 약화시키기 위해 한국의 국제법상의 지위를 분리 지역으로 규정했다. 그리고 재한일본재산에 대한 일본의 권리 주장은 정당한 것이며 이 주장은 대일강화조약 제4조의 틀에서 처리 가능하다는 결

80) 위와 같음.

81) 위와 같음.

론을 내고 있다. 이러한 야마시타의 법적 견해는 이후 일본 정부의 역청구권 주장의 이론적 기초가 되었다.

3. 야마시타 논리의 모순

명령 33호의 'VESTING'의 의미

한일회담이 SCAP의 알선으로 개시된 것은 잘 알려진 사실이다. 당초 한일회담 개시에 관해서는 한국보다 일본과 SCAP 측이 더 적극적이었다. 일본 정부와 SCAP가 노린 한일회담 개최의 최대 목적은, 대일강화조약 발효 전에 재일조선인들의 국적 및 일본에서의 법적 대우에 관한 규정을 마련하여 '골치 아픈' 재일조선인들의 문제를 해결하는 것에 있었다.

일본 정부는 당시 재일조선인들의 존재를 눈엣가시처럼 여겼다. 해방 직후 일본에 거주하고 있던 많은 조선인들은 고향으로 귀국했지만, 일본에 생활 기반이 정착된 일부는 귀국하지 않은 채 일본에 남았고, 일본 내에서 자신들의 권익을 지키기 위한 단체와 민족 학교를 설립했다. 일본 정부는 이런 재일조선인들의 세력 확대를 경계하고 있었다. 또한 이 시기 SCAP의 윌리엄 시볼드(William J. Sebald) 외교국장이 쓴 일기에도 적나라하게 기록되어 있는데, 일본 정부 관계자들은 재일조선인들이 조직한 단체의 대부분을 좌익 단체로 규정하고, 재일조선인들을 잠재적인 공산주의자로 취급하며 매우 강한 경계심을 가졌다. 일본 정부는 재일조선인계 민족 학교의 설립을 허가하지 않거나, SCAP의 묵인하에 재일조선인이 설립한 일부 종교 단체를 해산시키는

등의 탄압을 했다.[82]

일본 정부는 일제강점기 때부터 일본인으로서 일본에 거주하고 있던 대만 출신 중국인 및 조선인들의 일본 국적을 대일강화조약 발효와 함께 일괄 박탈할 예정이었지만, 향후 이들에게 어떠한 법적 자격을 부여해야 할지에 대해서는 논의해야만 했다. 일본 정부는 우선 재일조선인들 문제에 관한 논의를 위해 한국과의 만남이 필요했던 것이다. 그러나 한일회담 개최에 대한 한국 정부의 최대 관심은 청구권 문제에 있었다. 일본 정부도 이러한 한국 정부의 의도와 목적을 잘 알고 있었다. 한일 양국은 서로의 목적이 전혀 다른 상태에서 회담 개최에 동의했다. 1951년 10월 20일부터 한일 양국은 시볼드의 중개로 도쿄에 있는 SCAP의 회의실에서 한일회담 본회담에서 논의될 의제와 회담 형식 등을 조율하기 위해 예비 회담을 가졌는데, 제6차 회의에서 청구권 문제에 관한 한일 양국의 대립 구도가 노정했다. 일본 측은 재한일본재산에 대한 주한미군정청의 처분을 부정하고, 이 재산에 대한 권리와 보상을 주장했다. 이른바, 한국에 대해 역청구권 주장을 시사한 것이다.[83]

시기는 정확하지 않으나, 일본의 법적 논리는 예비 회담이 시작되기 전에 이미 한국 정부에 전달되었고, 한국은 일본의 법적 논리에 대한 반박 논리를 준비하여 예비 회담에 나간 듯하다. 예비 회담이 시작되기 약 두 달 전부터 한국 정부의 법률 고문인 유진오는, 제4조에 (b)

---

82) Diary entry for 1949, William J. Sebald Papers, 1887-1980 [hereafter, Sebald Diaries], Special Collections and Archives Division, Nimitz Library, U.S. Naval Academy, Annapolis, Maryland. 이 귀한 자료를 제공해 주신 로버트 D. 엘드리치 박사님과 쿠스노키 아야코(楠綾子) 교수님께 감사드린다.

83) 장박진, 앞의 책(2009), pp.254~261에서는 한국외교문서를 토대로 예비 회담 과정을 정리했다.

항이 삽입되었다 해도 (a)항 때문에 한국의 대일 청구권이 재한일본재산의 취득에 의해 어느 정도 상쇄되었다고 해석될 수 있으며, (a)항이 한국의 대일 배상 청구를 제한하고 있다고 지적하고 있었다.[84] 그리고 예비 회담을 앞두고는, 재한일본재산에 대한 한국과 일본의 주장이 정면으로 대립하고 있어 이 문제가 향후 한일회담에 영향을 미칠 것이라고 우려하면서, 재한일본재산이 몰수되었다는 것에 일본이 큰 불만을 가지고 있다는 것을 청구권 교섭 시 염두에 두어야 한다고 조언했다.[85]

하지만 한국 정부는 일본의 법적 논리에 대해 다음과 같은 반박 논리를 정비했다. 명령 33호에서 언급된 'VESTING'이라는 표현은 명령 33호가 '귀속 명령' 즉 'Vesting Decree'라는 것을 의미하며 이 'Vesting Decree'에 의해서 재한일본재산은 한국에 완전히 귀속되었다. 일본 정부는 재한일본재산의 처분에 관한 명령 33호의 법적 효력을 대일강화조약 제4조 (b)항에서 인정하고 있다. 대일강화조약 제4조 (a)항에 명시된 '한일 간 재산 처리에 관한 특별 교섭'의 대상이 되는 것은 한국의 대일 청구권뿐이다.[86]

대일강화회의에 대한 참가 자격이 배제되고 대일 배상 청구 논리에 많은 제약을 받고 있는 한국 정부로서는 일본의 법적 논리를 방어하며 대일 청구권을 확보해야 했다. 한국은 제4조 (b)항을 전면에 내세우며 일본의 법적 논리와 역청구권 시사에 대해 반박했다. 양국은 일

---

84) 「一九五一年八月二十日座談会」 1951.8, 일본외무성문서 2006-588-1572.

85) 정무과, 「주일대표부 유진오 법률고문의 일본출장보고서, 1951.9.10」, 대한민국 외교부 외교문서(이하, 한국외교문서) 77(등록번호), 『한일회담 예비회담(1951.10.20~12.4) 본회의 회의록, 제1-10차, 1951』. 이하, 한일회담 관련 한국외교문서는 같은 요령으로 표기한다.

86) 위와 같음.

단 청구권 문제에 대한 상세한 논의는 정식 회담에서 진행하기로 하고, 한일회담의 의제에 합의하며 예비 회담을 종료했다.[87]

그런데 예비 회담 종료 후 일본에서는 야마시타의 논리에 대한 여러 가지 문제점들이 제기되었다. 우선, 예비 회담 중에 드러난 한국 측의 법적 논리가 부담으로 지적되었다. 한국 측의 주장에 대해 일본 외무성은 제4조 (a)항과 (b)항의 모순된 내용 때문에 재한일본재산의 지위가 애매해진 것이라고 지적하며, 앞으로 일본이 한국에 청구권을 주장할 경우, 동 조항을 둘러싼 한일 간 법해석의 차이가 큰 쟁점이 될 것이라고 예상했다. 또, 외무성 내에서는 명령 33호를 발령한 당사자가 미국이라는 점을 상기하며, 명령 33호의 'Vesting Decree'로서의 효력을 일본이 부정할 수 있겠는가라는 의문도 제기되었다.[88]

특히 외무성 아시아국은 일찍부터, 일본은 대일강화조약 제4조 (b)항에 의해서 명령 33호의 유효성을 승인했다는 것을 인정해야 한다고 언급하며, 야마시타의 법적 견해에 회의적이었다. 이미, 재한일본재산에 관한 일본 정부 내의 논의를 위태롭게 보고 있었던 미국 정부는 "강화 조약에 의해서 일본이 명령 33호의 유효성을 승인한 이상 일본은 재한일본재산에 대한 권리를 주장할 수 없게 되었다"라는 의견을 아시아국에 전달하고 있었다. 아시아국은 이러한 미국 정부의 의견이 일본의 입장을 불리하게 하고 있으며, 일본의 법적 논리에 대해 부정적인 결론이 나올 가능성이 있다고 지적했다.[89]

아시아국의 우려에 대해, 니시무라 외무성 조약국장도 제4조 (b)항

---

87) 정무과, 「제6차, 1951.11.8」, 앞의 한국외교문서 77.

88) 「(日韓請求権交渉資料四)敵産管理と私有財産尊重について(ヴェスティング·デクリーは没収規定でないことの論拠)」 1952.2.15, 일본외무성문서 2006-588-1565.

89) アジア二課, 「日韓特別取極の対象となる日本資産及び請求権について(1)(主としてヴェスティング·デクリーについて)」 1951.12.3, 일본외무성문서 2006-588-1563.

의 존재가 한국 측의 주장을 받쳐주고 있다고 인정했다. 그리고 일본이 강경한 주장을 계속하며 한국과 대립할 경우 미국이 이 문제에 개입하게 될 가능성이 있으며, 현시점에서 미국이 이 문제에 개입한다면 결코 일본에 유리하게 움직이지는 않을 것이라고 판단했다.[90]

아시아국은, 법리적 관점에만 의거해서 외교 교섭을 진행하는 것은 불가능하며, 현실적인 교섭 전략을 찾아야 한다고 했다. 재한일본재산에 대한 일본의 법리 자체는 포기하지 않지만, 한국과의 교섭 시 법적 문제를 지나치게 강조하지 않는 것이 좋다는 판단이었다.[91] 또 교섭 경과에 따라서는 청구권 문제를 경제 협력 문제 등으로 처리하게 될지도 모른다고 주장했는데, 후일 한일 간 청구권 문제가 경제 협력 방식으로 타결된 것을 생각하면 흥미로운 주장이 이미 대두되고 있었다.[92]

야마시타의 법리는 법학자들로부터도 비판을 받았다. 영미법의 권위자였던 타카야나기 겐조(高柳賢三) 도쿄대학교 교수는, 명령 33호는 전시 중 영미의 적산 관리 제도를 간소화한 것이라고 해석하는 야마시타의 법적 논리에 한계가 있음을 지적했다. 우선, 영미법상의 'Vest'라는 개념이 관리권의 이전만을 의미하는 경우도 있고 최종적인 귀속 명령을 의미하는 경우도 있다고 설명하며, 'VESTING'이 관리 처분 이상의 효력을 갖지 않는다는 법해석은 안이하고 낙관적이라고 비판했다. 설사 그것이 적산관리령으로 해석된다 하더라도 '사유 재산을 몰수한 효력'을 부정하는 것은 조급한 해석이라고 했다. 즉, 연합국의 적산

90) 西沢記, 「日韓問題定例打合会(第三回)」, 일본외무성문서 2006-588-1631.

91) 条三, 「第二条による分離地域に係る請求権の処理方式」 1952.2.7, 일본외무성문서 2006-588-1567.

92) アジア二課, 「日韓会談省内打合会決定事項」 1952.2.6, 일본외무성문서 2006-588-1633.

관리령에 '몰수'라는 용어는 없지만 처분된 재산의 반환을 원칙적으로 인정하지 않는다는 점을 지적했다. 따라서 명령 33호가 적산관리령이라고 해도 'VESTING'은 '몰수'에 가까운 개념이라고 반론했다. 타카야나기는, 연합국의 이러한 조치는 제1차 세계대전 때와는 다른 제2차 세계대전 후의 특징이라고도 덧붙였다.[93]

당시 일본 정부 내에서는 재한일본재산이 한국에 귀속된 것이 국제법 위반이므로 국제법정에 호소할 것과, 재한일본재산의 매각 대금을 일본에 반환시켜야 한다는 등의 의견이 존재했다.[94] 여기에 대해서도 타카야나기는, 일본이 승소할 전망은 없다고 단언하며, 사유 재산을 포함한 재한일본재산에 대한 일본의 주장이 국제적으로 받아들여질 가능성이 낮다는 소견을 피력했다.[95]

야마시타의 '領土割譲の主要問題(영토 할양에 관한 주요 문제)' 연구에 함께 관여했던 국제법학자인 요코타 키사부로(横田喜三郎) 도쿄대학교 교수도, 재한일본재산에 대해 일본의 원소유권을 주장하는 야마시타의 견해에 의문을 던졌다. 요코타는 주한미군정청이 일본의 재산을 소유하고 이것을 한국에 양도한 것을 일본은 스스로 조인한 대일강화조약 제4조 (b)항에서 인정하고 있다는 의견을 표명했다.[96]

이와 같이, 명령 33호의 효력에 관한 야마시타의 법적 견해는 한국측의 법리와 대립했을 뿐만 아니라, 일본 내에서도 외무성과 학계로

---

93) 亜二·条一, 「ヴェスティング·デクリーに関する高柳教授の所見について」 1952.2.12, 일본외무성문서 2006-588-1565.

94) 北東アジア課, 「平和条約第四条(b)項と在南鮮旧日本財産との関係」 1952.2.6, 일본외무성문서 2006-588-1567.

95) 亜二·条一, 「ヴェスティング·デクリーに関する高柳教授の所見について」1952.2.12, 일본외무성문서 2006-588-1565.

96) 条約局第四課, 「在韓日本資産に関する請求権について」 1953.4, 일본외무성문서 2006-588-1311.

부터 논리적인 한계를 지적받았다.

사유 재산 존중 원칙에 관한 일본 정부의 딜레마

1945년 8월 일본이 패전할 당시 해외에 거주하고 있던 일본인은, 군 관계자가 약 320만 명, 민간인이 약 380만 명이었다. 민간인 중에서 일본으로 돌아온 인양자는 약 320만 명이었고, 그중에서 약 22퍼센트에 달하는 72만 명은, 이북 지역에서 약 30만 명 이남 지역에서 약 42만 명으로 한반도에 거주하던 사람들이었다. 이것은 거대한 만주 지역 출신의 인양자 약 100만 명을 잇는 대규모 인양이었다.[97]

패전으로 인해 귀국하게 된 인양자들은 그들이 해외 거주 지역에 남기고 온 사유 재산의 보호와 국가 보상을 요구했다. 인양자들은 우선, 1907년에 만들어진 헤이그육전법규 제46조의 '점령군이 점령지에서 사유 재산을 몰수하는 것을 금한다'라는 규정을 들어 그들의 사유 재산 보호 주장을 합리화했다.[98] 또, 이러한 사유 재산이 강화 조약에 의해 배상 등으로 사용된 경우 이것을 국가가 보상해야 한다고 주장했다. 이것은 베르사유조약에도 선례가 있는 것이었는데, 인양자들은 더 확실한 근거로서 일본헌법 제26조의 '사유 재산은 정당한 보상에 근거하여 공공의 목적을 위해서 사용할 수 있다'라는 국내법적 근거를 제시하며 정부를 압박했다.[99]

그러나 같은 입장에서 전쟁의 도탄에 빠졌던 많은 일본인들은 인양자들의 문제에 큰 관심을 두지 않았다. 오히려 패전 직후 일본의 여론

---

97) 若槻泰雄, 『戦後引揚げの記録』(時事通信社, 1991), p.46.

98) 이원덕, 앞의 책(1996), pp.54~56.

99) アジア局第二課, 「国会における在外財産補償に関する政府答弁等」, 일본외무성문서 2006-588-1234.

은, 식민지에서 활동했던 일본인들을 비판적으로 보고 있었고 그들의 재외재산은 현지 주민으로부터 착취한 것이라는 인식도 있었다. 이러한 일본 내에서의 비판은 인양자들의 재외재산에 대한 국가 보상 요구를 어렵게 했는데, 인양자들은 이러한 국내의 비판적 여론을 전환시키기 위해 적극적인 활동을 했다. 특히 조선 총독부와 관련된 인양자들은 한반도에 남겨진 그들의 재산과 권익을 비호할 목적으로 '同和協会(동화협회)', '中央日韓協会(중앙일한협회)', '友邦協会(우방협회)' 등의 단체를 설립하여 조직적인 활동을 전개했다. 그들의 일부는 정계에 진출하여 인양자들의 정치적인 영향력을 높이려고도 했다. 이와 같은 인양자들의 조직적인 활동은 초기 한일회담에 적지 않은 영향을 미쳤고, 이후에도 일본 사회의 우경화에 영향을 끼쳤다고 한다.[100]

이 중에서도 조선 총독부에서 관방총무과장 등의 요직을 역임하고 종전 시 대미 항복 문서의 조인과 주한미군의 행정에 종사했던 야마나 미키오(山名酒喜男)는, '중앙일한협회', '우방협회' 등의 지원을 얻어, 『朝鮮総督府終政の記録(조선 총독부 종정의 기록)』 등의 자료를 편찬했다. 이 자료에는 한반도에서의 일본인들의 활동이나 성과를 평가했을 뿐만 아니라 인양 당시의 고통이나 귀국 후의 생활 곤란에 대해서도 상세하게 기록되어 있다. 인양자들에 대한 국내의 비판을 불식시키기 위해 편찬된 이 자료들은 학교와 도서관 등 공공 시설에 배포되기도 했다.[101]

이런 상황에서 1951년 10월부터 열린 제12회 국회에서, 인양자들에 대한 국가 보상 문제에 관한 심의가 진행되었다. 이 시기는 한일회담

---

100) 정병욱, 앞의 논문(2005).

101) 旧朝鮮総督府官房総務課長山名酒喜男手記, 『朝鮮総督府終政の記録(一)』(友邦協会, 1956).

예비 회담 시기와 겹쳐 있었다. 그 때문인지 이 심의에서는 향후 한일간 청구권 교섭 및 해외 재산 상실자에 대한 정부의 방침 등에 대해서 집중적으로 논의가 진행될 것이 예상되었고, 인양자들은 높은 관심으로 국회에서의 논의를 지켜보았다. 이 심의에서는 주로 대일강화조약 제14조와 제16조에 관련된 재외재산 보상 문제, 보상의 국내법적 근거로서 주장되는 헌법 제29조 3항과의 관련성 등을 두고 일본 정부의 방침이 집중 추궁되었다. 여기에 대한 답변은 외무성, 대장성, 법무청이 주로 맡았다. 인양자들에 대한 국가 보상이라는 민감한 문제라는 것 때문에 각 부처의 답변은 매우 신중을 기할 수밖에 없었는데, 재외재산 상실자에 대한 국가 보상에 대해 일본 정부가 매우 소극적이라는 방향성은 명확하게 표명되었다.[102)]

외무성은 10월 23일 참의원 관련 위원회에서, 인양자들의 재외재산에 대해 "보상을 하는 것이 바람직하겠지만, 나라 전체의 입장을 충분히 검토해서 가장 타당한 방법을 찾겠다"라는 애매한 발언을 하며 인양자들에 대한 국가 보상에 대해서 명확한 답변을 하지 않았다. 11월 9일에는 니시무라 조약국장이 국회 답변에 나섰다. 니시무라는 "일본의 경우 전쟁에서 피해를 입은 사람은 재외재산 상실자만이 아니다. 그러나 사유 재산 존중의 원칙과 재외재산 소유자들에 대한 보상 문제는 정부로서 당연히 검토하고 있다"라고 말하며, 인양자들에 대한 국가 보상 자체는 부정하지 않았다. 하지만 개인의 재외재산에 대한 국가 보상이 실질적으로 이루어진 선례가 없음을 강조했다. 즉 베르사유조약이나 이탈리아강화조약에 패전국 정부에 대한 사유 재산 보

102) 인양자들의 재외재산 문제에 관한 일본 정부의 답변은 일본외무성문서 2006-588-1234(アジア局第二課, 「国会における在外財産補償に関する政府答弁等」)에 발췌 요약된 내용을 인용한다.

상 의무의 규정이 있기는 하지만, 실제로 독일이나 이탈리아에서는 사문화되었다고 지적하며, 인양자들에 대한 국가 보상을 회피할 가능성을 시사했다.[103]

법무청에서는 오오하시 타케오(大橋武夫) 총재가 출석하여 인양자에 대한 국가 보상을 부정하지 않았다. 하지만, 인양자들의 재외재산과 관련된 문제는 일본헌법의 관할 지역 외에서 발생했기 때문에 이 문제와 헌법 제29조를 관련 지울 수 없다고 답했다. 또, 인양자는 넓은 의미의 전쟁 피해자이므로, 인양자와 다른 전쟁 피해자들과의 희생을 조정하고, 정부의 재정 능력 및 정책 등을 고려한 후 보상 문제를 결정해야 한다고 답변했다.[104]

인양자 문제에 대해 가장 강경한 태도를 보인 것은 대장성이었다. 이케다 하야토(池田勇人) 대장성 대신(이하, 장상(蔵相))은 "재외재산을 보상할 재정적 여유가 없으며, 어디까지 보상해야 하는지 아직 확신이 서지 않는다"라고 답변했다. 이케다는, 일본의 재정 상태가 인양자에 대한 보상이 가능한지에 대한 확신이 없으며, 재외재산에 대한 보상은 상당히 곤란하다고 설명했다. 연합국 측도 일본의 어려운 재정 상태를 인식하고 있기 때문에, 베르사유조약과 같은 선례와는 달리 대일강화조약에는 인양자에 대한 보상 규정이 존재하지 않는 것이라고 설명하고, 이것은 헌법에 위반하지 않는다고 덧붙였다.[105]

외무성은 국제적 관례를, 법무청은 헌법과 거리를 둔 법리 해석을, 대장성은 재정 상태를 각각 강조하며, 일본 정부는 인양자들의 해외

---

103) 「第一二国会衆参両院の平和条約及び安保条約特別委員会における答弁抜粋」, 일본외무성문서 2006-588-1047.

104) 위와 같음.

105) 위와 같음.

자산에 대한 국가 보상을 실질적으로 회피했다. 사유 재산 존중의 원칙을 재한일본재산에 대한 권리 주장의 논거로 했던 것과는 대조적인 태도였다. 즉, 일본 정부는 한국과의 외교 교섭과 인양자 국가 보상 문제라는 국내 정치의 상황에 따라, 사유 재산 존중 원칙에 관한 모순된 태도를 보였다. 이것은 일본 정부의 역청구권 주장에 대한 법리적 정책적 딜레마이기도 했다.

이와 같이 야마시타의 법적 논리는 여러 곳에서 법리적 허점과 모순이 드러나고 있었음에도 불구하고 최종적으로 일본 정부의 역청구권 주장을 합리화하는 논거로 채택되었고 이후 청구권 교섭에 중요한 영향을 미쳤다.

4. 일본 정부 내의 대한 강경론과 법적 논리의 강화

대장성의 대한 강경론

본 절에서는 야마시타의 법적 논리에 대한 외무성과 대장성 관료들 간의 논쟁을 통하여 한국과의 청구권 문제와 관련된 일본 정부 내의 갈등의 시작점을 검토한다. 또한 대장성 주도의 대한 강경론의 영향으로, 야마시타의 법적 논리의 허점과 모순을 더 자의적이고 자극적인 법리를 도입하여 극복하려고 한 과정을 해명한다.

일본 정부는 1952년 2월에 개시될 제1차 한일회담을 앞두고, 마츠모토 슌이치(松本俊一) 외무성 고문을 수석 대표로 하고 관계 부처의 실무자들로 구성된 한일회담 대표단을 조직했다. 일본 대표단은 1월경부터 한국과의 교섭 요령안을 작성하기 위해 회의를 열었는데, 청구권 문제에 관한 참고 자료로 『야마시타 보고서』, 『평화조약 자료』, 『동화협회 조서(조선 통치 실적)』와 그 외 대장성에서 준비한 관련 자료가 제출되었다. 그리고 청구권 문제와 관련해서 다음과 같은 내용들이 토의되었다. 우선, 한반도 전체에 남겨진 일본계 자산에 관한 토의였다. 일본 대표단은, 이 자산들이 한국의 대일 청구액보다 훨씬 많지만 한반도의 정세나 한국전쟁에 의한 자산 대부분의 소실, 한국의 경제 상황 등을 고려한다면 이 자산들의 회수는 사실상 불가능하다고 판단했다. 그리고 청구권 교섭은 장기화될 것이라고 예상했다.[106]

한반도에 남겨진 일본계 자산 중 사유 재산에 관해서는 인양자 국가 보상 문제와도 밀접하게 관련되어 있었으므로, 일본 정부는 일본과 한국이 상호 간의 사유 재산을 어떻게 취급해야 하는지에 관해서 방안을 모색해야 했는데, 다음의 세 가지 경우를 두고 토의가 진행되었다. 첫 번째는, '사유 재산 불가침'이라는 법리를 관철시키면서 이 문제에 국가가 관여하지 않고 사인(私人) 간의 직접 해결에 맡긴다는 '직접주의'이다. 두 번째는, 사인 간의 채권·채무 및 결제에 관해 국가가 모두 대신 처리한다는 의미의 '간접주의'이다. 단 이 경우 국내 정치로 문제가 번질 수 있는 위험이 있다. 세 번째는 중간적인 방안으로, 국가는 변제 책임을 직접 부담하지 않으나 한일 간에 공동청산위원회 등 중간 역할을 하는 기관을 만들어 국가가 어느 정도 개입을 하면서 해결하는 '중개주의'이다.[107]

외무성은 사인 간의 직접 해결 방식에 의문을 갖고, 인양자 문제에는 실질적으로 국가가 개입하지 않을 수 없다고 생각했다. 그러나 대

---

106) アジア二課, 「請求権問題会談の初期段階における交渉要領」 1952.1.23, 일본외무성문서 2006-588-537.

107) アジア二課, 「請求権処理問題交渉に関して問題となる諸点」 1952.2.5, 일본외무성문서 2006-588-1564.

장성은 어떤 형태로든 국가가 개입하여 재정적인 책임을 떠안게 될 가능성이 있는 '간접주의'나 '중개주의'와 같은 방식에 반대하고, 사유 재산에 관해서는 어디까지나 사인 간의 직접 해결에 맡겨야 한다고 주장했다.[108]

대장성 내에서도 "재외재산을 bargain으로 사용하고 보상하지 않을 수는 없다"라는 의견은 존재했다. 요컨대, 해외에 있는 인양자들의 사유 재산을 당사국에 대한 일본의 배상으로 충당할 경우, 인양자들에게 이와 관련된 보상을 하지 않으면 안 된다는 의미였다. 그러나 대장성 내부의 다수 의견은, 사유 재산 문제에 대해 정부가 개입한다면 최종적으로는 일본만 한국에 배상하는 결과가 될 것이고, 인양자들에게는 별도로 국가가 변상하게 될 것이라는 우려가 지배적이었다.[109]

제1차 한일회담의 개최가 다가옴에 따라서 이와 같은 대장성의 강경한 태도는 더욱 두드러졌다. "한국 측이 막대한 청구를 한다면 일본도 이에 대응하여 한국에 막대한 청구권을 요구해야 한다"라는 과격한 주장도 나왔다. 그리고 회담 과정에서 일본이 한국에 대해 "과감한 양보"를 할지도 모른다는 우려도 나왔다.[110] 대장성은 현재 토의되고 있는 일본의 '대한 교섭 요령안'이 한국의 주장에 대해 "수세적"이라고 지적하고, "더욱 공세를 펼쳐야" 한다고 주장했다. 이러한 대장성의 발언에 대해 외무성은 "강경한 공세를 펼칠지 여부에 대해서는 한국 측의 태도를 보면서" 결정해야 하며 "외교적인 실익의 유무"를 따지면서 결정해야 할 문제라고 대답했다.[111]

---

108) 위와 같음.

109) 栗野, 「請求権問題に関する大蔵省との打合せ」, 일본외무성문서 2006-588-538.

110) アジア二課, 「請求権問題会談の初期段階における交渉要領(第二案)」 1952.2.1, 일본외무성문서 2006-588-537; 「請求権問題に関する初期の交渉要領案(第三次案)」 1952.2.6, 일본외무성문서 2006-588-537.

이러한 일본 정부 내의 논쟁은 한국에도 보도되었고, 일본이 한국의 대일 청구권과 상쇄하기 위해 재한일본재산에 대한 역청구권을 주장한다는 비난 여론이 분출되었다. 한국은 '식민지 수탈론'을 제기하며, 일본의 역청구권 주장은 있을 수 없는 일이라고 강하게 비판했다. 일본 대표단 내부에서는 이러한 한국의 여론에 대항하듯, 대장성을 중심으로 한국 측의 주장에 강경하게 대응하자는 목소리가 높아졌고, '한일합병의 적법성'을 전제로 '대한 교섭 요령안'을 재검토해야 한다는 의견까지 나왔다.[112)]

일본 대장성의 대한 강경론의 배경에 재정 악화에 대한 위기감이 강했던 것은 사실이나, 이러한 대장성의 태도가 외교적 측면을 고려하지 않고 유연성을 잃은 주장이라는 것도 분명했다. 외무성은 이러한 대장성의 강경한 태도에 의문을 가지면서도 강하게 반론하지 못했다. 청구권 문제로 인해 실제로 재정이 악화될 경우 그 책임론이 외무성을 향하게 될 것이라는 우려가 있었기 때문이었다.[113)]

외무성 조약국의 법리적 강경론

부처 전체가 대한 강경론을 주장하던 대장성과는 대조적으로, 외무성 내에서는 의견이 나뉘어 있었다. 외무성 아시아국은, 외교적인 측면을 고려하여 일본 정부 내의 대한 강경론에 회의적이었다. 아시아국은 특히, 미국 정부가 냉전 전략의 일환으로 한일국교정상화의 조기 타결을 바라고 있다는 것을 의식하고 있었다.[114)] 또한 "한일회담의

---

111) 栗野, 「請求権問題に関する大蔵省との打合せ」, 일본외무성문서 2006-588-538.

112) 亜二, 「請求権問題に関する交渉要領案(第三次案)の再検討」 1952.2.12, 일본외무성문서 2006-588-537.

113) 「請求権問題交渉に関する打合せ会」 1952.2.25, 일본외무성문서 2006-588-539.

성패는 전후 국제 사회에 복귀하려는 일본 외교에 있어서 중대한 시금석이 될 것"이라고 생각하고 있었다. 한국과의 교섭이 난항 한다면 동남아시아 국가들과의 관계에도 영향을 미쳐, 결과적으로 아시아 외교 전반에 악영향을 미칠 수 있다는 점도 의식했다.[115)]

한편 외무성 조약국은 한국과의 교섭과 관련하여 강경한 태도를 보였는데, 재정적 측면에서 대한 강경론을 주장하는 대장성과는 결이 다른, 법리적 차원에서의 강경론이었다. 조약국은 국제법이나 조약 해석상의 원칙론뿐만 아니라 식민지주의 청산이나 청구권 문제를 두고 장차 한국과 벌이게 될 법률 논쟁을 의식하여 일본에 유리한 법해석을 고수했다.[116)] 조약국은 오히려, 명령 33호를 상징하는 'VESTING'의 개념이 '귀속'이 아니라 '위탁' 내지는 '관리권의 이전'이라고 하는 야마시타의 법이론은 지나치게 낙관적이며, 그 외에도 일본의 법적 논리의 근거가 약하고 이론적 보편성이 결여된다고 하면서, 명령 33호 그 자체를 국제법적인 측면에서 새롭게 검토해야 한다고 주장하기도 했다.[117)]

조약국은 아시아국의 우려에도 불구하고, 재한일본재산 문제와 관련된 야마시타의 논리를 더 보완하고 강화하기로 했다. 대한 강경론의 선두에 선 대장성의 태도는 조약국이 법적 논리를 보강하는 촉매제가 되었다.

---

114) アジア局第二課, 「日韓交渉の現状」 1952.1.6, 일본외무성문서 2006-588-1632.

115) 亜五課, 「朝鮮問題(対朝鮮政策) 一、平和条約の調印」 1956.2.21, 일본외무성문서 2006-588-67.

116) 条三, 「第二条による分離地域に係る請求権の処理方式」 1952.2.7, 일본외무성문서 2006-588-1567.

117) 北東アジア課, 「平和条約第四条(ｂ)項と在南鮮旧日本財産との関係」 1952.2.6, 일본외무성문서 2006-588-1567.

야마시타 논리의 보강과 그 한계

▪ 한국의 관할권 범위

해방 後 1948년 8월에는 대한민국 정부가, 같은 해 9월에는 북한 정권이 성립되었는데, 같은 해 12월 12일 제3차 유엔 총회에서는 한국만이 한반도의 유일한 합법 정부로서 승인을 받았다. 한국은 한반도에서 한국만을 유일한 합법 정부로 인정한 이른바 '유엔 모자'를 적극적으로 이용하며, 북한과의 경쟁에서 우위를 차지하고자 했다. 북한은 미국의 개입으로 '애매한' 유엔 총회의 결의가 통과되었다며 미국과 유엔을 비난했다. 하지만 유엔 총회의 결의 내용은 "유엔 임시 한국위원회(UNTCOK)와 협의가 가능한 곳에 한국인이 다수 거주하고 있으며, 그 지역에 대한 지배력과 관할권이 유효하게 미치는 한국이 한반도의 유일한 합법 정부이다"라고 했다는 점에 주의할 필요가 있다.[118)]

즉, 유엔 결의문은 한반도에 대한 관할권에 관해서 북한에 대한 판단을 유보한 채 한국만을 유일 합법 정부로 인정하고 있었다. 한국이 이 지역에서 유일한 합법 정부이긴 하지만, 그 관할권을 실제로 한국의 시정권이 미치는 38도선 이남으로 제한하고 있는 것인지, 아니면 한국이 38도선 이북 지역을 포함한 한반도 전역에 걸쳐 관할권을 갖고 있다고 하는 것인지에 대해서는 명확하지 않았다.

이러한 남북 간의 민감한 사안을 일본 대장성은 한일 간 청구권 문제에 끌어들이려고 했다. 대장성은 유엔 총회의 결의로 한국만이 유

---

118) 유엔이 한국을 한반도의 '유일 합법 정부'로 승인하게 되는 과정은 大沼, 앞의 책(2005), pp.178~184를 참조했다. 한편 이동준에 의하면, "유엔 모자(UN. Cap or UN. helmet)"라는 용어는 국제 기구가 남한에 주둔하고 있는 것의 부당성을 강조하기 위해 그리고 미국이 유엔의 이름으로 북한을 압박하고 있는 것을 비난하기 위해 북한이 사용하기 시작했으나, 미국 정부 내에서도 이 용어를 빈번하게 사용하게 되었다고 한다. 李東俊, 『未完の平和』(法政大学出版局, 2010), p.8.

일 합법 정부로서의 지위를 확보했다고는 하나 한반도에서 한국의 주권 관할은 애매하다는 점에 주목했다. 왜냐하면, 한국 정부의 관할권을 이북 지역까지 인정할 경우와 실질적으로 한국의 시정권이 효력을 미치고 있는 이남 지역으로 한정할 경우에 따라, 북한에 남겨진 일본계 자산에 대한 취급과 한일 청구권 교섭의 적용 범위가 달라지기 때문이었다. 한국의 주권이 북한 지역을 포함한 한반도 전체에 미친다고 할 경우, 북한 지역에 남겨진 일본계 자산도 재한일본재산의 범위에 포함되는 것이었다.[119)]

사실, 일본 패전 당시 한반도에 남겨진 일본계 자산은 이남 지역보다는 이북 지역에 훨씬 많았다. 이남 지역에는 부동산 및 화폐로 전환 가능한 유동 자산을 중심으로 약 22억 7,553만 달러의 일본계 자산이 있었다. 한편 이북 지역에는 일제(日帝)가 대규모로 육성했던 중화학 공업 기지 등의 산업 시설이 많이 남아있었는데, 이것은 당시의 평가로 이남 지역보다 많은 29억 7,095만 달러의 자산 가치가 있었다.[120)]

따라서 대일강화조약 제4조 (a)항에 따라 한국에 귀속된 일본계 자산이 한일 간 청구권 교섭의 대상이 될 경우, 이북에 남겨진 일본계 자산도 재한일본재산의 범위에 포함시킨다면 일본에게 유리한 협상이 되는 것이었다. 이러한 노림수로 대장성은 북한에 있는 일본계 자산을 한국과의 협상 대상에 포함시킬 수 있도록 한반도 전 지역에 대한 한국의 통치권 및 관할권을 인정하자고 주장했다.[121)]

---

119) アジア二課,「日韓会談日本側代表団第一回打合会」1952.2.8, 일본외무성문서 2006-588-1634.

120) 해방 후 남한 지역의 일본계 자산은 주한미군정청의 명령 33호라는 법적 조치를 거쳐 연합국 측이 먼저 접수한 후 한국 정부에 이양되었다. 한편, 북한 지역의 일본계 자산은 해방 직후 '북조선 임시 인민위원회'가 일본계 자산을 사실상 국유화하여 관리를 하고 있었고, 이후, 북한 지역의 연합국 측 주둔군이었던 소련군이 국유화를 추인하는 형태로 북한에 이양되었다. 若槻, 앞의 책(1991), pp.198~248.

이러한 대장성의 주장에 대해 일본 농림성은 한국의 관할권을 이북 지역까지 확대할 경우 어업 문제에 영향을 끼친다고 지적하고, 한국이 한반도 전 지역을 대표하는 관할권을 갖는다고 해석하려는 대장성의 주장에 사실상 반대했다. 농림성은, 한국의 관할권을 한반도 전체로 확장시킬 경우 북한의 어장이 축소되기 때문에 북한을 자극할 우려가 있으며, 국제적으로도 새로운 분쟁이 발생할 우려가 크다고 설명하고, 정부의 신중한 대응을 요구했다.[122]

외무성 아시아국도 한국의 관할권 문제에 대해 대장성과 견해를 달리했다. 장래에 북일 교섭의 여지를 남겨두기 위해서라도 실질적으로 북한 정권을 인정하고 한국의 관할권은 38도선 이남으로 한정한다는 해석이 바람직하다고 생각하고 있었다. 단, 공식적으로 북한을 38도선 이북 지역의 시정 당국으로 인정하자는 것은 아니었다. 이것은 일본이 북한 정권의 합법성과 함께 한반도에서 '두 개의 조선'을 인정하는 것이 되므로, 유엔에서 한국의 유일 합법 정부 결의를 주도한 미국의 방침에 일본이 이의를 제기하는 것으로 받아들여지게 되고, 이로 인해 대미 외교에 악영향을 미칠 수 있기 때문이었다. 또 이러한 논의 자체가 북한 지역에도 주권이 미친다고 주장하고 있는 한국 정부의 정치적 주장과도 정면으로 부딪히게 되므로 한국을 자극할 위험도 있었다. 아시아국은 유엔 결의 등 국제 정치적 상황을 고려한다면 일본이 한국의 관할권을 규정하는 것은 적절하지 않다고 강조했다.[123]

외무성 조약국의 견해도 명확하지 못했다. 조약국은 대일강화조약

121) 条三, 「第二条による分離地域に係る請求権の処理方式」 1952.2.7, 일본외무성문서 2006-588-1567.

122) アジア二課, 「日韓会談日本側代表団第一回打合会」 1952.2.8, 일본외무성문서 2006-588-1634.

123) 「請求権問題交渉に関する打合せ会」 1952.2.25, 일본외무성문서 2006-588-539.

제4조 (a)항에 기재된 '일본과 시정 당국과의 별도 교섭'이라는 문구 때문에 한국의 시정 당국의 범위를 검토했으나, 이 문제에 대한 고도의 정치성을 의식하며 대장성과 아시아국 어느 쪽의 해석도 대일강화조약에 위반하지 않는다고 결론지었다. 즉, 한국 정부의 실제 시정 범위에 비추어 한국의 관할권을 한반도 이남 지역에 한정시키는 것도, 북한 지역에까지 한국의 주권이 미친다고 해석하는 것도 가능하다고 했다.[124)]

한국의 관할권 범위를 둘러싼 일본 정부 내의 논쟁은 각 부처 간의 이해관계로 인해 명확한 결론을 내지 못하고 결국에는 한일회담의 의제에서도 제외하기로 했으나, 1965년 한일회담 타결의 기운이 높아지자 이 문제는 한일 간의 쟁점으로 재부상한다. 한일기본조약 제3조의 한국의 유일 합법성 조항을 두고, 장래 북일 교섭의 가능성을 염두에 둔 일본 측과 이를 경계하는 한국 측이 논쟁을 하게 되는데, 이 시기 일본 정부 내에서 제기된 한국의 관할권 논쟁과 매우 유사하다.[125)]

본 절에서 지적하고 싶은 것은, 청구권 문제를 유리하게 끌고 가기 위해 외교적 고려가 없는 주장을 반복하는 일본 대장성의 태도이다. 유감스럽게도 이러한 대장성의 강경한 태도는 다음의 법리 구성에 영향을 미쳤다.

---

124) 条三, 「第二条による分離地域に係る請求権の処理方式」 1952.2.7, 일본외무성문서 2006-588-1567.

125) 한국의 유일 합법성 조항과 관련한 한일 간 논쟁에 대해서는 다음의 논문을 참조. 李元德, 「日韓基本条約と北朝鮮問題：唯一合法性条項とその現在的含意」, 李鍾元·木宮正史·浅野豊美 [編], 『歴史としての日韓国交正常化』 I (法政大学出版局, 2011), pp.321~349.

■ 이중 소유권

조약국은 영미법 전문가인 타카야나기 교수에게 명령 33호의 'Vesting Decree'를 '귀속 명령'으로 해석할 수 있는지에 대해서 자문을 구했다. 동시에, 영미법상의 소유권 이전에 관한 개념인 '이중 소유권' 법리를 도입하여 기존의 야마시타의 법이론을 보강하도록 제안했다.[126] 앞서 말한 바와 같이, 타카야나기는 명령 33호에 관한 야마시타의 논리에 의문을 제기하고, 일본은 재한일본재산에 대한 소유권을 주장할 수 없다고 했었다. 그러나 그 후 타카야나기는 자신의 견해를 뒤집고,[127] 명령 33호에 관한 야마시타의 논리를 보강하게 된다.

타카야나기는 영미법의 관념에서 보면 일본은 'legal ownership(법적 소유권)'은 잃었지만 'equitable ownership(형평법상의 소유권)'은 남아 있으며, 명령 33호는 명백하게 적산 관리에 관한 내용으로, 일본의 권리를 결정적으로 빼앗은 것이 아니라고 했다. 그리고 대일강화조약 제4조 (b)항 때문에 주한미군정청이 일본 자산을 매각한 법적 효력을 부정할 수는 없지만, 일본인 원소유자에게 매각 대금에 관한 청구권이 있다고 결론지었다. 이것은 제삼자에 의한 소유권 이전에 따라 원소유자의 법적 소유권은 상실되더라도 형평법상의 소유권이 있으므로 원소유자의 실질적 소유권은 남는다는 영미법의 '이중 소유권' 개념에서 착안한 것이었다.[128] 또한, 재한일본재산을 처분한 한국 국내법의

---

126) 亜二, 「高柳教授の『朝鮮に於ける日本資産に就いての意見』要旨」 1952.2.18, 일본 외무성문서 2006-588-1565.

127) 타카야나기(高柳)가 어떤 이유에서 자신의 입장을 바꿔 당초 야마시타의 법적 논리를 부정하는 입장에서 선회하여 야마시타에 동조하게 되었는지는 분명하지 않다. 다만, 그는 도쿄 재판에서 일본 측 변호인단으로 활동을 하였고 나중에는 내각헌법조사회의 회장을 맡았다. 이러한 그의 경력으로 비추어 볼 때, 또 야마시타의 법적 논리가 외무성의 후원으로 일본 정부 내에서 지지를 얻자 이를 의식하여, '어용학자'로서 정부의 정책에 코드를 맞춰 자신의 논리를 수정했을 가능성이 크다.

효력도 부정했다. 그는 재한일본재산에 관한 한국의 귀속재산처리법은 '대륙법적인 의미의 완전한 소유권'이 한국에 있다는 착각하에 제정된 것이라고 했다. 한미협정의 효력에 관해서도, 미국이 적산관리권을 한국에 이전한 문서에 지나지 않는다고 폄하했다.[129]

조약국은, 명령 33호가 사유 재산 존중의 원칙을 배제하고 있지 않다고 한 야마시타의 견해와 타카야나기의 '이중 소유권' 법리를 연결시켜, 다음과 같은 논리로 정비했다. 영미법의 적산거래금지법에서는 '이중 소유권'의 법리가 공식적으로 인정되고 있다. 원소유자의 권리를 인정하는 것은 현재의 국제법상에도 관행으로 되어 있으며, 명령 33호도 이 개념에 기초하고 있다. 명령 33호에는 사유 재산의 몰수에 관한 적극적인 규정이 없으므로 사유 재산 존중의 원칙을 배제할 의사가 없었다. 따라서 재한일본재산은 명령 33호에 의해 한국에 신탁된 것이며, 수탁자인 한국의 명의로 되어있어도 실질적으로는 위탁자인 일본의 재산이다.[130]

그러나 영미법 계통의 소유권 개념을 채용한 '이중 소유권'의 법리는, 대륙법 계통의 소유권 개념을 채용한 한국 측의 법적 논리를 결정적으로 방어할 수 없었다. 대륙법 계통의 '소유권적 담보의 법리'에 의하면 채권자의 소유권 취득을 인정하고 있기 때문이다.[131] 특히 재산

---

128) 高柳賢三, 『司法権の優位』(有斐閣, 1958), p.239; 岩崎政明, 「土地所有権の遡及的移転と課税処分—英国におけるequityの法理をめぐる議論を素材として—」, 『税務大学校論叢』, 四〇周年記念論文集(2008), p.67.

129) 亜二, 「高柳教授の『朝鮮に於ける日本資産に就いての意見』要旨」 1952.2.18, 일본외무성문서 2006-588-1565.

130) 「(日韓請求権交渉資料四)敵産管理と私有財産尊重について(ヴェスティング·デクリーは没収規定でないことの論拠)」 1952.2.15, 일본외무성문서 2006-588-1565.

131) 현재 대륙법 계통의 '소유권적 담보'에 관한 법리에서는 채무자가 그 재산을 이용할 수 있도록 인정하고 있다. 그러나 원래 대륙법 계통에서는 채무자에게 유보되는 권한과 채권자에게 주어지는 법적인 권한의 중요성이 충돌하면서도, 대

소유권의 이전에 관해 프랑스법을 중심으로 한 유럽의 대륙법 계통의 국가들 대부분은, 수탁자가 신탁 재산의 소유권을 취득하는 것이 특징이다.[132] 즉 대륙법 계통의 소유권 개념에서는, 제삼자에 의해서 소유권이 이전되면 그것을 최종적인 이전으로 보고 원소유자가 이의를 제기할 수 있는 권리를 인정하지 않는다.[133] 타카야나기도 이러한 점을 의식하여, 명령 33호의 조치를 대륙법 계통의 법리로 본다면 일본 국민의 소유권이 상실되었다는 것으로 오해할 여지가 있다고 지적하고 있다.[134]

■ **내란에 대한 국가 책임 이론**

한반도 전 지역에 막대한 피해를 입힌 한국전쟁은, 인적 피해뿐만 아니라 폐허에 가까울 정도의 엄청난 물리적 파괴를 가져왔다. 당시 한반도 부(富)의 대부분이 일본계 자산이라는 인식이 지배적이었기 때문에,[135] 한국전쟁에 의한 피해 재산의 상당 부분이 재한일본재산이라는 설명도 가능하다.

대장성은 설령 한국이 재한일본재산에 대한 일본의 소유권을 인정한다 해도, 한국이 한국전쟁에 의해 그 재산들이 소실되었다고 주장한다면 실질적인 반환이 불가능하다고 생각했다. 따라서 한국전쟁에

체적으로 채권자의 소유권 취득을 우선적으로 인정하고 있었다. アウロ·ブッサーニ, ミシェル·グリマルディ [著], 高秀成 [訳], 「所有権的担保—大陸法の概観—」, 『慶應法学』 第三四号(2016), pp.158~159.

132) 瀬々敦子, 「大陸法国における信託の受容の在り方について—中国、日本、フランス、ドイル、ケベック、スコットランド等を比較して—」, 『京都府立大学学術報告(公共政策)』 第三号(2011), pp.52~55.

133) アウロ·ブッサーニ 외, 앞의 논문(2016), pp.158~159; 瀬々敦子, 위와 같음.

134) 亜二, 「高柳教授の『朝鮮に於ける日本資産に就いての意見』要旨」 1952.2.18, 일본 외무성문서 2006-588-1565.

135) 「제6회 회담에서 임대표가 개진(開陳)한 의견 요지」, 앞의 한국외교문서 77.

서 소실된 재한일본재산의 보상 책임을 한국 정부에게 전가할 의도를 가지고 있었다. 즉, 한일 양국 국민의 사유 재산 반환 문제가 개인 간 협상으로 해결되지 못하더라도, 일본인의 사유 재산 손실에 대한 보상을 한국의 국가 책임으로 돌릴 생각이었던 것이다.[136]

'내란에 대한 국가 책임 이론'을 한국에 적용시켜 재한일본재산의 피해에 대한 보상을 한국 정부에 청구하려는 대장성의 의도에 대해, 일본 정부 내에서는 법적 근거가 불충분하며 법률적 관점에서도 부적절하다는 부정적인 견해가 지배적이었다. 다음의 세 가지 이유만으로도 대장성의 주장이 매우 자의적이라는 결론이 나와 있었다. 첫 번째는, 38도선을 경계로 남북으로 분단된 한반도에 실질적으로 두 개의 정부가 수립되어 있는 상황 때문에 한국전쟁을 내란으로 규정하는 것은 무리가 있다. 두 번째는, 한국의 국가 책임을 묻기 위한 법적 근거에는 '국가의 고의나 과실에 의해 사인의 재산이 지켜지지 못한 경우'가 전제로 되어야 하는데, 한국전쟁의 경우에는 이 논리가 적용되지 않는다. 세 번째는, 한국전쟁에는 미군을 중심으로 한 유엔군이 참전하고 있는데 만약 한국전쟁을 내란이라고 규정지을 경우, 일본이 "유엔군이 외국의 내란 불간섭 의무를 위반하고 있다"라고 비판하는 것 같은 인상을 미국에 줄 수 있으며, 이로 인해 미국 내에서 대일 여론이 악화될 가능성이 높다.[137]

하지만 대장성의 요청을 받은 조약국은, 일단 국제법상의 '내란에 대한 국가 책임 이론'을 한국에 적용할 수 있는지를 검토했다. 조약국은 한국전쟁을 통상적인 내란으로 보기에는 타당성이 결여될 수도 있

136) 「朝鮮動乱に対する韓国の国家責任の有無について」 1952.2.11, 일본외무성문서 2006-588-1568.

137) 위와 같음.

지만 형식적으로는 내란이라는 견해를 피력했다. 그리고 '내란에 대한 국가 책임 이론'을 한국에도 적용할 수 있다고 결론지었다. 조약국은 이 결론을 정당화하기 위해, 유엔군의 행동은 한국군에 대한 지원이 아니고 국제 평화와 안전을 위한 경찰 행위라고 해석했다. 즉, 유엔군과 북한군과의 전투 행위는 '공전(公戦)'에 해당되며, 한국과 북한과의 전투 행위는 '내란'에 해당한다는 논리로, 한국전쟁이 '공전'과 '내전'의 이중적 성격을 가지고 있다고 했다. 따라서 한국에 대해서는 '내란'에 대한 국가의 책임을 따질 수 있다는 결론이었다.[138]

그러나 야마시타의 이론을 보강할 목적이었던 이 법이론은, 논리적으로 취약했을 뿐만 아니라 자의적인 해석이 지나쳤던지, 종래의 법적 논리의 모순을 해소하지 못하고 일찌감치 사라지게 되었다. 일본은 한국과의 예비 회담 때 한국전쟁에 의해서 소실된 재한일본재산에 대해서 한국의 국가 책임을 언급했다.[139] 제1차 한일회담 때 한국 측은 이러한 일본의 논리에 이의를 제기하고, 일본은 한국과 미국의 여론으로부터 강한 비판을 받기에 이르렀다. 일본은 곧바로 이러한 법적 주장을 철회하지 않을 수 없었다.[140]

일본의 법적 논리의 의미

대일강화조약에는 아시아태평양전쟁에 참전한 연합국과 연합국의 식민지 통치 상태에서 일본과 전쟁을 한 동남아시아 국가들이 전승국의 자격으로 서명할 수 있었는데, 일본은 이들에 대해 각각 다른 태도

138) 위와 같음.

139) 정무과, 「제6차, 1951.11.8」, 앞의 한국외교문서 77.

140) 「日韓会談第四回本会議 議事要録」 1952.3.24, 일본외무성문서 2006-588-189.

를 취했다. 연합국에 대해서는 철저한 패전국의 입장에서, 전쟁 배상과 전후 질서 재편에 주안을 둔 연합국 주도의 대일강화회의에 임했다. 동남아시아 국가들에 대해서는, 장래 이 지역에 대한 경제적 진출을 염두에 두고 국교를 회복하고자 했다.[141]

배상 청구권 문제에 있어서도 이러한 구별은 명료했다. 연합국이 일본에 대한 전후 처리 방침을 '관대한 정책'으로 전환한 덕분에 연합국과 일본 사이의 배상 청구권 문제는 대일강화조약 체결 전에 일단락되었는데, 동남아시아 국가들과의 해결은 대일 강화 이후로 미뤄졌다. 그러나 요시다 총리가 동남아시에 대한 배상 청구 지급에 대해 "배상은 일종의 투자"라고[142] 했던 말이 상징하듯, 강화 후 일본이 동남아시아 각국과 전개한 국교 정상화 교섭 및 청구권 교섭은, 경제 개발이나 경제 협력을 통해 이 지역에 재진출하고자 하는 목표를 시야에 넣고 진행되었다.[143]

이러한 일본 정부의 태도는 대한 정책에서도 여실히 드러났다. 오히려 일본 정부는 식민지였던 한국에 대해서는 동남아시아보다 더 엄격한 태도를 보였다. 야마시타의 연구 보고서에서도 드러났듯이, 일본 정부는 한국과의 배상 청구권 문제를 '식민지 지배 과정에서 일어났으나 해결되지 못한' 문제에 대한 '보상'으로서 처리하고자 했다. 게다가 한국의 반발을 예견하면서도 굳이 한반도에 남겨진 일본계 자산에 대한 권리를 주장했다. 일본의 역청구권 주장은 일제강점기에 대한 합리화의 연장선에 있었다.

---

141) 波多野澄雄·佐藤晋, 『現代日本の東南アジア政策』(早稲田大学出版部, 2007), pp.1~20.

142) 위의 책, p.20.

143) 전후 일본 역대 정권의 동남아시아 정책에 관한 포괄적인 연구로는 다음의 저서가 참고할 만하다. 波多野澄雄·佐藤晋, 위의 책; 保城広至, 『アジア地域主義外交の行方：1952-1966』(木鐸社, 2008).

일본의 이런 태도가 가능했던 것은 당시 국제 정세의 영향 때문이라고도 할 수 있다. 연합국 측은 전후 처리 과정에서 한국에 가혹할 정도로 무관심했으며, 일본의 식민지 지배에 대한 성찰이나 과오는 묻지 않았다. 대일강화회의에서도 패전국 일본의 식민지였던 한국과, 연합국의 식민지였던 동남아시아 국가들에게 서로 다른 지위를 부여했다. 이러한 연합국의 태도 때문에 한국의 대일 배상 청구 논리는 제약을 받았고, 제국주의 시대부터 일본 정부 내에 배태되어 있었던 한국에 대한 인식은 청산할 기회를 잃었다. 이것은 청구권 문제에 관한 일본 정부의 법적 논리의 형성에도 큰 영향을 끼쳤다. 일본 정부는 한일회담이 개시되기 전부터 재한일본재산에 대한 소유권 주장을 정당화하는 법적 논리를 준비했다.

이 법적 논리는 여러 가지 문제점과 모순이 노정되었음에도 불구하고 일본의 역청구권 주장을 뒷받침하는 논리로서 정착했다. 이러한 '불완전'한 법적 논리가 일본 정부에게는 어떠한 의미였을까? 니시무라 조약국장은 "한국에 이양된 일본 재산에 대해서 일본이 권리로서 반환을 요구할 수 있다기보다는, 한국과의 교섭 시에 일본 자산이 한국에 플러스가 되었다는 사실을 강조하는 데에 의미가 있다"[144]고 말했다. 후일 야마시타 교수도 "재한일본재산이 실제로 반환된다거나 보상받는다거나 하는 것을 기대한 것은 아니다. 한국 측의 요구에 대해 재한일본재산의 존재를 부각해서 대응하기 위해 일본 정부의 법이론은 의미가 있다"[145]고 말했다. 니시무라와 야마시타의 견해는, 일본의 역청구권 주장은 한국의 대일 청구권을 감액시키기 위한 교섭의

144) 「日韓問題定例打合会(第三回)」 1952(推定).12.10, 일본외무성문서 2006-588-1631.
145) 山下康雄, 「平和条約第四条の解釈－表明案に対する comment」, 일본외무성문서 2006-588-1593.

수단이었다고 하는 선행 연구들의 판단을 뒷받침하고 있다.

다음 장에서는, 이러한 법적 논리를 배경으로 1950년대 초 일본 정부 내에서 한일 청구권 문제에 관한 여러 가지 정책들과 대한 교섭 전략이 어떻게 논의되고 형성되어 가는지를 해명한다.

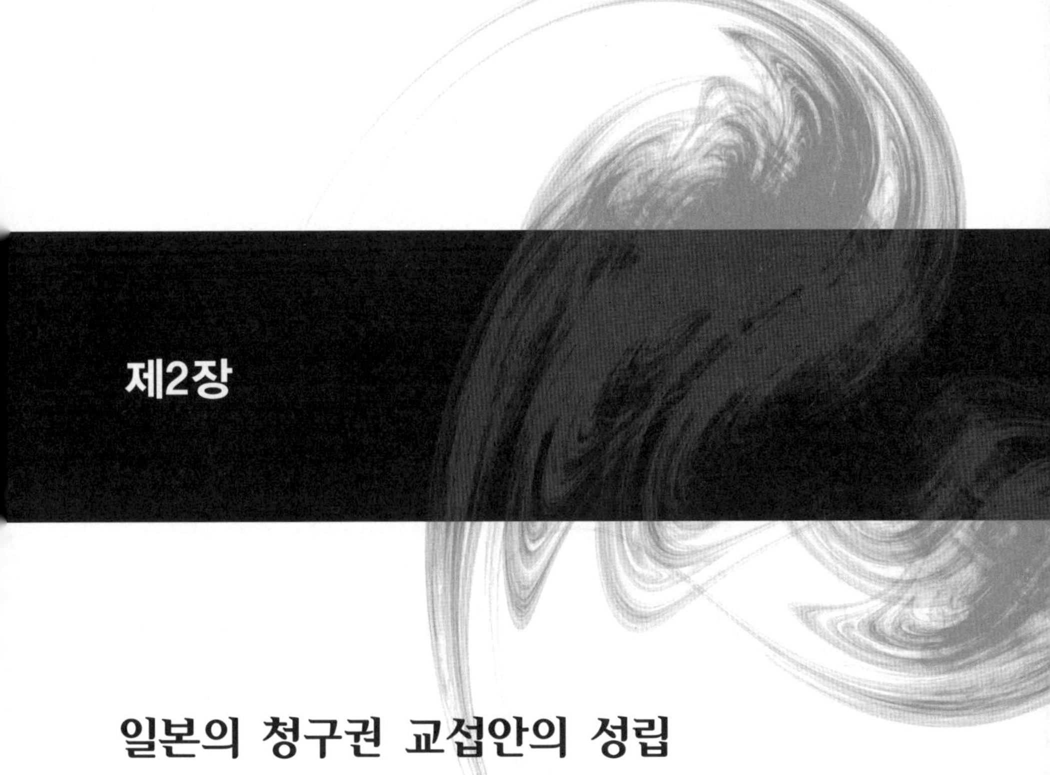

제2장

일본의 청구권 교섭안의 성립

'상호 포기 플러스알파'안의 성립 과정, 1952~53년

제2장

일본의 청구권 교섭안의 성립

본 장에서는 초기 한일회담 시기라고 할 수 있는, 제1차 한일회담이 시작된 1952년 2월부터 제3차 한일회담이 결렬된 1953년 10월까지의 시기를 다룬다. 2008년에 한일회담과 관련된 일본 측 외교 문서가 거의 공개되었으나, 초기 한일회담에 관해서는 이 새로운 사료(史料)들이 충분히 활용되지 못하고 있다. 이 시기 일본 정부 내의 동향에 관해서도 거의 해명되지 못하고 있다. 아마도 이 연구가 최초이자 현재까지 유일하게, 초기 한일회담 시기 일본 정부 내의 동향을 해명하고 분석하고 있다고 할 수 있다.

이 시기 한일회담의 현저한 특징은, 청구권 문제에 관한 한일 양국 간의 첨예한 대립, 이로 인한 회담의 정체와 결렬의 반복이다. 특히 한국에 대한 일본의 역청구권 주장을 두고 한일 간의 법률 논쟁과 역사 논쟁이 격렬했다. 양국 정치 지도자들의 상대국에 대한 혐오나 양국 국민 간의 반감 등, 이 시기에 전개된 한일 양국의 감정적인 대립에 대해서는 선행 연구에서도 자주 언급하고 있다. 본 장에서는 새로운 사료(史料)를 면밀하게 검토하여, 1950년대 초기에 일본 정부 내에서 형성된 청구권 교섭안에 관하여 해명하고자 한다. 이것은 경제 협력 방식의 정책적 기원을 푸는 중요한 열쇠이기도 하다. 이때 다음의 두 가지에 초점을 맞춰서 논의를 전개한다.

첫 번째, 일본의 청구권 교섭안에 함의되어 있는 역청구권 주장과 이에 관한 일본 정부의 내재적 논리를 분석한다. 제1장에서 검토한 바와 같이, 일본 정부는 한일회담 최대의 쟁점은 청구권 문제가 될 것이라고 예상했으며, 한일회담이 시작되기 전에 역청구권 주장의 방침을 정하고 이에 관한 법적 논리의 준비를 마쳤다. 결론부터 말하자면, 이러한 일본의 법적 논리는 청구권 교섭안에 그대로 투영되었다.

두 번째, 일본 정부 내에서 청구권 교섭안이 형성되는 과정에서 한일회담과 관련 있는 일본 정부 내 부처 간에 어떠한 정치 과정이 있었는지를 검토한다. 일본 정부 내에서는 청구권 문제에 관한 정책안을 검토하는 과정에서 특히 외무성과 대장성 두 부처 간의 인식의 골이 깊었다. 두 부처 간의 대립은 일찌감치 표면화되었는데, 이러한 일본 정부 내의 대립이 어떻게 조정되면서 한국과의 청구권 교섭안이 성립해 갔는가 하는 점은 주목할 만하다. 바꿔말하면, 일본에서 한일 청구권 문제에 관한 정부 내 부처 간의 갈등과 대립이라는 국내 정치적 요인이 외교 정책인 대한 정책(対韓政策)의 형성 과정에 어떠한 영향을 미쳤는지에 관해서 해명하는 것이다.

1. 청구권 문제에 관한 일본 정부의 초기 전략

‘상호 일괄 포기’ 주장의 본질

대일강화조약의 서명국 자격에서 배제되어 대일 배상 요구의 논리가 제한된 한국은, 대일강화조약의 틀에서 한국에 적용 가능한 조항들을 근거로 일본과의 직접 교섭을 통해 청구권 문제를 해결해야 했다. 이러한 한국의 전략 변화는 1951년 10월에 시작된 한일회담 예비회담에서 명확히 드러났다.[1]

한국 대표단은 우선, 대일강화조약 중에서 한국에 적용 가능한 조항으로 '일본은 한국의 독립을 승인하고 거제도 거문도 및 울릉도를 포함한 한국에 대한 모든 권리, 권한 및 청구권을 포기한다'라는 제2조 (a)항, '제2조 및 제3조에서 언급한 지역에 있는 연합국군 정부에 의해 처분되었고 또는 그 지령에 따라 행해진 일본 및 그 국민의 자산 처리의 효력을 승인한다'라는 제4조 (b)항, '일본이 전쟁 중에 발생시킨 손해 및 고통에 대해서 연합국에 배상을 지불해야 한다는 것을 승인한다'라는 제14조 (a)항을 근거로 들며, 한국의 대일 배상 요구의 타당성을 주장했다.[2]

이에 대해 일본 대표단은 한국의 막대한 대일 청구를 거부함과 동시에, 일본 정부는 재한일본재산의 회수를 단념하지 않았다는 태도를 보였다. 그리고 주한미군정청이 일본의 재산을 "교전국도 점령국도 아닌 제삼자에게 이양"한 것은 "국제법을 무시한 처사"라고 주장했다. 이것은 재한일본재산을 한국에 이전한 명령 33호의 효력을 부정하는 것을 의미했다. 청구권 문제에 관한 양국의 생각은 극단적이라고 할 수 있을 만큼 팽팽하게 대립했고, 앞으로의 한일 간 교섭이 꽤 난항하리라는 것을 일찌감치 예감시켰다.[3]

---

1) 정무과, 「6. 제6차, 1951.11.8」, 한국외교문서 77, 『한일회담 예비 회담(1951.10.20~12.4) 본회의 회의록, 제1-10차, 1951』.

2) 위와 같음.

3) 위와 같음.

예비 회담 직후 일본 대표단은 명령 33호에 의한 재한일본재산의 처분에 합의하지 않는다는 내부적 방침을 굳히고, 청구권 문제를 해결하기 위한 방법론을 논의했다. 그리고 일본 정부 내에서는 한국과의 청구권 문제를 '상호 일괄 포기'하는 방식으로 처리하자는 안이 검토되고 있었다. 한국의 대일 청구권과 일본의 역청구권을 서로 인정한 후, 상호 간에 청구권을 일괄 포기하자는 내용이었다. 이 구상은 재한일본재산에 대한 일본의 권리 주장을 정당화하는 법적 논리를 전제로 한 것이었다.[4)]

하지만 문제는 '상호 일괄 포기'를 어떤 식으로 집행해야 할 지에 관한 구체적인 방법이 확립되어 있지 않다는 점이다. 즉, '상호 일괄 포기'가 한일 쌍방의 청구권을 상쇄하자는 것인지, 모든 청구권을 상호 포기하자는 것인지 충분한 논의가 되어 있지 않았다.

이 점에 관해서는 선행 연구에서도 상쇄와 상호 포기의 다름이 명확하게 분석되어 있지 않아 논란의 여지가 있다.[5)] 상쇄와 상호 포기

---

4) 亜二, 「財産、請求権処理に関する件」 1951.12.10, 일본외무성문서 2006-588-536.

5) 예를 들면, 오타(太田, 「二つの講和条約と初期日韓交渉における植民地主義」, 李鍾元·木宮正史·浅野豊美 [編], 『歴史としての日韓国交正常化』 Ⅱ(法政大学出版局, 2011), pp.21~54)는 한일회담이 시작되기 전부터 일본 정부 내에서는 청구권 문제의 해결책으로서 '상쇄 및 상호 포기' 방식이 확정되었다고 주장하면서 상쇄와 상호 포기를 같은 맥락으로 해석하고 있다. 이동준(李東俊, 「日韓請求権交渉と『米国解釈』」, 李鍾元·木宮正史·浅野豊美 [編], 『歴史としての日韓国交正常化』 Ⅰ(法政大学出版局, 2011), pp.53~82)은 회담 제2차 중단기에 일본 정부가 미국의 제안을 받아 상호 포기 방식을 구상했다고 하는데, 상쇄 개념에 대한 언급은 없다. 아사노(浅野豊美, 「サンフランシスコ講和条約と帝国清算過程としての日韓交渉」, 李鍾元·木宮正史·浅野豊美 [編], 『歴史としての日韓国交正常化』 Ⅱ(法政大学出版局, 2011), pp.55~94)는 상쇄 개념에 무게를 두고, 상호 포기는 상쇄 방식을 구체적으로 실현하기 위한 수단이라고 해석했다. 또 외무성이 상쇄 방식으로 청구권 문제를 해결하려고 한 것에 대해 대장성은 상쇄 방식에 소극적이었다고 분석했는데, 이러한 아사노의 분석은 본서와는 정반대의 해석이며, 사료를 충분히 해명하고 있는지에 대해 의문이 남는다. 이 절에서 상세하게 분석하겠지만, 한일 간 청구권 문제를 어떻게 해결할지에 관해서, 외무성은 상호 포기 방식을, 대장성은

는 얼핏 비슷한 방식으로 인식되기 쉬우나 실은 분명한 차이가 있으며, 어떠한 방식을 채용하느냐에 따라 일본 정부의 대한 정책에 큰 차이를 가져온다.

상쇄 방식은 한일 간의 청구액을 정산한 후 만약 차액이 발생한다면 그 차액 만큼을 한쪽이 다른 한쪽에게 반환해야 한다. 이 방식의 이점은 국공유 자산의 정산은 정부 차원에서, 개인의 사유 재산에 관해서는 개인들 간의 직접 해결에 맡길 수 있다. 그 결과 일본 정부는 한국에 대한 막대한 청구권 지불뿐만 아니라 인양자들에 대한 국가 보상도 회피할 수 있게 된다. 앞장에서 검토한 바와 같이, 일본 정부는 한일회담의 개시를 앞두고 인양자들의 해외 재산과 관련해서 세 개의 처리 방식을 검토하고 있었다. 그중에서 대장성이 지지하는 직접주의를 채택하려면 우선 한일 간 청구권의 상쇄 방식을 선언하는 것이 가장 적절하다.[6]

한편, 상호 포기 방식은 한일 양국의 청구권의 차액을 따지지 않고 서로의 청구권을 완전히 포기하는 것을 의미한다. 이 방식은 국공유 자산뿐만 아니라 인양자들의 사유 재산까지 국가가 개입하여 포기를 선언해야 한다. 결과적으로 일본 정부는 인양자들에 대한 국가 보상의 필요성이 생기게 된다. 즉 상호 포기 방식은 앞장에서 검토한 방식 중, 정부의 개입을 동반하는 간접주의나 중개주의를 전제로 하게 된다.[7]

선행 연구에서도 지적하고 있듯이, 일본이 역청구권을 주장한 배경

상쇄 방식을 주장했다는 것을 알 수 있다. 또 후술 하겠지만, 근본적으로 다른 이 두 방식을 두고 외무성과 대장성은 오랫동안 대립한다.

6) アジア二課, 「請求権問題会談の初期段階における交渉要領」 1952.1.23, 일본외무성문서 2006-588-537. 본서 제1장 4 참조.

7) 위와 같음.

에는 막대하다고 예상하고 있었던 한국의 대일 청구액을 감액하려는 의도가 강했고, 여기에 더해 한반도에서 철수한 인양자들의 사유 재산에 대한 국가 보상을 회피하기 위한 의도도 있었다. 이러한 점들을 감안한다면, 한일회담이 시작되는 시점에서 일본 정부가 언급한 '상호 일괄 포기' 방식은 정부의 부담이 적은 상쇄 방식을 염두에 두고 있었을 가능성이 크다.

상쇄 방식

'상호 일괄 포기'에 관한 일본의 당초 의도가 상쇄 방식을 의미하고 있었다는 추측은, 당시 일본 정부 내의 논의에서 읽어낼 수 있다.

일본 정부는 한국이 제기하려는 대일 청구권 금액이 1943년 기준으로 약 480억 엔이라는 소문을 듣고 있었다.[8] 1949년 4월 SCAP에 의해서 엔 달러 고정 환율이 '1달러 = 360엔'으로 설정된 이후 1971년 닉슨 쇼크가 발표될 때까지 이 환율이 유지되는데, 한일회담이 개시될 무렵의 이 고정 환율로 계산하면 480억 엔은 약 1억 3천만 달러이다. 하지만 한국 정부는 아시아태평양전쟁 직후의 엔 달러 환률인 '1달러 = 15엔'으로 환산하고 있었고, 일본 정부도 이것을 알고 있었다.[9] 이 경우 한국의 대일 청구액은 약 32억 달러에 달한다. 장박진은 이 중에서 약 9억 3천만 달러가 사유 재산이라고 추정하기도 하나, 그리 정확하

---

8) 亜二, 「財産、請求権処理に関する件」 1951.12.10, 일본외무성문서 2006-588-536.

9) 동북아주과, 「韓国의 対日請求権八個項目에 関한 両側立場 対照表」, 한국외교문서 752, 『제6차 한일회담 청구권 관계 자료, 1963』, 124쪽. 당시 일본 정부 내에서도 한국이 '1달러 = 15엔'의 환율을 적용하고 있다고 말하고 있었다; アジア局, 「韓国側対日請求額に対する大蔵、外務両省による査定の相違について」 1962.2.15, 일본외무성문서 2006-588-1749. 한편, 미국과 일본이 전쟁 중이었던 1943년의 엔 달러 환율은 존재하지 않는다. 한국이 적용한 '1달러 = 15엔'은 아시아태평양전쟁 직후의 군용 교환 환율이다.

지 않다.[10] 한편 제1장에서도 언급했지만, 해방 직후 한반도에 남겨진 일본계 국공유 자산 및 사유 재산을 합쳐 북한 지역에 약 29억 7,095만 달러, 남한 지역에 약 22억 7,553만 달러가 남아있다고 추산되고 있었다. 이것을 합하면 한반도 전체에 남겨진 일본계 자산은 약 52억 4,500만 달러가 된다.[11]

이러한 수치를 바탕으로 일본 정부가 어떤 방침을 선택하느냐에 따라 한일 간 청구권 문제에 관한 일본의 교섭 전략이 달라진다. 즉, (1) 일본이 한국의 대일 청구권 금액으로 추정하고 있던 480억 엔을 1억 3천만 달러로 볼 것인지 32억 달러로 볼 것인지, (2) 일본의 역청구권 주장의 대상이 되는 재한일본재산을 한반도 전체의 자산으로 확대할 것인지 남한 지역에 국한시켜 대응할 것인지, (3) 재한일본재산을 한반도 전체로 확대할 경우라도 역청구권의 대상을 국공유 자산까지 포함한 약 52억 달러로 볼 것인지 사유 재산으로 제한할 것인지에 따라 일본 정부의 대한 교섭 전략이 달라지는 것은 자명한 일이었다.

그러나 어떠한 선택이든, 일본 정부는 재한일본재산의 가치가 한국의 대일 청구권 총액보다 훨씬 많다고 인식하고 한국과의 교섭에 임한 것은 분명하다. 일본 정부 내에서는 "한국이 대일 청구액인 480억 엔을 훨씬 웃도는 재한일본재산을 확보하면서 이것과는 별도로 청구권을 제기하려고 하는 것은 불공정하다"는 불만이 팽배해 있었다. 그리고 상쇄 방식으로 한일 간 청구권의 차액을 산출하면 이론상으로는 오히려 한국이 일본에 지불해야 할 상황이 된다고 생각하고 있었다.[12]

---

10) 장박진, 『식민지 관계 청산은 왜 이루어질 수 없었는가: 한일회담이라는 역설』(논형, 2009), p.279.

11) 若槻泰雄, 『戦後引揚げの記録』(時事通信社, 1991), pp.198~248.

12) 亜二, 「財産、請求権処理に関する件」 1951.12.10, 일본외무성문서 2006-588-536.

이승만 정권이 대일 배상 청구를 위한 자료로 작성한 『대일배상요구 조서』를 잠시 검토해 보자. 이 조서는 총 4부로 구성되어 있다. '제1부 현물'에서는, 일제강점기 일본이 한반도에서 반출해 간 금괴, 은괴 등의 현물 및 일본이 소유하고 있던 부동산과 동산의 반환을 요구하고 있다. '제2부 확정 채권'에서는, 일본 화폐, 유가 증권, 우체국 채권, 공무원과 군인 등에 대한 퇴직 상여금(恩給), 개인의 보험금 등 단순 채권·채무에 관한 처리를 요구하고 있다.[13] 이 중에는 조선은행 도쿄 지점에 보류되어 있던 조선은행권의 잔고 등, 재일한국재산도 많은 부분을 차지하고 있다.[14] '제3부 중일전쟁 및 태평양전쟁에서 기인한 인적·물적 피해' 항목에서는, 전쟁 때문에 발생한 인적 피해에 대한 보상과 손실된 재산의 회복을 요구하고 있다. 그리고 '제4부 일본 정부의 저가 수탈에 의한 피해' 항목에서는, 일제강점기 일본이 조선에서 약탈하다시피 저가로 매수한 것들에 대한 피해 회복을 요구하고 있다.[15]

『대일배상요구 조서』는 장박진이 상세하게 검토하고 있는데, 장박진은 한국 정부가 실질적으로 대일 청구권으로 요구한 것은 위의 네 항목 중 제1부와 제2부를 중심으로 한 재산 손실의 회복이며, 제3부에서 규정한 전쟁 배상 성격의 요구나 제4부에서 언급한 식민지 통치에 대한 책임과 관련된 요구에 관해서는 애매한 태도를 보인다고 분석했다. 즉, 실질적으로는 전쟁 동원이나 식민지 지배 자체에 대한 배상을 요구하지 않고, 일제강점기 때 발생한 채권·채무 관계의 청산 및 비용

---

13) 大韓民国政府, 『対日賠償要求調書』(1954).

14) 李東俊, 「旧朝鮮銀行在日資産の再編と韓国の対日請求権交渉」, 浅野豊美 [編], 『戦後日本の賠償問題と東アジア地域再編』(慈学社, 2013), p.112.

15) 大韓民国政府, 『対日賠償要求調書』(1954).

의 회수만을 요구했다고 분석하고 있다.[16] 그 이유에 대해 장박진은, 반공과 경제 재건을 최우선시하고 있던 한국 정부로서는 청구권 문제를 '과거 청산'으로서 해결하는 것에 당초부터 큰 기대를 하고 있지 않았다고 논하고 있다.[17]

일본 정부는 한국 정부의 요구가 철저한 '과거 청산'을 전제로 한 청구라기보다는 민사상 재산 손실에 관한 항목을 중심으로 구성되어 있다는 점을 간파하고 있었다. 따라서 한국 정부의 요구를 재한일본재산과 재일한국재산의 범위 내에서 해결하려는 전략도 염두에 두고 있었다고 추측된다. 여기에 관해서 이동준은, 해방 후 일본 정부가 조선은행 도쿄지점에 보류되어 있는 재일한국재산 중에서 강제로 징수한 금액이 있는데, 이 금액을 '1달러 = 15엔'으로 환산하면 1965년에 타결된 청구권 및 경제 협력 자금 중 무상 3억 달러에 거의 상당하는 금액이 된다는 흥미로운 주장을 하고 있다.[18]

어찌 됐든, 일본 정부 내에서는 예비 회담 직후부터 역청구권 주장을 전제로 한 한일 간 청구권의 '상호 일괄 포기'가 자주 언급되었다. 이 시기 일본 정부 내의 논의와 인식을 감안한다면, 이 구상은 한일 간의 청구권을 상쇄 방식으로 해결한다는 생각에 가까웠다. 하지만 한국 정부가 상쇄 방식을 받아들일 가능성은 매우 희박했다. 당시 한국 내에서 "한반도 내 부(富)의 상당 부분이 재한일본재산이다"라고 인식되고 있었던 만큼, 재한일본재산에 대한 일본의 권리를 인정하게 된다면 한국 내의 경제적 이권이 일제강점기 때처럼 일본에 예속되어

---

16) 장박진, 『미완의 청산』(역사공간, 2014), pp.94~202에서는 한국의 『대일배상요구조서』의 전체적인 의미와 그 근거를 해석하고, 각 항목을 상세하게 분석하고 있다.

17) 장박진, 앞의 책(2009), pp.236~239.

18) 李東俊, 앞의 논문(2013), p.134.

버리는 것이다. 더욱이 일본 정부의 계산처럼 재한일본재산의 가치가 한국의 대일 청구권 총액보다 많다면, 상쇄 방식은 한국의 대일 청구권을 실질적으로 포기하는 결과가 되기 때문이다.

2. 제1차 한일회담과 청구권 문제

청구권 문제에 관한 한일 간 논쟁의 시작

1952년 2월 15일 도쿄에서 제1차 한일회담이 열렸다. 일본 측 대표단은 마츠모토 외무성 고문을 수석 대표로 하여, 이구치 사다오(井口貞夫) 외무성 차관, 니시무라 외무성 조약국장, 와지마 에이지(倭島英二) 외무성 아시아국장 등 외무성의 간부급 실무진 및 다른 관련 부처의 실무진이 참가하여 16명으로 구성되었다. 이 중에서 대장성 관료들은 청구권위원회에 소속되어 한국과의 청구권 교섭에 참여했다. 한국 측은 양유찬 주미대사를 수석 대표로 하여, 후일 양 대표의 후임을 맡게 될 김용식 주일공사와 주일대표부 관련자, 그리고 유진오, 홍진기 등이 참여한 13명으로 대표단을 꾸렸다.

한일회담에서는 양국 간 기본 관계, 청구권, 어업, 재일한국인의 법적 지위, 선박, 문화재 반환 등 다방면에 관한 논의가 필요했는데, 양 대표단은 우선 한일회담에서 다루게 될 의제 선정에 착수했다. 이때 눈에 띄는 것은, 일본 대표단이 청구권과 관련된 의제를 '한일 양국 및 양 국민의 재산 그리고 청구권의 처리'라고 칭한 것이었다. 청구권 교섭에서는 한국의 대일 청구권만 다루는 것이 아니라 일본의 역청구권도 논의해야 한다는 의도가 함의된 표현으로, 일본은 간접적으로나마

역청구권의 주장을 시사하고 있었다.[19)]

2월 20일부터 청구권 교섭을 위한 청구권위원회가 열렸는데, 한국 측은『대일 8 항목』을 포함한『대일청구 요강안』을 일본 측에 제출했다. 여기서 주목할 것은, 한국 정부가 회담 개시 전부터 준비해 왔던『대일배상요구 조서』가 이 시기에『대일 8 항목』으로 변경되었다는 점이다.

이 과정을 상세하게 분석한 장박진은, 한국 정부의 대일 청구 명목이 '배상'에서 '청구권'으로 변화한 것이라고 한다. 다만 이것은 표면상의 변화일 뿐 실은 배상 요구의 현실적인 보완 작업을 거쳐 청구권으로 재편성한 것이라고 한다. 즉, 한국 정부의『대일 8 항목』과『대일배상요구 조서』는 극히 밀접한 연속성을 가지고 있으며, 일본에 요구하고 있는 기본적인 항목은 별반 다르지 않다고 한다.[20)]

한국 측이 제1차 한일회담 시『대일 8 항목』에서 제기한 대일 청구의 내용은 다음과 같다.[21)]

1. 1909년부터 1945년까지의 기간 중, 일본이 조선은행을 통하여 한국에서 반출해 간 금괴 및 은괴의 반환 청구.
2. 1945년 8월 9일 현재 및 그 이후 조선 총독부에 대한 일본 정부의 채무 변제 청구.
3. 1945년 8월 9일 이후 한국으로부터 이체 또는 송금된 금액의 반환 청구.
4. 1945년 8월 9일 현재 한국에 본점, 본사 또는 주요 사무소가 있는 법인의 재일재산의 반환 청구.

---

19) 「日韓会談第一回正式会議議事要録」 1952.2.15, 일본외무성문서 2006-588-180.

20) 장박진, 앞의 책(2014), pp.375~391.

21) 동북아주과, 「請求権問題」, 앞의 한국외교문서 752; 정무과, 「1. 한일 간 청구권협정에 관한 기본 요강, 1952.2.21 (한국 및 일본 측 제안)」, 한국외교문서 92, 『제2차 한일회담(1953.4.15-7.23) 청구권위원회 회의록, 제1차-3차, 1953.5.11-6.15』.

5. 한국 법인 또는 한국인의 일본은행권, 피징용 한국인의 미지불 임금과 보상금 및 그 외 청구권의 변제 청구.
6. 한국인의 일본 정부 또는 일본인에 대한 권리로서 위의 1 또는 5에 포함되지 않은 것은 한일회담 성립 후 개별적으로 행사할 수 있음을 인정할 것.
7. 앞서 나열한 재산 또는 청구권에서 발생한 각 과실에 대한 반환 청구.
8. 앞서 나열한 반환 및 결제는 협정 성립 후 곧바로 개시하고 늦어도 6개월 이내에 완료할 것.

한편 일본 측은 앞으로 한국이 어떻게 나올지를 파악한 후 대응하기 위해, 우선 한국 측 자료에 대한 설명을 요청했다. 그리고 2월 23일 제2회 청구권위원회부터 3월 3일 제4회 청구권위원회까지, 한국 측 각 청구 항목의 취지나 법적 근거에 관한 질의응답을 중심으로 토의가 진행되었다.[22] 이 과정에서 일본 측은, 한국 정부 내에서 지일파들이 대일 강경파를 설득한 결과 한국의 대일 청구권 요구가 예상보다 관대해졌다고 판단했다. 그 때문에 오히려 일본이 역청구권을 주장할 경우 한국의 기대를 저버리는 것으로 받아들여져, 이승만 대통령이 지일파 대표들을 해임하고 일본에 대한 태도를 경직시킬 가능성이 있다는 지적도 나왔다.[23]

그럼에도 불구하고 일본 측은 3월 6일 제5회 청구권위원회에서 『한일 양국 간에 교섭해야 할 재산 및 청구권 처리에 관한 협정의 기본 요강(이하, 기본 요강)』을 제출하고, 역청구권을 공식 제기했다. 일본 측이 제시한 『기본 요강』의 요지는 다음과 같다.[24]

---

22) 「日韓会談日本側代表団第二回打合せ会次第」 1952.3.4, 일본외무성문서 2006-588-1635.

23) 「請求権問題交渉の中間段階における対処要領案」 1952.3.10, 일본외무성문서 2006-588-542.

24) 「日韓両国間に取極められるべき財産及び請求権の処理に関する協定の基本要綱

- 한일 양국은 재산에 관한 권리를 상호 인정하고, 이것을 회복할 조치를 취한다. 이 권리가 침해된 경우 원상 복구 또는 손해 보상을 해야 한다.
- 일본 및 한국은 미군정청에 의한 재산 처리의 효력을 승인하지만, 승인하는 효과의 범위에 관해서는 별도로 토의한다.
- 일본은 공용 또는 국유 재산, 기업에게 제공된 국유 재산을 한국에 이양한다. 이양 방법에 관해서는 별도로 토의한다.
- 구체적인 실시가 상호 형평 그리고 실효적으로 이루어지도록 조치한다.

이 『기본 요강』의 3월 4일 자 원안에는, "한국에서 처분한 인양자들의 사유 재산 매각 대금을 일본에 반환한다"라는 문언도 있었으나, 한국에 정식으로 제출된 3월 6일 자 『기본 요강』에는 이 문언을 제외하면서, 노골적인 역청구권 주장을 자제하고 있다. 한편 위 내용에서 짐작이 가듯, 『기본 요강』은 일본 정부가 회담 개시 전부터 준비해 온 법적 논리를 토대로 작성되었다.

이때 한국 측은 일본 측의 주장이 몰고 올 파장을 대수롭지 않게 생각한 듯하다. 오히려 일본 대표단에게, 청구권을 "법적으로 따지지 말고 정치적으로 해결하고 싶다"라고 말하며, 청구권을 둘러싼 대립은 되도록 피하면서 이 문제를 빨리 해결하자고 제안했다.[25] 일본 측은 이러한 한국 측의 반응을 보며, 한국이 앞으로 일본에게 경제적으로 의존할 수밖에 없음을 알고 청구권 문제의 해결을 서두르고 있다는 인상을 받았다.[26] 일본 측의 이러한 판단은 한국에 대한 고압적인 자

(昭和二七. 三. 六. 日本側提案)」, 일본외무성문서 2006-588-540.

25) 「日韓会談日本側代表団第二回打合会」 1952.3.8, 일본외무성문서 2006-588-1635.

26) 「請求権問題交渉に関する打合せ会」 1952.2.25, 일본외무성문서 2006-588-539.

세로 이어졌다.

일본 측은 한국의 의도대로 청구권 문제를 해결할 의사가 없음을 전달하고, 『기본 요강』에 함의되어 있는 일본의 법적 논리를 다음과 같이 축약 설명했다. (1) 명령 33호는 재한일본재산의 몰수를 의미하지 않는다. (2) 국제법상 사유 재산에 관해서는 일본의 원소유자가 최종 처분권을 갖는다. (3) 한국 정부가 처분한 재한일본재산의 매각 대금에 대해서는 대일강화조약 제4조 (a)항에 따라 한일 간 별도의 외교 교섭으로 다시 논의한다.[27)]

이에 대해 한국 측은, (1) 재한일본재산은 명령 33호에 의해서 몰수되었으며, (2) 일본은 강화 조약 제4조 (b)항에서 이 사실을 승인했기 때문에, (3) 동 4조(a)항에서 말하는 한일 간 별도 교섭의 대상이 되는 것은 한국의 대일 청구권뿐이라고 반론했다. 한국과 일본의 법적 논리는 정면으로 대립하는 것이었다.[28)]

이후 한일 간 법률 논쟁의 쟁점은, 명령 33호에 의한 재한일본재산의 처리 효력을 대일강화조약 제4조 안에서 어떻게 해석하는지로 모아졌다. 앞장에서 논한 바와 같이, 제4조에는 재한일본재산의 처분을 한일 양국 간에 별도의 외교 교섭을 거쳐 최종적으로 결정한다는 취지의 (a)항과, 일본은 주한미군정청의 명령 33호에 의한 재한일본재산의 처분 효력을 대일강화조약에서 최종 승인했다는 취지의 (b)항이 존재했다. 즉, (a)항을 강조하면 일본에 유리하고, (b)항을 강조하면

---

27) 条約局法規課, 「平和条約第四条について(上)(未定稿)(講和条約 研究第三号)」 1951.9, 일본외무성문서 2006-588-1562. 일본의 법적 논리를 분석하고 요약한 것은 金恩貞, 「日韓国交正常化交渉における日本政府の政策論理の原点」, 『国際政治』 第172号(2013), pp.28~43을 참조.

28) 정무과, 「3. 제2차, 1952.2.23」, 한국외교문서 86, 『제1차 한일회담(1952.2.15-4.21), 청구권분과위원회 회의록, 제1-8차, 1952.2.20-4.1』.

한국에 유리한 것으로, 모순된 조항이 병기되어 있었다. 한국 측은 일본이 재한일본재산에 언급하는 것 자체를 문제시하고, 일본 측의 법률적인 설명이나 토의를 전면 거부했다.[29)]

재한일본재산에 관한 양국의 주장은, 일제강점기에 대한 양국의 역사 인식의 차이도 노정시켰다. 한국 측은, 재한일본재산은 일본의 불법적인 식민지 지배하에 부당하게 축적된 것이라고 강조했다. 그리고 일본이 역청구권 주장을 철회하지 않는다면 회담은 진전되지 않을 것임을 분명히 했다.[30)] 하지만 일본 측은 일제강점기 때 형성된 일본 재산은 정당한 경제 활동의 결과였다고 주장하고, 한국 측의 요구를 거부했다.[31)] 양국의 주장은 타협의 여지없이 평행선을 그으며 회담은 4월 이후 정체 상태에 빠졌다.

일본 대표단은 내부적으로, 한일회담이 법률 논쟁으로 인해 결렬된다면 오히려 한국의 입장이 곤란해질 것이라고 장담했다. 즉, 회담 결렬을 계기로 한국 내에서는 자국의 법적 논리에 대한 한계와 정부의 외교적 실패가 드러나게 되어 한국 정부가 여론의 비난을 받을 것이라고 예상하고, 회담 결렬을 마다하지 않는 태도를 보였다.[32)]

●● 일본 정부 내 부처 간 대립의 표면화

제1차 한일회담이 정체되는 가운데 일본 정부 내에서는 한일 간 청구권 문제를 논의하기 위한 회의가 열렸다. 이 회의에서는 외무성 관

---

29) 亜二,「請求権問題の討議再開を本会議に提議することについて」1952.3.18, 일본외무성문서 2006-588-543 ; 「日韓会談の現況」1952.3.23, 일본외무성문서 2006-588-689.

30) 「二、日韓請求権問題」1952.5, 일본외무성문서 2006-588-1509.

31) 「第三回日本側代表打合会議事録」1952.3.31, 일본외무성문서 2006-588-1638.

32) 「会談決裂の場合韓国側の不利となる諸点」1952.4.4, 일본외무성문서 2006-588-1644.

료와 대장성 관료가 중심이 되어 청구권 문제에 관한 의견 조정이 진행되었다. 오노 카츠미(大野勝巳) 외무성 참사관을 주사(主査)로 하여 우시로쿠 토라오(後宮虎郎) 아시아국 제2과장, 히로타 시게루(広田積) 아시아국 제4과장, 시게미츠 아키라(重光晶) 조약국 제3과장 등의 외무성 관료들과, 우에다 카츠로(上田克郎) 대장성 이재국(理財局) 외채과장, 배상 문제를 위해 임시로 설치된 배상청의[33] 하토리 고로(服部五郎) 특재총무과장이 참가했다.[34]

이 회의에서 대장성 측의 대한 강경론이 눈에 띄었다. 대장성 측은 "사유 재산권의 존중은 국제법상의 원칙이며, 절대로 양보할 수 없는 일본 국민의 요청"이라고 하면서, 이러한 원칙에 입각해서 한국과의 교섭을 진행할 것이라고 강조했다. 이런 배경에는 한국에 대한 청구권 지불과 인양자들에 대한 국가 보상 조치로 인해 초래될지도 모르는 재정 악화에 대한 우려가 있다고 설명했다.[35]

외무성은 대장성의 강경한 태도가 한일회담의 진전을 방해할지도 모른다는 우려와 함께, 대장성의 지나친 주장이 한국 측에는 "한국에 대한 일본의 경제적 지배의 부활"로 비친다고 지적한 후, 이러한 우려는 다른 부처에서도 나오고 있다고 전했다.[36]

하지만 대장성은, 한국이 명령 33호에 의한 재한일본재산의 몰수를 기정사실로 하면서 국제법을 일방적으로 해석하는 것은 용서할 수 없

---

33) 일본의 배상청은 '배상청 임시설치법'(1948.1.31 법률 제3호)에 의거하여, 1948년 2월 1일 総理丁(총리청) 산하의 외국(外局)으로서 설치되었다. 1949년 6월 1일에는 '총리청 설치법'(1949.5.31 법률 제127호)에 의해 総理府(총리부)의 외국이 되었다가, 대일강화조약 발효일인 1952년 4월 28일에 폐지되었다.

34) 「日韓会談財産請求権問題及び漁業問題委員会日本側委員」, 일본외무성문서 2006-588-539.

35) 大蔵省, 「基本要綱に関する若干の注解」 1952.4.15, 일본외무성문서 2006-588-545.

36) 위와 같음.

다고 반응하며, 한국과의 교섭은 법적 논리를 엄격하게 따져가며 진행할 것이라고 했다. 또 경제적 지배의 부활을 운운하는 한국 측의 발언은 이해 부족 때문이라고 단정 지었다. 대장성은, 청구권에 대한 결제 시기가 다가오면 한국 측의 실제 부담 능력을 고려하여 타협의 여지는 있겠지만, 재한일본재산에 대한 일본의 청구권 주장을 관철시킨 후 한일 간의 청구권을 상쇄하는 것이 원칙이라고 강조했다.[37]

한편 외교 교섭으로서의 한일회담의 성격을 중시하고 대국적인 견지에서 한일 관계를 정상화해야 한다고 생각하는 외무성은, 청구권 문제만 해결된다면 다른 의제들은 쉽게 해결된다는 판단하에, 청구권 문제에 관해서 유연한 태도를 보였다. 외무성은 일본의 안보적 측면에서도 한국과의 관계 정상화를 조기에 달성해야 한다고 생각했다. 즉, 재군비를 포기한 일본이 경제적 지원을 통해서 한국의 정치 경제의 안정을 돕는 것이야말로 일본의 안보에 중요하다고 생각한 것이다. 때문에 교섭 상황을 봐서 청구권 문제를 경제 협력 등으로 결착시켜 정치적으로 처리할 의향을 비쳤다.[38]

외무성은 일본의 역청구권과 한국의 대일 청구권을 어떤 방식으로 해결해야 하는지가 과제이며 일본이 역청구권 주장만 할 것이 아니라 구체적인 해결책을 모색하는 것이 현실적이라고 지적했다.[39] 외무성은 대장성이 주장하는 상쇄 방식을 의식하여, 주한미군정청에 의해서 처분이 끝난 재한일본재산의 매각 대금을 한국의 재일자산 및 대일 청구권 금액과 대응시켜, 상호 간 자산의 이전(원문 : transfer) 절차를

---

37) 위와 같음.

38) 「日韓会談省内打合会決定事項」, 일본외무성문서 2006-588-1633.

39) アジア二課, 「日韓国交調整特に請求権問題について」 1951.11.10, 일본외무성문서 2006-588-1303.

최소화하면서 양국 간의 차액을 청산하자고 제안했다. 단 이러한 방식에 차질이 생긴다면 서로 청구권을 포기하는 방식을 연구해 나갈 수밖에 없다고 말하며, 상호 포기 방식의 가능성을 언급했다.[40]

선행 연구 중에서, 아사노(浅野)는 한일 간 청구권의 처리 방식에 관해 상쇄 방식과 상호 포기 방식은 법해석의 차이에 불과하며 일본이 한국에 얼마간의 금전적 보상을 인정하는 정책으로 귀결되는 면에서 같은 의미라고 주장한다.[41] 그러나 지금까지 해명했듯, 한일 간에 청구권을 상쇄 방식과 상호 포기 방식 중 어느 쪽으로 해결하느냐에 따라서 한일회담, 한일 관계, 일본의 대한 교섭 전략, 일본의 국내 정치 등에 미칠 영향은 명확하게 달랐다. 그리고 이러한 점을 일본 외무성은 정확하게 인식하고 있었다.

한편 한일회담이 고착 상태에 빠져들자 외무성은 한일회담의 결렬을 피하기 위해 한국 대표단과 접촉하며 법적 논리를 우회한 비공식 토의를 제안하고, 또 대장성 간부와 한국 대표단 간의 대화를 알선하기도 했다.[42] 그러나 외무성의 중재는 성과 없이, 한국 측과 대장성 측 모두 회담 속행에 대한 의욕을 잃고 1952년 4월 26일에 제1차 한일회담은 종료되었다.

---

40) 「日韓会談における請求権問題対策に関する件」 1952.4.8, 일본외무성문서 2006-588-547.

41) 浅野豊美, 「経済協力の国際政治的起源」, 浅野豊美 [編], 『戦後日本の賠償問題と東アジア地域再編』(慈学社, 2013), pp.197~222.

42) 「日韓会談財産、請求権問題交渉の経緯」 1952.4.15, 일본외무성문서 2006-588-544.

3. 회담 제1차 중단기 외무성 내의 동향

법률 논쟁에 대한 회의론

한일회담은 제1차 회담이 결렬된 후 약 1년간의 공백기를 맞았다. 선행 연구에서는 이 기간을 완전한 공백기로 보고 연구나 분석의 대상으로 하지 않았다. 그러나 한일 관계가 고착 상태에 있었던 이 기간 동안 일본 정부 내에서는 청구권 문제에 관한 구체적인 정책안이 만들어지고 있었다. 일본 정부의 대한 정책은 외무성에서 본격적으로 검토되기 시작했고, 이후 외무성을 중심으로 일본 정부 내의 견해들이 조정되어 간다. 따라서 한일회담에 관한 외무성의 인식과 외무성 내부의 토의 과정을 먼저 살펴보도록 한다.

외무성 내에서는 제1차 한일회담이 결렬된 직후부터 한일 간 법률 논쟁에 대한 회의론이 대두하며, 실질적인 해결책이 모색되기 시작했다. 법률 논쟁만으로는 청구권 문제를 해결할 수 없을 뿐만 아니라 한일 간의 국교 정상화 자체도 험난해질 것이라는 현실적인 인식이 있었다. 이러한 외무성의 인식에는 제1차 한일회담 중에 제기된 한국 측의 법적 논리가 비교적 합리적이라는 판단도 한몫했다. 일본의 법적 논리가 한국의 법적 논리를 완전히 이길 수 없으며, 일본의 법적 논리의 한계를 인정하지 않을 수 없다는 것이 외무성의 판단이었다.[43] 또 외무성 내에서는 인양자들에 대한 국가 보상을 회피할 수 없다는 견해도 우세했다.[44]

이에 대해 대장성은, 선례로서 검토한 바 있는 두 개의 강화 조약

---

43) 「覚書 請求権問題省内打合せ会」 1952.2.28, 일본외무성문서 2006-588-539.

44) アジア二課, 「在韓私有財産権放棄と国内補償問題」, 일본외무성문서 2006-588-1302.

즉 베르사유조약과 이탈리아강화조약과는 달리, 대일강화조약에서는 재외재산에 대한 국가 보상을 의무 짓는 조항이 없다고 단언하고, 이러한 명문 조항이 없다는 점을 인양자들에 대한 국가 보상을 회피하는 유력한 근거로 삼았다.[45] 그러나 외무성 조약국은 대일강화조약에 인양자 국가 보상에 관한 조항이 없는 것은 사실이나 그렇다고 해서 국가 보상을 금지하는 명문 조항 또한 없다고 지적하며 대장성과는 다른 견해를 보였다. 그리고 대일강화조약에 사유 재산에 관한 국가 보상 규정에 결함이 있는 것은, 연합국이 이 문제를 일본의 국내 문제로서 일본 스스로 판단하도록 일본의 자유에 맡긴 것이라고 설명했다.[46]

조약국의 태도에서 보듯, 이 시기 일본 외무성 내에서는 대장성의 대한 강경론과는 다른 기류가 형성되고 있었다. 아시아국을 중심으로 청구권 문제와 관련된 일본 측 법적 논리의 한계가 지적되면서 청구권 문제에 관한 새로운 해결책의 필요성이 대두되었다. 원칙론적인 법해석을 고수했던 조약국도 대일강화조약을 융통성 있게 해석하며 인양자들에 대한 국가 보상 문제를 국내 정치적으로 해결할 수 있음을 시사하고 있었다.

미국의 법해석 '52년 각서'의 여파

일본 외무성은 제1차 한일회담이 결렬될 즈음부터 미국 정부의 동향을 살피고 있었다. 한국 정부는 회담 개시 전부터 미국에 한일회담의 중재자로 참여해 달라는 요구를 지속적으로 하고 있었는데, 일본

45) 「第一二国会衆参両院の平和条約及び安保条約特別委員会における答弁抜粋」, 일본외무성문서 2006-588-1047.

46) アジア二課, 「在韓私有財産権放棄と国内補償問題」, 일본외무성문서 2006-588-1302.

외무성은 이 점이 신경 쓰였다. 외무성은 미국 정부에, 만약 미국이 한일회담에 개입하게 된다면 일본에서는 한일 문제에 관한 '미국의 간섭'으로 비칠 것이고 이로 인해 대미 여론이 악화된다면 일미 관계에도 지장이 있을 수 있다고 말했지만, 본심은 회담 결렬 후 혹여나 미국이 한국에 유리한 입장을 취할까 우려했다.[47] 이러한 일본 정부의 입장을 잘 이해하고 있는 SCAP의 시볼드 외교국장은, 한일회담은 양 당사자가 자주적으로 해결해야 할 문제라고 선을 긋고, 워싱턴에도 미국이 한일회담에 간섭하는 것을 반대한다는 의견을 보냈다.[48] 미국 국무성은 일본 정부에 한일회담을 돕기는 하겠지만 간섭처럼 보이는 것은 일절 하지 않겠다고 전달했고, 한국 정부로부터의 개입 요청도 거부했다.[49]

그러나 한일회담의 조기 타결을 원하는 미국 정부는 간섭이라는 비난을 받지 않기 위해 한일 간 교섭에 공식적인 개입을 피했을 뿐 물밑에서는 사실상 관여하고 있었다. 특히 일본에 대해, 일본의 역청구권 주장은 대일강화조약에 위반한다고 지적하고[50] 한국과의 법률 논쟁에 관한 일본의 태도를 부정적으로 보고 있었다. 대신, 한일 양국이 청구권을 상호 포기하는 방향으로 이 문제를 해결할 수 있다는 의견을 외무성에 전달했다.[51] 미국 국무성은 일본의 대장성 등 강경파가 주장하는 상쇄 방식을 비판적으로 보고, 일본 외무성의 상호 포기 방식을 지지하고 있었다. 단, 상호 포기에 대한 한국의 반발을 예상하고 현

---

47) 「日韓会談の現況」 1952.3.13, 일본외무성문서 2006-588-689.

48) 李鍾元, 「韓日会談とアメリカ—『不介入政策』の成立を中心に」, 『国際政治』 第105号(1994), pp.166~167.

49) 「日韓会談の現況」 1952.3.13, 일본외무성문서 2006-588-689.

50) 李鍾元, 앞의 논문(1994), p.169.

51) アジア局第二課, 「電送第2353号 日韓会談請求権問題処理方針に関する件」 1952.4.22, 일본외무성문서 2006-588-653.

단계에서 이 해결 방법을 들추는 것은 시기상조라고 외무성에 당부했다.[52)]

한편, 한국 정부는 재한일본재산에 관한 명령 33호의 법적 효력을 대일강화조약 제4조 안에서 어떻게 해석해야 하는지에 관해 미국 정부의 해석을 요청했다. 한국 입장에서, 일본과의 법률 논쟁에서 우위를 차지하기 위해서는 재한일본재산이 한국으로 귀속되었다는 것을 명확하게 할 필요가 있었다. 한국은 대일강화조약의 실질적인 기안자이자 명령 33호를 반포한 당사자인 미국 정부로부터, 대일강화조약 제4조 (b)항에 의해 명령 33호의 법적 효력이 최종적으로 승인되었다는 확답을 받고자 했다.

당초 미국 국무성은 명령 33호에 대한 상세한 해석을 원하는 한국 정부의 요청을 경계했다. 한국 정부가 일본과의 교섭을 유리하게 끌고 가기 위해 한일회담에 미국의 개입을 유도하려 한다고 판단했기 때문이었다. 그러나 한국 정부의 끈질긴 요청을 받아들여 제1차 한일회담 결렬 후인 1952년 4월 29일, 명령 33호와 대일강화조약과의 관련성에 관한 미국 정부의 견해를 설명한 서한(이하, 52년 각서)[53)]을 양유찬 주미대사를 통해 한국 정부에 전달했다.[54)] 이날은 대일강화조약이 발

---

52) Tokyo Embassy to Department of State, Pusan Embassy, 1952.5.12, RG84, Japan, Tokyo Embassy, Classified General Records, 1952-1963, 320, Box.1, National Archives Ⅱ, College Park, Maryland(이하, NA).

53) 명령 33호와 대일강화조약과의 관련성에 관한 미국 국무성의 견해는 1952년 4월 29일 자 외에 이후 1955년 11월 5일에도 작성되는데, 두 문서의 내용은 미묘하게 다르다. 1955년에 작성된 문서는 이후에도 내용을 조금씩 수정해 가며 1957년에 최종안이 작성된다. 본서는, 1952년 4월 29일 자 국무성 문서를 '52년 각서'로, 1955년부터 제시되어 1957년에 마무리되는 국무성 문서를 '57년 각서'로 부르고 논의를 진행한다(본서 제3장 3을 참조). 한편, '52년 각서'와 '57년 각서'로 구분하여 논한 것은 장박진이 먼저이다(장박진, 앞의 책, 2009, pp.281~316).

54) John Allison to Yang Yu Chan, 1952.4.29, RG84, Korea, Seoul Embassy, Classified General Records, 1953~55, 320.1, Box.4, NA.

효하여 일본이 미국의 점령으로부터 독립한 다음 날이기도 했다.

'52년 각서'의 요점은 다음과 같다. (1) 대일강화조약 제4조 (b)항과 주한미군정청의 관련 지령 및 그 조치에 의해서 한국 내에 있는 옛 일본 자산에 대한 일본 측의 모든 권리 권한 및 이익은 소멸되었다. (2) 그러나 이 재산의 처리는 제4조 (a)항에 규정되어 있는 특별 교섭을 고려할 필요가 있다.[55]

이 서한은, 대일강화조약 제4조 (b)항에 의해서 재한일본재산에 대한 일본의 소유권이 소멸했다고 하면서도 재한일본재산의 처분 사실을 한일 간 교섭으로 최종 합의해야 한다는 (a)항도 인정하고 있다. 즉, 제4조 (a)항과 (b)항의 상반된 규정을 동시에 인정하는 모순된 내용이었다. 이 때문에 오히려 한일 간의 법률 논쟁은 '52년 각서'에 관한 해석 논쟁까지 가세하며 이후 더 격해지게 된다.[56]

'52년 각서'가 일본 정부에 정식으로 전해진 것은 5월 16일이다. 하지만 이미 "8일 자 워싱턴 AP통신에 양 대사의 선전 공작에 관련하여 미국 국무성이 강화 조약 제4조의 해석에 대해 일본에 재한일본재산에 대한 재산권이 없다는 취지의 노트를 공표했다"라는 정보가, 주미일본대사관에서 일본 외무성 아시아국에 전달되었다.[57] 9일에는 일본의 각 일간지에, 워싱턴 AP통신 발로 미국 국무성이 일본의 역청구권 주장을 부정하는 듯한 서한을 발표했다는 보도가 나왔다.[58] 외무성은 이러한 사태가 정부 내의 대한 강경론을 다시 부추길 수 있다고 우려

55) 일본외무성문서 2006-588-654에도 이 각서의 영어 원문이 있다.

56) 미국 국무성 견해의 애매함을 비판하고 한일회담에 끼친 영향을 고찰한 것으로, 李鍾元(1994)과 李東俊(2011)의 논문을 참조하면 좋다.

57) 「電送 日韓会談に関する梁大使の宣伝工作に対する対策の件」 1952.5.9, 일본외무성문서 2006-588-654.

58) 「日韓間請求権問題に関する外務省情報文化局長声明」 1952.5.12, 일본외무성문서 2006-588-654.

하고, 이러한 보도는 한국의 정치적 왜곡과 선전의 결과라고 말하며 AP발 내용을 부인했다.[59]

'52년 각서'가 일본 외무성이 인지하지 못한 상태에서 작성되었고, 이에 대해 일본 정부가 매우 당황한 기색이었던 것은 분명하다. 외무성은 청구권 문제에 가장 민감한 대장성 이재국(理財局) 앞으로 "AP발 뉴스에 관해서 주미대사에게 조회한 결과 국무성이 일본의 역청구권에 대해 언급한 사실이 없다는 것을 확인했다"라는 메모를 보내며, 정부 내의 여론 동향을 주시했다.[60] 하지만 '52년 각서'를 정식으로 전달받은 후, 이 서한의 해석 여부에 따라서는 미국 정부가 한국의 주장을 지지한 것처럼 보일 수도 있다고 우려했다. 그리고 미국 국무성에 이 서한을 언론에 공개하지 않도록 요청했다.[61] 이에 대해 국무성은, 주권을 회복한 지 얼마 안 되는 일본에 대해 미국이 여전히 압력을 행사하는 듯이 보이는 것은 피하고 싶다고 말하며,[62] 그 일환으로 앞으로 한일회담에 대한 간섭이나 어떠한 공식적인 견해 표명도 자제한다고 약속했다.[63]

일본 외무성은 이후 부처 내에서 대책 회의를 거쳐, 이 서한으로 한국의 입장이 강화된 점은 분명하지만 한국 정부가 의도한 대로 일본

---

59) 「附記 請求権問題について」 1952.5.12, 일본외무성문서 2006-588-654.

60) 「冠省 [無題]」 1952.5.13, 일본외무성문서 2006-588-654.

61) 亜二, 「日韓請求権問題に関し国務省が声明を発表した場合の我方の措置について」 1952.5.16, 일본외무성문서 2006-588-654; 亜二, 「日韓交渉に関する件」 1952.5.16, 일본외무성문서 2006-588-654; 亜二, 「対韓請求権問題について」 1952.5.16, 일본외무성문서 2006-588-654.

62) Tokyo Embassy to Department of State, Pusan Embassy, 1952.5.12, RG84, Japan, Tokyo Embassy, Classified General Records, 1952, 320, Box.1, NA; アジア局第二課, 「電送第004069号 対韓請求権問題に関する外電について」 1952.5.15, 일본외무성문서 2006-588-654.

63) Murphy to Department of State, 1952.5.17, RG84, Japan, Tokyo Embassy, Classified General Records, 1952, 320, Box.1, NA.

의 법적 논리를 완전히 뒤집는 것은 아니며, 한국이 일방적인 주장을 할 수 없다고 정리했다. 한편으로는, 한국은 미국의 조치로 인한 "선의의 제삼자"이며, 대일강화조약 제4조의 의미에 관해서는 미국을 상대로 논쟁을 해야 한다는 견해도 등장했다.[64] 한일 간에 또 다른 논쟁의 씨앗이 될 수 있는 발단을 제공한 미국 정부를 비판하고, 한국이 미국의 법해석에 고무되는 것을 경계하자는 의미로 해석된다.

일본 외무성으로서 더 걱정스러웠던 것은, 한일회담이 결렬되기 직전부터 한국이 미국 언론을 상대로 활동하고 있는 것이었다. 외무성은 미국이 한국의 전략에 말려들어 한일회담에 간섭하게 되거나 한국에 유리한 결론을 내지 않도록 국무성 측과 소통하고 있었다. 그리고 국무성이 국내 여론에 밀려서 한국에 동정적인 입장을 취하고 일본의 주장을 억제시킬 가능성이 있음을 우려하며, 한일 관계에 대한 미국 여론의 움직임을 예의 주시했다.[65] 이러한 외무성의 우려는 현실로 나타났다. 한국은 미국의 국내 여론을 공략하며, 한일회담에 대한 미국 여론의 관심을 유도하는데 어느 정도 성공했고, 일본은 미국 여론으로부터 심한 비판에 직면했다.

예를 들면, 1952년 5월 24일 자 크리스천 사이엔스 모니터 지는, '일본의 호전적 애국주의'라는 제목의 사설을 게재하고, 일본 사회에 대한 강한 의구심을 표명했다. 이 신문의 요지는 다음과 같다.[66]

> 일본이 재한일본재산에 대한 청구권을 요구하고, 게다가 한국전쟁으로

---

64) 西沢, 「日韓請求権問題対策について」 1952.7.15, 일본외무성문서 2006-588-655; 西沢, 「請求権財産問題折衝要領に関する件」 1952.7.16, 일본외무성문서 2006-588-655.

65) 「第五二一号(ＬＴＦ)在韓財産について米紙の論説に関する件」 1952.5.27, 일본외무성문서 2006-588-689.

66) 위와 같음.

인해 발생한 손해 배상을 요구하는 것은 뻔뻔함의 극치이다. 한국이 공산주의와의 전쟁으로 상처받고 피를 흘리며 공산주의 세력으로부터 일본을 구하고 있는 이 시기에, 도쿄는 냉정하게도 35년간[원문] 지배한 나라에 대해 제국주의적 특권의 회복을 요구하고 있다. 일본 사회의 진보적인(원문: liberal) 사람들은 편협한 애국주의(원문: jingoism)가 잠재화 되어있는 제국주의적 사고의 명료한 부활에 분연히 저항할 것이라 믿는다. (필자 요약 번역)

이후에도 미국의 여론은 "관대한 강화 조약을 얻은 일본이 한국에 대해서는 가혹한 태도를 보이고 있으며, 한국이 지불 능력이 없다는 것을 알면서도 결국에는 미국이 한국에 원조로 제공하는 자금에서 재산 반환의 결실을 얻으려는 노림수"라고 일본을 강하게 비판했다.[67)]

'52년 각서'의 존재가 공개되고 미국 내에서 대일 비판과 함께 한국에 동정적인 여론이 형성되자, 이런 상황을 호재로 본 한국 정부는 일본 외무성에 회담 재개를 요청했다. 그러나 외무성은 현 상황에서 회담을 재개하는 것은 "외무성으로서도 인적·물적으로 낭비"라고 일축하며, 일본으로서는 회담의 냉각 기간을 둘 수밖에 없다고 통보했다. 외무성은 한국 정부가 국내 선거를 앞두고 한일회담을 재개하여 이를 선거에 이용하기 위해 미국 여론을 통한 정치 공작을 하고 있다고 의심하고 있었고, 미국을 끌어들이려는 한국의 전략에 말려들지 않으려고 했다.[68)] '52년 각서'를 확보한 한국 정부는 일본에 지속적으로 회담 재개를 요청했고, 미국도 신속한 한일회담의 재개를 바라고 있었지만, 일본은 "한일 양국의 주장이 근본적으로 대립하고 있는 상황에서는

67) アジア二課, 「請求権財産問題に関する折衝要領に関する件」 1952.7.21, 일본외무성문서 2006-588-655.

68) 亜二, 「日韓会談の現況と対処方針について」 1952.5.9, 일본외무성문서 2006-588-1643.

회담을 재개해도 진전을 보장할 수 없다"라고 답하며 거절했다.[69]

⁘ 외무성 아시아국의 정세 인식

사실 한일 간의 논쟁이 표면화되면서, 일본 정부 내에서는 한일회담을 재개하더라도 한국은 오로지 청구권 협상에만 관심이 있을 것이라는 예상하에, 다시금 청구권 문제에 대한 갑론을박이 시작되었다.

대장성은 "이승만 정권에 대한 (일본 국내의) 불신이 강한 이때 재한일본재산 중 국유 재산 포기조차 국민감정상 곤란"하다며, 또다시 청구권 문제에 대한 강경론을 주장했다. 대장성은 여전히 '사유 재산 존중'이라는 법적 논리에 집착하고 있었고, 인양자들에 대한 국가 보상 문제를 자극시킬 수 있는 형태로 청구권 문제가 해결되는 것에 강하게 반대하고 있었다.[70] 대장성은 한일 양측이 서로의 청구권을 모두 인정한 후에 상쇄 방식으로 양국 간 청구권의 차액을 정산하고 싶어 했다. 이 방식이라면 인양자들의 사유 재산 문제에 관해 국가가 개입하지 않고 개인들의 직접 해결에 의존할 수 있었으므로, 국가 보상 책임을 면할 수 있었다.[71]

외무성도 대장성처럼 재정 상황을 우려하고 재한일본재산 외의 다른 해외 자산 관련자에게까지 문제가 확대될 가능성을 걱정하고 있었던 것은 사실이다. 상호 포기 방식에 의해서 실질적 이익을 얻는 것은 한국뿐이며, 상쇄 방식보다는 덜 자극적이긴 하나 상호 포기 방식도 결코 쉽지 않다는 지적도 있었다.[72] 그러면서도 대장성 측에 청구권

69) 「第二段階における請求権問題(一九五二年七－八月会談再開気運に際して)」, 일본외무성문서 2006-588-655.

70) 위와 같음.

71) 「朝鮮関係懸案例」 1952.8.21, 일본외무성문서 2006-588-1042.

교섭의 위원장을 맡겨 대장성에게 청구권 문제의 복잡함과 어려움을 인식시켜야 한다고 제언하는 등, 대장성의 강경한 태도에 불만을 표시했다.[73)]

특히 외무성 아시아국은 재한일본재산의 상당 부분이 한국전쟁 때 소실되었다는 점을 강조하며, 대장성이 주장하고 있는 상쇄 방식의 실효성에 대해 강한 의문을 제기했다. 상쇄 방식을 관철시킨다 하더라도 실질적으로 일본이 얻을 수 있는 차액은 소액이며, 오히려 "국가 차원의 여러 가지 측면에서 정산하자면 일본이 지불해야 할 몫이 더 많다"라고 반론했다.[74)] 아시아국은, 장래에 일본과 대만이 청구권 교섭을 하게 될 경우 한국과의 상호 포기는 오히려 대만과의 교섭에 유리한 선례가 된다고 주장하며, 다른 나라들과의 전후 배상 교섭에 대비한 선례로서도 상호 포기가 최선이라는 생각을 굽히지 않았다. 그리고 상호 포기에 반대하는 대장성뿐만 아니라 외무성 내 일부 강경론을 향해서도, "일본 측의 손실은 고려하지 못하는 한가로운 생각"이라고 쓴소리를 했다.[75)]

한편, 이 시기 미국은 한반도 및 한국 문제에 대해 '전략적 중요성은 낮지만 정치적 중요성은 높다'라는 인식하에 정책을 전환해 가는데, 이러한 미국의 정책 변화도 한일 관계에 대한 아시아국의 인식에 영향을 주었다.

미국의 대한 정책의 변화에는 다음과 같은 배경이 있었다. 동아시아의 냉전 구조가 아직 선명하지 않았던 1947년경, 미국은 대소련 전

---

72) アジア二課, 「日韓会談問題の検討」 1952.8.19, 일본외무성문서 2006-588-1041.
73) 「請求権問題折衝要領案骨子」, 일본외무성문서 2006-588-655.
74) アジア二課, 「日韓会談問題の検討」 1952.8.19, 일본외무성문서 2006-588-1041.
75) 西沢, 「日韓請求権問題省内打合会」 1952.7.21, 일본외무성문서 2006-588-656.

략의 관점에서 공업 지역인 일본의 중요성을 재평가하고 관대한 대일 점령 정책으로 전환하고 있었다. 이후 중국 대륙의 공산화와 함께 동아시아의 냉전 구조가 선명해진 1949년, 트루먼 정권의 국무장관인 딘 애치슨(Dean Acheson)은 극동 전략의 일환으로, 미국이 이 지역에서 공산주의의 침략으로부터 반드시 지켜내야 할 반격선으로 '불후퇴 방위선'을 책정하고, 1950년 1월에 이것을 공식화했다.[76] '애치슨 라인'으로 알려진 이 반격선에는 필리핀과 일본 오키나와가 포함되었으나 대만, 한반도, 인도시나 지역이 제외되었다. 이것이 북한과 소련에게 한국에 대한 미국의 전략적 가치가 낮다는 시그널을 주어 한국전쟁이 발발했다는 설이 강하다.[77]

하지만 1950년 6월에 한국전쟁이 발발하자 미국 내에서는 한반도 전체가 공산화된다면 미국은 동맹국으로부터 정치적 신뢰성을 잃고 자유주의 진영에 커다란 정치적 악영향을 초래할 것이라는 위험론이 증폭했다. 미국의 동아시아 정책 안에서 한국의 정치적 중요성은 급격히 높아졌고, 한국전쟁이 발발한 지 약 1개월 후인 1950년 7월 중순 미국은 한국전쟁에 개입하게 되었다.[78]

일본 외무성 아시아국은 미국의 극동 정책 중에서 특히 한국에 대한 정책 변화의 기조를 정확히 파악하고 있었다. 아시아국은 외무성 내부 회의에서, 이러한 국제 정치적 상황에서 한일 관계의 회복은 미국의 극동 정책에 있어서 매우 중요한 과제가 되었으며, 한일 관계의 악화는 일미 관계 및 일본 외교 전체의 측면에서 봐도 득책이 아니라

---

76) ブルース·カミングス [著], 鄭敬謨·林哲·山岡由美 [訳], 『朝鮮戦争の起源 2 : 1947-1950年, 「革命的」内戦とアメリカの覇権』 下(明石書店, 2012), pp.502~524.

77) 今野茂充, 「東アジアにおける冷戦とアメリカの大戦略」, 赤木完爾·今野茂充 [編], 『戦略史としてのアジア冷戦』(慶應義塾大学出版会, 2013), pp.180~181.

78) 平山龍水, 「朝鮮半島と日米安全保障条約」, 『国際政治』 第115号(1997), pp.58~73.

는 점을 강조했다. 그리고 일본은 오히려 한국에 물질적 정신적 지원을 해야 한다고 했다. 또한, 명령 33호의 효력을 부정하는 일본의 법적 논리는 이미 미국의 지지를 얻지 못했으며, 기존의 법적 논리를 전제로 대한 교섭을 지속해야 하는 지에 대한 고민도 시작해야 한다고 했다.[79]

이후 한국전쟁에 대한 미국의 개입이 깊어지자, 외무성 아시아국은 미국이 전쟁 후에도 당분간 한국의 이승만 정권에 대한 지원을 지속할 것이라고 판단하고, 일본이 미국 정부의 지지를 얻기 위해서는 한국과의 회담 재개가 필요하다고 주장했다. 흥미로운 것은, 아시아국은 안보 논리를 통해서도 한일 관계를 바라보고 있었다는 점이다. 즉, 군비를 갖추지 못한 일본의 안보를 위해 공산주의 세력과 최전선에서 대치하고 있는 한국에게 경제적 지원을 해야 한다는 주장이었다.[80]

외무성 내에서는 이러한 아시아국의 주장을 받아들여 "상호 포기를 원칙으로 하고, 한국 측의 주장을 반영하여 약간의 지불을 할 필요가 있다"라는 방향으로 정책이 구상되어 갔다. 한국과 일본이 서로 청구권을 포기하는 상호 포기 방식에 더해, 한국에 대한 경제적 지원 측면에서의 청구권 지불은 허용해야 한다는 입장이었다.[81] 이것이 이른바 '상호 포기 플러스알파'안이다.[82]

---

79) 西沢, 「日韓請求権問題省内打合会」 1952.7.21, 일본외무성문서 2006-588-656.

80) 外務省アジア局第二課, 「日韓国交調整特に請求権問題について」 1952.11.10, 일본외무성문서 2006-588-1303.

81) 「請求権問題折衝要領案骨子」, 일본외무성문서 2006-588-655.

82) 선행 연구에서는 '상호 포기 플러스알파'안에 관한 해명이 거의 없다. 필자는 석사논문(2011.3)에서 최초로 이 부분을 해명했다. 이후 학술논문인 『アジア研究』 第62巻 第1号(2014.6 심사 통과, 2016.1 게재)와 박사논문(2015.3), 그리고 이 책의 일본어 원서(2018.2)에서, 일본 정부 내에서 어떠한 인식 아래 이 안이 형성되어 가는지에 대해 상세하게 해명하고 있다. 이후 장박진(2014, p.458)도 일본 정부 내에서 청구권에 관한 해결 방식으로 '상호 포기 플러스알파'를 구상했다고 서술하

'상호 포기 플러스알파'안의 구상

1952년 7월, 일본 외무성은 한국과의 청구권 문제 처리 방식에 관한 대장성과의 절충을 앞두고 정책안을 포괄적으로 정리했다([표 2-1] 참조).

외무성은 각 안에 대한 한국의 예상 반응이나 일본의 득실을 검토하였고, 제5안과 제7안에는 대장성의 견해를 반영하기도 했다. 제5안의 북한 관련 재산의 언급과 제7안의 개인 간 절충에 관한 언급은 대장성의 주장을 일부 반영한 것이다. 하지만 외무성은 대장성이 주장하는 상쇄 방식이나 직접주의에 의한 개인 간의 문제 해결 방식을 사실상 배제하고 있다. 그리고 이 일곱 개의 안 중에서 제3안, 제4안, 제6안이라면 한국 측이 청구권 교섭에 응할 가능성이 높다고 봤다. 이 안들은 대체적으로, 한국과의 법률 논쟁을 피하면서 한일 간에 청구권을 상호 포기한 후 한국에 어느 정도의 지불을 인정하는 구상이었다.[83]

하지만 1952년 9월 이후 한일 간에는 어업 문제로 인한 긴장이 고조되어 있었고, 한일회담 재개에 대한 일본의 여론은 부정적이었다. 마크 클라크(Mark W. Clark) 유엔군 사령관과 로버트 머피(Robert D. Murphy) 주일미국대사는 한일 관계의 돌파구를 마련하기 위해 한일 양국 수뇌의 만남을 추진하고, 1953년 1월 5일에 SCAP의 초대 형식으로 이승만 대통령이 방일하였다. 이 대통령은 맥아더 장군의 이 대통

고 있으나, 이 안의 형성 과정에 관한 해명은 없다. 또한 장박진은, 이 안은 한국 측의 청구권 요구에 대응하기 위해 일본 정부가 만든 타협안이었으나 최종적으로는 실현되지 못했다고 논하고 있다. 그러나 필자는 '상호 포기 플러스알파'안의 함의(含意) 즉 내재적 논리의 본질과, 이후의 교섭 과정에서 이 안이 어떻게 정책적으로 변용하는지를 분석하며, 일본 정부 내에서 '상호 포기 플러스알파'안이 성립된 것이 매우 중요한 사건이었음을 해명했다.

83) 西沢, 「日韓請求権問題省内打合会」 1952.7.21, 일본외무성문서 2006-588-656.

84) 위와 같음.

[표 2-1] 청구권 문제에 관한 대처 방식 안

	제안(예)	성립 가능성 및 이해 득실
제1안	기본 관계, 국적 문제, 선박 문제가 해결될 때까지 청구권 문제 전체를 연기한다.	한국의 방침에 변화가 없는 한, 청구권 문제를 미루고 다른 현안부터 해결하는 것은 불가능하다.
제2안	원칙론은 미루고, 각 항목의 실질적인 심사를 한 후 해결 방법에 관한 교섭을 한다.	일본이 법이론을 명백하게 철회하지 않는다면 한국은 이 제안을 받아들이지 않을 것임.
제3안	청구권 문제 전반에 관한 교섭은 남북통일 시기까지 미루고, 우선 대일강화조약 제4조 (b)항에 관한 일본의 법이론을 주장하지 않으면서 한국에도 이 점을 고려할 것을 요구한다.	(한일 간에 법률 논쟁을 피하게 되므로) 한국으로서도 현안 중 하나가 해소되며, (일본의) 대미 관계에도 이점이 있다. 그러나 실질적으로는 상호 포기를 전제로 하고 있으므로 (일본) 국내에서의 반대를 초래할 위험이 있다.
제4안	재한일본재산 중 국유 재산은 무상으로 양도하고, 다른 것은 상호 포기하도록 하지만 약간의 예외 규정을 마련한다. 한편 북한 관련 재산에는 언급하지 않는다.	한국이 상호 포기 및 일본의 플러스알파 제안을 받아들일지도 모르겠으나, 북한 관련 재산을 언급하지 않고 넘어가는 것에는 반대할 가능성이 있다. 또 일본에서는 국가 보상 문제가 부각되면서 반대하는 여론이 많아질 것이다.
제5안	제4안에 북한 관련 재산을 포함하여, 상호 포기한다.	일본에서 제4안과 같은 반대가 있을 것이다. 특히, 북한 관련 재산은 제4조 (b)항과 관계가 없기 때문에 더욱 그럴 것이다.
제6안	일본은 예외 항목에 관해서는 한국에 지불을 허용하면서 우선 한일 간 교섭을 타결하고, 그 외 항목에 관해서는 남북통일 이후로 미룬다.	국내 여론을 자극하지 않으면서 실질적으로는 상호 포기로 이끌 것이다. 그러나 장래에 문제가 될 불씨는 남는다.
제7안	예외 항목에 관해서는 한국에 지불을 허용하면서 우선 한일 간 교섭을 타결하고, 그 외 항목에 관해서는 개인 간 절충 및 양국의 사법적 입법적 절차에 맡긴다.	국내 여론은 그다지 자극하지 않겠지만, 실질적으로는 일본만 일방적으로 (청구권을) 지급하는 결과가 된다.

* 일본외무성문서, 「日韓請求権問題省内打合会」[84)]를 요약하여 필자가 재구성함.

령 취임 축하 방한에 대한 답례로 1948년 10월에 방일한 적이 있었고, 1950년 2월에도 맥아더 장군 및 일본 정부 당국과의 환담을 위해 방일한 적이 있었으나 요시다 총리와는 만나지 않았다. 미국 측은 이번 이 대통령의 세 번째 방일에 한일 양국 수뇌의 만남을 성사시켜 한일 관계를 개선시키고 싶어 했다. 일본 신문들도 이 대통령의 이번 방일 목적을 “일본 총리와 회담하여 양국 간의 문제를 해결하기 위한 것”이라고 보도했다.[85)]

잘 알려져 있듯이 이승만 대통령과 요시다 총리는 서로를 혐오할 정도로 싫어했는데, 이 대통령은 요시다 총리와의 만남을 피하려고 방일을 취소하려고 했으나 클라크 사령관의 설득으로 결국 방일했다. 그리고 방일 다음 날인 6일 클라크의 저택에서 열린 오찬회에서 이 대통령과 요시다 총리의 대면이 실현되었다. 이 오찬 회담은 약 70분간 진행되었는데, 한일 양국 수뇌의 대면은 간단한 인사 정도로 끝났고, 요시다 총리의 발언 시간 10분을 제외하고 이 대통령의 일방적인 발언이 이어졌다고 한다. 요시다 총리는 이 대통령과의 충돌을 피하기 위해 자극적인 발언을 자제하였고, 이 대통령은 한일회담 재개에 대한 의지를 전달하며 회담을 마쳤다.[86)]

한일 양국 수뇌의 ‘회담’이라고는 할 수 없는 상황으로 끝이 났지만, 일본 외무성은 양국 수뇌의 접촉으로 험악한 한일 관계가 완화되었으며 회담 재개를 향한 분위기 조성에는 좋은 기회가 되었다고 평가했다. 또 어업 문제로 인한 한일 관계의 위기가 오히려 회담 재개의 기운을 높이는데 이어졌다고 선전했다.[87)] 그리고 외무성은 이 기회를 정부 내에서 외무성이 대한 교섭의 주도권을 확립하는 계기로 삼으려

85) 柳町功, 「戦後日韓関係の形成とその経済的側面：担い手たちの行動を中心に」, 『経済学研究』 第71巻第1号(2004), pp.52~54.

86) 위와 같음.

87) 情報文化局, 「電送第214号 李韓国大統領の訪日に関する件」 1953.1.7, 일본외무성 문서 2006-588-1045.

했다. 특히 청구권 문제에 관해서 대장성의 강경한 태도 때문에 정부 내의 결정이 어려웠던 점을 의식하며, 정부 내에서 중요한 결정을 내릴 때 정치적 차원에서의 문제 해결이 필요하다는 의견을 개진했다. 즉, 총리 및 각료들이 먼저 정책에 관한 큰 틀을 승인한 후, 관련 부처의 실무자들이 실무적이고 구체적인 협의를 진행시키는 방식으로 한일회담을 진행할 것을 주장하며, 외교 문제에 관한 대장성의 지나친 개입을 견제했다.[88]

이때 오쿠무라 가츠조(奥村勝蔵) 외무성 사무차관의 발언이 눈에 띈다. 오쿠무라는 한일 문제에 관해서 정부 내의 정치적 조절이 부재하다고 지적하고, 외교 교섭은 득실을 따져가면서 진행해야 하며 최종적인 판단에는 정치적 결단이 필요하다고 설파했다. 특히, “외교의 장에서 최근 다른 부처가 대등하게 참견을 하고 있다. 외무성이 큰 틀의 기본 방침을 결정하면 다른 부처는 그것을 승인해야 한다”라고 말하며, 대장성 측 실무자들을 한일 문제에 관한 정책 결정 과정에서 사실상 배제하려는 의도를 감추지 않았다. 이러한 오쿠무라의 발언을 보면, 외교적 측면을 고려하지 않고 대한 강경론에 집착하는 대장성에 대한 불만이 외무성 내에 꽤 팽배해져 있음을 알 수 있다. 한편, 상호 포기라는 큰 틀이 정해지면 국내적으로도 인양자 국가 보상 문제에 대한 대책이 필요하며, 대장성의 부담을 경감하기 위해서 외무성에서도 그 대안을 세울 필요가 있다고 했다.[89]

이승만 대통령의 방일 후인 1953년 1월을 기점으로, 일본 외무성 내에서는 한일 간의 청구권 문제에 관한 정책이 구체화되어 갔다. 외무

88) 「日韓会談再開の基本条件に関する打合せ会議状況」 1953.1.24, 일본외무성문서 2006-588-1046.

89) アジア局第二課, 「日韓会談再開に関する第一回省内打合会議事要録」 1953.1.23, 일본외무성문서 2006-588-1046.

성은 "한일국교정상화 교섭을 성공시키기 위해서는 청구권 문제를 반드시 선결해야 한다"라고 강조하고, 외무성 내에서 작성되어 있었던 교섭안을 더 면밀히 검토한 후, 세 개의 시안으로 압축했다. 제1안은, 한일 양국이 서로의 재산 청구권을 포기한다. 제2안은, 한일 양국이 각각 상대국이 취한 조치를 승인한다. 제3안은, 일본이 재한일본재산에 대한 한국 정부의 조치를 승인하는 대신 한국의 대일 청구권을 포기시킨다. 이 세 개의 안 중에서 외무성은, "제2안은 내용이 불명확하고 일본이 일방적으로 손해 볼 공산이 크며, 제3안도 현실성이 없으므로, 남은 제1안이 가장 적당하다"라고 설명했다.[90]

외무성은 제1안을 지지하는 구체적인 이유를 명확하게 설명하지 않았지만, 지금까지 외무성 내의 논의를 고려한다면 우선 대장성이 주장하고 있는 상쇄 방식을 연상시키는 제2안은 외무성 입장에서 논외였으리라 추측된다. 제3안의 경우는, 일본이 재한일본재산에 대한 소유권을 포기하는 대신 한국의 대일 청구권 포기를 유도하는 것으로 결과적으로는 제1안과 같은 상호 포기로 귀결되지만, "일본이 재한일본재산에 대한 한국 정부의 조치를 승인한다"라는 언급 때문에 외무성 주도로 만들어진 역청구권 주장 논리를 외무성 스스로가 뒤집는 결과가 되어 버린다. 즉 제1안이 적합하다고 한 외무성의 의도는, 상호 포기를 한일 청구권 문제의 실질적인 해결안으로 하면서도 기존의 법적 논리에 대한 직접 언급은 피하고자 하는 것이었다. 이 시기 외무성 내에서는 "법적 논리는 일단 뒤로 하고 상호 포기로 유도할 단계에 왔다"라는 인식이 굳혀졌다.[91]

---

90) 西沢, 「日韓間請求権特別取極の諸様式について」 1953.1.21, 일본외무성문서 2006-588-1306.

91) 위와 같음.

이 과정에서 외무성의 경제국, 조약국, 문화정보국 등에서는 '상호 포기 플러스알파'안에 대한 약간의 문제 제기가 있었다. '상호 포기'에 관해서는, 이 방식으로 인해 한국과 관련된 일본 내 채권·채무자 간에 불공정한 경우가 발생할 가능성, 북한의 법적 지위와 북한에 존재하는 일본계 자산에 관한 문제, 인양자 국가 보상 여부, 이 안에 대한 한국의 반발 가능성 등이 지적되었다. 단 이러한 문제 제기는 '상호 포기 플러스알파'안에 대한 반대 표명은 아니었다.[92] 한국에 대한 지불을 의미하는 '플러스알파'에 관해서는, 경제 제휴 방식 또는 청구권 문제와는 선을 긋고 어업 문제와 관련지어서 지불하는 방식 등이 제안되었다.[93] 이 제안은 어업 문제 해결에 관한 구체적인 모색 단계가 아닌, 청구권 명목으로서 한국에 지불하지 않겠다는 구상의 일환이었다.

이후 외무성은 "법이론을 정면에서 꺼내지 말고 실질적으로 청구권을 상호 포기하고, 경우에 따라서는 별도로 경제 제휴나 그 외의 방법을 통해서 한국의 부흥에 협력할 용의가 있다는 것을 표현한다"라고 하며,[94] '상호 포기 플러스알파'안을 더욱 구체화해 나갔다.

이렇듯 회담 제1차 중단기에 일본 외무성 내에서는 대한 교섭에 관한 실질적인 해결안으로 '상호 포기 플러스알파'안이 성립되었다. 강조하지만, 이 안은 역청구권에 관한 기존의 법적 논리를 포기한 것이 아니라, 회피하자는 것이 전제가 되어 있었다. 또 청구권 명목이 아닌 경제 협력 등의 명목으로 한국에 지불한다는 구상이었다. 외무성은 당시 일본 정부 내의 대한 강령론과 맞서면서 한국과의 청구권 문제

---

92) 「日韓請求権問題－相互放棄の諸問題」, 일본외무성문서 2006-588-1301.

93) アジア局第二課, 「日韓会談再開に関する第一回省内打合会議事要録」 1953.1.23, 일본외무성문서 2006-588-1046.

94) 「日韓会談再開の基本条件について」 1953.1.23, 일본외무성문서 2006-588-1045.

해결에 꽤 진보적인 태도를 보이긴 했으나, 청구권 명목에 대한 거부감이 뿌리깊었다는 것은 분명하다.

4. 일본 정부 내 논의의 정체

한일 간 새로운 쟁점들의 부상

앞에서 언급했듯이 1952년 여름 이후 일본 외무성 내에서는 한국과의 청구권 문제에 관한 구체적인 정책안이 만들어지고 있었는데, 일본 정부 차원의 논의로는 발전하지 못했다. 전후 직후 일본 외교에 있어서 한국 문제는 거의 관심 밖에 있었을 뿐만 아니라, 1952년 4월 대일강화조약의 발효를 전후로 한일 간에는 새로운 문제들이 쟁점으로 부상하고 있었기 때문에 청구권 문제에 관한 논의를 진행시키기 어려운 상황이었다. 당시 일본 정부가 한국과 가장 먼저 해결하고 싶었던 문제는 오무라 수용소에 있는 재일조선인들 문제였다.

일본 정부는 1951년 11월에 제정한 출입국관리령을 적용하여, 불법입국자 및 외국인등록령에 위반해 금고 이상의 형을 받은 외국 국적자를 강제 퇴거 대상자로 지정한 후 나가사키(長崎)현 오무라(大村)시에 있는 오무라 수용소에 수용했다. 이 수용소에는 중국인들도 수용되어 있었지만, 대부분은 재일조선인이었고 일본에 연고가 있어 해방 후 밀항으로 입국한 한국인들이 많이 있었다. 일본 정부는 이 수용자들 중에서 재일조선인 및 밀입국한 한국인들(이하, 오무라 한국인)을 한국에 강제 송환할 방침을 굳히고 있었다. 그러나 한국 정부는 일제강점기 때부터 일본에 거주하고 있던 재일조선인들과 일본에 연고가 있는 한국인들이 일본에 건너가게 된 경위 등을 고려하여 일본에서 그들의 법적 지위를 확정 짓는 것이 우선이라고 하면서 그들의 강제 송환 및 한국 입국을 거부했다. 한국 정부로부터 입국을 거부당한 오무라 한국인들은 이후에도 수용소에 계속 머물 수밖에 없었다. 그런데 억류의 장기화에 반발한 수용자들에 의해 수용소 안에서는 방화 미수, 도주, 상해, 폭행 및 자살 사건 등이 빈번하게 일어나고 있었다.[95]

일본 정부는 이에 대한 해결책이 시급했는데, 오무라 한국인들을 한국으로 송환시킨다는 방침을 굽히지 않고, 이 문제를 해결하기 위해서 한국과의 회담을 재개할 필요가 있었다. 1952년 7월부터 8월에 걸쳐, 머피 주일미국대사와 무치오 주한미국대사의 비공식 알선에 의해, 일본 외무성의 와지마 아시아국장과 유태하 주일한국대표부 참사관 선에서 한일회담 재개를 위한 토의가 시작되었다.[96]

한일 양국의 실무자 간 토의에서 눈에 띄는 진전은 없었지만, 이것을 계기로 일본 정부 내에서 한일회담 재개를 위한 관련 부처 간의 의견 교환이 재개되었다. 이때 대장성은, 한일회담 재개를 위해 혹시라도 한일 간 최대 쟁점인 청구권 문제에서 일본이 한국에 양보하는 상황이 올까 우려하며, "청구권 문제에 관해서 큰 희생을 치르면서까지 회담 재개를 서두를 필요는 없다"라고 발언하는 등, 회담 재개에 대한 경직된 태도를 보였다.[97]

외무성 내에도, 오무라 한국인의 강제 송환 문제를 해결하기 위해 청구권 문제에 관한 한국의 요구를 들어준다면 이것은 한국 측의 역

---

95) アジア局第五課, 「日韓会談の経緯(その二) 三、韓国の対日強硬措置」 1955.10.15, 일본외무성문서 2006-588-482; 吉澤文寿, 『戦後日韓関係—国交正常化交渉をめぐって [新装新版]』(クレイン, 2015), pp.65~69.

96) 「日韓会談の再開に関する件」 1952.7.10, 일본외무성문서 2006-588-1038.

97) アジア二課, 「日韓会談問題の検討」 1952.8.19, 일본외무성문서 2006-588-1041.

선전에 이용당하게 될 것이고 이로 인해 외무성은 국내에서 비판을 받게 될 것이라는 우려가 있었다. "한국 정부의 대일 강경 노선과는 대조적으로 한국 국민들의 대일 감정은 완화되어 있으며 이승만 정권에 대한 반대 세력은 이승만 정권의 대일 정책을 강하게 비판하고 있다"라고 분석하면서, "좋은 시기가 올 때까지 한일 간의 교섭을 잠시 미루자"는 의견도 있었다. 즉, 한국에서 이승만 정권이 무너지고 새로운 정권으로 교체될 때까지 회담 재개를 미루자는 의견이었다.[98]

일본 정부가 1952년 8월에 예정된 한국 대통령 선거에서 이승만 정권이 붕괴하고 친일적인 새로운 정권이 등장하게 될 것이라는 기대를 했는지는 불투명하지만, 이러한 핑계가 한일회담 재개를 재촉하는 미국 측에게 받아들여져, 일단 일본의 의도대로 회담 재개는 미뤄지고 있었다. 그러나 이승만은 대통령에 재선되었고, 일본이 회담 재개를 미룰 수 있는 핑계가 사라졌다.[99]

이런 가운데 한일 관계를 긴장시키는 사태까지 발생했다. 해방 이후 한국 정부는 SCAP에 의해 설정된 조업선인 일명 'GHQ라인'에 의거하여, 독도 주변을 포함한 한국의 인근 해양에서 조업을 하는 일본 어선의 어업을 제한하기 시작했다. 그러나 1952년 4월 28일에 대일강화조약이 발효되면 'GHQ라인'은 소멸될 예정이었다. 이에 대응하기 위해 이승만 정부는 제1차 한일회담 개시 직전인 1952년 1월 18일 '인접해양의 주권에 관한 대통령 선언'을 반포하면서,[100] 독도를 한국 측에 포함시킨 'GHQ라인'과 거의 비슷한 해양 경계선을 설정했다. 이 해양

98) 위와 같음.

99) 「第二段階における請求権問題(一九五二年七－八月会談再開気運に際して)」, 일본외무성문서 2006-588-655.

100) 「大統領宣言」 1952.1.18, 일본외무성문서 2006-588-69; 「PRESIDENTIAL PROCLAMATION January 18, 1952」, 일본외무성문서 2006-588-69.

경계선을 한국에서는 '평화선'으로 일본에서는 '이승만 라인'으로 부른다. 선행 연구에서 많이 언급되고 있듯이, 한국 정부가 평화선을 설정하고 일본 어선에 대한 어업 제한을 강화한 배경에는, 독도 영유권과 어장 보호 등 주변 해양에 대한 권리를 지키기 위함과 동시에, 대일 협상에서 압박 수단으로 사용하려는 의도도 있었다.[101)]

한국 정부는 1952년 9월부터 평화선을 침범하는 일본 어선의 나포를 강화하고, 10월에는 나포한 일본 어민들을 한국법에 의거하여 처벌한다고 발표했다. 일본에서는 한국이 한일회담 재개를 위해 일본 어민을 볼모로 일본을 압박한다는 여론이 들끓었고, 오히려 한일회담을 중지시켜야 한다는 부정적인 여론이 높아졌다.[102)]

어업 문제의 악화

한일 간에 오무라 한국인 강제 송환 문제뿐만 아니라 어업 문제까지 촉발되면서, 일본으로서는 한일회담의 결렬 상태를 더 이상 방치할 수 없는 상황이 되었다. 1953년 1월 이승만 대통령의 방일을 계기로, 한일 양국은 합의를 거쳐 1953년 4월 15일에 제2차 한일회담을 시작하기로 하고, 일본 측은 쿠보타 칸이치로(久保田貫一郎) 외무성 참여(参与)를, 한국 측은 김용식 주일공사를 수석 대표로 내정하고 있었다.

그런데 제2차 한일회담을 앞둔 2월 4일, 한국 해군이 평화선을 넘어온 일본 어선을 단속하고 나포하는 과정에서 일본 어민이 사망한

---

101) 평화선에 관한 연구로는 다음을 참조했다. 趙胤修「日韓漁業の国際政治—海洋秩序の脱植民化と『国益』の調整—」, 東北大学法学研究科博士学位論文(2008); 藤井賢二, 「李承晩ラインと日韓会談」, 『朝鮮学報』 3월호(2004), pp.121~150.

102) 조윤수, 「평화선과 한일어업협상」, 국민대학교 일본학연구소(편), 『외교문서 공개와 한일회담의 재조명』 2(선인, 2010), pp.436~437.

다이이치다이호마루 사건(第一大邦丸事件)이 발생했다. 한국 입장에서는 해양 주권과 국익을 지키기 위해 평화선 내 외국 어선의 조업을 금지하고 이를 어길 시 대항 조치를 하는 것이 당연했다. 하지만 일본은 평화선 자체를 인정하지 않는 데다, 일본 어민들은 새로운 어장을 개발하지 않고 이전부터 작업을 해 오던 한반도 부근의 익숙한 어장을 떠나지 못하는 것이 현실이었다. 이렇게 양국의 입장이 맞서는 가운데 다이이치다이호마루 사건이 발생한 것이었다. 이 사건으로 인해 일본에서는 한국에 대한 여론이 다시 악화되었고, 일본 정부는 한국 수산물의 수입을 금지하는 등 보복 조치를 단행했다. 그러나 한국 정부는 평화선 내에서의 일본 어선 나포를 중단하지 않고, 나포된 일본 어민을 부산의 형무소에 수감하며 일본과의 대립을 피하지 않았다.[103)]

일본 여론은 정부에 대해 한일회담에서 어업 문제를 우선 해결하라고 압박했다. 청구권 문제의 우선 해결을 주장하고 있던 일본 외무성 아시아국도 이러한 사태 속에서 정상적으로 청구권 교섭이 진전되지 않을 것이라고 판단하고, 어업 문제의 우선적인 교섭을 한국 측에 타진했다.[104)] 그러나 한국 정부 입장에서도 청구권 문제를 제쳐두고 어업 협상을 먼저 한다는 것은 생각할 수도 없었다.[105)] 제2차 한일회담은 일단 예정된 날짜에 시작되었지만 당초부터 양국의 목적은 완전히 다른 상태에서 시작된 것이었다.

일본 대표단은 청구권 문제에 관해 "법률 논쟁보다는 실질적인 협의를 진행하자"라는 원칙적인 이야기만 하면서 구체적인 논의에는 들

---

103) 趙胤修, 앞의 博士論文(2008), 第3章.

104) アジア局第二課, 「日韓会談交渉方針(案)」 1953.4.8, 일본외무성문서 2006-588-1050.

105) アニ, 「日韓交渉に関する第一回各省打合会次第」 1953.4.23, 일본외무성문서 2006-588-1052.

어가지 않았다. 청구권 문제로 한국을 자극하지 않으면서 평화선 철폐 문제를 포함한 어업 교섭부터 시작하려고 했다.[106] 하지만 한국 대표단은 일본이 역청구권 주장을 철회하고 청구권 문제에 관해 한국에 양보하면서 청구권 문제를 먼저 해결해야 한다고 주장했다. 한국 측은 냉전의 논리를 내세우며, 한국전쟁의 휴전협정이 성립된다 하더라도 남북한이 평화적 수단으로 통일될 가능성은 없으므로 한국은 앞으로도 공산주의 국가와 대치해야 하며 이를 위해서라도 반드시 부흥해야 한다는 점을 강조했다. 그리고 일본이 청구권 문제를 우선적으로 해결한다면 그것은 자유주의 진영 전체의 이익이 되므로 미국 정부로부터 보상이 있을 것이라는 말도 덧붙였다.[107]

한국 측의 분명한 목적이 읽히는 상황에서, 와지마 아시아국장은 한국 측의 기대와는 달리 유태하 주일대표부 참사관과 협의 중에, 일본뿐만 아니라 한국도 청구권을 요구하지 않아야 한다고 말하며 한일 간 청구권의 상호 포기를 우회적으로 타진했다. 이러한 와지마 국장의 발언에 유태하는 당혹감을 감추지 못했다.[108] 와지마 국장의 발언은 일본이 역청구권 주장 철회의 의지가 없다는 것을 함의하고 있을 뿐 아니라, 한국의 대일 청구권을 소멸시키려는 의도가 명확했기 때문이었다. 이렇게 해서 제2차 한일회담은 시작된 지 얼마 지나지 않아 또다시 정체 상태에 빠졌다.

일본 정부 내에서는 한일 간에 논쟁적인 대립만 반복되어 회담이 공전하고 있다는 불만과 함께, 한일회담을 무기한 휴회하자는 주장도

---

106) 久保田参与, 「日韓交渉報告(六)」 1953.5.11, 일본외무성문서 2006-588-693.

107) アジア局第二課, 「張基栄代表との非公式会談に関する件」 1953.6.17, 일본외무성문서 2006-588-1699.

108) アジア局第二課, 「倭島局長·柳参事官会談要旨」 1953.6.30, 일본외무성문서 2006-588-1700.

대두됐다. 일본 대표단의 쿠보타 수석 대표는 이승만 대통령이 지극히 반일적이며 그의 지도력이 한반도 정세와 한국의 국내 상황을 더욱 불투명하게 만들고 있다고 비난하고, 회담의 무기한 휴회에 적극 찬성했다. 이에 더해서, 청구권 문제에 관한 법률 논쟁을 덮고 간다 하더라도 일본의 "순수한 법률적 견해에는 어떠한 변동도 없다"라는 입장을 관철시킬 것이라고 했다.[109]

어업 문제로 인한 한일 관계 및 일본 여론의 악화와, 일본 외무성 간부이자 한일회담 수석 대표인 쿠보타의 강경 발언은 일본 정부 내 대한 강경론을 다시 자극했다. 대장성은 쿠보타 대표의 발언을 적극 지지하며, 청구권의 상호 포기는 당장 실현될 문제가 아니라고 하면서 청구권 문제를 포함한 한일회담의 본격적인 진행을 미루자고 주장했다.[110] 외무성 조약국도 쿠보타의 발언에 동의하며, 영향력이 하락하고 있는 이승만 정권을 상대로 일본에 유익할 것이 없는 이 회담을 진행시키기보다, 한일회담의 모든 의제를 새로운 각도에서 접근할 필요가 있다고 했다.[111]

외무성 아시아국도, 이승만 정권이 국내 정치 때문에 어업 문제를 반일 카드로 이용하고 있으며 이 정권의 지나친 반일 정책은 국제 정세를 고려하지 않은 행위라는 정부 내 비판에 동조했다. 하지만 정부 내에서 한일회담 자체를 비관하고 한국 문제에 관한 논의가 후퇴하는 것에 대해서는 경계했다. 아시아국은 한국전쟁으로 인해 대부분의 재한일본재산이 피해를 입은 사실, 대일강화조약 제4조 (b)항이 한국의 입장에 동정적이라는 것, 국제 여론이 일본에게 유리하지는 않다는

---

109) 久保田参与, 「日韓会談無期休会案(私案)」 1953.6.21, 일본외무성문서 2006-588-1054.
110) 久保田, 「日韓会談処理方針案」 1953.7.13, 일본외무성문서 2006-588-1701.
111) 下田, 「無期休会案に賛成の理由」 1953.6.23, 일본외무성문서 2006-588-1054.

점을 상기하며, 청구권의 상호 포기가 최선이라는 점을 강조하고 청구권 문제에 관한 정부 내 논의를 포기하지 않았다. 제2차 한일회담은 한국전쟁의 휴전 교섭이 가속화 한 시기[112]와 겹쳤는데, 아시아국은 한국전쟁의 휴전협정 체결에 맞춰 일본 정부가 청구권 문제에 관한 태도를 최종적으로 결정해야 한다고 주장하기도 했다.[113]

5. 외무성안(案)으로의 수렴

⁘ 청구권 문제 우선 해결의 필요성

한국전쟁의 휴전협정 체결이 가까워지자 한일 양국은 회담의 일시 휴회에 들어갔다. 제1차 한일회담이 결렬되고 약 1년 만에 시작된 제2차 한일회담은 본격적인 교섭을 시작도 하지 못한 채 중단되었지만 휴전협정이 성립하면 바로 회담을 재개하기로 약속이 되어 있었다. 하지만 1953년 7월 27일 휴전협정이 성립된 후에도 일본 정부는 국내 사정을 이유로 회담 재개를 계속 미루고 있었다. 한국 정부는 일본을 교섭 테이블로 부르기 위해 평화선 내 일본 어선의 나포를 한층 강화

---

112) 한국전쟁이 발발하고 약 6개월이 지난 1950년 12월경부터 미국은 한국전쟁의 종결을 모색하고, 1951년 5월부터 소련 측과 비밀리에 휴전을 위한 교섭에 착수했다. 그러나 한국, 북한, 중국, 소련 각각의 주장과 이해관계가 상충하여 휴전협정은 교착 상태에 있었다. 이런 상황에서 1953년 3월 5일에 휴전협정에 회의적이었던 소련의 지도자 이오시프 스탈린(Joseph Stalin)이 사망하자 미국과 중국은 각각 한국과 북한을 설득하면서 휴전협정을 급속히 진전시켰다. 이에 관한 정치과정에 대해서는, ディヴィッド·ハルバースタム [著], 山田耕介·山田侑平 [訳], 『ザ·コールデスト·ウインター: 朝鮮戦争』 下(文春文庫, 2012), pp.492~503을 참조.

113) アジア局第二課, 「日韓交渉処理方針に関する件」 1953.7.9, 일본외무성문서 2006-588-1056.

했다. 하지만 일본에서는 어업 문제에 대한 정부의 대응이 느슨하다는 비판과 함께, 어업 문제가 해결되지 못한 상태에서 한일회담을 재개하는 것에 반대하는 여론이 강했다.[114]

한국의 어업카드를 활용한 대일 압박과 여기에 대한 일본의 반발이라는 악순환이 반복되는 가운데, 미국의 중재로 1953년 10월 6일에 제3차 회담으로서 한일회담을 재개하기로 결정되었다. 일본 외무성은 회담일이 가까워질수록 어업 문제의 우선 해결을 촉구하는 국내 여론과 정부 내 강경론에 직면했다. 1953년 9월 중순 외무성의 오쿠무라 차관은 미국에, 일본 정부 내의 사정을 설명하며 평화선 철폐를 포함하여 어업 문제에 한해서 한일회담을 재개할 수 있도록 중재를 부탁했다.[115]

미국 국무성은 어업 문제만을 조속히 해결하려는 것은 곤란하며 한일회담에 깊이 관여하지 않는다는 기존의 공식 입장을 견지한다는 말로 일본 외무성의 중재 요청을 거절했다. 국무성은 어업 문제를 교섭카드로 활용할 수밖에 없는 한국의 입장에 어느 정도 이해를 보이며, 오히려 외무성에 청구권 문제와 어업 문제는 연동되어 있으니 일본이 어업 문제를 해결하기 위해서는 청구권 문제에서 먼저 양보를 해야 할 것이라고 충고했다. 더욱이 한국전쟁의 휴전협정이 성립한 이후, 미국 정부는 동아시아의 '힘의 균형'을 유지하고 중국의 확대를 억지하기 위해서는 한국의 경제적 부흥이 중요하다고 생각하게 되었다. 이러한 이유 때문에 미국은 조속한 한일 관계의 회복을 바라고 있었다.[116]

---

114) 趙胤修, 앞의 博士論文(2008), 第3章.

115) 事務次官奥村, 「日韓会談の件」 1953.9.29, 일본외무성문서 2006-588-690. 이 문서에는 평화선과 어업 문제에 관한 미국과 일본의 의견 교환 내용이 풍부하게 남아있다.

116) 위와 같음.

일본 외무성은 미국의 협조 없이는 한국과의 어업 문제를 해결할 수 없으며, 미국 정부 입장에서 한국에 압력을 행사할 수 없다는 것도 이해하고 있었다. 또 정부 내의 강경론에 밀려 오쿠무라 외교차관을 통해 어업 문제만을 해결하기 위한 한일회담을 열 수 있도록 미국에 알선을 요청하긴 했지만, 외무성 내에서는 청구권 문제와 떼어서 어업 문제만을 단독으로 해결하는 것이 불가능하다는 인식이 지배적이었다. 청구권 문제에서 일본이 양보를 하지 않는 이상 한일회담의 타결은 어려울 것이라는 국무성의 견해에도 동의하고 있었다.[117]

대장성의 태도 완화

제3차 한일회담은 1953년 10월 6일에 시작되었다. 쿠보타 일본 외무성 참여와 김용식 주일공사가 제2차 한일회담에 이어 수석 대표를 연임했다. 한일 양 대표단의 접촉이 진행되는 한편으로, 일본 정부 내에서는 상호 포기안에 관한 의견 조정도 다시 진행되었다. 외무성 아시아국은, 상쇄 방식은 한국 정부뿐만 아니라 미국 정부에 대해서도 설득력이 없으며 이번 회담에서는 청구권의 상호 포기안을 반드시 논의 테이블에 올려야 한다고 설파했다. 이 문제에 대해 더 이상 손을 놓고 있다면, 일본이 한국에 부당한 요구를 하고 있다는 인상을 미국에 줄 수 있으며, 일본의 국제적 지위가 불리해질 수 있다는 점도 강조했다.[118]

10월 8일과 9일, 청구권 문제에 관한 외무성과 대장성의 회의에 쿠보타가 참가했다. 쿠보타는 "작년의 비공식 회담에서 한국의 양유찬

117) 亜二,「李ライン強行に関する対策折衝」1953.10.5, 일본외무성문서 2006-588-690.
118) 外務省アジア局第二課,「日韓会談における双方主張の現状」1953.10.3, 일본외무성문서 2006-588-1061.

대표가 상호 포기에 언급했다"라고 말하며, 한국 측 입장에서 상호 포기안이 그다지 예상외는 아닌 것 같으니 일본이 청구권의 상호 포기를 제안하는 건 문제가 없을 것 같다고 했다. 쿠보타는 대표단 내에서 한일회담 무기한 휴회를 주장하는 등의 강경 발언을 하면서도, 상호 포기라는 외무성의 기본 방침은 존중했다.[119]

지금까지 강경론 일변도였던 대장성은, 일단 외무성안에 협력할 태도를 보였다. "일본이 선수를 쳐서 상호 포기를 제안하는 것도 전략상 나쁘지 않다"며, 외무성안에 동의했다. 상호 포기 외에 "약간의 덤을 붙여주는 것도 좋다"라고 말하며, 외무성이 주장해 온 '플러스알파'안도 수용했다. 인양자에 대한 국가 보상 문제에 대해서도 전향적인 자세를 보였다. 상호 포기와 인양자 국가 보상과의 관련성에 관해 학자들로 구성된 심의회를 구성하여 더 연구를 하겠지만, 보상에 관한 국내 조치와 외교 교섭은 다른 문제이므로 국내에서 보상 문제가 해결되기 이전이라도 한국에 상호 포기안을 제시할 수 있다고 말했다.[120]

대장성이 외무성에서 구상한 '상호 포기 플러스알파'에 동의하고 인양자 문제와 청구권 문제를 분리해서 처리한다는 방향으로 선회한 것은 기존의 태도에서 꽤 진보한 것이었다. 그러나 법적 논리를 어떻게 다룰 것인지에 대해서는 여전히 외무성의 입장과 차이가 있었다.

외무성은, 한국과 교섭 시 일본이 대일강화조약 제4조 (b) 항의 해석을 인정한다는 태도를 보일 수도 있다고 말하면서, 재한일본재산에 대한 권리 주장 즉 역청구권을 포기할 수도 있음을 시사했다. 대신 청구권의 상호 포기에 대한 국내 여론과 한국 양측을 자극하지 않기 위해 상호 포기를 명문화하지 않으면서, 실질적으로는 청구권의 상호

119) 「請求権問題外務大蔵打合会」 1953.10.8, 일본외무성문서 2006-588-657.
120) 위와 같음.

포기를 유도하겠다고 했다. 이에 대해 대장성은, 인양자들을 자극할 수 있고 국내 여론을 설득하기 어렵다는 이유로 제4조에 대한 기존의 해석을 견지하자고 했고, 다른 방법으로 한국을 설득하면서 법률 논쟁을 자제하자고 했다.[121)]

최종적으로는 법적 논리의 엄격한 적용에 집착해 온 대장성이 지금까지의 강경한 태도에서 한발 물러나 외무성안에 대한 협력적인 태도를 보였다. 외무성은 "대장성이 (정부 내의) 의견을 굳히는데 흔쾌히 협력했다"라고 평가했다. 이후 한일 청구권 문제에 관한 일본 정부의 정책안은 1953년 10월 9일 제1회 청구권위원회가 시작되기 직전, 외무성이 주장해 온 '상호 포기 플러스알파'안으로 수렴되었다.[122)]

일본 정부 내의 초강경파였던 대장성이 태도를 바꾼 이유에는 몇 가지 배경이 추측된다. 가장 중요한 것은 재정 상황의 호전이었다. 한국전쟁 덕분에 일본은 경제 특수를 누렸고 경제 호황과 부흥의 시기를 맞았다.[123)] 1952년 및 1953년도 일본의 예산 편성은 대일강화조약 발효 후 독립 재정의 원형으로 불리는데, 일본 정부는 점령기에 편성된 예산의 각 지출 항목을 새로 정비하고, 군인들에 대한 퇴직 상여금 지급 등 점령기 때 실시되지 못했던 각종 정책을 재정 정책에 반영했다.[124)] 1953년도 예산은 세 차례에 걸친 추경 결과 1조 273억 엔에 이르렀고, 이로 인해 '1조 예산' 시대가 도래했다.[125)] 이러한 재정 상황의 개선으로 인해, 재정 지출에 강한 경계심을 갖고 있었던 대장성의 태도가 완화되었을 것이라고 추측된다.

---

121) 위와 같음.

122) 위와 같음.

123) 大蔵省財政史室編, 『昭和財政史 第1巻 総説』(東洋経済新報社, 2000), p.3.

124) 위의 자료, pp.142~147.

125) 위의 자료, p.171.

또한, 어업 문제에 관한 정부의 대응에 대해 국내의 비판 여론이 높아지고 있는 상황에서, 청구권 문제에 관한 대장성의 강경한 태도가 어업 문제에도 영향을 미치고 있다는 정부 내의 비판이 대두하며, 한일회담 실패에 대한 모든 책임이 대장성으로 향할 가능성을 우려한 면도 있었다. 어업 문제를 한일회담 및 청구권 교섭의 진전을 위한 압박 카드로 활용한 이승만 정권의 전략이 대장성의 입장을 흔든 셈이다. 단, 외무성이 갑자기 기존의 법해석을 뒤집고 청구권 문제에 대해 한국에 많은 양보를 하지 않을까 하는 경계는 여전히 컸다. 대장성은 "한국에 대한 '덤'은 마지막에 베푸는 은혜"라고 선을 그으며, 청구권 문제뿐만 아니라 청구권 문제와 어업 문제를 연동시켜 동시에 해결할 것을 전제로 외무성안에 동의했다.[126)]

미국 국무성이 직접 오가사와라 산쿠로(小笠原三九郎) 장상(蔵相)에게 한일 문제에 관한 대장성의 협력을 요청한 것도 한 요인이 될 수 있다. 1953년 10월에 제3차 한일회담을 개최하기로 잠정적인 일정만 잡힌 상태에서, 10월 2일부터 오가사와라는 미국을 방문하고 있었다. 이때 국무성은 오가사와라에게 한일회담의 촉진을 위해 대장성이 협조해 줄 것을 요청했다. 국무성은 어업 문제에 관한 한국의 행동이 지나치다고 비판하면서도 현재의 한미 관계가 미묘한 단계에 있음을 설명하면서, 미국을 개입시키지 말고 한일회담을 신속하게 추진할 것을 권고했다.[127)]

이 당시 오가사와라 장상 및 대장성 측이 미국 국무성의 요청에 대해 어떠한 반응을 보였는지에 대해서는 확인할 방법이 없다. 그러나 이후의 전개를 보면, 대장성에 대한 국무성의 직접적인 요청이 대한

126) 「請求権問題第二回打合会」 1953.10.9, 일본외무성문서 2006-588-657.
127) 亜二, 「李ライン強行に関する対策折衝」 1953.10.5, 일본외무성문서 2006-588-690.

강경론을 고집하고 있던 대장성에 적지 않은 영향을 미쳤을 것이라고 추측된다. 일본이 대일강화조약 발효 후 법적으로는 미국의 점령에서 벗어났다 하더라도 이 시기에는 여전히 미국의 영향을 크게 받고 있었다. 상호 포기 등 외무성의 견해를 지지하는 국무성의 권고를 대장성이 무시하기는 어려웠을 것이다. 사정이 어떻든 대장성의 태도 전환이, 일본 정부의 대한 정책안이 외무성안으로 수렴되는 결과를 가져온 중요한 계기가 되었다는 것은 분명하다.

지금까지의 분석에서 알 수 있듯이, 1950년대 초 한일 청구권 문제에 관한 일본의 정책 형성 과정에서 요시다 정권의 역할은 매우 한정적이며 소극적이었다. 일본 정부 내에서 한일 청구권 문제에 관한 정책으로 최종 수렴된 '상호 포기 플러스알파'안은 외무성 관료들의 주도로 성립된 것이며, 정치가들이 주도한 정책이 아니었다. 또 미국이 한일회담 촉진에 어느 정도 역할을 한 것은 사실이지만, '상호 포기 플러스알파'라는 일본의 대한 정책안은 미국의 압력으로 성립된 궁여지책 정책이 아니라는 점도 분명하다.

필자가 경제 협력 방식의 정책적 기원이라고 보는 '상호 포기 플러스알파'안은, 일본 정부에 내재되어 있는 역사 인식을 함의하며 일본의 관료 시스템 안에서 치밀하게 형성되었다. 이 점을 거듭 강조하는 이유는, 1965년에 청구권 문제가 경제 협력 방식으로 최종 타결된 이후 현재까지 한일 간 갈등과 논쟁이 계속되는 가운데 '경제 협력 방식은 냉전의 산물로서 미국의 압력 때문에 타결된 것'이라는 인식이 오히려 일본에게 면죄부를 주고 있다는 문제의식 때문이다.

6. '상호 포기 플러스알파'안의 귀결

'쿠보타 망언'의 유발

일본 정부 내에서 '상호 포기 플러스알파'가 공식적으로 언급된 것은 제3차 한일회담이 이미 시작된 후인, 1953년 10월 17일 자 '한일 교섭 처리 방침에 관한 고재안(高裁案, 상사의 결재를 요구하는 서류)'에서이다. 이 안에 '원칙적인 한일 간 상호 포기', '플러스알파 지불'이라는 문구가 적시되어 있다. 그리고 한국이 상호 포기 방식을 받아들이게 한 다음, 청구권 지불에 관한 협의를 진행할 것이라는 향후의 진행 방식도 명기하고 있다.[128)]

그러나 간과하지 말아야 할 것은, 한일 간 청구권의 상호 포기는 일본의 역청구권 주장을 함의하고 있다는 것이다. 일본 정부 내에서 '상호 포기 플러스알파'에 관한 고재안의 결재를 앞둔 시점에, 한일회담 양측 대표단 사이에서는 상호 포기안을 두고 일촉즉발의 공방이 시작되고 있었다.

일본 대표단은 1953년 10월 9일 제1회 청구권위원회 분과회에서 상호 포기안을 한국 측에 정식으로 제기했다.[129)] 이때 일본 대표단의 수석 대표인 쿠보타는 제1차 한일회담 시 비공식적이긴 하지만 한국 측도 상호 포기에 동의했었다고 말하며, 이것을 기정사실로 하려고 했다. 한국은 일본의 오해라고 반발하고, 일본이 역청구권 주장을 함의한 상호 포기안을 철회하지 않는다면 한국은 지난 36년간 일본의 식

128) 「高裁案：日韓交渉処理方針に関する件」 1953.10.17, 일본외무성문서 2006-588-1060.

129) アジア二課, 「日韓会談の交渉経過について(大臣の議会答弁資料)」 1953.10.28, 일본외무성문서 2006-588-1063.

민지 통치에 대한 피해 배상을 요구할 것이라고 응수했다.[130)]

지난 제2차 한일회담에서는 한일 양국 모두 청구권 문제에 관한 법률 논쟁을 자제하고 있었으나, 일본이 제시한 상호 포기안을 계기로 10월 15일 제2회 청구권위원회에서는 한일 양국의 법률 논쟁이 본격적으로 전개되었다. 한국 측은 다음과 같은 요지의 발언으로 일본의 상호 포기 제안을 거부했다.[131)]

- 한국은 한국 내 자산의 80퍼센트를 차지하는 재한일본재산에 대해 일본이 반환 요구를 할 것이라고는 전혀 예상하지 않았다.
- 한국은 배상 성격의 청구를 유보하고 정치·경제 기구의 분리에 동반한 법적 청산의 성질을 갖는 청구만을 합리적인 범위 내에서 주장하고 있다.
- 일본이 상쇄를 주장한다면 한국도 이에 상응하는 배상적 요구를 할 수밖에 없다.

여기서 한국은 '상쇄'라고 표현하고 있는데, 한국 입장에서는 '상호 포기'든 '상쇄'든 일본이 역청구권 주장을 정당화하고 있다는 점에서 큰 차이를 두지 않은 듯하다. 한국 입장에서 일본의 상호 포기안이 매우 위협적인 것임은 분명했다. 한국은 현재의 대일 청구는 기존의 징벌적인 대일 배상 요구 방침에서 양보한 안이라고 주장하면서, 일본의 역청구권 주장을 전제로 한 상호 포기 제안을 받아들이지 않았다.

한국의 주장에 대한 일본의 반론도 만만치 않았는데, 이 과정에서 쿠보타 대표가 일제강점기를 정당화하는 취지의 발언을 하며 한일 간 논쟁에 기름을 부었다. 한국에서 '쿠보다 망언'으로 알려진 그 발언 내

130) アジア局第五課, 「日韓会談の経緯」 1954.9.10, 일본외무성문서 2006-588-1068.
131) 정무과, 「2. 제2차 1953.10.15」, 앞의 한국외교문서 97.

용을 요약하면 다음과 같다.[132)]

- 조선의 독립이 대일강화조약 성립 전에 실현되었다는 것은 국제법 위반이다.
- 조선에 거주하고 있던 일본인이 연합국에 의해 강제로 철퇴당한 것도 국제법 위반이다.
- 주한미군정청에 의한 일본 재산의 처분 및 이에 관한 미국 국무성의 견해는 국제법 위반이다.
- 카이로 선언 안에서 '조선 인민의 노예 상태'를 운운한 것은 연합국이 전시 중 흥분한 상태였기 때문이다.
- 일본에 의한 36년간의 조선 통치는 조선에게 유익했다.

쿠보타는 과거 일본의 식민지 찬탈을 정당화하고 제국주의적 통치를 긍정적으로 평가하면서, 일본의 동의 없이 한국이 독립한 것, 연합국이 한국에서 실시한 조치 등 모든 것이 국제법 위반이라고 주장하며, 한국의 역린을 정면에서 건드렸다.

한국 대표단은 쿠보타의 발언에 반발하며, 16일과 19일에 열릴 예정이었던 다른 위원회의 참석을 거부했다. 그리고 20일에 열린 본회의에서, 일본은 여전히 과거의 식민지 통치를 정당화하고 있으며 식민지 시대의 불공정한 경제 환경 아래에서 형성된 재한일본재산에 대해 권리를 주장하고 있다고 비판했다. 한국 대표단은 쿠보타의 발언에는 과거에 대한 일본의 부당한 인식이 그대로 표출되어 있다고 비난하고, 일본이 쿠보타의 발언과 역청구권 주장 모두 공식 철회할 것을 요구했다.[133)]

---

132) アジア局第五課, 「日韓会談の経緯」 1955.1.31, 일본외무성문서 2006-588-481.
133) 정무과, 「14. 제3차, 1953. 10. 20」, 한국외교문서 95, 『제3차 한일회담 (1953.10.6-21)

그러나 다음 날인 21일 본회의에서, 일본 대표단은 회담의 진전을 저해하고 있는 것은 오히려 평화선 내에서 발생하고 있는 일본 어선 나포 등 한국의 일방적인 강제 조치라고 반론하고, 한국의 요구를 거부했다. 또한, 일국 대표의 견해를 철회하라고 요구하는 한국 측의 태도야 말로 외교 교섭에서 전례가 없다고 맞섰다. 일본 대표단은 한국의 독립은 일본 패전의 결과 얻어진 것이 아니라, 대일강화조약의 결과 성립한 것이라고 말하며 쿠보타의 발언을 옹호했다. 그리고 쿠보타 발언의 본질은 한국의 독립이 국제법 위반인지 아닌지에 대해 따지는 것이 아님에도 불구하고, 한국 측이 일본 대표의 개인적인 발언에 말꼬리를 잡아 왜곡하고 전후 문맥을 무시하며 일부만을 문제 삼고 있는 것이라고 반박하면서 쿠보타를 감쌌다.[134]

한국 대표단은 쿠보타의 발언 및 역청구권 주장 철회 요구에 대해 일본이 응하지 않는 한 이후 회담에 출석할 수 없다고 반발하며 회담장을 나갔다. 1953년 10월 6일에 시작된 제3차 한일회담은 쿠보타 발언으로 야기된 한일 양 측의 격렬한 공방 끝에 한 달도 이어가지 못하고 10월 26일 또다시 중단되었다.[135]

일본외무성문서에 기록되어 있는 쿠보타의 발언과 태도를 분석하면, 쿠보타는 외무성 내에서는 소수파였던 대한 강경론자였고, 한일회담의 조기 타결을 원하지 않았다는 인상을 받는다. 제3차 한일회담이 시작되기 전 일본 정부의 각 부처 실무자가 출석한 회의에서도 쿠보타는 "만약 한국이 회담 기간 중에 일본 어선의 나포를 계속하면서 일본을 압박한다면 한일 관계가 악화되는 것을 각오하면서 회담 중단을

본회의 회의록 및 1-3차 한일회담 결렬 경위, 1953. 10-12』.

134) アジア局第五課, 「日韓会談の経緯」 1954.9.10, 일본외무성문서 2006-588-1068.

135) 위와 같음.

고려할 수밖에 없다"라는 강경한 입장을 보였다.[136)]

대한 강경론자였던 쿠보타는 한일회담의 조기 타결을 탐탁지 않게 생각하는 세력의 입장을 가감 없이 표현하면서 결과적으로 회담 중단이라는 사태를 초래하게 되었지만, 일본 대표단은 쿠보타의 발언을 개인적인 견해라고 치부하면서 정부 차원의 대응에 선을 긋는 듯한 인상이다. 대부분의 선행 연구에서도 지적하듯, 쿠보타의 발언은 일본 정부 내에 만연하고 있는 '조선 식민지 통치는 정당했다'라는 인식을 그대로 표출한 것이었다. 그렇기 때문에 일본 대표단 관계자 및 일본 정부 입장에서는 쿠보타의 발언에 대한 사죄나 철회를 고려하지 않았다고 생각한다.[137)]

한일 간 역사 공방

장박진은, 한국 입장에서 지금까지 일본의 태도를 감안한다면 쿠보타의 발언이 완전히 예상 밖의 폭언은 아니었으나, 한국은 일본의 역청구권 주장을 철회시키려는 목적으로 쿠보타의 발언을 트집 잡아 회담 결렬이라는 강경책을 유발했다고 분석하고 있다.[138)] 하지만 일본 외무성문서를 통해, 한국이 일부러 회담 결렬을 유발했다는 장박진의 견해와는 다른 양상이 확인되고 있다. 제3차 회담 결렬 직후, 한국 정부는 양국이 자극적인 조치를 자제하고 미국의 중재를 받아 회담을 계속하자는 뜻을 주일한국대표부를 통해 일본 외무성에 타진했다. 외

136) 「再開日韓会談第一回各省打合会議事録」 1953.10.2, 일본외무성문서 2006-588-1059.

137) 쿠보타 발언을 둘러싼 한일 간 논쟁의 상세한 검토는 다음 문헌을 참조. 장박진, 앞의 책(2009), pp.287~306; 이원덕, 『한일 과거사 처리의 원점—일본의 전후처리 외교와 한일회담—』(서울대학교출판부, 1996), pp.65~77.

138) 장박진, 위의 책, pp.298~306.

무성은 이승만 대통령의 본심은 한일 관계가 이 이상 악화되지 않는 것이라고 판단했다. 그러나 외무성은 회담 재개의 필요성에는 동의하면서도, 한국 측의 퇴장으로 회담이 결렬된 이상 현 단계에서 일본이 회담 재개를 요청하는 것은 어렵다고 대답했다.[139]

이후 한일 양국 정부 간에 비난 성명이 오가며, 양국의 대립은 역사 문제에 관한 공방으로 확대되었다. 한국 정부는, 36년간 모든 분야에서 일본으로부터 피해를 입은 한국은 '필리핀보다 더 많은' 대일 배상 청구권이 있다고 주장했다. 그리고 한국과 같은 피압박 민족의 해방과 독립은 제2차 세계대전 이후 국제법의 새로운 원칙이며, 이에 따라서 '종속적인 사유 재산 존중의 원칙은 변경'되었다고 주장하면서, 재한일본재산은 전부 몰수당했음을 강조했다.[140]

일본 정부는, 한국 정부가 일본의 역청구권 주장을 철회시키기 위해 쿠보타 발언을 비약하고 있다고 반론했다. 그리고 쿠보타 발언을 구실로 회담을 결렬시킨 것은 오히려 한국의 예상된 계획이라고 하면서 회담 결렬의 책임을 한국 측에 전가했다. 일본 야당의 일부 의원들 중에는 쿠보타 대표의 발언이 부적절했다는 비판의 목소리도 있었으나, 일본 정부 내에서는 대체로 "당연한 말을 당연히 했을 뿐"이라며, 쿠보타를 옹호하는 분위기가 지배적이었다.[141]

쿠보타 발언에 의해 유발된 한일 간 역사 공방은 양국의 여론을 더욱 악화시켰다. 한국의 여론은, 쿠보타의 발언은 한국인에 대한 일본인의 우월감을 나타내는 증거이며, 일본은 침략의 과오를 아직도 청산하지 못하고 오히려 과거의 군국주의와 제국주의를 정당화하면서

---

139) 大江官房長, 「柳参事官と会談の件」 1953.10.28, 일본외무성문서 2006-588-1705.
140) 久保田, 「日韓会談決裂善後対策」 1953.10.26, 일본외무성문서 2006-588-1062.
141) 高崎宗司, 「第3次日韓会談と「久保田発言」」, 『思想』 734号 (1985), pp.53~68.

쿠보타의 발언을 지지하고 있다고 비판했다. 그리고 “이를 옹호하는 일본 정부의 태도에서 한일합병의 재현을 노리고 있는 것이 보인다”라고 맹비난했다.[142] 그러나 일본의 여론은 “한국이 재산 (청구권) 문제와는 직접 관계가 없는 문제로 핑곗거리를 만들어 낸다”라고 응수하며 비난의 수위를 높였다.[143]

쿠보타는 자신의 발언이 회담 결렬의 직접적인 원인이 되었음에도 불구하고, 이후에도 정부 내에서 강경한 입장을 고수했다. 자신이 기초한 「한일회담 결렬 전후 대책」이라고 타이틀을 붙인 문서 안에서 “한국의 강경한 태도의 배경에는 일본에게 조선 식민지 지배에 대한 보상을 요구함과 동시에 그 시대에 조선에서 일본인이 쌓아 올린 재산을 모두 부정하려는 노림수가 있다”라고 적었다. 그리고 외무성 내에서 합의되어 있는 대한 교섭 전략보다 더 강경한 대책이 필요하다고 주장했다. 쿠보타는, 한국에 대한 경제 보복을 강화할 것, 재일조선인 중에서 북한에 호감을 갖고 있는 인물들을 북한으로 송환할 것, 평화선 문제를 국제사법재판소에 제소할 것, 미국 정부의 영향력을 이용하여 한국에 대항할 것 등 매우 격렬한 언사를 쏟아냈다.[144]

쿠보타 발언으로 인한 회담 결렬 이후 일본 정부 내의 대한 강경론에 다시 불이 붙었다. 특히 대장성은, 한국에게 상호 포기라는 표현을 사용하는 것조차 반대이며 한국과의 회담 자체에 의문이 있다고 말하는 등, 즉각적으로 부정적인 반응을 보였다. 대일강화조약은 일본과 전승국 사이의 조약이기 때문에 전승국이 아닌 한국에 남겨둔 일본의 재산이 대일강화조약에 의해서 포기되었다고 해석하는 것은 인정할

142) 『朝鮮日報』 1953.10.22; 『朝鮮日報』 1953.10.27; 『東亜日報』 1953.10.25.

143) 高崎, 앞의 논문(1985).

144) 久保田, 「日韓会談決裂善後対策」 1953.10.26, 일본외무성문서 2006-588-1062.

수 없다며, 법적 논리를 두고서도 다시 강경한 주장을 했다. 인양자 문제에 관해서도, 이들의 한국 내 사유 재산을 국가가 포기하고도 국가가 그것에 대한 보상을 하지 않는다면 국회에서 설명이 곤란하다고 말하며, 사유 재산에 관한 개인 간 직접 해결 방식을 다시 들췄다. 이러한 대장성에 대해 외무성은, 정부가 국민을 대신하여 청구권을 포기한 전례가 있다고 설명하면서, 청구권의 상호 포기가 곧바로 인양자들의 재외재산에 대한 국가의 법적 의무를 발생시키는 것은 아니라고 반박했다. 하지만 외무성도 국내에서 높아지고 있는 대한 강경론을 자극하지 않고 일단은 그 추이를 주시해 보기로 했다.[145)]

다음 장에서 검토하겠지만, 한국과의 대립을 피하고 회담의 조기 타결을 바랐던 일본 외무성은 물론 한국 정부도, 쿠보타 발언에 의해 촉발된 한일 간 공방이 회담의 장기 중단 사태까지 불러오리라는 예상을 하지 못했던 것 같다.

⁘ '상호 포기 플러스알파'의 함의(含意)

본 장에서 검토한 바와 같이, 일본 외무성 내에서는 이른 시기부터 한일 간의 청구권 문제 해결에 관한 구체적인 정책안으로 '상호 포기 플러스알파'안이 만들어졌다. 이 안은 한일 양국이 서로 청구권을 포기하고 일본이 한국에 어느 정도의 금전적 보상을 하자는 것을 의미했다. '상호 포기 플러스알파'안의 성립 과정을 분석하는 과정에서, 이 안에는 다음의 중요한 두 가지 함의가 있음을 알 수 있다. 첫 번째, 청구권의 '상호 포기'란 일본의 역청구권 주장을 정당화한다는 전제로 청구권을 포기한다는 것이다. 두 번째, '플러스알파'란 한국에 대한 금

145) 亜二課, 「日韓の請求権相互放棄」 1953.11.10, 일본외무성문서 2006-588-658.

전 지불은 인정하지만 그것을 청구권으로서 지불하는 것은 아니다. 덧붙여서, 이 모든 인식에는 한일회담이 시작되기 전『야마시타 보고서』를 바탕으로 형성된 법적 논리가 내재되어 있다.

일본 정부 내에서 외무성과 대장성은 한국과의 청국권 교섭에 관한 방법론을 두고 대립은 했지만, 법적 논리를 포기하지 않는다는 점에서는 생각이 일치했다. 단 법적 논리를 어떻게 취급할지에 관해서는 두 부처 간의 인식에 차이가 있었다. 재정 논리에 치우친 대장성은 기존의 법적 논리를 전면에서 강조하며 재정 지출을 억제하는 방향으로 한국과의 청구권 문제를 해결하고자 했다. 외무성은 외교적 관점에서 한국과의 교섭을 중요시했고, 국제 정치의 동향이나 대미 관계를 의식하여 대장성처럼 지나친 법적 논리를 주장할 수 없었다. 이후 외무성과 대장성 간의 인식 차이는 정부 내 토론 과정에서 조율되며, 일본 정부의 대한 정책안은 '상호 포기 플러스알파'안으로 수렴되어 갔다. 그리고 일본 정부는 1953년 시점에서, '플러스알파'라는 표현이긴 하나 한국에 대해 청구권 명목이 아닌 경제 협력의 형태로 청구권을 지불할 구상을 가지고 있었다.

단, '상호 포기 플러스알파'안은 일본의 입장에서 최선의 선택이었을 뿐이지, 한국 입장에서는 받아들일 수 없는 안이었다. 상호 포기 방식이 일제강점기를 정당화하는 법적 논리에 기반하고 있었기 때문이었다. 많은 논자들이 지적하듯, 이승만 정권은 애초부터 일제강점기에 대한 청산을 크게 기대하지 않았을지도 모른다. 하지만 이 정권의 국내 정치 기반은 반일 정책으로 지탱되었다고 해도 과언이 아니었다. 강경한 반일 정책을 고수했던 이 정권은, 일제강점기를 정당화하는 일본의 상호 포기 주장을 도저히 받아들일 수 없었을 것이다. 결과적으로 일본의 상호 포기 주장은, 그 속에 함의된 역사 인식을 정당화하려는 쿠보타 발언을 촉발했고, 이것은 한일 간에 격렬한 역사 논쟁으로까지 발전되었다. 이 대립으로 인해 제3차 한일회담은 단기간으로 끝났고 회담은 또다시 중단기를 맞이하게 되었는데, 이 중단기는 한일 양국의 예상을 뛰어넘는 긴 동면기가 되었다.

본 장에서 일본 외무성에 초점을 맞춰 일본 정부 내의 동향을 검토한 이유는, 외무성이 외교 교섭과 외교 정책을 다루는 주무 부처 때문이기도 하지만, 더 중요한 것은 외무성의 조율하에 대한 정책이 형성되는 과정에서 해방 후 일본의 대한 인식에 대한 본질이 드러나기 때문이다. '상호 포기 플러스알파'안의 함의 즉, 내재적 논리야 말로 해방 후 일본의 역사 인식의 본질이며, 이러한 인식은 현재의 한일 간 논쟁에도 이어지고 있다.

다음 장부터는, 이후 '상호 포기 플러스알파'안이 일본 정부 내에서 어떻게 정책적으로 변용하는지를 분석하면서, 1950년대 초 일본 정부 내에서 '상호 포기 플러스알파'안이 성립된 것이 매우 중요한 사건이었음을 검증한다.

제3장

회담 제2차 중단기의 정치 과정

일본의 역청구권 철회 과정, 1953~57년

제3장

회담 제2차 중단기의 정치 과정

한일회담은 1953년 10월에 제3차 회담이 결렬된 후 1958년 4월에 제4차 회담이 시작될 때까지 약 4년 반의 공백기를 갖게 된다. 이 시기를 본서에서는 '회담 제2차 중단기'라고 정의하고 있다. 대부분의 선행 연구에서 이 긴 중단기는 한일회담의 난맥상을 상징하는 의미로 회자된다. 그리고 이 시기 한국과 일본이 감정적 대립과 상호 비방만 반복했다고 기술하며, 물밑에서 진행된 한일 간 접촉이나 일본 정부 내의 동향에 대해서는 거의 해명하지 못하고 있다. 또한 일본이 역청구권 주장을 철회하고 한일회담이 재개될 때까지의 과정을 해명할 때, 역청구권 주장 철회 약속을 단행한 기시 총리의 정치적 결단을 평가하거나 야츠기 카즈오(矢次一夫)라는 비공식 접촉자의[1] 활약에 주목하

1) 『国際政治』 第75号(1983)에, 일본 외교에서 '비정식 접촉자'로 활약한 인물들에 대한 사례 연구가 게재되어 있다. 이 논문집의 편집자인 니시하라 타다시(西原正)는, '비정식 접촉자'에 대한 정의를 다음과 같이 정리하고 있다. 우선 '접촉'이란, 외교 관계에 관한 국가 간의 의사 소통이 외교관이나 다른 역할자 등 개인 간에 행해지는 모든 경우를 가리키며, 모든 '접촉'이 교섭을 동반하지는 않지만 국가 간의 소통을 위한 활동이라는 점에 초점을 두고 일괄해서 '접촉'이라고 전제했다. 그리고 접촉자들의 자격을 정부에 의한 공식 파견인지 아닌지, 접촉 사실을 공개하는지 안 하는지에 따라서 ① '공식/공표' 형 접촉자, ② '공식/비공표' 형 접촉자, ③ '비공식/비공표' 형 접촉자, ④ '비공식/공표' 형 접촉자 4개의 유형으로 분리한

는 경향이 강하다.[2)]

2010년 이후 이 시기에 관한 새로운 시점의 논고가 발표되었다. 이동준은, 재한일본재산을 몰수한 법령인 주한미군정청의 명령 33호와 대일 강화 조약 제4조와의 관련성에 관한 미국의 법해석과 여기에 관한 한일 간 논쟁에 초점을 맞추면서, 한일회담 재개를 위한 한미일 간의 물밑 교섭을 검토했다. 그리고 이 중단기는 단순한 공백기가 아닌 1960년대에 한일회담을 진전시키기 위한 중요한 분기점이었다고 재평가하고 있다. 또 이 시기 미국의 중재는, 한일 간 청구권의 상호 포기를 제안하는 등 구체적인 정책에까지 영향을 미치고 있다고 서술하고 있다.[3)] 장박진은 일본이 역청구권 주장을 철회하기까지 미국과 일본의 의견 조정 과정을 검토하고 있다.[4)] 한일 간의 소모적인 대립만을 강조한 이전 연구들에 비해, 두 논자 모두 이 시기를 단순한 공백기로 보지 않고 이 시기에 진행되었던 한일회담 재개를 위한 물밑 접촉의 실체를 해명한 점에서 필자와 같은 착목점에 있다고 볼 수 있다. 이러한 학술적 경향은 2000년대 중반 이후 한일회담 관련 공문서가 전면 공개된 것에 영향을 받았으며, 최근 한일회담 교섭사 연구에서 새로운 흐름이 된 '연속 사관'의 시점과도 닿아있다.

그러나 이동준과 장박진 모두 회담 제2차 중단기 일본 정부 내의

다. 니시하라는 ①만을 정식 접촉자로 보고, ②~④에 관련된 인물들은 모두 '비정식 접촉자'로 분류했다(西原正, 「日本外交と非正式接触者」, 『国際政治』 第75号, 1983, pp.1~11). 니시하라의 분류법으로 보면, 기시 정권 때 한일교섭의 뒷무대에서 활약한 야츠기 카즈오는 ③의 유형에 해당한다.

2) 矢次一夫, 『わが浪人外交を語る』(東洋経新報社, 1973); 山本剛士, 「日韓関係と矢次一夫」, 『国際政治』 第75号(1983), pp.114~129.

3) 李東俊, 「日韓請求権交渉と『米国解釈』」, 李鍾元·木宮正史·浅野豊美 [編], 『歴史としての日韓国交正常化』 I (法政大学出版局, 2011).

4) 장박진, 『미완의 청산』(역사공간, 2014), pp.465~486.

동향에 관해서는 거의 해명하지 못하고 있다. 특히 일본의 기시 총리가 역청구권 주장 철회를 결단하기까지 일본 정부 내에서 어떠한 정치 과정이 전개되었는지에 관해서는 여전히 불투명한 부분이 많다. 한일 간 청구권의 상호 포기를 미국 측이 제언했다고 하는 이동준의 분석은, 이 시기 이전의 사료를 충분히 파악하지 않고 회담 제2차 중단기에 관한 일부 사료만을 열어 본 결과 발생한 오류라고 지적하지 않을 수 없다. 앞 장에서 상세히 해명했지만, 상호 포기는 일본 외무성의 독자적인 정책안이다.

한일회담의 긴 공백기였던 이 시기, 일본 정부 내에서는 한국에 대한 역청구권 주장 철회라는 매우 중요한 결정이 내려진다. 일본의 역청구권 주장과 관련된 논쟁들이 1950년대 한일회담에서 중요한 쟁점이었던 만큼, 일본의 역청구권 주장 철회는 이후의 한일회담 진전을 기대하게 하는 큰 전환점이 되었다. 일본 입장에서는 한국에 대한 중대한 정책 변화였던 만큼, 일본 정부 내에서는 역청구권 주장 철회를 두고 매우 치열한 논쟁이 전개되었다.

본 장에서는 회담 제2차 중단기에 일본의 역청구권 주장 철회 문제가 한일 간에 그리고 일본 정부 내에서 어떻게 결착되는지를 실증적으로 해명하며, 1960년대 한일회담과의 연속성이라는 시점에서 선행 연구의 공백을 획기적으로 보완한다.[5] 본서의 독창적인 시점이라고 할 수 있는, 일본 정부 내 정책 결정 과정에 관여한 각 행위자들 간의 유기적인 상호 작용을 검토하고, 일본 정부의 역청구권 주장 철회가 기존의 대한 정책에 대한 포기로 이어지는지에 대해 고찰한다. 그리

---

[5] 본 장은, 저자의 학술논문(金恩貞, 「日韓会談中断期、対韓請求権主張撤回をめぐる日本政府の政策決定過程—初期対韓政策の変容と連続 1953~57年—」, 『神戸法学雑誌』 第64巻 第3·4号(2015), pp.1~47)을 더 상세하고 광범위하게 분석하면서 큰 폭으로 가필한 것이다.

고 '미국이 이 시기 한일 간 물밑 교섭에 깊이 개입하면서 구체적인 해결 방안인 상호 포기를 제시했으며, 기시 총리가 한국에 대한 호의를 갖고 정치적 역량을 발휘하여 회담 제2차 중단기 한일 관계의 정체를 극복하는데 결정적인 역할을 했다'라는 기존의 논의를 재고할 중요한 시사점을 제공한다.

1. 제3차 한일회담 결렬 직후 일본 정부의 동향

일본 외무성의 쿠보타 발언 철회 시사

앞에서 검토했듯이, 한일회담 초기 일본 정부는 한일회담에 대한 미국의 중재를 원하지 않았다. 미국 정부도 일본점령이 종료된 지 얼마 안 되는 시점에서 일본에 대한 내정 간섭으로 비칠 것을 우려하여 개입을 자제하고 있었다. 하지만 1953년 1월에 성립한 드와이트 아이젠하워(Dwight David Eisenhower) 정권은 트루먼 전 정권의 대외 정책을 재검토하고 새로운 지역 전략을 구축하고자 했다. 동아시아에서는, 안전 보장의 관점에서 한일 관계를 정상화하고 이를 통해 한국에 대한 미국의 부담을 경감하고 싶어 했다. 그리고 1953년 5월에 새롭게 주일미국대사로 부임한 존 앨리슨(John M. Allison)[6]은 한일 문제에 적극적으로 개입할 의사를 보였다.[7]

---

6) 앨리슨은 해방 전 일본과 중국에 파견되었던 외교관이며, 전후 미국에 의한 일본점령기에는 국무성에서 북동아시아 과장 등을 역임하며 일본 전문가로서 당시 국무장관 고문이었던 덜레스와 함께 대일강화조약 교섭을 담당한 인물이었다. 池井優, 『駐日アメリカ大使』(文藝春秋, 2001), pp.29~38.

7) 李鍾元, 「韓日会談とアメリカ—『不介入政策』の成立を中心に」, 『国際政治』 第105号(1994), pp.171~172.

이때만 해도 일본 외무성은 미국 정부의 방침 전환에 대해, 일본은 미국의 점령이 종료한 후에도 여전히 미국으로부터 간섭을 받고 있다는 인상을 받을 것이라고 우려하고 있었다. 하지만 쿠보타 발언을 계기로 제3차 한일회담이 결렬되자, 쿠보타 대표의 부적절한 발언 때문에 한일회담이 결렬되었고 이것이 일본 정부에 정치적 부담이 된다고 생각했다. 외무성은 한일 양국 간의 직접적인 협의에 의한 문제 해결이 어렵다고 판단하고 미국에 한일 문제에 대한 중재 역할을 의뢰하기로 했다.[8] 오카자키 카츠오(岡崎勝男) 일본 외상은 앨리슨 주일미국대사를 만나 미국이 한일회담 재개를 위한 조정자가 되어 달라고 정식으로 요청했다. 이렇게 해서 미국은 한일회담에 대한 공식적인 중재에 들어갔다. 미국은 회담 재개 전에는 한일 양국의 의견을 조정하고 회담 재개 후에는 조력자로서 한일 간 교섭 자리에도 출석하기로 했다.[9]

미국의 중재는 서울과 도쿄의 미국대사관을 통해 한일 양국의 의견을 청취하고 이어 워싱턴의 조정을 받는 형식으로 진행되었다. 제3차 회담 결렬 약 1개월 후인 1953년 11월 일본 외무성은 주일미국대사관 측과 협의를 거쳐, 회담 재개 시 일본 측 대표의 인사말 안에 쿠보타 발언에 대한 한국 측의 감정을 완화시키는 문언을 포함시키겠다는 취지의 성명안(案)을 작성하였고, 미국대사관은 이 성명안을 넌지시 한국 측에 제시했다.[10] 하지만 이 제안은 한국 정부와 일본 정부 모두 받아들이지 않았다.

---

8) 亜五課, 「朝鮮問題(対朝鮮政策)六、米国の斡旋とわが方の平和政策」 1956.2.21, 일본외무성문서 2006-588-67.

9) アジア局第五課, 「日韓会談の経緯 七、会談再開に関する米国のあっ旋」 1955.1.31, 일본외무성문서 2006-588-481.

10) 위와 같음.

한국은, 쿠보타 발언에 대한 한국 측의 감정을 완화시키는 조치만으로는 받아들일 수 없다고 했다. 또한 이 성명안은 '청구권을 상호 포기하고 해방 전 조선인 관리나 징병자에 대한 퇴직 상여금과 미지불 급여 등에 대해서는 지불한다'라는 문언이 포함되어 '상호 포기 플러스알파'를 시사하고 있었고, 청구권 교섭과 어업 교섭을 동시에 진행하자고 제안하고 있었다.[11] 한국 정부는 "일본의 성명안은 전체적으로 애매한 표현이며 청구권의 상호 포기는 받아들일 수 없다"라며, 일본 측의 성명안을 거부했다.[12] 한편 이 성명안은 대장성의 반대로 일본 정부 내에서 공식적인 합의를 거치지 못한 채 제출된 것이었다.[13]

1953년 12월, 일본 외무성은 쿠보타 발언에 대한 사죄 표명을 시사하고 회담 재개를 요망한다는 내용의 서간을 다시 한국 측에 보냈다. 하지만 한국 정부는 일본 측의 더 명확한 표현을 요구하며 회담 재개 요청을 받아들이지 않았다. 이후에도 주일한국대표부, 일본 외무성, 미국대사관은 각각 본국 정부의 의견을 참작하며 쿠보타 발언에 관한 성명 내용을 조율해 갔다. 한국 정부는 최종적으로 "일본은 명령 33호에 의한 재한일본재산의 처분을 인정하고 역청구권 주장 및 쿠보타 발언을 명확하게 철회하라"는 요청 내용을 외무성 측에 제시했다.[14] 한국 정부 입장에서 쿠보타 발언보다 더 문제가 되었던 것은, 일본이 역청구권 주장을 철회하지 않은 채 한국의 대일 청구권을 제한할 가능성이 있는 '상호 포기'를 여전히 주장하고 있는 것이었다. 따라서 이

11) 亜二課, 「日韓関係」 1954.1.11, 일본외무성문서 2006-588-1064.

12) 정무과, 「2. 한일회담 재개를 위한 전제 사항 1953.12」, 한국외교문서 95, 『제3차 한일회담 (1953.10.6-21) 본회의 회의록 및 1-3차 한일회담 결렬 경위, 1953. 10-12』.

13) 亜二課, 「日韓の請求権相互放棄」 1953.11.10, 일본외무성문서 2006-588-658.

14) 정무과, 「2. 한일회담 재개를 위한 전제 사항 1953.12」, 앞의 한국외교문서 95. 이 문서는 1953년 12월 30일 자 영문 문서로, 일본 외무성과 주일한국대표부 김용식 공사 간의 교환문 형식으로 되어 있다.

것을 전제로 한 일본의 성명안에는 동의할 수 없었다. 한국 정부는 회담 재개를 위한 조건을 강화하여 쿠보타 발언과 역청구권 주장의 동시 철회를 일본에 요구해야만 했다.

이러한 한국 정부의 태도에 대해, 일부 선행 연구에서는 한국이 역사 인식에 대한 반성의 상징으로 쿠보타 발언의 철회를 요구했다기보다는 일본의 역청구권 주장을 철회시키는 것이 궁극적인 목적이라고 지적하기도 한다. 즉 초기 청구권 교섭에서 한국의 가장 중요한 목적은 일본의 역청구권 주장을 철회시키는 것이며, 한국은 이러한 대일 교섭 전략의 일환으로 쿠보타 발언과 일본의 역사 인식을 문제시하여 회담을 결렬시켰다는 해석이다.[15] 이러한 해석에는 비판과 반론도 있지만, 한국 정부가 일본에 쿠보타 발언과 역청구권 주장을 동시에 철회하도록 요구했고 결과적으로 청구권 문제에 관해 한국이 교섭상 유리한 입장을 확보한 것은 사실이다.

미국은 한일 간 교섭의 실마리를 풀기 위해서는 일본이 한국에 대해 쿠보타 발언에 대한 명확한 태도를 보여야 한다고 주문했다. 그리고 쿠보타의 발언은 일본 정부의 견해가 아닌 개인적인 의견에 불과하며 한일 양국 간에 오해를 불러일으킨 이와 같은 즉흥적이고 경솔한 표현은 회의록에서 삭제하고 다시는 이 문제를 들춰내지 않는다는 내용의 성명을 발표하도록 일본을 설득했다. 그러나 일본 정부 내에서도 한국에 대한 반발이 강해 미국의 중재안이 선뜻 받아들여지지 않았다.[16] 한일 양국의 주장이 평행선을 그으면서, 서울과 도쿄의 미국대사관을 통해 전개된 미국의 중재는 진전되지 않았다.

---

15) 장박진, 『식민지 관계 청산은 왜 이루어질 수 없었는가: 한일회담이라는 역설』(논형, 2009), pp.300~306.

16) 亜二課, 「久保田発言に関する件」 1954.1.21, 일본외무성문서 2006-588-1675.

미국의 중재는 워싱턴에서도 진행되었다. 덜레스 미국 국무장관은 워싱턴에 있는 한일 양국의 주미대사를 통해 양국 정부의 의견을 조율했다. 양유찬 주미한국대사와 이구치 주미일본대사는 각각 본국의 입장을 대변하면서 미국 국무성의 중재를 받아, 1954년 봄 "쿠보타 대표의 비공식 및 즉석에서 나온 발언이 오해를 낳은 것은 유감이다. 이것은 일본 정부의 정식 견해를 반영한 것이 아니므로 철회한다"라는 표현으로, 쿠보타 발언에 대한 철회에 합의했다.[17)]

대부분의 선행 연구에서는 사료의 제약 때문에 당시의 신문 보도를 중심으로 분석한 결과, 제3차 한일회담 결렬 후 한일 양국 간에는 상호 비난과 감정적인 대립만 있었고, 일본 정부 내에서도 쿠보타 발언에 대한 비판이나 문제의식이 없었다고 논하고 있다. 이러한 측면이 있었던 것은 부인할 수 없으나, 한일 양국 간의 격렬한 여론전과는 별개로, 제3차 회담 결렬 직후부터 쿠보타 발언의 철회 및 한일회담 재개를 위한 한미일 간의 밀접한 접촉이 있었다는 것은 주목할 만하다. 특히 일본 외무성이 제3차 한일회담 결렬 직후 미국에 공식적으로 한일회담에 관한 중재를 요청했고, 제3차 한일회담이 결렬된 후 이른 단계에서 쿠보타 발언에 대한 사과와 철회 가능성을 시사했다는 사실은, 이 시기에 관한 기존의 논의를 다시 짚어봐야 할 지점이라고 생각한다.

성과 없는 미국의 중재

한일회담 재개를 위한 미국의 공식적인 중재는 곧 한계에 부딪혔다. 이구치 주미일본대사는 제1차 한일회담 당시 일본 외무성 차관으

---

17) アジア局第五課, 「日韓会談の経緯 八. 井口·梁両大使の話合い」 1955.1.31, 일본외무성문서 2006-588-481.

로 한일회담 대표단에 참가하였고, 양유찬은 주미대사를 역임하면서 한일회담의 수석 대표를 맡았다. 구면인 두 대사는 앞에서 언급한 1954년 1월부터 워싱턴에서 진행된 한미일 간 협의에서 비교적 쉽게 합의를 했다. 그러나 덜레스, 양유찬, 이구치 간의 합의 내용은 한국과 일본 양 정부에서 재검토를 요구받았다.

일본 정부는 쿠보타 발언의 철회를 약속하면서 동시에 "일본은 평화조약을 존중한다"라는 내용을 성명안에 포함하도록 요구했다. 대일강화조약 제4조 (a)항을 포기하지 않는다는 입장을 재확인하려는 의도였다. 일본 측의 의도를 감지한 한국 정부는, 그 내용은 대일강화조약 제4조 (b)항을 인정한다는 것을 의미한다고 되받으며, 일본이 역청구권 주장을 명확하게 철회할 것을 다시 요구했다. 워싱턴에서도 한일 간의 법률 논쟁이 재현되었고, 양국 주장의 거리감은 좀처럼 좁혀지지 않았다.[18] 일본 외무성은 미국 측에, 외무성 입장에서는 미국의 제안대로 쿠보타 발언의 삭제를 고려할 용의가 있으나, 국내에서 쿠보타 발언 철회 표명에 대한 저항이 강해 정부 내의 의견 조정이 어려운 상황임을 설명했다.[19]

미국의 중재에도 불구하고 한일 간의 의견 조율이 어려워지자, 이승만 대통령은 일본의 태도뿐만 아니라 미국의 중재에도 문제가 있다는 불만을 드러냈다. 이 대통령은 당초 미국의 중재를 기대했었지만, 현재 미국이 하고 있는 중재 역할이 한국과의 의도와는 다르다고 생각하고, "미국 정부는 침략자인 일본을 우선시하고 있다"라는 노골적인 비난과 함께 "외교관인 쿠보타의 발언을 개인적인 견해로 치부하는 미국의 안은 불충분하다"라고 주장했다. 그리고 일본 정부는 쿠보

18) 위와 같음.

19) 亜二課,「久保田発言に関する件」1954.2.1, 일본외무성문서 2006-588-1675.

타 발언을 공식적으로 철회할 뿐만 아니라 쿠보타를 파면해야 한다고 요구했다.[20] 미국의 중재와 한일 간의 물밑 교섭은 정체되었다.

일본 외무성은 미국이 한일회담의 조정자 역할을 단념하지 않을까 걱정했으나, 국무성은 중재 역할을 포기하지 않았으며 한일회담 재개를 위한 노력을 앞으로도 계속하겠다고 약속했다.[21] 그리고 1954년 7월 한미회담을 위해 이승만 대통령이 방미하자, 한미협정의 갱신 및 미국의 대한 원조를 수단으로 이 대통령을 설득하여 한일회담을 촉진시키려고 했다. 국무성은 새로운 한미협정에 한국이 일본과 의무적으로 관계 개선을 하도록 하는 조항을 추가하고 이에 대한 이 대통령의 승인을 압박했다. 그러나 이 대통령은 미국의 압박을 끝까지 거부하며 일본에 대한 기존의 요구를 꺾지 않았다.[22]

외무성은, 일본 정부는 이승만 정권이 반일 정책을 강화하며 과도한 대일 청구권을 요구하는 것에 대한 부담이 크다고 토로했다. 이에 대해 국무성은 "한일 간의 간격은 그리 크지 않다"라고 답하며 일본 측의 우려를 불식시키고자 했다.[23] 하지만 한일 관계의 현재 상황이 극동아시아의 안전에 바람직하지 않다는 점을 강조하며, 한일 간에 이러한 상황이 계속된다면 미국은 일본이 바라고 있는 청구권의 상호 포기 실현을 도울 수 없다고 했다.[24] 국무성은 일본이 한국의 요구를 좀 더 검토할 필요가 있다고 하면서, 일본 정부가 쿠보타 발언과 역청

---

20) 亜五課,「韓国李大統領の反日的言明について」1954.6.29, 일본외무성문서 2006-588-1067.

21)「電信写 日韓会談再開に対する米国の調停失敗説に関する件」1954.7.13, 일본외무성문서 2006-588-1675.

22)「電信写 最近の韓国情勢に関する件」1954.9.30, 일본외무성문서 2006-588-1675.

23)「電信写 李大統領の訪米に関する件」1954.7.30, 일본외무성문서 2006-588-1675.

24)「電信写 日韓関係についてヴァンフリート及びハル大将との会談の件」1954.7.30, 일본외무성문서 2006-588-1675.

구권 주장의 동시 철회를 표명한다면 그 외의 문제에 관해서는 일본의 바람에 맞춰 논점을 정돈할 수 있도록 노력하겠다고 설득했다.[25)]

한편 이승만 대통령은 한미회담 후에도 국무성에 대해, 일본은 한국을 다시 지배하려는 불순한 의도를 갖고 있으며 미국은 이러한 일본을 암묵적으로 지원하면서 한국을 버릴 것이라고 주장했다. 국무성은 이러한 이 대통령의 발언과 태도를 "적대적이며 융통성이 없다"라고 비판하며 한국을 설득하는 것이 매우 어려운 상황임을 직감했다.[26)] 국무성은 이 대통령을 포함한 일부 한국 정치가들의 대일 감정의 배경에는 일본제국주의의 부활에 대한 공포심이 있어, 이승만 정권하에서는 한일 문제의 해결이 극히 비관적이라는 인식을 강하게 갖게 되었다. 그리고 한일회담 재개를 위한 공식적인 중재를 중지하고, 한일관계를 잠시 두고 보기로 했다.[27)]

일본 정부 내에서 한일회담 재개를 위한 외무성의 노력이 한계에 부딪힌 데다, 이승만 대통령의 방미 이후 한미 관계가 악화하면서, 제3차 한일회담 결렬 후 회담 재개를 위한 국무성의 공식적인 조정자 역할은 사실상 실패로 끝났다.

요시다 정권과 외무성의 대한(対韓) 인식의 차이

한국이 제시한 회담 재개 조건이 일본 국내에 알려지면서, 이에 대한 일본 정부의 대응이 주목을 끌게 되었다. 오카자키 일본 외상은

---

25) Rpt info Seoul, 1954.8.2, RG84, Japan, Tokyo Embassy, Classified General Records, 1954, 320, Box.13, NA.

26) ROK-Japaness Relations, 1954.9.28, RG84, Tokyo Embassy, Classified General Records, 1954, 320, Box.13, NA.

27) 「電信写 最近の韓国情勢に関する件」 1954.9.30, 일본외무성문서 2006-588-1675.

1954년 5월 12일 일본 외교의 각 현안들에 대한 일본 정부의 구상을 설명하기 위해 외국인 기자 회견을 열었는데, 이 자리에서 한국 문제에 관한 질의도 있었다. 오카자키는 쿠보타 발언 철회에 대한 기자들의 질문에 대해, 쿠보타 발언의 철회가 회담 재개의 전제인 것은 인정했지만 역청구권 주장의 철회에 관해서는 언급하지 않았다. 다음 날 주일한국대표부의 유태하 참사관은 나카가와 토오루(中川融) 외무성 아시아국장을 방문하여 이 기자 회견 내용에 대한 일본 정부의 진의를 물었다.[28] 나카가와는, 주미일본대사와 주미한국대사를 통해서 합의가 있었던 쿠보타 발언 철회에 대해서는 약속을 지키겠지만, 현재 청구권 문제에 관한 국내의 부정적인 반응 때문에 한국이 요구하고 있는 역청구권 주장의 동시 철회 표명은 받아들이기 어려운 상황이라고 설명했다.[29]

앞에서도 언급했지만, 미국의 중재를 거쳐 제시된 일본 측 성명안은 외무성의 주도로 이루어진 것으로, 일본 정부 내의 합의나 정권 수뇌부의 재가를 얻은 것이 아니었다. 때문에 외무성은 우선 정부 내의 의견을 수렴하기 위해 쿠보타 발언의 철회조차도 반대하는 대장성 측과 토의를 진행하고 있는 중이었다.

대장성 측과의 의견 조율을 맡은 나카가와는, 이미 한국이나 미국과 합의된 쿠보타 발언의 철회 표명을 이제 와서 변경할 수 없다는 점을 명확히 했다. 또 대장성이 상호 포기 방식에 반대하고 상쇄 방식을 주장하는 것에 대해, 오히려 지금은 상호 포기 방식보다 더 적극적인 대한 교섭 전략이 필요하다고 했다. 상호 포기 방식에는 일본의 역청구권 주장이 전제되어 있기 때문에 한국으로서는 이 안을 받아들이기

28) アジア局,「日韓会談再開に関する大臣記者会見」1954, 일본외무성문서 2006-588-1065.
29) 中川,「日韓問題に関し柳参事官と会談の件」1954.5.13, 일본외무성문서 2006-588-1706.

어려운 것이라고 설명하며, 일본이 먼저 역청구권 주장을 철회하는 것도 전략상 필요하다고 설득했다. 이러한 상황에서 만약 미국 정부가 한일 문제에 대한 피로감을 느낀다면 상호 포기를 포함한 일본의 기존 구상은 유지하기 어려울 수 있다고 지적했다.[30]

대장성은, 어쩔 수 없는 경우라면 청구권을 상호 포기하고 쿠보타 발언 중에서 적절하지 않았던 표현을 철회하는 것에는 동의했지만, 일본이 역청구권 주장 자체를 철회하는 것에는 반대했다. 그리고 대장성의 기본적인 입장은 역청구권 주장을 관철시키는 것이라는 점을 거듭 강조하면서, 외무성이 한국에 더 이상의 양보를 하지 않도록 요청했다.[31] 나카가와는 대장성 측으로부터 상호 포기 방식의 유효성을 확인받고, 소극적이긴 하지만 쿠보타 발언 철회에 관한 동의를 얻어내는 소득은 있었으나, 대장성 측을 설득해서 한일회담 재개를 밀어붙이려는 시도는 실패했다.

사실, 한국 문제에 대해 시종일관 냉담했던 요시다 총리의 태도도 한일회담 재개를 방해하는 중요한 요인이었다. 요시다 총리의 대외 정책의 중심은 서구와의 연대 강화였다. 동아시아에 대한 외교 정책에 관해서는, 중국 대륙의 시장을 놓치지 않겠다는 경제적인 관점에서 중국 문제에만 관심을 가지고 있었다.[32] 요시다 정권에서 한국 문제는 항상 등한시되어 있었고, 요시다 총리는 쿠보타 발언으로 인해 촉발된 한일 관계의 악화에 대해서 특단의 배려를 보이지 않았다.

이 시기 한국에서는 이승만 대통령의 정치적 기반이 흔들리기 시작하면서 야당 세력이 확대되고 있었다. 이 대통령은 이러한 정세에 위

---

30) 中川,「日韓問題に関する大蔵省意見」1954.6.9, 일본외무성문서 2006-588-659.

31) 위와 같음.

32) 井上正也,『日中国交正常化の政治史』(名古屋大学出版会, 2010), pp.17~20.

기감을 느끼고 한일 관계의 개선을 서두르고자 요시다 총리의 방한 및 자신과 요시다 총리 간의 수뇌 회담을 비밀리에 요청하고 있었다. 이러한 한국 정부의 시도는 요시다 총리가 응하지 않아 실패로 끝났는데, 이후에도 이승만 정권은 일본과의 관계 회복을 지속적으로 바라고 있었다.[33] 외무성은 한국 문제에 대한 정권 수뇌부와 정부 내의 비판적인 시각에 대해, 제네바회담 이후의 국제 정세 변화를 강조하면서 한국 측의 입장과 요구를 어느 정도 수용하면서 청구권 문제의 해결을 서둘러야 한다는 의견을 제시했다.[34]

그러나 요시다 총리는 한국과의 교섭 재개에 관심을 보이지 않고, 덜레스 미국무장관에게도 한일 간의 문제는 시간이 지나면 해결될 것이니 일단 한일 관계에 냉각 기간이 필요하다는 견해를 전달했다.[35] 이러한 요시다 총리의 인식과 태도는 외무성의 회담 재개를 향한 노력을 무력화시키는 것이었다.

2. 하토야마 정권하의 한일 관계의 교착

하토야마 정권의 대외 정책

일본의 요시다 정권 말기부터 하토야마 정권 출범 초기까지의 국제 정세와 하토야마 정권의 대외 정책에 대해 잠시 정리하겠다.

1953년 3월 5일 소련의 지도자인 이오시프 스탈린(Joseph Stalin)이

33) 亜五課, 「李大統領による吉田首相訪韓招請工作説について」 1954.10.8, 일본외무성문서 2006-588-1069.

34) 亜五課, 「対韓関係当面の対処方針(案)」 1954.12.20, 일본외무성문서 2006-588-1070.

35) 장박진, 앞의 책(2009), p.307.

사망했다. 스탈린 사후 소련에서는 스탈린의 독재와 공포 정치를 폭로하고, 스탈린이 주도한 대립적인 냉전 구도를 비판하는 목소리가 강하게 대두했다. 잘 알려져 있듯, 1953년 9월에 정식으로 정권을 잡은 니키타 흐루쇼프(Nikita Khrushchev)는 스탈린 시대를 비판하고, 대외 정책에서도 기존의 냉전 구도에서 탈피하여 자유 진영 국가들과 평화적인 공존을 모색하는 노선으로 전향했다. 소련의 영향권에 있는 동유럽 공산 국가들뿐만 아니라 중국도 자유 진영 국가들과의 평화 공존에 동조했다.

1954년 4월 26일 스위스 제네바에서 인도차이나 문제를 논의하기 위한 국제 회의가 개최되었다. 이 제네바회담에는 인도차이나 문제의 당사자인 베트남, 캄보디아, 라오스 3국과 미국, 영국, 소련, 중국 및 한국과 북한도 참가했는데, 소련과 중국의 적극적인 발언이 눈에 띄었다. 제네바회담에서는 이미 휴전협정이 체결된 한반도 문제에 대해서도 언급되었는데, 강대국들은 한반도의 분단 상황을 현상 유지하고 한국과 북한 정권을 공존시키는 것이 이 지역의 평화를 위한 최선책이라는 시각이 지배적이었다.[36]

소련과 중국은 일본에 대해서도 평화 공존을 제안하고 적극적인 외교 공세를 전개했다. 하지만 철저한 친미주의자이면서 서구와의 연대를 중시하는 요시다 총리는 소련과의 관계 개선을 서두르지 않았다. 1954년 12월 10일 요시다 정권의 퇴진과 함께 하토야마 정권이 출범했다. 하토야마 이치로(鳩山一郎) 총리는 요시다 정권의 대외 정책을 대미 추종, 대미 종속이라고 비판하고, 미국으로부터의 자주독립 외교를 내세우며 공산권 국가들과의 관계 개선을 천명했다.[37]

---

36) 朴正鎮, 『日朝冷戦構造の誕生1945~1965』(平凡社, 2012), p.69.

37) 田中孝彦, 『日ソ国交回復の史的研究—戦後日ソ関係の起点：一九四五~一九五六』

당시 미국을 포함한 자유 진영 국가들은, 하토야마 정권의 대미 자주 외교의 본질은 정치적 경제적 군사적으로 열세인 일본이 미국의 양보를 얻어내기 위해 주장하는 전략적 구호라고 분석하기도 했다. 그러나 이 시기 일본에서는 반미 주의가 대두하고 있었고,[38] '대등한 일미 관계'를 요구하는 국민들의 목소리가 고조되어 있었다. 이러한 때에 대미 자주 외교를 전면에 내세우며 등장한 하토야마 총리는 '하토야마 붐'이라고 불릴 만큼 국민적 인기와 기대를 모으고 있었다.[39]

하토야마 총리는 정권 출범 직후 대미 외교 일변도에서 벗어나 소련과 중국을 비롯한 공산주의 국가들과의 국교 회복을 시야에 넣은 외교 방침을 발표했다. 그리고 가장 최우선으로 추진한 것이 소련과의 국교 회복을 위한 교섭이었다. 미국은 소련의 전면적인 대일 접근과 일소 관계 회복에 의한 일미 관계의 위축을 우려하면서도, 당시 일본에서 고조되고 있던 반미 여론 때문에 일소 교섭에 대한 과잉 개입을 자제하고 있었다.[40] 중국도 일본과의 평화 공존을 모색하며, 일본 패전 후 중국 대륙에 남겨졌던 '잔류 일본인들'의 귀국 문제를 인도적인 차원에서 해결한다는 명목으로 일본에 접근했다. 하토야마 총리는

(有斐閣, 1993), pp.315~319.

38) 1954년 3월 미해군은 태평양 마샬섬 부근의 비키니 환초에서 비밀리에 수소 폭탄 실험을 실행했다. 이때 근처에서 조업 중이던 일본 참치잡이 원양 어선의 선원 23명이 하늘에서 떨어지는 이른바 '죽음의 재'로 불리는 방사선 물질을 맞아 피폭되었다. 이후, 당시 태평양 부근에서 조업하던 다른 어선 수백 척도 피폭되었으며 피폭자도 2만 명이 넘는다는 주장이 급속히 확산되었다. 4월 이후 일본 각지에서 내린 비에서 다량의 방사능 물질이 검출되어 일본인들을 경악시켰다. 이 사건은 히로시마와 나가사키의 기억이 아직 생생한 일본인들 사이에서 반핵·평화 운동이 봉기되는 기폭제가 되었고, 반미 내셔널리즘으로까지 확산되었다. 결과적으로 이 사건은 미국의 대일 정책의 전환을 가져온 하나의 계기가 되었다. 宮下明聡, 『ハンドブック戦後日本外交史』(ミネルヴァ書房, 2017), pp.32~33.

39) 池田直隆, 「アメリカの見た鳩山内閣の「自主」外交」, 『国際政治』 第129号(2002), p.178.

40) 田中, 앞의 책(1993), pp.315~319.

국내에서 대중 무역에 대한 관심이 높아지고 있는 점을 의식하여 중국의 평화 공세에도 적극 호응했다.[41)]

하토야마 총리는 대미 자주 외교뿐만 아니라, 요시다 정권의 한국 정책을 비판하며 꽉 막힌 한일 관계의 개선도 천명했다. 하토야마는 이승만 대통령에게 한일 수뇌 회담을 제안하고, 필요하다면 일본의 기존 주장을 철회할 용의가 있다고 말하며 역청구권 주장 철회를 시사하기도 했다. 한국에 대해 유화적인 발언을 하는 하토야마 정권에 대해 한국 정부의 기대감은 급격히 높아졌다.[42)]

일본 외무성도 하토야마 정권하에서 한일 관계가 개선될 것이라고 전망했다. 특히 제네바회담 이후 미국 이외의 서방 국가들이 한반도에서 손을 뗄 것이라고 예상하면서, 이러한 국제 정세의 변화가 북한의 국제적 지위를 높이는 반면 한국에게는 불리하게 작용할 것이며, 따라서 한일회담에서 일본이 조금은 유리한 입장이 될 것이라고 판단했다.[43)] 즉 국제 사회에서 북한과 체제 경쟁을 하고 있는 한국이 북한보다 우위를 차지하기 위해서라도 지금까지 일본에 보였던 적대적인 정책을 수정할 것이라고 전망한 것이다.

■ 주일한국대표부와 일본 외무성 간 비공식 토의의 진전

한일 관계에 긴장 완화의 조짐이 보이면서 주일한국대표부의 유태하 참사관과 나카가와 일본 외무성 아시아국장을 중심으로 한 실무자 협의를 통해 한일회담 재개가 논의되고 있었다. 유태하와 나카가와는,

---

41) 井上, 앞의 책(2010), pp.108~111.

42) 中川局長, 「日韓関係の打開について」 1955.1.21, 일본외무성문서 9056-588-1248.

43) 亜五課, 「対韓関係当面の対処方針(案)」 1954.12.20, 일본외무성문서 2006-588-1070.

1954년 봄 워싱턴에서 양유찬 주미한국대사와 이구치 주미일본대사 간에 합의했던 '쿠보타 발언 철회, 평화조약 준수'를 기본 안으로 해서 향후 토의를 진행하기로 했다.[44)]

나카가와는 워싱턴에서의 합의 내용을 기초로 유태하와 논의를 진행하면서, 일본 정부 내에서도 자신의 의견을 적극적으로 개진했다. 한일회담이 아직까지 재개되지 못한 직접적인 원인은 청구권 문제에 관한 한일 간의 법해석이 상이하기 때문이라고 지적하면서, 대장성이 주장하는 상쇄 방식을 비판했다. 제1차 한일회담에서 표명한 일본의 법적 주장은 '상쇄'안에 기초를 두고 있으나 오늘날 이러한 주장은 한국 정부뿐만 아니라 미국 정부도 납득하지 않을 것이라고 했다. 나카가와는 개인적인 견해라고 못을 박기는 했지만 기존 외무성 아시아국의 견해를 뛰어넘는 과감한 발언도 했다. 일본이 법적 논리를 비롯한 기존의 주장을 반복한다면 일본의 진의가 의심받을 뿐이며, 이미 처분이 끝나버린 재한일본재산이 반환될 가능성도 전혀 없다고 강조하고, 일본 외상의 담화 등을 통해 재한일본재산에 대한 명령 33호의 조치를 승인할 필요가 있다고 했다. 그리고 일본 정부는 향후 한일회담에서 기존의 법해석을 수정할 필요가 있다고 했다.[45)]

나가카와는 외무성 내에서도 한국에 매우 호의적인 인식을 가진 관료였고 이후에도 한일회담 타결에 적극적인 태도를 보였는데, 이에 대해서는 제5장에서 확인할 수 있다. 주의할 점은, 나카가와 아시아국장은 일본 정부의 기존 법적 논리 자체를 부인한 것이 아니었다. 역청구권 주장이 함의되어 있는 상호 포기 방식을 염두에 두면서, 일본의 강경한 입장을 완화해서 한일회담을 진척시켜야 한다는 것에 방점이

---

44) 中川局長, 「日韓関係の打開について」 1955.1.21, 일본외무성문서 9056-588-1248.
45) 위와 같음.

있었다.

외무성 내에 한정되긴 했지만 정부 관료의 과감한 발언이 나올 만큼 하토야마 총리의 대한 유화 정책 표명이 일본 정부 내의 분위기 전환에 큰 계기가 된 것은 분명했다. 그리고 한일회담 재개를 위한 한일 간 협의도 고위급으로 격상되었다. 1955년 1월 김용식 주일한국대표부 공사와 타니 마사유끼(谷正之) 외무성 고문 간에 '절대 비밀리에 비공식'을 전제로 한일회담 재개를 위한 꽤 심도 있는 논의가 진행되었다.[46]

김용식 공사는 우선 한미일 삼국 간 공동 선언으로 '한일불가침협정'을 체결하는 것과 일본의 역청구권 포기를 요청했다. 그리고 한국의 대일 청구권은 'Restitution'의 문제로 일본이 한국에 당연히 지불해야 하는 것이며, '기브 앤 테이크' 형식으로 타결할 수 없다고 강조했다. 즉, 한국의 대일 청구권의 정당성을 강조하면서 상호 포기 방식으로 결론이 나는 것을 경계했다. 이에 대해 타니 고문은, 일본은 '한국 측의 태도에 따라' 역청구권을 포기할 생각이 있으며 한국에 어느 정도의 '반환'을 고려하고 있다고 말했다. 그리고 대일강화조약 제4조와 명령 33호에 관한 한국의 법적 논리를 승인할 가능성이 있다고도 했다. 단 '한국 측의 요구가 적절하다면'이라는 조건을 강조하며, 한국의 막대한 청구권 요구는 일본의 재정에 부담이 된다는 점을 한국이 배려해 달라고 했다.[47]

이러한 타니 고문의 발언은 '상호 포기 플러스알파'안을 간접적으로 표현한 것이다. '한국 측의 태도에 따라'라는 전제 조건은 한국의 대일

---

46) アジア局第五課, 「日韓会談の経緯(その二)一、谷大使·金公使会談」 1955.10.15, 일본외무성문서 2006-588-482.

47) 「請求権問題処理要領案」 1955.2.24, 일본외무성문서 9506-588-660.

청구권을 제한하면서 상호 포기를 유도하려는 의도였다. 또, 한국의 법적 논리를 승인할 가능성을 시사한 것이 일본의 법적 논리를 포기한다는 의미는 아니었다. 즉 한국이 과도한 대일 청구권을 요구하지 않는다면 일본도 교섭의 자리에서 법적 논리를 굳이 들추지 않겠다는 의미였다. 나카가와 아시아국장과 타니 외무성 고문의 발언에서, 적어도 일본 외무성은 한국과 타협할 수 없는 부분을 굳이 드러내놓고 논쟁하는 것을 자제하며 한일회담을 진전시키고자 했던 것에는 진심인 듯했다.

위에서 먼저 언급한 김용식의 발언도 사실 한국의 기존 입장을 적극적으로 내세운 것은 아니었다. 김용식은 과거사 문제에 대한 배상을 암시하는 'Reparation' 대신, 법적인 손실의 반환이나 보상을 의미하는 'Restitution'이라는 용어를 사용했다. 김용식이 이 두 용어의 차이를 정확히 알고 의도적으로 'Restitution'을 사용했는지에 대해서는 알 수 없다. 단, 이후에도 김용식은 한국의 대일 청구권 범위를 퇴직 군인에 대한 보상이나 한국인이 소유한 일본은행권에 대한 보상 등 채권·채무의 정산을 중심으로 발언하고 있는데, 이것으로 보아 'Restitution'의 의미를 알고 있었다고 유추해 볼 수 있다.[48)]

김용식과 타니가 한일회담 재개를 성사시키고자 충돌을 피하고 상호를 배려한 발언을 했다고 보이지만, 그 내용은 여전히 불충분했고 한일 양 정부도 불만을 드러냈다. 우선, '상호 포기 플러스알파'안은 한국 정부로서 받아들이기 어려웠으며, 일본 정부 내에서도 한국에 대한 양보가 아니냐는 비판이 터져 나오면서 타니는 어려운 입장이 되었다. 타니는 정부 내 토의에서, 일본이 역청구권 주장을 철회하더라

48) 위와 같음.

도 일본의 일방적인 포기가 되지는 않을 것이라고 강조하며, 역청구권 포기에 대한 대가로 한국의 양보를 얻어낼 것이라고 약속했다.[49]

한편 이 시기 일본 외무성 내에서는 '상호 포기 플러스알파'안 중에서 '플러스알파' 부분에 대한 범위가 논의되고 있었다. 그리고 그 범위를 우편 예금, 이체 예금, 간이 생명 보험 및 연금, 한국인 소유의 일본 유가 증권에 대한 보상, 일본은행과 관련된 대일 채권의 정산, 일본 및 일본 점령지에서 귀국한 한국인의 예탁금, 태평양전쟁에 참여한 한국인 희생자에 대한 위로금, 사망하거나 부상당한 한국인 징용 노무자에 대한 미지불 임금과 위로금, 한국인의 재일자산의 반환 등으로 정리했다.[50]

이 항목들의 설정에 관해서 외무성과 대장성이 어떠한 절충을 하였는지에 대해서는 관련 문서가 발견되지 않았다. 단 1960년대 청구권 교섭의 최대 쟁점이 되는 청구권 금액에 관한 교섭 때, 외무성이 한국에 대한 '정치적'인 금액의 지불을 주장하는 반면, 대장성은 위의 항목들을 한국에 대한 지불 범위로 한정하고 이에 관련한 증빙 서류를 요구하게 된다. 이런 점으로 보아, 위의 항목들은 대장성의 주도로 설정되었을 가능성이 높다. 또한 이 항목들이 앞에서 언급한 김용식 공사의 'Restitution'의 성격과 상당 부분 일치하는 것도 우연이 아닌 듯싶다. 따라서 이 시기 주일한국대표부와 일본 외무성 간의 물밑 교섭에서 한국의 대일 청구권 범위에 대한 어느 정도의 합의가 있었을 가능성도 배제할 수 없다.

하토야마 정권의 대한 유화 정책 표명을 계기로 한일 양국에서는 한일회담 재개 및 한일 관계 개선에 대한 기대감이 높아졌다. 비록 일

---

49) 위와 같음.

50) 「日韓会談議題の問題点」 1956.6, 일본외무성문서 2006-588-68.

본 국회나 일본 정부 내의 완전한 합의를 거친 것은 아니었으나, 일본 외무성은 한국 정부에 워싱턴에서 합의했던 일본의 역청구권 주장 철회 표명 의사를 재확인해 주었다. 하지만 하토야마 정권의 대공산권 외교의 추진은 한일 관계를 또다시 정체에 빠뜨리는 원인이 되었다.

북일 접촉의 파문

소련과 중국의 대일 접근은 북한의 대일 정책에도 영향을 미쳤다. 해방 후 북한의 대일 인식은 이승만 정권의 반일 정서를 훨씬 뛰어넘는 매우 적대적인 것이었다. 북한은 일본을 잠재적인 제국주의적 침략 국가로 규정하고 노골적인 경계를 드러냈다. 게다가 한일회담이 시작되자 한국과 일본의 연대를 강하게 경계하며 양국에 대한 적대적인 태도를 강화했다.[51]

1954년 제네바회담 이후 북한의 국제적 지위가 안정적으로 인정받게 된 반면 한일회담의 결렬 상태가 장기화되면서 한일 관계가 악화되자, 북한은 이러한 상황을 이용했다. 북한은 기존의 적대적인 대일 정책을 대폭 변경하여 대일 평화 공세를 전개했다. 특히 무역과 인도(人道) 문제를 이용하여 일본에 접근하는 중국의 방식을 따라 하토야마 정권과의 접촉을 시도했다. 또, 일본 내 친북 단체인 조총련(정식 명칭은 '재일본 조선인 총연합회')의 활동을 촉진시키면서 조총련을 통하여 재일교포 사회에 침투했다.[52]

일본에서 북한의 대일 접근에 가장 적극적으로 호응한 것은 사회주의국가와의 교역 창구 역할을 했던 '일본국제무역촉진 협회'였다. 이

51) 朴正鎭, 앞의 책(2012), pp.25~35.

52) 朴正鎭, 위의 책, pp.184~185.

협회는, 일본에서 중국과의 무역에 대한 관심이 높아지자 북한을 포함한 다른 공산권 국가들과도 무역을 확대시키려고 했다.[53] 하토야마 정권도 패전 후 일본으로 귀국하지 못한 채 북한에 남아있는 일본인들의 귀국 문제를 북일 교류의 최우선 과제로 하면서 북한과 접촉했다.[54]

하지만 하토야마 정권과 북한의 접촉으로 한일 관계는 새로운 국면을 맞게 되었다. 1955년 2월 김-타니 회담이 진행되는 상황에서, 하토야마 정부의 승인 아래 일본 업자들이 북한과의 바터무역(Barter Trade)을 개시했다는 보도가 나왔다.[55] 주일한국대표부의 유태하 참사관은 즉시 나카가와 외무성 아시아국장을 접견하고 하토야마 정권의 외교 방향과 북일 무역에 대한 진상을 따졌다. 나카가와는 제한 범위 내에서라면 일본과 공산권 국가들과의 무역 그 자체는 문제가 없다고 하면서, 하토야마 정부의 대공산권 외교에 대한 한국의 이해를 구했다. 하지만 실제로 북한과의 무역은 시작하지 않았다고 했다. 한국이 반공의 최전선에서 북한과 대치하고 있는 상황에서 일본이 앞에서는 한국과의 관계 회복을 말하면서 뒤에서는 북한과 통상을 한다면 한국과의 신뢰를 해칠 수 있다고 말하고, 북일 교역설을 부인했다.[56]

사실, 하토야마 정권의 대북 정책은 외무성의 근본적인 외교 방침과 대립하는 것이 아니었다. 제1장에서도 언급한 바와 같이, 일본 외

---

53) 위와 같음.

54) 북한에 잔류된 일본인들의 귀국 문제는 일본 적십자사와 북한 적십자사 간의 협의로 진행되었다. 이 문제는 1956년 2월 27일 양 적십자사 간에 '평양협정'이 체결되고 같은 해 4월에 북한에 잔류되었던 일본인 36명이 일본에 귀국함으로써 일단락되었다. 吉澤, 앞의 책(2015), p.90.

55) 『日本経済新聞』 1955.2.17.

56) 中川記, 「北鮮とのバーター取引説に関し柳参事官申入の件」 1955.2.17, 일본외무성문서 2006-588-1670.

무성은 장래의 북일 교섭 및 북한과의 국교 회복 가능성을 염두에 두고 한반도의 관할권 문제에 대해서 한국의 주권을 38도선 이남 지역으로 한정하고 있었다.[57] 하지만 한국과의 관계 회복을 우선하는 외무성은, 이 시기 하토야마 정권의 대북 접근에 부정적이었다. 외무성은 공산권 국가들과의 관계 회복을 제일 과제로 하는 하토야마 정권의 외교 정책에 이의는 없으나, 한국과의 관계를 희생하면서까지 북한과의 관계 개선을 추진하는 것에는 의문이 있다고 지적하고 하토야마 정권의 대북 접근을 회의적으로 봤다. 그리고 한국 측에 "외무성은 북일 관계에 대해서는 정치적인 견지에서 반대"라는 뜻을 전하며 물밑 접촉을 이어갔다.[58]

그러나 2월 25일 북한의 남일 외무장관은 특별 성명을 통해 북일 교류에 언급하면서 한국 정부를 긴장시켰다. 이후에도 북한은 패전 후 북한에 잔류한 일본인들의 본국 귀환 문제를 일본 국민에게 어필하면서 대일 접근을 가속화했다.[59] 3월 24일 일본 중의원 본회의에서는 하토야마 내각의 대공산권 외교에 대한 국회의 질의가 있었다. 이 자리에서 하토야마 총리는 일소국교정상화를 위한 교섭을 진행 중이라는 것을 인정하면서, "머지않아 북한과 어떤 식으로든 이야기가 있지 않을까"라고 말하며 북한과도 접촉하고 있음을 시사했다. 한국과 논쟁이 되고 있는 역청구권 철회에 관한 질의에 대해서는, "재한일본재산에 관한 청구권을 포기한다고 말한 적이 없다"라고 답변하며 김-타니 회담에서 언급했던 역청구권 주장 철회를 전면 부정했다.[60]

---

57) 제1장 4를 참조.

58) 中川記, 「北鮮とのバーター取引説に関し柳参事官申入の件」 1955.2.17, 일본외무성문서 2006-588-1670.

59) アジア局第五課, 「日韓会談の経緯(その二)二、韓国政府の対日態度の悪化」 1955.10.15, 일본외무성문서 2006-588-482.

게다가 하토야마 총리의 국회 답변 직후, "하토야마 정권은 이미 비밀리에 북한과 무역협정을 맺고 있으며 무역 관계가 곧 시작될 것이다"라는 정보가 한국 측에 전달되었다. 한국 정부는 하토야마 정권에 대한 기대가 높았던 만큼 큰 충격에 휩싸였다. 하토야마 내각에서 부총리 겸 외상에 취임한 시게미츠 마모루(重光葵)는, 한일국교정상화 교섭에 악영향이 있는 한 일본은 북한과의 교섭을 고려하지 않는다고 말하며 한국을 안심시켰다. 그러나 한국 정부는 하토야마 정권을 불신했고, 김-타니 회담은 1955년 3월 26일 일곱 번째를 마지막으로 중단되었다. 한일 관계는 다시 냉각되었다.[61]

하토야마 정권은 대미 자주 외교를 표방하며 일소 국교 회복 및 대공산권 외교를 적극적으로 추진했고, 대공산권 외교의 일환으로 북한과의 접촉도 시도하고 있었다. 하지만 하토야마 정권의 대공산권 외교의 수위를 두고 하토야마 총리와 일본 외무성 사이에서는 입장 차이가 노정되어 있었고, 외무성은 대미 협조를 기본축으로 하면서 대공산권 외교에 속도 조절을 해야 한다고 주장했다.[62] 하토야마 총리는 대북 접근에 있어서도 외무성과 보조를 맞추지 않았다. 일본의 일간지는 "시게미츠를 수장으로 하는 외무성은 한반도 문제에 관한 하토야마 총리의 대응을 아마추어 외교관에 비유하고 있다"라는[63] 칼럼을 게재하며, 하토야마 총리와 외무성 사이의 알력을 보도하기도 했다.

---

60) 「第二十二回国会 衆議院会議録第五号」 1955.3.24. 일본 국회회의록 검색 시스템.

61) アジア局第五課, 「日韓会談の経緯(その二) 二、韓国政府の対日態度の悪化」 1955.10.15, 일본외무성문서 2006-588-482.

62) 하토야마 총리는 대공산권 외교를 추진하면서 미국과의 외교적 긴장 상태를 피하지 않았다. 특히 미국의 반대에도 불구하고, 대소 교섭을 성공시키기 위해 소련과의 영토 분쟁 지역인 북방 영토를 소련에게 양보하려고 하면서 미국과 대립하기도 했다. 五百旗頭真 [編], 『日米関係史』(有斐閣, 2008), pp.189~198.

63) 『朝日新聞』 1955.2.26.

한반도 정책에 관해 하토야마 총리와 외무성의 입장이 상이한 상황에서 하토야마 총리는 외무성을 건너뛰고 개인적인 인맥을 통한 북일 교섭을 시도하기도 했다. 미국 국무성은 한반도 정책에 관한 하토야마 총리와 외무성 간의 균열과 엇박자 때문에 한국 측의 대일 불신을 초래하고 있으며 예정되어 있는 한일교섭이 순탄치 않을 것이라고 우려했다. 국무성은 하토야마 정부에 대해, 북일 관계 정상화에 법적인 장애는 없지만 북한은 유엔에서 한국전쟁의 침략자로 규정되었고 자유 진영 국가들은 평양 정권을 승인하고 있지 않다는 점을 강조하며, 북일 간의 접근을 연기해야 한다고 경고했다.[64]

그런데 일본에서는 이미 북한에 대한 관심이 높아지고 있었으며, 북일 양국의 접근은 여러 채널을 통해서 진행되고 있었다. 1955년 9월 6일에는 박광철 재일조선고등학교 교장을 대표로 하는 조국 방문단이 홍콩을 경유하여 북한을 방문했다.[65] 같은 해 10월 18일에는, 한 사람을 제외한 전원이 일본 사회당 소속 중의원 의원으로 구성된 일본 국회의원 방북단이 평양을 방문했다. 방북단은 20일 귀국 기자 회견에서 "북일 양국 간의 관계 정상화에 관련한 여러 문제들의 구체적인 해결 방법을 논의할 수 있었던 것에 만족한다"라고 발표했다. 여기에서 '구체적인 해결 방법'이 무엇을 뜻하는지 이후의 국회 질의에서 일부 판명이 났다. 그것은, 북한 정권이 한국이 설정한 평화선을 부정하고 독도의 일본 영유를 인정했으며 일본과의 관계 회복을 적극적으로 바라고 있다는 것이었다. 북한에게도 일본과의 어업 문제는 매우 민감한 사안이었는데, 북한은 이 문제에 대해서 통 큰 양보를 약속했다고 한다. 이러한 북한 측의 태도는 한일회담을 견제하려는 의도가 분명

64) 池田, 앞의 논문(2002), pp.178~179.
65) 朴正鎮, 앞의 책(2012), pp.169~171.

했다.[66]

더욱이 북일 간의 접근은, 재일조선인 사회에서 북한의 우위를 촉진시킨 반면 이승만 정권의 지위를 저하시키는 계기가 되며, 다른 측면에서 한국 정부를 긴장시켰다. 북한 지향의 재일조선인들은 다양한 의도와 배경을 가진 정치 세력이 존재하며 몇 개의 파벌과 단체로 나뉘어 있었는데, 북한의 대일 평화 공세를 계기로 1955년 5월 25일 조총련이 정식으로 발족했다. 김일성 정권은 조총련을 통해 재일조선인들을 적극적으로 지원했고, 조총련이나 방북단의 활약은 일본 정부가 북한을 조국으로 지향하는 재일조선인들의 정치 활동을 허용하는 것을 의미했다.[67] 사실, 재일조선인들의 권익을 지키기 위한 단체는 종전 직후인 1946년 10월에 결성된 한국 지향의 민단이 먼저였다. 그러나 이승만 정권은 재일조선인에게 그다지 관심을 보이지 않았다.[68] 민단은 조총련에 비해 재정적 지원이나 본국의 관심도에서 한참 열세에 있었고, 일본에서 조총련 등 북한 지향 세력의 확대를 매개로 북한과 일본은 더욱 밀착했다.

한국 정부의 강경한 태도

한반도 정책에 대한 하토야마 총리와 일본 외무성 간의 반목을 잘 알고 있는 한국 정부는, "외무성이 하는 말은 신용할 수 있으나 다른 관계자들은 신용할 수 없다", "요시다 내각은 원래부터 반한(反韓)이었

---

66) 朴正鎮, 위의 책, pp.189~193.

67) 朴正鎮, 위의 책, pp.159~171.

68) 崔永鎬, 「終戦直後の在日朝鮮人·韓国人社会における『本国』指向性と第一次日韓会談」, 李鍾元·木宮正史·浅野豊美 [編], 『歴史としての日韓国交正常化』 II(法政大学出版局, 2011), pp.246~253.

으므로 그 발언들은 오히려 일관성이라도 있었다"라고 격분하며 하토야마 정권의 일관성 없는 대한 정책과 대북 접근에 분개했다. 이승만 대통령은 한일 간에 토의된 내용들을 하토야마 총리가 국회에서 번복했다고 비난하면서, 쿠보타 발언과 역청구권 주장의 동시 철회뿐만 아니라 북일 간 무역협정의 포기도 한일회담 재개 요건에 추가했다.[69)]

일본에 호의적인 유진오 고려대학교 총장도 "하토야마는 속이 텅 빈 제스처조차 스스로 부정하고 있으며 청구권 문제와 어업 문제로 거래를 하려고 한다"라는 강한 논조로 하토야마 정권을 비판했다. 이어서, "(한국이) 과거의 불법적인 한일합병으로 인해 받은 피해에 대한 배상을 요구한다면 20, 30억 달러는 된다"라고 하며, 청구권 문제에 대한 현재까지의 논의를 원점으로 돌리자고도 주장했다. 외무성은 지일파로 평가받고 있는 유진오의 발언을 두고, 한국의 대일 감정이 요시다 정권 때보다 더 악화되고 있다고 판단했다.[70)]

한국의 대일 불신에 기름을 붓듯, 1955년 6월 하토야마 총리는 북한과의 국교 정상화 교섭 가능성에 대해서도 언급했다. 이것은 한반도에서 '두 개의 조선'을 인정하고 한국과 북한에 대한 등거리 외교를 하겠다는 선언과 같았다. 하토야마는 한국의 반발과 외무성의 우려에도 불구하고 한국을 자극하는 발언들을 계속하며 한일 관계보다 북일 관계를 우선하는 듯한 태도를 보였다. 미국 국무성은 이구치 주미일본대사를 통해, "일본과 북한의 국교 정상화 교섭 등 재미없는 뉴스는 한일 관계의 악화를 노리고 자유 진영 내의 분열을 꾀하려는 공산주의자들의 책동이다"라고 하며, 하토야마 정권의 대북 접근에 대한 강

69) 中川記, 「日韓問題に関する柳参事官の内話」 1955.4.11, 일본외무성문서 2006-588-1670.
70) 亜五課, 「日韓会談韓国側元代表の言論に関する件」 1955.5.12, 일본외무성문서 2006-588-1258.

한 우려를 전달했다.71)

나카가와 일본 외무성 아시아국장은 주일한국대표부에, 오늘날의 사태가 한국에게는 오해를 줄 만하지만 실제로 일본은 북한과 어떠한 관계도 맺고 있지 않다고 재차 강조하며, 한국의 대일 불신을 해소하기 위해 노력했다. 또, 하토야마 정권은 한일 관계에 악영향을 줄 수 있는 북한과의 관계를 모두 끊을 것이라고 말하고, 한일회담 재개를 위한 비공식 토의를 지속하자고 했다.72) 하지만 하토야마 정권의 한반도 정책에 대한 한국 정부의 분노와 우려는 평화선 및 어업 문제에 대한 강경 조치로 이어졌다.

이승만 정권은 1952년 1월 18일 평화선을 선포한 이후, 같은 해 9월부터 평화선 내에서 조업한 일본 어선들을 나포하고, 10월에는 나포한 일본 어선의 승조원인 일본 어민을 한국 국내법에 의거하여 처벌하기로 결정했다. 그리고 평화선 내에서 나포된 일본 어민은 반년에서 1년의 형을 받고 부산의 외국인 수용소에 보내졌다. 1954년 7월 이후에는 부산에서 형기를 마친 일본 어민을 석방하지 않고 그대로 억류하고 있었다.73)

하토야마 총리는 한국 정부에 부산에 억류된 일본 어민들을 인도적 차원에서 석방해야 한다고 요구했으나 한국 정부는 전혀 응하지 않았다. 오히려 하토야마 정권에 항의하듯 평화선 내에 들어온 일본 어선의 단속과 나포를 더욱 강화했다.74) 한일 간의 어업 문제는 평화선 내

---

71) アジア五, 「日韓関係に関する一米人の内話の件」 1955.6.21, 일본외무성문서 2006-588-1676.

72) 中川記, 「柳参事官と会談の件」 1955.7.7, 일본외무성문서 2006-588-1670.

73) 경무대 아주과, 「1956년도」, 한국외교문서 99, 『제4차 한일회담 예비교섭, 1956-58 (V.1 경무대와 주일대표부 간의 교환 공문, 1956-57)』.

74) アジア局第五課, 「日韓会談の経緯(その二) 三、韓国の対日強硬措置」 1955.10.15, 일본외무성문서 2006-588-482.

에서의 조업권뿐만 아니라 부산에 억류된 일본 어민의 석방 문제라는 새로운 현안으로 확전 되었다. 게다가 일본 정부가 부산에 억류된 일본 어민과 오무라 한국인의 상호 석방을 주장하면서, 양국에 억류된 수용자들의 상호 석방 문제까지도 연동되었다.[75]

한국 정부는 어업 문제나 일본 어민들의 석방 문제만을 토의하기 위한 회담이 아닌 한일회담의 전면 재개이어야 하며, 일본은 회담 재개를 위해서 역청구권 주장 및 쿠보타 발언을 즉시 철회해야 한다고 요구했다. 일본 정부가 부산에 억류된 일본 어민과 오무라 한국인의 상호 석방을 주장한 것에 대해서는, 오무라 수용소의 한국인들을 한국으로 강제 송환할 것이 아니라 일본 국내에 가석방하는 것이 상호 석방의 조건이라고 했다.[76] 그리고 "평화선을 수호하기 위해 필요하다면 평화선을 침범하는 일본 어선에 발포하겠다", "평화선은 어떠한 절충이나 타협을 통하여 변경될 수 없으며 평화선을 방어하기 위하여 방법을 가리지 않을 것이다"라는 등 수위 높은 발언들도 쏟아냈다.[77]

일본 외무성은 하토야마 정권에 대해, 일본이 오무라 한국인의 강제 송환을 고집한다면 한국 정부는 절대로 동의하지 않을 것이라고 강조하며, 한국의 요구를 참작한 상호 석방을 긍정적으로 검토하자고 했다. 그리고 상호 석방 문제를 쿠보타 발언의 철회 및 청구권 문제와 연동하여 한일 관계를 타개하기 위한 계기로 하자고 건의했다. 하지만 일본에서는 오무라 수용소의 한국인과 부산에 억류된 일본 어민의

---

75) アジア局第五課, 「日韓会談の経緯(その二) 四、国交調整問題の停頓」 1955.10.15, 일본외무성문서 2006-588-482.

76) 위와 같음.

77) 『東亜日報』 1955.11.18, 12.4, 12.11; 外務省アジア局第五課, 「昭和三十年十一月十七日以降の李ライン問題に関する韓国側の声明等」 1955.12.6, 일본외무성문서 2006-588-1262.

상호 석방 문제가 크게 쟁점화되어 있었기 때문에 일본 정부가 한국 정부의 요구를 받아들이기 어려운 상황이었다. 특히 오무라 한국인 문제의 관할 부처인 일본 법무성은 오무라 한국인 문제와 부산에 억류된 일본 어민 문제는 성질이 다르다고 선을 그으며, 오무라 한국인의 일본 국내 가석방을 전제로 한 상호 석방에 반대했다.[78)]

1956년 봄, 김용식 주일공사와 시게미츠 일본 외상은 오무라와 부산에 억류된 양국 국민의 상호 석방에 잠정적으로 합의하면서도 세부적인 합의에 이르지 못했고, 일본 어민의 석방 문제는 좀처럼 해결의 실마리가 보이지 않았다.[79)] 한국의 평화선 내 강제 조치는 지속되었고, 일본에서는 정부의 대응을 비판하는 여론이 더욱 격해졌다. 일본 법무성도 오무라 한국인을 모두 일본에서 강제 퇴거시켜야 한다는 주장을 굽히지 않았다.[80)]

한일 갈등의 악순환 속에서, 외무성 주도하에 명맥을 유지해 오던 한일 간의 비공식 토의는 의미 없는 공전만 계속되었고 미국의 중재도 진전하지 못했다.

3. 회담 정체 중 미묘한 변화

한국의 대일 청구액의 윤곽

한일회담 재개를 위한 교섭은 정체하고 있었지만, 미국 여론은 "당

78) アジア局第五課, 「日韓会談の経緯(その二) 四、国交調整問題の停頓」 1955.10.15, 일본외무성문서 2006-588-482.

79) 山本, 앞의 논문(1983), p.115.

80) 自民党外交調査会, 「日韓交渉に関する要領(案)」 1956.4.16, 일본외무성문서 2006-588-1281.

초 미국의 개입을 탐탁지 않게 생각했던 일본 정부가 현재는 어업 문제 때문에 미국의 개입을 원하는 상황이며 이승만 대통령의 본심도 회담을 재개하는 것에 있다. 이러한 때에 정부는 한일 관계의 중재에 나서야 한다"라고 보도하면서, 미국 정부가 계속해서 한일 문제에 중재자 역할을 해야 한다고 했다.[81]

이구치 주미일본대사도, 이승만 대통령은 미국이 일본의 입장으로 기우는 것을 경계하여 "국무성 내에는 한국을 희생시켜 일본을 도우려는 일파가 있으며 이들이 한일 관계에 대한 미국 정부의 조정을 방해하고 있다"라고 비난하면서도 한일 문제에 미국이 개입해 주기를 바라고 있으며 한일회담 재개를 위한 한미일 삼국 간의 비공식 토의를 지속할 것을 요청하고 있다고 보고했다.[82]

워싱턴에서는 한일 양국의 주미대사를 불러 한일회담 재개를 위해 다시 중재에 나섰지만 진전이 없었다.[83] 앨리슨 주일미국대사도 다시 중재에 나서며 시게미츠 일본 외상과 타니 외무성 고문에게, 청구권 문제를 소외시키고 어업 문제를 먼저 해결하려고 하는 일본 측의 태도가 부적절하다는 기존 국무성의 입장을 재차 강조했다. 그리고 "청구권 문제는 서로 대조해 가면서 포기한다. 평화선 내 일본 어선의 조업을 조정한다. 일본 어선 침범에 관한 단속은 한일 공동 또는 미해군이 실시한다"라는 중재안을 한일 양측에 제시했다. 하지만 미국의 중재안은, 한국에게는 재한일본재산에 대한 일본의 권리 주장을 인정하게 하고 일본에게는 평화선 내의 제약을 받아들이게 하는 내용이었기

---

81) 「電信写 タイムズの日韓関係社説に関する件」 1955.12.12, 일본외무성문서 2006-588-1676.

82) 井口貞夫, 「日韓関係に関する新聞記事」 1955.12.14, 일본외무성문서 2006-588-1676.

83) 「電信写 日韓問題の件」 1955.12.12, 일본외무성문서 2006-588-1676.

때문에, 한일 양국 모두 이 안을 받아들이지 않았다.[84)]

이후 한국 정부가 미국을 통해 일본이 역청구권을 포기한다면 평화선 내에서 안전하게 조업할 수 있도록 하겠다는 제안을 하면서, 청구권 문제의 해결을 위해서라면 어업 문제에서 양보할 수 있다는 의향을 시사하고 일본 정부의 결단을 촉구했다는 기록이 있다.[85)] 이 뿐만 아니라, 이 시기 한국 정부는 대일 청구권의 구체적인 금액을 미국을 통해 일본 측에 제시했다.

한국의 대일 청구권의 구체적인 금액이 제시된 정확한 시기에 대해서는 한일 양측의 사료에서 약간의 차이가 보인다. 일본외무성문서에는 시게미츠, 타니, 앨리슨의 3자 토의가 있었던 1956년 3월경, 앨리슨 주일미국대사가 "한국 정부의 대일 청구액은 8억 내지 10억 달러라고 들었다"라며, 전언 형식으로 외무성 측에 전달했다고 기록되어 있다.[86)] 한국외교문서에는, 1956년 5월 일본과 필리핀의 배상 교섭이 총 8억 달러로 타결되었다는 소식을 접한 이승만 대통령이, 필리핀의 배상 문제가 타결된 지금이야 말로 한국의 대일 배상 청구 문제를 해결할 기회라고 말하며, 한국 정부는 일본 정부에게 적어도 8억 달러는 요구해야 한다고 주일한국대표부에 전달했다고 한다. 이 날짜가 1956년 5월 8일로 기록되어 있다.[87)] 이 시기는, 한국의 대일 청구액이 앨리슨 주일미국대사를 통해 일본 외무성에 전달되었다는 시기보다 늦다.

---

84) 「日韓問題に関する日米韓の折衝(谷 重光 アリソン会談)」 1956.3, 일본외무성문서 2006-588-1471.

85) INFO: EMBASSY Seoul, 1956.4.6, RG84, Japan, Tokyo Embassy, Classified General Records, 1956, 320, Box.41, NA.

86) 「日韓問題に関する日米韓の折衝(谷 重光 アリソン会談)」 1956.3, 일본외무성문서 2006-588-1471.

87) 경무대 아주과, 「To Minister Yong Shik Kim/From the President, 1956.5.8」, 앞의 한국외교문서 99, 모두 영문으로 작성된 문서임.

따라서 이 금액이 이승만 대통령 측에서 먼저 제시한 것인지 아니면 미국 측의 조정액인지에 대해서 의문이 생기나, 이 부분에 관한 사료가 부족하여 아쉽게도 정확한 판단은 어렵다. 단, 1960년대 청구권 금액에 대한 교섭이 본격화될 때 일본이 고수했던 금액이 5억 달러 이하였고 최종 타결 금액이 실질적으로 5억 달러라는 것을 고려하면, '8억 내지 10억 달러'를 일본 측이 먼저 제시하거나, 일본의 입장을 잘 알고 있는 미국 측이 조정액으로 제시하지는 않았다는 것이 분명하다.

한편, 1965년 한일 청구권협정이 경제 협력 방식으로 최종 타결될 때까지 한국 측은 청구권과 관련이 없는 '민간 차관' 부분의 금액을 올려 표면적으로 총액을 '8억 내지 10억 달러'로 맞추자고 끈질기게 요구했고, 결국 회담 타결 직전 총액 '8억 달러'를 확보하게 된다. 따라서 엘리슨 대사가 언급한 '8억 내지 10억 달러'는 한국 측에서 먼저 제시했을 가능성이 높다.

여기서 주목하고 싶은 것은, 이승만 정권은 당초 20억 달러 이상의 대일 청구액을 요구하려 했으나, 1950년대 중반 이후 '8억 내지 10억 달러' 선까지 요구액이 하향되었다. 즉, 막대한 대일 청구가 현실적으로 불가능하다는 것을 이미 인정하고 있었다는 것이다. 또한, 기존 연구의 대부분은 1960년대 박정희 정권하에 시작된 제6차 한일회담 때 한국 측이 대일 청구액으로 '8억 달러'를 언급했다고 한다.[88] 하지만 이 금액의 윤곽은 기존의 인식보다 훨씬 이른 시기인 1950년대 중반

---

88) 특히 이종원(李鍾元, 「日韓の新公開外交文書に見る日韓会談とアメリカ(二)」, 『立教法学』第77号(2009), pp.130~131)은 일본외무성문서를 제시하며 박정희 정권 때 처음으로 '청구권 총액 8억 달러'가 언급되었다고 한다. 하지만 이종원은 그 이전의 사료를 보지 않고, 사료의 일부만으로 성급하게 판단한 것이라고 지적하지 않을 수 없다. 필자가 확인한 한국외교문서와 일본외무성문서 내에서, '8억 내지 10억 달러'라는 한국의 대일 청구액의 윤곽은 이미 이 시기에 언급되고 있었다.

에 형성되었다는 것이 본서를 통해 밝혀졌다.

조금 더 덧붙이자면, 이 시점에서 미국이 한국의 대일 청구권에 관한 구체적인 숫자를, 정식 청구권 교섭이 아닌 자리에서 일본에게 굳이 제시한 이유는 무엇일까? 미국은 역청구권 주장 철회에 관한 일본측의 부담을 경감해 줄 수 있다고 판단한 것은 아닐까? 즉, '8억 내지 10억 달러'라는 한국의 대일 청구액이 당초의 예상보다 낮다는 점을 각인시켜, 향후 일본이 역청구권을 포기하고 한국의 대일 청구권만을 교섭 대상으로 하게 되더라도, 일본에게 큰 부담이 되지 않는다는 점을 시사하고 싶었던 것은 아닐까 추측된다.

'52년 각서'의 재해석

한일 양국 정부뿐만 아니라 국내 여론의 지지를 받고 있던 미국 정부의 중재자 역할은 실질적인 결과를 이끌어내지 못한 채 다시 정체되었다. 일본 외무성은 "한국전쟁 후 한미 관계가 미묘해져 미국 정부가 한국을 강하게 설득하기에는 한계가 있을 것"이라고 판단했다. 즉, 미국은 내심 일본의 입장을 합리적이며 공정하다고 인정하면서도 한국의 "자폭적 [원문] 행동을 우려하여" 한국을 자극할 수 있는 중재를 자제하고 있다는 것이다. 또, 한국 정부의 최대 목표는 미국으로부터 많은 원조를 끌어내는 것이며, 한국은 미국의 양보를 얻기 위해 일본을 의식적으로 이용하면서 일본과의 관계 회복보다 대미 관계를 중시하고 있다고 판단하기도 했다. 외무성은 이러한 판단을 바탕으로, 일본에 대한 미국의 유리한 협조를 확보하기 위한 전략을 모색했다. 그리고 일본이 미국의 중재안을 받아들여 한일회담 재개를 위한 실마리를 제공하는 대신, 1952년 4월 29일 자로 작성된 '52년 각서'의 재해석

을 미국 국무성에 요구하기로 했다.[89]

앞에서도 언급했지만, '52년 각서'는 미국 국무성이 이승만 정부의 요청을 받아 1952년 4월에 '명령 33호에 의한 재한일본재산 처분에 관한 효력 및 대일강화조약 제4조와 명령 33호의 연관성에 대한 견해'를 정리한 약식 문서이다. 외무성은 한국 정부의 요청으로 나오게 된 이 문서가 청구권 문제에 관한 한국 측의 법적 논리를 지지한다고 해석할 수 있다고 인식하고 있었다. 실제로 제3차 한일회담에서 한국이 일본의 역청구권 주장 철회를 요구할 때, 한국은 이 '52년 각서'를 내세우며 미국의 법해석도 한국의 입장을 지지한다고 주장했었다. 따라서 앞으로 재개될 한일회담에서도 한국과의 법률 논쟁이 재현될 것을 예상하고, 외무성은 여기에 대비하고자 일본이 선수를 쳐서 일본에게 유리한 미국의 법해석을 확보할 필요가 있다고 생각한 것이었다.

시게미츠 일본 외상은 앨리슨 주일미국대사에게 '52년 각서'의 재해석을 요구했다. 미국 측은 '52년 각서'를 더 상세하게 풀어낸 문서로 바로 회답했다. 1955년 11월 5일에 '한일 간 재산 청구권에 관한 대일평화조약 제4조의 해석에 관한 미국 견해의 표명'이라는 문서로,[90] 주일미국대사관을 통해 일본 외무성 아시아국에 직접 전달되었다. 이

89) 亜五課, 「朝鮮問題(対朝鮮政策) 六、米国の斡旋とわが方の平和政策」 1956.2.21, 일본외무성문서 2006-588-67.

90) '57년 각서'가 일본에 처음 전달된 시기에 대해, 이동준(李東俊, 2011, p.64)은 '57년 각서'에 정식으로 날짜가 표시된 1956년 1월 18일이라고 보고 있으며, 장박진(앞의 책, 2014, p.475)은 1955년 11월 5일경이라고 추정하고 있다. 한편 필자가 확인한 사료 안에서 1955년 11월 5일이 기재된 문서는 발견되지 않았으나, 1955년 11월 5일 주일미국대사관을 통해서 일본 외무성 아시아국에 「日韓間の財産請求権解決に関する対日平和条約第四条の解釈に関する米国の見解の表明表」라는 문서가 전달되었다는 기록이 다음의 일본외무성문서에 나와 있다. 「日韓問題に関する日米韓の折衝(谷 重光 アリソン会談)」 1956.3, 일본외무성문서 2006-588-1471; 「五、全面会談決裂後の日韓関係」 1955, 일본외무성문서 2006-588-1261.

문서가 나중에 '57년 각서'로 불리게 된다.[91)]

미국무성은 1955년 11월 이후에도 대일강화조약 제4조와 명령 33호의 관련성에 관한 법해석의 내용과 제목을 조금씩 수정·갱신하면서 일본 측에 여러 차례 전달했고, 1957년 12월 자 문서로 최종 안착했다.[92)] 이 과정에서 정식으로 날짜가 기입된 것은 1956년 1월 18일 자 문서이다.[93)] 한국 정부에 이 문서가 전달된 것은 1956년 9월 22일이다.[94)] '57년 각서'는, 1957년에 한일회담 재개를 위한 교섭이 타결되고 같은 해 12월 31일 자로 한일 양국의 최종 합의안이 작성될 때 이 문서가 포함되면서 이 날짜를 상징적으로 사용한 것이다.[95)] 1955년 첫 문서가 작성된 이후 1957년 12월에 공식적으로 한일회담 재개를 위한 최종 합의안에 포함될 때까지 수정·갱신되었던 문서들을 일괄해서 '57년 각서'로 부르고 있으며,[96)] 그동안 몇 번에 걸친 내용의 수정은

---

91) 「Draft Statement of U.S. Position on Interpretation of Article 4 of the Japanese Peace Treaty with Respect to Korean-Japanese Claims Settlement」, 일본외무성문서 2006-588-1471; 「(改訂仮訳)日韓請求権解決に関し対日平和条約第四条の解釈に関するアメリカ合衆国政府の立場の表明案」, 일본외무성문서 2006-588-1471.

92) 「(仮訳)日韓請求権の解決に関する 日本国との平和条約第四条の解釈についてのアメリカ 合衆国の見解の表明」, 일본외무성문서 2006-588-1592; 外務省アジア局第一課, 「日韓会談における双方の主張及び問題点の附属資料」 1958.1.20, 일본외무성문서 2006-588-69. 이 문서 안에는 1957년 12월 31일 자 영문 문서 「Embassy of the United States of America, Tokyo, December 31, 1957」 및 일본어 번역본인 「アメリカ合衆国大使館千九百五十七年十二月三十一日」가 있다.

93) 「Draft Statement of U.S. Position on Interpretation of Article 4 of the Japanese Peace Treaty with Respect to Korean-Japanese Claims Settlement」 1956.1.18 (1957년 3월 20일 작성), 일본외무성문서 2006-588-1592.

94) 장박진, 앞의 책(2014), p.480.

95) 한국 정부에 전달된 1957년 12월 31일 자 '57년 각서'는 다음의 문서에 들어 있다. 경무대 아주과, 「미·일 평화조약 제4조의 해석에 관한 주한미대사관 각서, 1957.12.31」, 한국외교문서 100, 『제4차 한일회담, 1956-58 (V.2 1957)』.

96) 장박진(앞의 책, 2009, p.316)은 '57년 각서'로 표현하고 있으며, 이동준(앞의 논문, 2011)은 '52년 각서'와 '57년 각서'를 각각 '미국 해석 Ⅰ'과 '미국 해석 Ⅱ'로 표현하고 있다.

있었지만 국무성의 기본적인 견해에는 큰 변화가 없다.

외무성은 '57년 각서'가 '52년 각서'의 내용을 기본으로 하면서, 명령 33호에 의해 처분된 재한일본재산에 대한 일본의 권리를 부정하지 않고 있다고 판단했다. 이후 논리를 더 보강하기 위해 국제법학자들에게 '57년 각서'에 관한 분석을 의뢰했다. 여기에는 한일회담이 시작되기 이전부터 역청구권 주장에 관한 논리적 기초를 제공한 야마시타 교수 등이 참여했다.[97] 국제법학자들의 논리는 다양했지만, '57년 각서'가 대체적으로 일본의 역청구권 소멸을 시사한 '52년 각서'의 견해를 재확인하면서도, 본질적으로는 '52년 각서'보다 일본 측에 유리하게 해석할 수 있는 부분이 있다는 점에는 일치했다. 이 중에서 야마시타 교수의 견해를 요약하자면 다음과 같다.[98]

- 이 문서는 1952년 4월 29일 자 미국의 견해를 다시 한번 확인한 것이다. 단, 일본의 역청구권이 소멸했는지의 여부에 대해서는 분명하지 않다. 또 일본이 한국에 보상을 요구하는 것도 부정하지 않는다.
- 미국 국무성의 해석은 상쇄를 인정하고 있다. (그러나) 일본 측의 청구권이 한국 측의 청구권을 웃도는 경우, 일본 측이 그 차액을 청구할 수 있다는 것을 인정하고 있다고는 볼 수 없다. 일본이 한국에게 청구권의 상쇄를 주장할 수 있다 하더라도 사실상 청구권의 상호 포기와 같은 결과가 된다.

---

97) 田岡良一, 「一九五二年四月二十九日付韓国大使宛の米国務省の通牒およびこれに付加されたる米国務省の注釈に対する考察」, 일본외무성문서 2006-588-1593; 山下康雄, 「平和条約第四条の解釈－表明案に対する comment－」, 일본외무성문서 2006-588-1593; 江川英文, 高野雄一, 「サンフランシスコ平和条約第四条b項について」, 일본외무성문서 2006-588-1593.

98) 山下康雄, 「平和条約第四条の解釈－表明案に対する comment－」, 위의 일본외무성문서 2006-588-1593.

야마시타는 1950년 전후로 해서 정리된 자신의 법적 견해의 총괄판인 '야마시타 보고서'의 논리를 재확인하면서 법학자들의 의견을 총론적으로 정돈하였으며, 외무성도 이러한 야마시타 교수의 견해를 공문서에 남기고 있다. 외무성은 국제법학자들의 견해에 의거하여 '57년 각서'를 다음과 같이 해석했다.

일본의 재한일본재산에 대한 청구권인 역청구권은 대일강화조약 제4조 (b)항에 의해 소멸되었지만, (a)항에서 언급된 '한일 간 재산 청구권 처리에 관한 특별 교섭'이라는 문언을 참작하여 재한일본재산이 한국에서 처분된 점을 감안해야 한다. 따라서 결과적으로는 청구권의 상호 포기와 같은 방식을 시사하고 있다.[99] 즉, 외무성은 '57년 각서'에서는 한국의 대일 청구권이 재한일본재산의 귀속에 의해 어느 정도 상쇄되었다는 점을 명확히 했다고 해석했다. 그리고 재한일본재산의 처분에 관한 효력을 한일 간 특별 교섭에 맡긴다는 국무성의 견해는 일본의 '상호 포기'안을 실질적으로 지지하고 있는 것이라고 판단했다.[100]

단, 외무성은 당분간 이 문서의 공표를 자제하도록 국무성에 요청한다. 우선, 이 문서가 '52년 각서'보다 일본에 유리한 해석이 가능하기 때문에 한국 정부가 반발할 것이라는 예상이 있었다. 한편으로는, 1952년과 1957년, 두 번에 걸쳐 나온 국무성의 견해 모두 일본의 법적 주장을 지지하기에는 불완전하다는 것도 명확했다. 즉, '57년 각서'도 '52년 각서'와 마찬가지로 한국 측의 주장을 완전하게 깨뜨릴 수 없다는 것을 인정하지 않을 수 없었다.[101] 외무성은 '57년 각서'로 인해 또

---

99) 「五、全面会談決裂後の日韓関係」 1955, 일본외무성문서 2006-588-1261.

100) アジア局第一課, 「日韓会談の経緯(その三)日韓問題に関する日米間の折衝」 1956.8.5, 일본외무성문서 2006-588-484.

다시 한국과 법률 논쟁에 말려드는 것도 우려했다. 가능한 한 법률 논쟁을 피하면서 역청구권 주장의 철회가 실질적인 상호 포기로 연결될 때까지는 한국 측을 자극하지 않도록 주의했다. 게다가 일본이 역청구권 주장을 철회한다면 일본 국내에서는 인양자들에 대한 국가 보상 문제가 다시 표면화될 수 있었기 때문에 인양자 국가 보상에 관한 국내의 기준이 결정될 때까지 국무성 문서를 공개할 수 없었다.[102)]

한일회담이 정체되는 가운데, 일본 외무성은 일본에 유리한 미국의 견해를 확보하는 데 성공했다. 외무성은 한일회담에 관한 장기적인 전략을 시야에 넣고, '상호 포기'안을 지지하는 미국 국무성의 법적 견해를 확보하면서 언젠가는 재개될 한국과의 교섭에 대비하고 있었다.

⁘ 이승만 정권의 약화

1956년 5월 15일 한국에서는 대통령 선거가 치러졌다. 그 결과 여당인 자유당의 이승만이 대통령으로 3선을 달성했으나, 부통령에는 야당인 민주당의 장면이 당선되었다. 대통령 중심제에서 부통령이란 대통령으로부터 권한을 위임받지 않는 한 정치력을 발휘하기 어려운 입장이었지만, 대통령직의 계승권을 가지고 있었기 때문에 50대의 젊은 야당 출신 부통령은 81세의 고령인 이승만 대통령과 여당에게 매우 성가신 존재였다. 또한 야당에서 부통령이 당선되었다는 것은 이승만 정권에 대한 민심 이반의 표출이기도 했다. 이승만 대통령의 입지가 약화되면서 여론 및 야당인 민주당은 대일 교섭이 진전되지 않는 것

---

101) 「日韓問題に関する日米韓の折衝(谷 重光 アリソン会談)」 1956.3, 일본외무성문서 2006-588-1471.

102) アジア局, 「日韓関係打開方策について」 1956.1.10, 일본외무성문서 2006-588-1265.

을 강하게 비판하고 있었다. 민주당은 “과거는 물에 흘려보내야 하며 외교에 감정은 금물이다”, “한국이 당면한 중요한 문제는 반일·반공보다 국내의 불안과 빈곤에 대처하는 것”이라는 등의 구호를 내세우며, 이승만 정권의 대일 교섭 태도를 비난했다.[103]

이승만 대통령·장면 부통령 체제의 공식 출범을 앞둔 이승만 정권은 장면 세력을 의식하면서도 기존의 대일 교섭 태도를 견지했다. 이 대통령은 “일본은 지금까지 한일회담에서 언급해 온 재산권에 대한 주장을 전부 철회하고 백지 상태로 돌아가라”고 말하면서, 쿠보타 발언과 역청구권 주장을 동시에 전면 철회할 것을 요구했다.[104] 국내 경제의 재건이라는 과제 때문에 강경한 대일 정책을 지속하기 어려운 상황이었지만 일본에 대한 역청구권 포기 요구는 중단하지 않았다.

일본 외무성은 한국 측에, 한일회담이 재개한다면 회담 시작 전에 쿠보타 발언에 대한 철회 성명을 낼 용의가 있다고 했다. 하지만 역청구권 주장 철회에 대해서는, 기존의 법적 논리와의 정합성 문제를 포함하여 일본이 지금까지 했던 주장들이 모두 부정되는 결과가 되기 때문에 가볍게 포기 성명을 낼 수 없다고 했다. 또, 일본헌법 제29조에 의한 인양자 국가 보상 문제를 일으킬 위험이 있다는 점도 설명했다. 하지만 향후 교섭에서는 미국의 견해를 기초로 해서 회담 중에 일본 정부가 역청구권을 주장하지는 않을 것이라는 절충적인 해답을 제시했다. 단 “한국의 대일 청구권 조정도 필요하다”라고 말하며, 실질적으로 상호 포기를 제안했다.[105]

---

103) 「対日接近を予想せしめる諸因」, 일본외무성문서 2006-588-687.

104) アジア局第一課, 「日韓会談の経緯(その三)日韓問題に関する日米間の折衝」 1956.8.5, 일본외무성문서 2006-588-484.

105) 「日韓問題について」 1956.9.27, 일본외무성문서 2006-588-1290.

외무성의 제안은, 1955년 2월 김-타니 회담에서 타니 외무성 고문이 일본의 역청구권 주장 철회는 일본의 일방적인 청구권 포기가 아닌 그에 상응하는 한국의 양보도 필요하다고 했던 발언을 상기시켰다. 일본 측에 유리하다고 판단하고 있는 국무성의 '57년 각서'를 확보해 둔 외무성의 자신에 찬 발언이기도 했다.

한국과 일본의 입장이 여전히 평행선을 달리며 한일회담 재개를 위한 타협의 돌파구가 보이지 않고 있었지만, 일본 외무성은 한국 내의 변화에 주목했다. 야당 소속인 장면 부통령의 당선을 계기로 정체되어 있던 한일 관계 개선에 대한 기대가 고조되고 있었기 때문이다. 한국에서는 이승만 정권의 무능함에 대한 불만과 함께, 야당의 대일관(対日観)에 공감하며 한일 관계의 결렬 상태를 이 이상 지속할 수 없다는 여론이 높아지고 있었다. 외무성은 이러한 상황이 장면 부통령에 대한 국민적 인기와 높은 지지율의 배경이 되었다고 분석했다. 따라서 이승만 대통령은 국내의 경제 불황과 정치적 난국을 타개하기 위해서라도 한일 관계의 실마리를 풀어야 한다고 인식하고 있으며, 조만간 대일 정책을 전환할 것이라고 예상했다.[106]

4. 기시 총리의 역청구권 주장 철회

⁘ 기시 총리와 일본 외무성의 인식의 접근

한국의 정세 변화와 비슷한 시기에 일본에서도 정권이 교체되었다. 미국은 엄혹한 냉전 시기에 대공산권 외교를 우선시하는 하토야마 정

---

106) 「対日接近を予想せしめる諸因」, 일본외무성문서 2006-588-687.

권을 불신하고, 외교 정책을 두고 외무성과 반목하는 하토야마 총리의 태도를 아마추어 외교라고 비판하며 강력한 보수 정권이 출현하기를 바라고 있었다.[107] 1956년 12월 일소국교정상화 교섭 타결을 정점으로 하토야마 총리가 퇴진했다. 이후 출범한 이시바시 탄잔(石橋湛山) 정권에서 기시 노부스케(岸信介)가 외상으로 입각했는데, 1957년 2월 이시바시 총리가 갑작스럽게 병으로 쓰러지면서 기시는 외상을 겸한 총리에 취임했다.

1931년 일본제국은 만주 사변을 일으킨 후 괴뢰 국가인 만주국을 세워 만주 지역을 실질적으로 지배했다. 기시는 만주국에서 혁신 관료로 활약하다가 1939년에 귀국하여 관료 생활을 이어갔고, 1941년 도조 히데키(東条英機) 내각에 입각한 후 다음 해 본격적인 정치인의 길을 걷는다. 일본 패전 후 전범인 도조 내각의 각료였다는 이유로 A급 전범 용의자로 체포되지만, 다행히 도조 내각 말기 조기 종전을 주장하며 도조와 대립했다는 점을 인정받아 A급 전범으로 기소되지 않고 공직 추방을 당한다. 1952년 대일강화조약 발효 후 공직 추방에서 해제되어 정계에 복귀한 기시는 강력한 정치력을 발휘하며 보수 세력을 통합하였고, 정계 복귀 5년 만에 총리의 자리에 올랐다. A급 전범 용의자에서 부활하여 총리의 자리에 오른 기시는 '쇼와(昭和)의 요괴'로 불릴 만큼 강렬한 정치인이었다. 미국은 강한 정치력으로 분열된 보수 세력을 통합하고 게다가 철저한 반공주의자였던 기시의 집권을 반겼다.[108]

기시는 하토야마 정권과 마찬가지로 대미 자주 외교를 중요시하며

---

107) 五百旗頭, 앞의 책(2008), pp.189~201.

108) 佐道明広·小宮一夫·服部龍二 [編], 『人物で読む現代日本外交史 : 近衛文麿から小泉純一郎まで』(吉川弘文館, 2008), pp.164~169.

'일미 간 새로운 시대'라는 구호를 내세웠지만, 자신의 외교 노선은 대미 협조와 친미 노선을 기본 축으로 하고 있음을 강조하고, 미국의 기대에 부응하고자 했다. 기시는 외상으로 입각한 후 강조해 왔던 자신의 외교 원칙을 정리하여, 1957년 9월에 '유엔중심주의, 자유주의 국가들과의 협조, 아시아의 일원으로서의 입장 견지'를 축으로 한 '외교 3원칙'을 정식으로 표명했는데, 이러한 외교 노선 또한 대미 협조와 친미 노선을 전제로 하고 있었다.[109]

기시 총리는 대미 협조의 측면뿐만 아니라 자신이 표명한 아시아 외교의 맥락에서 한국과의 관계 회복도 천명했다. 한국 정부는 기시의 한일 관계 개선에 대한 태도가 하토야마 정권 초기 때처럼 정치적 퍼포먼스로 끝나는 것이 아닌지 의심했다. 그러나 기시는 이승만 대통령에게 친서를 보내며 한국과의 관계 개선에 대한 의지를 보였다. 이 대통령도 기시의 적극적인 자세에 일단 기대를 걸었다.[110]

기시 정권의 접근에 의심의 눈초리를 보내고 있었던 이승만 대통령을 설득한 데에는 야츠기라는 인물의 역할이 컸다. 일본 정계에서 정치 낭인으로 불리던 야츠기는 하토야마 정권 말기인 1956년 가을부터 한국 정부를 설득하기 위해 한일 간의 '비정식 접촉자'로서 활약했고, 기시 정권기의 한일 관계 개선 과정에서 중요한 역할을 했다. 야츠기에 대해 약간의 설명을 덧붙이자면, 그는 기시가 전전(戦前) 상공성(商工省) 국장이었던 시기부터 친밀한 관계였으며 기시 정권이 성립하자 한일 관계의 중요한 루트 역할을 했다. 야츠기는 우선 한일 양국에 억류된 사람들의 상호 석방 문제를 해결하기 위해 이승만 대통령의 신

109) 波多野澄雄·佐藤晋, 『現代日本の東南アジア政策』(早稲田大学出版部, 2007), pp.52~53.

110) 金東祚 [著], 林建彦 [訳], 『韓日の和解—日韓交渉14年の記録』(サイマル出版会, 1993), pp.113~117.

임이 두터웠던 유태하와 물밑 교섭을 진행하면서, 그 전개 상황을 외무성과 공유하고 있었다.[111] 이러한 정황으로 보아 야츠기는 외무성의 의뢰로 한일 문제에 관여했으며, 외무성은 하토야마 정권에서 꽉 막힌 한일 관계를 해결하기 위해 정식 외교관이 아니면서도 폭넓은 인맥을 가지고 있었던 야츠기를 한일 간 물밑 접촉의 중요한 통로로 활용한 듯하다.

한일 관계의 회복을 강조한 기시 총리는 정권을 승계한 직후 주일 한국대표부의 김용식 공사와 면담을 하는 자리에서 "한일 양국이 여전히 국교가 회복되지 않은 현 상황은 안타까운 일이다. 기존의 경위에 구속받지 않고 한일 관계를 타개하고 싶다"라고 말하며, 한일회담 재개 교섭에 적극적으로 돌입했다.[112]

기시가 개인적으로 한국에 대한 관심과 친근감을 갖고 있어 한일 관계 개선에 진심이었다는 주장이 꽤 있는데, 여기에 관해 흥미로운 일화가 있다. 한국 측이 회담 재개 교섭을 위해 기시 총리와 만났을 때, 기시가 "나는 야마구치현(山口県) 출신인데 야마구치는 옛날부터 한반도와 교류가 빈번했고 이 지역 사람들에게는 한국인의 피가 흐르고 있습니다. 나에게도 한국인의 피가 흐르고 있다고 생각하고 있어요"라고 말했다고 한다.[113] 요시다 전 총리도 이 점을 잘 알고 집권 당시, 전전(戦前) 내무성 관료 출신으로 대만 총독부에서 근무한 경험이 있는 이시이 코지로(石井光次郎)에게는 대만 문제를, 한국과 지리

111) 山本, 앞의 논문(1983), pp.114~129. 야츠기는 한일국교정상화 이후에는 기시가 회장을 맡은 '일한협력 위원회'를 무대로 한일 문제에 관해 본격적으로 활약했고, 일대(日台) 관계에도 관여했다고 한다.

112) 「岸大臣金公使会談の件」 1957.1.10, 일본외무성문서 2006-588-682.

113) 김동조, 『회상 30년 한일회담』(중앙일보사, 1986), p.92; 김동조, 『냉전 시대의 우리 외교』(문화일보사, 2000), p.204.

적으로 가까운 야마구치현 출신인 기시에게는 한국 문제를 담당하도록 역할 분담을 한 적이 있었다. 이때 기시는 한국에 대한 친근감을 표현하면서 한일 관계에 강한 관심을 가지고 있다고 말했다.[114] 이러한 기시의 독특한 대한 인식 덕분인지, 이 시기 일본 정부 내에서는 '친한파' 정치인들이 본격적으로 형성되기 시작한다.[115]

하지만 기시가 한국과의 관계 회복을 서두른 이유는 국내 정치적인 측면이 더 컸다고 보인다. 부산에 억류되어 있는 일본 어민들 중에는 기시의 정치적 기반인 야마구치현 출신이 많았다. 이들의 석방 문제가 일본에서 중요한 과제로 부상하면서 기시가 정치적으로 해결해야 할 과제가 되어 있었다. 실제로 기시는 한국과의 회담 재개 교섭이 시작되자, 부산에 억류되어 있는 일본 어민들과 오무라에 억류되어 있는 한국인들의 상호 석방을 우선 해결하고자 했다. 기시는 억류자들의 상호 석방 문제는 인도적 차원의 문제라고 말하며, 국교 정상화 이전에 해결하기를 희망했다.[116]

---

114) 岸信介·矢次一夫·伊藤隆, 『岸信介の回想』(文藝春秋, 1981), pp.2~9.

115) 이케다(池田)의 분석에 의하면, 일본 정계 내 친한파의 원류는 조선 총독부 출신 관료들이라고 한다. 이들은 패전으로 인해 일본에 귀환한 후 중앙일한협회(中央日韓協会), 우방협회(友邦協会), 조선협회(朝鮮協会), 조선문제연구회(朝鮮問題研究会) 등 여러 단체들을 조직했고, 이 단체들은 한반도에서 귀환한 인양자들의 재한재산 보상 요구 운동을 전개하거나 식민지 조선에서 자신들이 이루어 낸 성과들을 선전하기 위해 다방면에서 활약했다. 한편 이 단체들을 총괄하는 성격의 일한친화회(日韓親和会)가 1952년 6월에 조직되었는데, 초대 회장에 전 대만 총독부 총무장관인 시모무라 히로시(下村宏)가 취임했다. 제2대 회장은 코리안 로비스트로 활약했던 자민당 외교 조사회 회장인 후나다 나카(舩田中)가 이어받았다. 후나다는 재일한국인인 신격호(辛格浩)가 경영하는 일본 롯데제과의 고문역도 겸임했다. 또한 후나다의 남동생인 후나다 쿄오지(船田享二)는 식민지 조선에서 경성대학(현, 서울대학교) 교수를 지냈으며, 박정희, 김종필 등과 친밀하게 지내는 등 한국의 유력자들과 개인적인 친분 관계가 깊었다고 한다. 池田慎太郎, 「自民党の『親韓派』と『親台派』—岸信介·石井光次郎·船田中を中心に—」, 李鍾元·木宮正史·浅野豊美 [編], 『歴史としての日韓国交正常化』 I (法政大学出版局, 2011), pp.149~150.

한편, 일본 외무성은 하토야마 정권하에서 한일 관계가 정체될 무렵부터 줄곧 한일 청구권 문제와 인양자들에 대한 국가 보상 문제와의 관련성을 지적하며, 정치적 부담은 크지만 한국과의 청구권 문제를 해결하려면 먼저 재외재산 처리에 관한 해결을 촉진해야 한다고 강조했다. 단 재정 지출을 우려하는 대장성을 의식해 국제법상 선례가 되는 베르사유조약과 이탈리아강화조약을 언급하며, 인양자에 대한 보상이 막대한 재정 지출을 동반하지 않을 것이라고 했다. 즉, 두 조약 모두 인양자에 대한 국가 보상이 의무로 규정되어 있긴 하지만 전액을 보상한 예는 없으며 장기 공채 등으로 명목적인 보상을 하는 데에 그쳤다고 설명했다. 그리고 어떠한 경우에도 한국에 대한 청구권 지불은 반드시 동반되어야 한다는 주장을 굽히지 않았다.[117] 외무성은 재외재산 문제에 대한 어느 정도의 해결 방침을 결정하는 시기가, 한일 간 청구권의 상호 포기를 제안해야 할 시기라고도 생각했다.[118]

기시는 야츠기를 통해 총리가 되기 이전부터 외무성의 구상을 긍정적으로 생각하고 있었다는 추측이 가능하다. 총리에 취임한 기시는, 청구권 문제를 먼저 해결하지 않으면 다른 현안들도 해결할 수 없으며 억류자 문제를 해결하기 위해서라도 우선 청구권 문제에 대한 해결부터 모색해야 한다는 외무성의 인식에 동의했다. 그리고 한일 간 청구권 문제 해결의 핵심은 일본이 역청구권 주장을 철회하는 것이며, 그때까지 국내적으로는 인양자 국가 보상 문제에 관한 법안을 정비할 필요가 있다는 점을 잘 이해하고 있었다.[119] 기시는 총리 취임 직후

116) 「岸大臣金公使会談の件」 1957.1.10, 일본외무성문서 2006-588-682.

117) アジア局長, 「対韓請求権問題の処理について」 1955.12.8, 일본외무성문서 2006-588-1674.

118) 「日韓会談議題の問題点 沢田大使説明資料 (二)財産請求権問題」 1956.5, 일본외무성문서 2006-588-1287.

'인양자 급부금 지급 법안'을 제출하고, 1957년 3월 국회에서 정식으로 이 법안을 성립시켰다.[120)]

이것은 기시 총리가 역청구권 주장 철회의 의사를 굳히고, 인양자 문제에 대한 국내 논쟁에 종지부를 찍으며 역청구권 주장 철회 후의 국내 상황에 대비하기 위한 선제적 조치이기도 했다.

역청구권 주장 철회의 약속

기시 총리가 역청구권 주장 철회를 염두에 두고 인양자들에 대한 국가 보상 관련 법안을 정비한 후, 1957년 5월 비공식이긴 하나 예비 회담의 성격을 띤 한일 간 토의가 시작되었다. 눈에 띄는 점은, 기시 총리는 전 정권과 달리 총리 자신이 한국 측과의 비공식 회의에 직접 출석하여 한일 간 현안들의 타결에 의욕을 보였다. 한국 정부도 기시가 한일 문제에 대해 적극적인 태도를 보이는 이 시기에 한일 간의 현안들을 해결하고자 했다.[121)]

기시 총리는 김용식 공사의 후임으로 주일한국대표부의 대표가 된 김유택 대사를 만나 청구권 문제에 관한 해결 방안을 제시했다. 기시 총리의 제안을 요약하면 다음의 세 가지로 정리할 수 있다. (1) 상호 포기라는 말은 사용하지 않겠지만, 일본이 역청구권 주장을 포기함과 동시에 한국도 대일 청구권에 대해 재고하여야 한다. (2) 일본은 한반도에서 반출해 온 문화재를 반환하고 태평양전쟁의 징병자들에 대한 미지불 급여 등을 지불한다. (3) 미국의 법해석을 기준으로 일본은 역

---

119) 「岸大臣金公使会談の件」 1957.1.10, 앞의 일본외무성문서 2006-588-682.

120) 高崎, 앞의 책(1996), pp.77~78.

121) 「岸首相、金大使会談の件」 1957.5.20, 일본외무성문서 2006-588-684.

청구권 주장을 포기하겠지만 한국의 대일 청구권도 명확하지 않다는 점을 인정한다.[122)]

기시의 제언은, 외무성이 주장해 온 '상호 포기 플러스알파' 그 자체라고 해도 무방하다. 즉, 한일 간 청구권을 실질적으로 상호 포기하고, 개인 청구권에 한해서 보상을 인정한다는 내용이었다. 또 기시가 언급한 '미국의 법해석'이라는 것은 '57년 각서'를 염두에 둔 것이었다.

이후 주일한국대표부의 김유택 대사와 일본 외무성의 오노 차관은 한일회담 재개를 위한 합의 의사록에 관해 구체적인 토의를 진행했는데, 한일 간의 간극은 여전히 컸다. 우선, 청구권의 '상호 포기'와 '미국의 법해석을 기준으로'라는 문장이 논점이 되었다. 김유택 대사는, 기시 총리가 역청구권 주장 포기를 선언한 것이 상호 포기를 유도하려는 의도가 아니라는 점을 명확히 한다면 미국의 법해석을 받아들인다고 했다. 그리고 '미국 해석은 상호 포기를 의미하지 않는다'라는 문장을 명확하게 할 것을 요청했다. 오노 차관은, 한국이 미국의 법해석 중에서 자국에 유리한 부분만을 골라 일본에 확약을 받으려 한다고 비판하고, '57년 각서'는 일본의 역청구권 소멸을 명시하고 있지만 한국의 대일 청구권도 애매하게 표현하고 있다고 주장했다. 또한 이 문제를 두고 대장성을 필두로 한 일본 정부 내 관련 부처 사이에서도 의견 조정이 어렵다는 점을 강조하며, 일본만이 역청구권을 완전히 철회한다는 것에 주저했다.[123)]

오노 차관은, 예비 회담 단계에서부터 일본이 한국에 양보했다는 인상을 주는 것은 일본 정부 내의 의견 조정을 고려할 때 바람직하지 않다고 했다. 한일회담 청구권위원회에는 대장성 관료도 실무 교섭

---

122) 「岸首相、金韓国大使会談要領」 1957.6.7, 일본외무성문서 2006-588-684.

123) 「大野次官·金裕沢大使と面談の件」 1957.6.8, 일본외무성문서 2006-588-686.

위원으로 참여할 예정이었는데, 역청구권 포기에 관해선 대장성이 여전히 합의를 하지 않은 상태였다. 따라서 일본 외무성 입장에서는 무리하게 회담을 전면 개시할 경우 대장성이 반발할 것이라는 우려를 하지 않을 수 없었다. 오노 차관은 대장성이나 일본 내 여론의 반대를 설득할 수 없다면 한국에게도 불이익이 된다는 점을 강조하고, 일본의 입장에 배려해 줄 것을 부탁했다. 대신에 본회담에서 대장성의 반대가 도를 넘는 경우에는 대국적인 견지에서 외무성이 대장성을 압박할 수 있다고 설득하기도 했다.[124]

하지만 김유택 대사는 일본의 역청구권 포기가 확실하게 약속되지 않으면 안 된다는 점을 강조했다. 그리고 합의 의사록에 한국의 청구권에 대해서 '성의를 갖고 토의한다'라는 문구를 삽입하고 한국의 대일 청구권만을 토의 대상으로 할 것을 요구했다.[125]

부산에 억류되어 있는 일본 어민의 석방 조건에 대해서도 의견이 충돌했다. 김유택 대사는 석방 대상자를 '형기를 마친' 사람으로 한정했다. 이에 대해 오노 차관은, '형기를 마친'이라는 표현은 일본이 평화선을 승인하고 평화선을 넘었다는 것을 범죄로 인정한다는 의미로 이어진다고 지적하고, 평화선 철폐와 함께 모든 일본인 억류자를 형기와 관계없이 석방해야 한다고 주장했다.[126] 하지만 김 대사는 '한국이 평화선 문제를 호의적으로 고려한다'라는 표현을 넣으면 된다고 말하면서, 일본의 평화선 철폐 요구를 사실상 거부했다.[127]

기시 총리는 하토야마 정권 때 일소국교정상화 문제로 소원해진 일

---

124) 위와 같음.

125) 「石井副首相と金大使、柳公使会談要旨」 1957.6.10, 일본외무성문서 2006-588-685.

126) 「大野次官·金裕沢大使と面談の件」 1957.6.8, 일본외무성문서 2006-588-686.

127) 「石井副首相と金大使、柳公使会談要旨」 1957.6.10, 일본외무성문서 2006-588-685.

미 관계의 회복과 요시다 정권 때 체결한 일미안보조약의 불공정한 규정의 개정을 최우선 외교 과제로 하고 있었고, 1957년 6월 16일부터 방미 일정이 예정되어 있었다. 기시는 미국에 자신의 정치력을 과시하면서 이후 전개될 미국과의 안보조약 개정 교섭을 유리하게 끌고 가려는 의도로, 방미 전에 한일회담을 재개시키려고 노력했다.

일본은 기시 총리의 방미 전 한일회담 재개 문제를 마무리하고자 한국 측의 주장을 상당히 받아들였다. 평화선을 승인하는 것이 아니라는 점에 못을 박으면서, 일본인 억류자 중 '형기를 마친' 어부만을 석방 대상으로 하자는 한국 측의 주장을 받아들였다. 또, 미국 국무성의 '57년 각서'에 의거하여 역청구권 주장을 철회하지만 이것이 '상호 포기를 의미하는 것이 아니다'라는 한국의 주장에도 동의했다. 그리고 일본은 한국의 대일 청구권에 관해서 '성의를 갖고 토의한다'라는 문장을 의사록에 삽입하기로 약속했다. 한일 양측은 오무라 한국인과 부산 일본 어민의 상호 석방, 쿠보다 발언의 철회 및 일본의 역청구권 주장 포기, 문화재 반환 등에 관한 합의를 이루어내고, 이것에 대한 합의 의사록의 잠정안 작성에 들어갔다.[128]

한일회담 재개를 위한 합의 의사록의 잠정안은 기시 총리의 방미 직전이 6월 14일에 작성되었다. 하지만 '한일회담 재개라는 정치적 성과'를 미국에 가져가려는 기시 총리의 의도는 달성되지 못했다. 한일 간에 한일회담 재개 조건에 관한 큰 틀에는 합의했지만, 일본 정부 내의 합의가 필요했고 한일 간에도 더 구체적인 토의가 필요했기 때문이다.

---

128) 「岸首相、金大使会談要領」 1957.6.11, 일본외무성문서 2006-588-684.

일본 국내 논쟁의 수습

한일 간에 한일회담 재개를 위한 합의 의사록 잠정안이 작성된 직후인 1957년 6월 15일, 일본 정부는 이 문제를 토의하기 위해 관련 부처 간 차관급 회의를 열었다. 청구권 문제에 관한 대장성과 외무성 간의 신경전은 여전했다. 대장성은 합의 의사록 잠정안의 내용은 일본만이 청구권을 포기하고 있으며 한국의 요구만을 인정하고 있다고 지적했다. 이러한 일본의 양보 때문에 청구권 문제와 관련된 다른 쟁점들이 무의미해졌다고 비판했다. 대장성은 이 합의 의사록의 내용이 앞으로 한일회담에서 계속 일본의 발목을 잡을 것이며 다른 나라들과의 외교 교섭에도 파급될 우려가 있다고 했다.[129)]

이에 대해 외무성은, 한국과 같은 사례는 다른 나라에 없다고 단언하고 한일회담의 특수성을 강조했다. 그리고 '57년 각서'에 나온 미국의 법리는 (대장성이 원하는 방식인) 한일 간 청구권의 완전한 상쇄를 의미하는 것이 아니며, '한국의 청구권을 제로로 하지 않는다'는 취지를 명확하게 하고 있다고 설명했다. 외무성은 미국도 '상호 포기 플러스알파'안을 지지하고 있다는 점을 시사했다. 단, 한일 간에 청구권의 상호 포기를 표명하는 것 자체는 그다지 중요하지 않으며, 일본의 역청구권 주장 포기가 일본만의 일방적이 포기로 끝나지 않도록 정식 회담에서 실질적으로 상호 포기에 가까운 제안을 할 예정이라고 했다. 한국 측과의 논쟁은 예상하고 있지만, 결국 어느 정도까지 한국 측의 요구액을 떨어뜨릴 수 있느냐에 초점이 맞춰질 것이라고 덧붙였다.[130)]

대장성 외에도 일본의 역청구권 주장 포기에 비판적이었던 법무성

---

129) 「日韓交渉に関する関係各省次官会議議事要旨」 1957.6.15, 일본외무성문서 9506-588-1519.

130) 위와 같음.

은, 합의 의사록의 해석에 따라서는 "일본의 대한 청구권이 소멸된다면 한국의 대일 청구권도 제로가 될 수 있다고 해석할 여지가 있다"고 했다. 단, "법률의 해석은 한 가지뿐이며 두 개가 있을 수 없으나 외교 교섭에서는 두 개의 해석이 가능하며 이 중 (국익에) 유리한 쪽의 해석을 채용하여 교섭을 할 수 있다"라고 말하면서, 외무성의 방침에 힘을 실었다.[131]

이날 정부 내 토의 과정에서 외무성은 다음과 같은 점을 일관되게 강조했다. 첫 번째, 역청구권 주장 철회의 실제 결과는 일본의 일방적인 포기가 아닌 한국의 양보를 전제로 한 실질적인 상호 포기가 될 것이다. 두 번째, 일본의 일방적인 역청구권 주장 포기가 되든 한일 간의 상호 포기가 되든 문제의 본질은 한국의 대일 청구액을 "제로로 하지 않으면서 얼마까지 낮출까"에 있다.[132] 요컨대 한국에 대한 청구권 지불은 피할 수 없다는 것이다.

기시 총리의 방미 이후에도 한일회담 재개에 관한 일본 정부 내의 토의는 계속 되었다. 외무성은, 상쇄 방식은 쌍방의 청구권 내용을 엄밀하게 계산한 후에 처리해야 하지만 상호 포기 방식은 쌍방의 청구권 항목들을 일일이 검토하지 않고 일괄적으로 서로의 청구권을 포기하는 것을 의미한다고 설명하면서, 대장성이 주장하고 있는 상쇄 방식이 현실적으로 적절한 해법이 아니라는 점을 강조했다.[133]

대장성은 외무성이 앞으로의 교섭 과제는 한국의 청구권 요구액을 얼마까지 낮추느냐에 있다고 말한 것에 대해, "청구액을 깎아서 문제

---

131) 위와 같음.

132) 위와 같음.

133) 「日韓交渉に関する関係各省次官会議議事要旨」 1957.7.1, 일본외무성문서 9506-588-1519.

를 해결한다는 것은 불가능할 것"이라며 냉소했다. 하지만 상호 포기 방식을 받아들이지 않을 수 없었다. 대신에, 역청구권을 포기하더라도 그것을 일본 측의 발언이 아닌 한국 측의 발언으로 할 것, 즉 일본이 스스로 포기했다는 인상을 남기지 않을 것, 만약 일본 측의 주장으로 해야 한다면 적어도 '지금 당장 상호 포기한다는 의미는 아니다'라는 취지를 추가할 것을 요청했다.[134]

외무성은 이제 와서 한국과 일본 어느 쪽도 합의 의사록의 내용을 수정할 수 없다고 단언하면서, 일본이 이 이상 유리한 환경을 바란다면 미국과 한국을 자극시키는 결과로 이어질 것이라고 충고했다. 그리고 정식으로 한일회담이 개최되더라도 회담이 또다시 결렬 상황으로 몰린다면 국내에도 적지 않은 반향을 불러올 것이라고 말하며, 무리한 강경론으로 회담 결렬을 초래하지 않도록 당부했다.[135]

외무성 조약국은 일본의 역청구권 주장 철회 및 상호 포기를 기정사실로 전제하면서, 한반도 분단이 고착화된 상황에서 공채의 계승을 어떻게 취급할 것인가 등 역청구권을 철회할 경우 생길 수 있는 약간의 법률적 문제들을 지적했다. 일본 정부가 역청구권 주장을 철회할 경우, 개인 간 채권·채무에 관해서는 문제가 되지 않지만 공채의 경우는 그 계승권이 한국에만 있다고 승인할 경우 문제가 된다는 주장이었다. 조약국은 "일본의 옛 점령지인 한반도가 사실상 한국과 북한이라는 두 개의 국가로 분리되었는데도, 유엔 및 미국의 원칙에 따라 일본도 한국만을 국가로 승인할 경우 문제가 복잡해진다"라고 했다. 즉, 옛 일본제국의 영역 중 일부가 분리되어 거기에 한국이라는 신생 독립국이 탄생했지만 국제법상으로 봤을 때 한국은 한반도의 부분적 계

134) 위와 같음.
135) 위와 같음.

승자이며 북한의 존재를 무시할 수 없다는 점을 지적하고 있었다.[136)]

조약국은 이 문제에 관해서는 학설도 나뉘어 있으며 국가별 실행 사례도 제 각각이라고 운을 뗀 뒤, 한국에만 공채가 계승된다는 것은 특수한 경우이므로 이에 관한 처리는 상당히 곤란하다고 지적했다. 그러나 굳이 말하자면 지방 공채에 대해서는 한국이 계승해야 할 것이라고 법리를 정리하고 있다. 사실 조약국의 이러한 문제 제기는 후일 한일회담 타결을 앞두고 한일 간에 쟁점이 되는 '한국의 관할권 범위' 논쟁과 관련이 있다. 하지만 조약국은 조금이라도 논쟁의 가능성이 있는 법률적 문제들을 명확하게 정리하자는 입장에서 이 문제를 굳이 거론했다고 말하며, 합의 의사록 그 자체에는 문제 제기를 하지 않고 한일회담 재개에 동의했다.[137)]

일본 정부 내에서는 실질적으로 대장성만 역청구권 주장 철회에 반대하고 있는 상황이 되었다. 외무성은 대장성 측에 한일회담 재개 조건에 관한 합의를 재촉했다. 일본 정부 내에서 한국에 대한 지불을 피할 수 없다는 인식이 지배적이라고 말하면서, 만약 한국의 청구권 요구액이 과하다면 '57년 각서'를 적극적으로 내세우며 대응을 하겠지만, 그 요구액이 합리적인 선에서 제시된다면 한국의 분단 상황을 고려하여 지불을 피해선 안된다고 했다.[138)] 또, 이 이상 정부 내의 의견 조정이 늦어진다면 정치적 해결을 주장하는 정치인들이 더 많이 한국 측에 양보하게 될 것이라고 말하며, 정치가의 독주를 견제하는 측면에서도 정부 내에서는 신속하게 의견을 조정해야 한다고 했다. 대장성

---

136) 条三, 「国家の部分的承継における公債務の問題－日韓問題について」 1957.7.23, 일본외무성문서 2006-588-1594.

137) 위와 같음.

138) 「(日韓交渉)一月六日次官会議における次官説明要旨」 1958, 일본외무성문서 2006-588-1531.

은 외무성의 의견을 그대로 받아들이지는 않았지만, 정식 한일회담 때 추가 교섭을 할 수 있다는 여지를 남기고 마침내 역청구권 주장 철회에 동의했다.[139]

일본의 역청구권 주장 철회에 관한 일본 정부 내의 논쟁은 일단 여기서 제1막을 내렸다.

합의 의사록의 조인

한편, 한국 정부는 1957년 6월 15일에 합의 의사록 잠정안이 나온 이후에 여기에 완전히 납득하지 못하고 여러 곳의 추가 수정을 요구해 왔다. '미국 해석은 일본의 역청구권 주장 철회의 기초가 되며 일본의 재한일본재산의 포기는 한국의 대일 청구권과 전혀 관계가 없다', ''57년 각서'는 청구권의 상호 포기를 의미하지 않으며 한국의 청구권만이 존재한다'는 취지의 문장 삽입을 요구했다.[140] 김유택 대사는, '미국의 견해를 전제로 해서 일본이 성의를 갖고 토의한다고 해도 그것만으로는 일본의 지불액이 백 엔으로 정리될 가능성이 있다'라는 이승만 대통령의 말을 전하며, 이 추가 사항의 요구 이유를 설명했다. 한국 측은 청구권 문제에 관한 일본의 보다 명확한 약속을 얻고자 문장의 표현에 집착했다.[141]

외무성은 한국 측의 주장은 이해하지만 '상호 포기를 의미하는 것은 아니다' 정도의 표현이면 충분하다고 반론했다. 하지만 한국은 '미국의 견해는 상호 포기를 의미하지 않으며 한국 측의 청구권만이 존재

---

139) ア一課,「日韓交渉に関する関係各省次官会議議事要旨」1957.9.6, 일본외무성문서 2006-588-1523.

140)「韓国側再修正案に対する応対要領案」1957.6.25, 일본외무성문서 2006-588-1521.

141) アジア一課,「首相訪米後の日韓交渉の経緯」1957.9.4, 일본외무성문서 2006-588-1522.

한다'라는 문장으로 수정할 것을 거듭 요구했다. 합의 의사록 내용의 재수정을 집요하게 요구하는 한국 정부로 인해 합의 의사록의 최종안 작성을 위한 한일 간 토의는 기시 총리와 일본 외무성이 예정한 일정대로 정리되지 않고 정체했다.[142]

대장성은 한국의 요구를 비난했지만, 외무성은 한국이 중요시하고 있는 것은 합의 의사록 내용의 수정 그 자체가 아니라 청구권 문제라는 점을 강조했다. 외무성은 "미국의 견해는 사실 좋은 시기에 표명되었다고 생각하며 일본에 유리하다"라고 말하면서, 한국 정부가 문자 수정에 집착하는 것은 미국의 견해 때문에 불리한 구속을 받지 않기 위함이라고 설명했다. 외무성은, 한국이 가장 걱정하는 것은 일본이 정식 회담에서 미국의 견해를 내세우며 강경한 법적 논리를 주장하여 한국의 청구액이 감소하는 것이라고 하면서, 한국은 장차 청구권 교섭에 화근이 될 만한 것들을 없애기 위해 의사록 문장의 수정을 요구하는 것이라고, 한국의 입장을 대변했다.[143]

외무성은 한국에게 있어서 대일 교섭은 외교의 상당 부분을 차지하고 있으나 일본 외교에 있어 대한 교섭은 몇 퍼센트 정도의 비중 밖에 안 된다고 말하면서, 한국 외교의 절박성을 강조하고, 한국에 대한 일본의 양보가 필요하다고 설득했다. 하지만 대장성 측은 기시 정권이 아시아 외교를 서두르는 나머지 '미국의 견해는 상호 포기를 의미하지 않는다'라고 표현할 만큼 양보하면서 한국과의 교섭을 서두르고 있다고 비판하고, 외무성의 운영에도 한계가 보인다고 문제를 제기했다. 정부 내의 이러한 분위기를 의식한 외무성은 일본 외교의 전반을 고

142) 「(日韓交渉)一月六日次官会議における次官説明要旨」 1958, 일본외무성문서 2006-588-1531.

143) 「日韓交渉に関する関係各省次官会議議事要旨」 1957.7.1, 일본외무성문서 9506-588-1519.

려해서 한국과 더 이상의 타협은 하지 않을 것이라고 약속했다.[144)]

외무성은 기시 총리의 적극적인 대한 교섭 방침에 힘입어 한국의 요구에 배려하려 했으나, 1957년 7월 10일에 새 외상으로 취임한 후지야마 아이치로(藤山愛一郎)는 한국에 강경한 태도를 보였다. 후지야마 외상은, 한국이 "미국 견해로 인한 불이익을 받지 않기 위해 미국 견해의 퇴색을 시도하고 있다"라고 비판하면서 한국의 의사록 수정 요구를 거부했다.[145)] 후지야마는 이후 재일조선인들의 북송을 적극적으로 추진한 인물이며, 당시 한국에서는 대한 강경론자로 거론될 정도로 한국에 완고한 태도를 보였다.

외무성은 한국 측에 일본 정부 내에서 대한 교섭의 진행 방식에 대한 불만스러운 시선들이 쏟아지고 있다고 말하며, 한국 정부의 합의 의사록 수정 요구를 받아들일 수 없음을 전했다. 한국 정부는 포기하지 않고, '57년 각서'를 한국에 유리한 방향으로 해석하기 위해 미국의 설득에 나섰다. 그러나 미국 정부는 한국 정부의 요청에 선을 긋고, 현재의 합의 의사록 내용으로 회담 재개에 합의하도록 권고했다. 이때 외무성은 한국 정부의 요청으로 미국의 견해가 다시 변경되지 않을까 우려했으나, 국무성은 외무성 측에 '57년 각서'의 해석 변경은 없을 것이며 한일회담 재개에 관해서도 앞으로 진전이 있을 것이라고 전했다.[146)]

이후 문구의 작은 수정들을 여러 번 거치면서 한일회담 재개를 위

---

144) ア一課, 「日韓交渉に関する関係各省次官会議議事要旨」 1957.9.6, 일본외무성문서 2006-588-1523.

145) 「(日韓交渉)一月六日次官会議における次官説明要旨」 1958, 일본외무성문서 2006-588-1531.

146) 「電信写 米国の対韓国財産請求権問題に関する件」 1957.11.14, 일본외무성문서 2006-588-1480.

한 합의 의사록 최종안이 작성되었다. 이 한일 간 합의 문서에는 기시 정권의 정치 과제 중 하나였던 억류자 상호 석방 문제와, 한국이 회담 재개의 조건으로 제시해 왔던 쿠보타 발언 및 역청구권 주장의 철회가 명확하게 표명되어 있다.[147] 이 중에서 쿠보타 발언과 역청구권 주장 철회에 관한 합의 내용의 요지 다음과 같다.[148]

> 일본 정부는 1953년 10월 15일 일본 수석 대표 「구보다 간이찌로」가 행한 발언을 철회하며, 또한 1952년 3월 6일 일본 대표단이 행한 한국 내 재산에 대한 청구를 1957년 12월 31일 자 미국 각서에 의거하여 철회할 것을 대한민국 정부에게 통고했다. 그 결과 대한민국과 일본 간의 전면적 회담을 1958년 3월 ○일 도쿄에서 재개하기로 합의했다.

한일 간 합의 문서는 영문으로 작성되었으며, 한국외교문서에는 영문 문서 및 한국어 번역본이, 일본외무성문서에는 영문 문서 및 일본어 번역본이 실려 있다. 위의 합의문 내용은 한국외교문서에 실린 것을 그대로 인용한 것인데 3월의 며칠인지는 공란으로 되어 있다. 한편 일본외무성문서에는 '한일 간의 전면 회담을 도쿄에서 1958년 3월 1일에 재개한다'로 되어 있다.[149] 이렇게 해서 1953년 10월 이후 중단되었던 한일회담은 1958년 3월 도쿄에서 재개되기로 합의되었다. 한일 간 합의 문서는 1957년 12월 31일 자로 한일 간에 조인되었다.[150]

---

147) 경무대 아주과, 「제4차 한일회담 재개 합의 문서, 1957.12.31」, 앞의 한국외교문서 100; 「(仮訳)日本国において収容されている韓人及び韓国において収容されている日本人漁夫に対する措置に関する日本国政府と大韓民国政府との間の了解覚書」, 일본외무성문서 2006-588-69.

148) 경무대 아주과, 「공동 성명서」, 앞의 한국외교문서 100.

149) 「共同発表」, 일본외무성문서 2006-588-69.

150) 「在韓抑留日本人漁夫と在日収容韓人等の措置及び日韓間全面会談再開に関する日韓両国政府間取極並びに本件取極実施のためにとるべき措置についての閣議請

이로써 일본 정부의 역청구권 주장 철회를 전제로 제4차 한일회담이 개시된다. 위에서 언급한 대로, 한국 정부의 청구권에 관련된 문장의 재수정 요구는 끝내 받아들여지지 않은 채 합의 문서가 조인되었다. 이로 인해 한국 정부는 상호 포기를 지지하는 '57년 각서'의 취지를 실질적으로 받아들인 결과가 되었다.

한편 일본 정부 내에서 합의 의사록 내용이 조정되는 과정에서, 일본 외무성은 일본이 한국에 대한 청구권 주장을 포기하긴 하지만 앞으로의 한일회담 과정에서 실질적인 상호 포기로 유도할 것이며, 한국에 대한 청구권 지불은 반드시 필요하다고 하면서, 한국과의 청구권 문제가 결국에는 '상호 포기 플러스알파'안으로 해결될 것임을 강조했다. 일본이 표면적으로는 한국에 대해 '역청구권 포기'라는 중요한 정책적 전환을 표명하지만, 이것은 기존의 법적 논리와 역사 인식을 함의한 채 실질적으로 '상호 포기'를 유도하기 위한 전략적 변화에 불과했다는 것을 알 수 있다.

기시 총리의 정치적 결단에 대한 고찰

선행 연구에서는 기시 총리의 역청구권 주장 철회라는 결단에 대해서 그의 정치적 역량을 보여주는 사례라고 평가하는 경우가 많다. 기시가 융통성 있는 대한 인식을 갖고 한일회담 재개를 위한 논의를 속도감 있게 추진하여 긴 회담 정체기에 종지부를 찍었다는 점은 크게 평가할 만하다. 단, 필자가 면밀하게 살펴본 1차 사료 안에서는 역청구권 주장 철회를 두고 기시와 다른 정치 세력이 충돌하거나 기시가

議の件」1957.12.30, 일본외무성문서 2006-588-1527; 「日韓関係調整に関する日本政府の見解」, 일본외무성문서 2006-588-1529.

적극적으로 반대 의견을 설득한 장면은 나오지 않는다. 오히려 일본 외무성의 정책과 논리의 뒷받침이 없었다면 기시 총리의 결단은 어려웠을 것이다.

사실, 쿠보타 발언으로 인한 회담 파행 직후 일본 정부 내에서는 역청구권 주장 철회를 어느 정도 받아들이는 분위기가 형성되어 있었다. 이후 청구권 문제 이외에도 어업 문제나 억류자들 상호 석방 문제 등이 한일 간에 해결해야 할 중요한 쟁점으로 부상하면서 일본 정부나 정계에서 역청구권 주장 철회에 대한 강한 반대는 없었다. 만약 기시 개인의 정치적 역량으로 역청구권 주장 철회가 표명된 것이라면 이후 한일회담은 순조롭게 진행되어야 했지만 결과는 그렇지 못했다. 다음 장에서 해명하겠지만, 후지야마 외상의 대한 인식이 매우 강경했는데 기시는 후지야마 외상의 고집을 꺾지 못했고, 결국 기시 정권 하에서도 한일회담은 정체했다.

본서에서 주목하는 것은, 대한 외교에 관한 일본 외무성의 치밀하고도 장기적인 정책 구상과 그것의 귀결 과정이다. 최고 정책 결정자가 본인의 의욕만으로 결정하기 어려운 외교적 사안을 과감하게 결정할 수 있었던 배경에는, 정책을 치밀하게 준비해 온 정부 조직과 관료의 역할이 중요했다는 것이다. 기시 총리는 요시다 총리나 하토야마 총리와는 달리 한일 문제에 관해 외무성과 비슷한 인식을 가지고 있었고, 역청구권 주장 철회에 관련된 논리와 정책 방향의 많은 부분을 외무성의 견해에 의존하고 있었다. 기시가 역청구권 주장 철회라는 결단에 도달할 수 있도록 정책적 전략적 논리적 토대를 제공한 것은 외무성이다.

제4장

경제주의의 대두

일본의 초기 대한 정책의 연속과 변용, 1958~61년

제4장

경제주의의 대두

일본이 제1차 한일회담 때 정식으로 역청구권을 주장한 이후 한일 양국은 일본의 역청구권 주장의 타당성에 관한 논쟁을 벌이며 회담은 전혀 진전하지 못했다. 게다가 1953년 10월 제3차 한일회담 때 일본 측 한일회담 수석 대표인 쿠보다가 일본의 역청구권 주장을 정당화하기 위해 일제강점기를 미화하는 발언을 했다. 쿠보다의 발언이 발단이 되어 일본의 역청구권 주장에 관한 논쟁은 한일 간 역사 논쟁으로까지 확전 되었다. 제3차 한일회담은 쿠보타 발언으로 야기된 격렬한 공방 끝에 한 달도 이어가지 못하고 10월 26일 또다시 결렬되면서 이후 한일회담은 약 4년 반에 걸친 제2차 중단기를 맞게 되었다. 1957년 12월, 일본의 기시 총리가 한국에 대한 역청구권 주장 철회를 약속하면서 1958년 3월에 제4차 한일회담을 재개하기로 합의한다.

본 장은 일본이 역청구권 주장 철회를 약속하면서 시작된 제4차 한일회담과, '경제주의에 입각한 청구권 문제의 해결'이라는 방향성에 한일 양국의 생각이 근접하게 되는 제5차 한일회담을 분석 대상으로 한다. 제4차, 제5차 한일회담은, 일본이 역청구권 주장 철회를 약속하기 이전과 한일 간 청구권 교섭이 실질적으로 진전한 제6차 한일회담 사이의 과도기에 해당한다. 선행 연구 대부분은 청구권 문제가 경제 협력 방식으로 타결되는 제6차 한일회담 시기에 분석의 초점이 집중되어 있어, 이 시기의 한일 간 교섭에 대해서는 연구상 '관심 밖'에 있었다고 해도 과언이 아니다. 1차 사료가 공개되지 않아 연구상 제약이 있었던 현실적인 이유도 있지만, 한일 간에 재일조선인 북송 문제라는 새로운 갈등 요인이 대두하면서 한일회담이 진전하지 않았기 때문에 '한일회담 교섭사' 측면에서 관심이 덜 가는 것도 사실이다.

2005년 이후 한일 양국에서 한일회담에 관한 외교 문서가 전면 공개된 이후에도 제4차, 제5차 한일회담 시기에 관한 연구는 여전히 '관심 밖'에 있지만, 장박진과 이종원이 1차 사료를 토대로 몇 가지 분석을 했다. 장박진은 이 시기 한국 정부 내의 동향 및 청구권 문제에 관한 한국 정부의 내재적 논리의 연속성에 대해 분석하면서, 일본 정부의 대한 교섭 전략은 한국 정부의 과도한 요구에 대응하기 위한 방어적인 차원에서 전개되었다고 한다.[1] 이종원은 '김－오히라 합의'로 상징되는 경제 협력 방식의 정책적 기원이 이 시기 일본 외무성 아시아국장이었던 이세키 유지로(伊関佑二郎)에 의해 구상되었다고 한다.[2]

하지만 이 시기 일본 정부의 대한 교섭 전략이 한국의 '과도한 요구'에 대응하기 위한 방어적인 차원이었다는 장박진의 주장에도, 경제 협력 방식이 이세키 아시아국장의 구상과 관련이 있다는 이종원의 주장에도 전혀 동의할 수 없다. 본서 1장에서부터 해명해 왔듯이, 일본 정부는 패전 직후부터 한국과의 청구권 교섭에 대비하여 이와 관련된 법적 논리를 다지고 있었으며, 일본 외무성은 일찍부터 청구권 명목

---

1) 장박진, 『미완의 청산』(역사공간, 2014), pp.539~549.

2) 李鍾元, 「日韓の新公開外交文書に見る日韓会談とアメリカ(一)」, 『立教法学』 第76号(2009), pp.20~30.

이 아닌 경제적인 개념으로 한국에 지불을 한다는 취지의 '상호 포기 플러스알파'안을 구상하고 있었다. 또한 1965년 청구권의 최종 타결 금액에 가까운 액수도 한일회담 제2차 중단기인 1956년경부터 언급되고 있었다.

본 장은 지금까지의 논의와 분석을 토대로, 제4차, 제5차 한일회담에 대한 재검토와 더불어 이 시기 일본 정부 내에서 한일회담 또는 청구권 문제에 관해 어떠한 논의가 있었는지에 대해서 실증적으로 해명한다. 그리고 일본 정부가 1950년대 초기에 형성된 법적 논리 및 대한 정책을 실질적으로 변경하는지 아니면 초기의 논리와 정책을 관철시키며 다음 회담에 대비하는지에 대해 고찰한다.

1. 불안한 출발

역청구권 주장 철회에 관한 일본 정부의 본심

일본의 기시 정권이 역청구권 주장 철회를 표명한 것을 계기로 한일 양국은 1958년 3월 도쿄에서 제4차 한일회담을 개최하기로 합의했다. 한국 정부는 이번 회담에서 청구권 교섭이 진전되기를 기대했지만, 회담이 한국의 바람대로 순조롭게 진행되지는 않을 것이라는 징조가 이미 드러나고 있었다. 특히 일본은 제4차 한일회담 전 역청구권 주장을 철회한다고 약속했음에도 불구하고 본질적인 의미에서 기존의 대한 정책을 전환할 생각이 없었다.

일본 정부 내에서는 미국이 '57년 각서'를 통해 한일 간 청구권의 상호 포기를 지지하고 있다는 결론을 내리고 있었다. 따라서 일본이 역청구권 주장을 철회한다고 해도 일본만의 일방적인 포기로 끝나지는 않을 것이며 한국의 대일 청구권도 포기시킨다는 내부 방침이 재확인되고 있었다. 한국이 주한미군정청의 명령 33호에 의해 재한일본재산을 취득함으로써 한국의 대일 청구권 일부가 소멸 또는 충족되었다는 인식도 여전히 유효했다.[3] 한국에 대한 청구권 지불을 한국인 피징용자들에 대한 미지불 임금 등 개인 청구권에 한정한다는 기존의 방침은 더 구체화되었다. 한국이 제출한 '대일 8 항목'을 근거로 개인 청구권의 범위를 결정하고, 이것을 일본 정부의 '채무'로 규정하여 처리하기로 했다. 이러한 개인 청구권에 대한 지불을 엄격한 법률적 근거에 의거해서 산정하고 개인 청구권 이외의 요구에 대해서는 정치적인 해결에 맡기기로 했다.[4]

이러한 전제로 일본 정부가 추정한 한국에 대한 지불액은 약 180억 엔이었다.[5] 필자가 지금까지 확인한 사료에서 이 시기에 180억 엔이라는 숫자가 어떤 경로로 산출되었는지에 대해서는 분명하지 않다. 단, 당시의 엔 달러 고정 환율인 '1달러 = 360엔'으로 180억 엔을 환산하면 약 5천만 달러가 되는데, 이 금액은 일본 정부 내 최대 강경파였던 대장성이 한국의 대일 청구권에 대한 지불액으로 줄곧 주장한 금액과 같다. 따라서 180억 엔이라는 금액을 대장성 측에서 산정했을 것이라는 추측이 가능하다. 한편, 한일회담이 시작되기 전 한국이 산정한 대일 배상 요구액이 480억 엔이었으며, 한국은 이 금액을 해방 직후의 엔 달러 환율인 '1달러 = 15엔'으로 환산하여 약 32억 달러의 대일 청구를 준비하고 있었다는 기록이 있다.[6]

---

3) アジア一課,「第四次日韓会談処理方針案」1958.2.14, 일본외무성문서 2006-588-1533.
4)「財産権問題に関する基本方針案」1958.3.31, 일본외무성문서 9506-588-1598.
5) ア北,「日韓会談の問題点」1958.10.16, 일본외무성문서 2006-588-72.

즉, 한국에게는 '대일 청구액' 일본에게는 '플러스알파'에 해당하는 청구권 금액에 대해, 당시 일본 정부 내에서는 한국이 생각하는 480억 엔보다 훨씬 낮은 180억 엔을 언급하고 있었다. 게다가 일본에게 유리한 환율을 적용할 경우 일본의 한국에 대한 배상 지불액은 고작 미화 5천만 달러가 된다. 역청구권 철회에 관한 일본 정부의 본심이 기존 논리의 연장선에 있는 데다, 청구권 금액에 관한 한국과 일본의 인식의 간극으로 이번 회담이 결코 순탄치 않으리라는 것이 예견되고 있었다.

북송 문제의 잠재

하토야마 정권기인 1954년 1월, 일본 정부는 북한에 대해 재일조선인들을 북한으로 보내는(이하, 북송[7]) 사업을 제안했다. 재일조선인들 중 대부분은 일제강점기 때 일본으로 건너왔으나 여러 가지 사정으로 해방 후 바로 고국으로 돌아가지 않고 일본에 잔류한 사람들이었는데 다수가 생활이 궁핍하고 불안정한 상태였다. 일본 정부는 이들에 대한 생활 보호 등의 복지 비용을 부담으로 생각하고 있었다. 일본 정부는 '인도주의' 차원에서 재일조선인들의 북송을 추진한다고 했지만 실제로는 생활 기반이 불안정한 재일조선인들을 일본에서 추방하여 국내의 복지 비용을 경감시키려는 의도가 컸다.[8]

---

6) 본서 제2장 1 참조.

7) 한국에서는 이 문제를 주로 '북송'이라고 부르고, 일본에서는 주로 북한으로의 '귀환' 또는 '귀국'이라고 부른다. 엄밀히 따지자면 일본 정부는 사실상 재일조선인들을 일본에서 추방할 의도로 이 사업을 추진하였고, 북한행을 선택한 사람들 중에는 남한에 고향을 둔 사람들이 많았으므로 '북송'이라는 표현이 더 적절하다고 생각한다. 본서에서는 인용하는 경우를 제외하고는 '북송'이라고 기술하겠다. 참고로, 본서의 일본어 원서에서는 일본에서 통상적으로 사용하는 '귀환'과 '귀국'으로 기술했다.

8) テッサ·モーリス·スズキ [著], 田代泰子 [訳], 『北朝鮮へのエクソダス：「帰国事業」

북한은 일본의 북송 사업 제안을 긍정적으로 받아들이고, 재일조선인들의 귀환을 받아들일 준비가 되어 있으며 이들에 대한 운송도 맡을 수 있다는 성명을 발표했다. 일본 전국에서 북한행을 희망하는 재일조선인의 수가 순식간에 400명을 넘겼다. 북한의 지령을 받은 일본 내 친북 성향 단체들은[9] 재일조선인들의 북송을 촉진시키기 위해 광범위한 정치적 선전과 함께 대대적인 귀국 운동을 전개했다.[10] 일본에서 '재일조선인은 범죄율이 높은 데다 생활 보호 수급 대상자가 많아 일본에 성가신 존재이다'라는 편견과 차별을 받으며 생활도 녹록지 않았던 많은 재일조선인은 친북 단체를 통해 북한이 전개해 온 '지상낙원'이라는 선전에 적지 않은 영향을 받아, '사회주의 조국'에 대한 환상을 갖고 더 나은 생활을 위해 북송선을 선택했다.[11]

냉전의 최전선에서 북한과 위험한 대치를 하며 체제 우위 경쟁을 하고 있는 한국은, 한국이 한반도 내에서 유일하고 합법적인 정부임과 동시에 한반도 전역에 대한 관할권이 있다고 주장하고 있었다. 따라서 일본 정부가 추진하고 있는 재일조선인 북송 사업은 한국에 있어서 북일 교류에 대한 경계 차원의 문제가 아니라, 한국 정부의 체제와 정치 외교적 입지를 흔들 수 있는 매우 민감한 문제였다.

하지만 일본 정부는 한국의 입장에 아랑곳하지 않고 일찍부터 북송

の影をたどる』(朝日新聞社, 2007), p.134.

9) 재일조선인들의 북송에 협력한 조총련, 일조협회, 재일조선인 귀국 협력회 등 각 단체들의 설립 경위 및 활약에 대해서는, 李尚珍, 「日朝協会の性格と役割」, 高崎宗司·朴正鎮 [編], 『帰国運動とは何だったのか』(平凡社, 2005), pp.235~267을 참조.

10) 朴正鎮, 「国際関係から見た帰国事業」高崎宗司, 高崎宗司·朴正鎮 [編], 『帰国運動とは何だったのか』(平凡社, 2005), pp.147~151.

11) 菊池嘉晃, 『北朝鮮帰国事業 : 「壮大な拉致」か「追放」か』(中公新書, 2009), pp.102~107; 菊池嘉晃, 「帰国運動·帰国事業と帰国者の「悲劇」」, 坂中英徳·韓錫圭·菊池嘉晃 [共著], 『北朝鮮帰国者問題の歴史と課題』(新幹社, 2009), pp.236~281.

사업을 계획하였고, 재일조선인들의 북송 문제에 대해 북한과 단독으로 협상하기 위해서라도 한국과 북한을 실질적으로 다른 정권으로 취급할 필요가 있었다. 일본 외무성은 한국과의 교섭 중 또는 국회 답변 등을 통해, 한국과 북한을 실질적인 별도의 정권으로 인정해야 한다는 의견을 피력하고 있었다.[12] 그리고 한국 정부의 반대에도 불구하고 재일조선인들의 북송 사업을 적극적으로 추진했다. 일본 적십자사 대표단은 이 문제를 토의하기 위해 1956년 2월 평양을 방문하여 북한 측과 회담한다.[13] 이 시기는 아직 하토야마 정권이었는데, 하토야마 정권의 대공산권 외교를 경계하는 미국이 한일회담을 정체시킨 채 대북 접촉을 시도하는 하토야마 정권을 견제하면서 북송 문제는 결실을 맺지 못하고 있었다. 그러나 기시 정권이 들어서면서 일본 정부의 북송 사업 추진 및 북일 간 접촉은 급물살을 타게 된다.

상호 석방 문제의 갈등

1954년 말 기준으로 오무라 한국인들의 수는 약 1,300명이었고, 1955년 일본 정부는 이들 중 232명을 가석방했지만 이후에도 수용자는 계속 증가했다. 일본 법무성은 요코하마에 입국자 수용소 분실을 설치하였지만 여전히 오무라 수용소가 최대 규모였다. 1956년부터 오무라 수용소는 세간에 '오무라 조선인 수용소'라고 불릴 만큼 한국인 강제 퇴거 대상자만을 수용하고 있었다. 오무라와 요코하마를 합친 재일조선인 및 한국인 수용자 수는 1956년 12월에는 1,655명, 1957년 12월에는 1,736명까지 늘어났다.[14]

---

12) 「財産権問題に関する基本方針案」 1958.3.31, 일본외무성문서 9506-588-1598.

13) テッサ·モーリス·スズキ, 앞의 책(2007), 8장 「平壌会談」.

1958년 1월 제4차 한일회담 개최를 위한 예비 교섭이 시작되자 기시 정권은 상호 석방 문제를 먼저 해결하려는 강한 의지를 보였다. 오무라 수용소 내의 한국인들과 부산의 일본 어민들과의 상호 석방이 먼저 해결되어야 본회담을 열고 청구권 교섭을 시작할 수 있다고 했다.[15] 한국이 양보하면서 상호 석방 문제를 해결하기 위한 교섭이 먼저 시작되었다. 일본 정부는 1957년 12월 31일 자 합의 의사록을 일본이 먼저 이행했다는 것을 보여주듯, 1958년 1월에 오무라 한국인 중 일부를 국내에 석방했다. 이와 동시에 부산에 억류된 일본 어민 952명 중 한국이 약속한 '형기 만료자' 약 850명을 석방해야 한다고 요구했다.[16]

하지만 일본 법무성은 치안상의 이유를 들어 오무라 한국인들의 국내 가석방을 강하게 반대했다. 법무성은 "불법 체류자들인 오무라 한국인들을 국내에 가석방할 경우 일본의 치안에 악영향이 있을 것"이라고 줄곧 주장해 왔었다.[17] 결국 일본 정부는 오무라 한국인들 중 약 460명만을 일본 국내에 가석방할 대상으로 하고, 나머지 대부분은 한국에 송환한다고 결정했다.[18]

한국 정부는 재일조선인들이 해방 전부터 일본에 거주하고 있었던 경위를 참작하여 그들을 한국으로 강제 송환하지 말고 일본 국내에 석방시켜야 한다고 요구했다.[19] 그러나 오무라 한국인들 중에는 한국

---

14) テッサ·モーリス·スズキ, 앞의 책(2007), pp.154~156; 吉澤文寿, 『戦後日韓関係— 国交正常化交渉をめぐって [新装新版]』(クレイン, 2015), p.66.

15) 경무대 아주과, 「韓日予備会談終結のための調印に関する件」, 한국외교문서 101, 『제4차 한일회담 예비교섭, 1956-58(V.3 1958.1-4)』.

16) 外相, 「日韓交渉妥結に関する件」 1958.1.10, 일본외무성문서 2006-588-1532.

17) 板垣局長, 「大村収容所内の北鮮帰国希望者に関する柳公使、板垣アジア局長会談要旨」 1958.7.7, 일본외무성문서 2006-588-315.

18) 外相, 「日韓交渉妥結後の経緯に関する件」 1958.3.20, 일본외무성문서 2006-588-1488.

19) 吉澤, 앞의 책(2015), pp.103~104.

국내 정세의 혼란을 피하거나 일본에 있는 친족을 의지하기 위해 한국에서 밀입국하여 불법 체류하다 잡힌 사람들이 더 많았다.[20] 일본 정부는 밀입국자들을 강제 퇴거하는 것은 국제법상으로도 인정하고 있으니 오무라 한국인들 중 밀입국자들만은 반드시 한국에서 받아들여야 한다고 주장했다. 하지만 한국 정부는 이들에 대한 송환도 사실상 거부했다.[21]

이런 가운데 억류자 상호 석방 문제는 새로운 국면을 맞이했다. 이 시기 일본에 거주하고 있는 재일조선인들 중 약 17,000명가량이 북송을 희망하는 서명 운동을 전개하고 있었는데, 재일조선인들 사회에서 유행처럼 번져가고 있던 북송 운동은 오무라 한국인들에게까지 영향을 미치고 있었다. 1958년 1월 4일 북한의 남일 외상은, "상호 석방에 관한 한일 간 합의나 한일회담의 재개는 모든 조선인의 이익을 고려하지 않은 일방적인 진행이며 부당한 처사"라고 비난하면서, 오무라 수용소 내의 한국인들을 북한이 받아들이겠다는 성명을 발표했다.[22] 이 성명을 접한 오무라 한국인들 중 일부는 한국에의 송환을 거부하고 북한으로 보내 줄 것을 요구했다.[23]

일본 정부 입장에서는 한국 정부가 인수를 거부한 오무라 한국인 문제를 해결할 수 있는 좋은 기회였으나, 오무라 한국인의 일본 내 석방을 요구하고 있는 한국 정부 입장에서는 허를 찔린 전개가 되었다. 남한에 고향을 둔 오무라 한국인들 대부분이 북한을 조국으로 인정하여 북한으로 귀국하는 상황이 발생한 것이었다. 게다가 일본 정부가

---

20) 菊池嘉晃, 『北朝鮮帰国事業の研究: 冷戦下の「移民的帰還」と日朝·日韓関係』(明石書店, 2020), pp.309~310; pp.548~562.

21) 「日韓問題に関する外務省の見解」 1958.2.28, 일본외무성문서 2006-588-1534.

22) 朴正鎮, 『日朝冷戦構造の誕生1945-1965』(平凡社, 2012), pp.226~240.

23) 外相, 「日韓交渉妥結後の経緯に関する件」 1958.3.20, 일본외무성문서 2006-588-1488.

오무라 한국인들을 일본 국내에 가석방하는 척하며 뒤에서는 그들의 북송을 조장하는 꼼수도 예상 가능했다. 실제로 일본 정부는 국제 적십자사의 견해나 유엔 인권 선언 등을 근거로 들어 개인의 거주 이전의 자유를 존중한다는 이유로 오무라 한국인들의 북송을 허가하기로 했다. 일본의 방침에 반발한 한국 정부는 지금까지 오무라 한국인들의 한국 송환을 거부하던 태도를 바꿔, 오무라 한국인들 중에서 북송을 희망하고 있는 약 930명을 한국에 넘기라고 요구했다.[24)]

북송을 희망하는 이들이 한국에 송환될 경우 심각한 인권 탄압이 예상된 만큼, 일본 정부는 일단 북송을 희망하는 오무라 한국인들을 북한에도 한국에도 보내지 않기로 했다. 일본 정부는 그들을 계속해서 오무라 수용소에 머물게 하면서 북한으로 가겠다는 생각을 단념할 때까지 기다렸다가 한국으로 돌려보내겠다고 설명했다. 그러나 한국 정부는 그들을 무조건 한국으로 송환하라고 요구하며, 부산 형무소에서 형기가 만료되어 석방 대상이 된 일본 어민들 중 절반 이상의 석방을 중지하고 부산에 계속 억류했다.[25)]

한일회담 재개에 대한 한일 양국의 기대가 처음부터 어긋났던 것에 더해, 오무라 한국인들의 북송 희망이라는 새로운 사안이 얽혀, 제4차 한일회담은 시작 예정일인 1958년 3월 1일이 지나도 개최되지 못하고 있었다.

후지야마 일본 외상은 김유택 대사를 만나, 북한행을 원하는 오무라 한국인들을 계속 설득하여 그들이 단념할 때까지 수용소에 머물게 하겠다는 뜻을 재확인했다. 한편 일본이 조건을 충족한 오무라 한국인의 국내 가석방을 완료했듯이, 한국도 부산의 일본 어민들을 조속

---

24) 吉澤, 앞의 책(2015), pp.90~95.

25) 外相, 「日韓交渉妥結後の経緯に関する件」 1958.3.20, 일본외무성문서 2006-588-1488.

히 석방하도록 재촉했다. 후지야마는, 일본은 이미 전면적인 한일회담 재개에 대비하여 수석 대표의 선임도 끝냈으나, 회담은 상호 석방 문제가 모두 정리된 다음에 시작될 것이라고 못을 박았다.[26]

김유택 대사는 북송을 희망하는 오무라 한국인을 일본에 잔류시키는 것에 동의했다. 그러나 한국 내에서는 3월 1일에 시작될 예정이었던 한일회담을 일본 측이 미루고 있다는 비판이 강하다고 말하며, 우선 전면적으로 한일회담을 재개하고 회담과 병행해서 상호 석방을 위한 회의를 진행하자고 제안했다. 일본이 쿠보타 발언과 역청구권 주장의 동시 철회를 약속했음에도 불구하고 아직 이행하지 않은 상황을 지적하며, 이러한 상황에서 일본 어민을 전원 석방하는 것은 어렵다는 점도 밝혔다.[27]

한국은 일본의 역청구권 주장 철회 없이 대일 교섭에 유리한 카드인 일본 어민을 먼저 석방할 수 없었다. 한국 정부는 일본이 조속히 합의 의사록을 이행하여 역청구권 주장 철회를 공식 표명할 것, 국무성의 '57년 각서'의 취지는 청구권의 상호 포기를 의미하는 것이 아니라는 점을 인정할 것, 한국의 청구권에 대해서 성의를 갖고 토의해야 할 것을 강조했다. 이에 대해 일본 정부는 오무라 수용소 내의 한국인들과 부산의 일본 어민들과의 상호 석방이 먼저 해결되어야 본회담을 열고 청구권 교섭을 시작할 수 있다고 주장했다.[28]

후지야마 일본 외상은 상호 석방 문제에 관한 미국 측의 중재를 타진했다. 마침 미국 국무성의 극동 담당 차관보였던 월터 로버슨(Walter

26) 三宅記, 「三月十三日藤山大臣と金大使会談要領」 1958.3.18, 일본외무성문서 2006-588-314.

27) 위와 같음.

28) 경무대 아주과, 「韓日予備会談終結のための調印に関する件」, 앞의 한국외교문서 101.

S. Robertson)이 대만에서 열리는 극동 대사 회의에 출석한 후 서울을 거쳐 도쿄에 들어가 1박을 할 예정이었다. 후지야마는 로버슨이 서울에 들렀을 때 부산에 억류되어 있는 일본 어민들의 석방과 조기 귀국을 위해 한국 정부를 설득해 주도록 요청했다. 그러나 로버슨은 일본이 어민들의 석방 문제에만 집착하지 말고 조속히 한일회담을 재개하여 이 문제를 회담 안에서 해결해야 한다고 조언했다. 오히려, 한국 정부의 요구인 전면적인 한일회담 재개를 이행하지 않는다면 일본 어민들의 석방도 어려울 것이라고 했다.[29)]

미국으로부터 일본 어민 석방을 위한 도움을 기대할 수 없게 된 일본은 미국의 조언을 받아들였다. 표류하고 있었던 제4차 한일회담 재개는, 개최 예정일을 한 달 반 정도 넘긴 1958년 4월 15일에 일단 시작되었다. 그러나 회담장에 나온 한일 양측의 목적은 동상이몽이었다. 한국은 청구권 문제나 역청구권 주장 철회에 관심을 쏟았으나, 일본은 이 문제에 관해 거의 언급하지 않고 부산 형무소에서 형기를 마친 일본 어민들의 석방 문제만을 협상하려고 했다.[30)]

2. 북송 문제의 파문

일본 외무성의 강경한 입장

일본 외무성은 부산에 억류된 일본 어민들의 석방 문제를 오무라

---

29) アジア局, 「ロバートソン国務次官補に対する要望事項」 1958.3.15, 일본외무성문서 2006-588-1485.

30) 参議院外務委員会調査室, 「日韓基本条約及び諸協定等に関する参考資料(六)第四次会談」 1965.10, 일본외무성문서 2006-588-1647.

한국인들의 북송 문제와 분리시켜 한국과 토의하려고 했으나, 한국 정부는 타협을 거부했다. 한국 정부는 북송 희망자를 한국으로 강제 송환하거나 아니면 그들 중 북송을 포기하고 한국행을 선택하는 사람이 나올 때까지 일본 정부가 북송을 자제할 것을 요청했다. 그러나 북송을 희망하고 있는 오무라 한국인들 중에서 이후 생각을 바꾼 사람은 고작 1명뿐이었다. 게다가 1958년 6월 중순 이후 북송을 희망하는 수용자들이 단식 농성을 시작했다. 그들은 의사의 치료를 거부하며 즉시 석방과 함께 자신들을 북한으로 보내 줄 것을 요구했다.[31]

일본 정부는 한국 정부와 사전 협의를 하지 않고, 오무라 한국인들 중 병자와 부녀자를 포함해 3년 이상 수용되어 있던 25명을 '인도주의'를 이유로 국내에 가석방했다. 한국 정부는 일본 정부가 한국으로의 귀환을 거부하고 북송을 희망하고 있던 오무라 한국인들을 국내에 가석방한 것은 결국 그들의 북송을 추진시키기 위한 전 단계적 조치라고 비난하고, 일본 정부가 한국과의 약속을 위반했다고 이의를 제기했다.[32] 한편 북한은, 북송을 희망하는 오무라 한국인들을 북송시키기 않고 일본 국내에 가석방하거나 계속하여 수용소에 억류하고 있는 것은 국제법상 인도주의에 위반한다고 주장하며, 일본 정부에 오무라 한국인들의 북송을 재촉했다.[33]

북송에 관한 북한의 적극적인 정치 공작으로 재일조선인 사회에서는 북송을 희망하는 사람들이 더 많아졌고, 이것은 재일조선인들을 국외로 추방하고 싶어 하는 일본 정부의 이해와 맞았다. 하지만 이러

---

31) 板垣局長, 「大村収容所内の北鮮帰国希望者に関する柳公使、板垣アジア局長会談要旨」 1958.7.7, 일본외무성문서 2006-588-315.

32) ア北, 「日韓交渉の経緯とその問題点」 1958.11.10, 일본외무성문서 2006-588-1543.

33) 朴正鎮, 앞의 책(2012), p.230.

한 전개는 북한과 체제 경쟁을 하고 있는 한국을 더욱 자극하면서 제4차 한일회담은 한때 중단되기도 했다. 1958년 10월 1일 한일 양국은 가석방된 오무라 한국인들을 당분간 일본에 머물게 한다는 선에서 타협을 하며 회담을 재개했지만, 상호 석방 문제, 북송 문제, 어업 문제를 한 번에 해결하려는 일본과 그렇지 않은 한국은 접점을 찾지 못하고 계속 충돌하면서 12월에 회담은 휴회에 들어갔다.[34)]

제3차 한일회담 결렬 후 4년 반 만에 어렵사리 재개한 제4차 한일회담이 전혀 진전을 보이지 않는 가운데, 기시 총리는 정책의 우선 순위를 한일회담의 타결에서 북송 사업의 추진으로 옮겼다.[35)] 일본 외무성도 북송 사업을 한일회담의 의제에서 배제하여 독자적으로 해결하기로 방침을 굳혔다. 후지야마 일본 외상은 북송 사업 추진의 선두에 서서 이 문제에 관한 한국 측과의 타협을 거부하고 북송 사업을 강력하게 추진했다. 제4차 한일회담이 휴회 중이던 1959년 1월 13일, 후지야마는 일본 적십자사를 통해 재일조선인들의 북송에 관한 구체적인 조사를 실시한다고 발표했다.[36)]

한국 정부는 주일한국대표부를 통해 일본 정부가 북송 문제에 관한 방침을 변경할 것을 요구했다. 최덕신 주일대표부 참사관은 일본 외무성 아시아국장을 만나 "북송 희망자의 약 90퍼센트는 본적이 한국에 있다"라고 주장하며, 일본 정부가 재일조선인들을 북한으로 보내는 것은 심각한 정치적 문제를 초래할 것이라고 우려했다. 최 참사관은 한국 정부가 일본에서 활발하게 전개되고 있는 북송 운동을 매우 민

---

34) 外務省アジア局, 「板垣局長·崔参事官会談要旨」 1959.1.21, 일본외무성문서 2006-588-325.

35) 岸信介·矢次一夫·伊藤隆, 『岸信介の回想』(文藝春秋, 1981), p.224.

36) 外務省アジア局, 「板垣局長·崔参事官会談要旨」 1959.1.21, 일본외무성문서 2006-588-325.

감하게 바라보고 있으며, 한국에서는 일본에서 북송 사업이 실시된다면 한일회담을 중단해야 한다는 강경론도 상당히 높다고 말했다.[37]

일본 외무성은 재일조선인들의 북송 문제는 개인의 자유 의지에 중점을 둔 것이라고 대답하며, 한국 정부가 북송 문제를 빌미로 회담을 결렬시키지 않도록 못을 박았다. "북송 문제의 해결이 오히려 한일회담의 영구적인 해결에 도움이 된다"라는 이해할 수 없는 논리로, 일본은 북송 문제에 대한 방침을 변경하지 않을 것이라고 강조했다.[38] 후지야마 외상도 주일공사로 승격한 유태하를 만나, 북송 문제는 인도적 차원의 문제이며 주거지 선택의 자유라는 국제적 통념에 근거한 것이라고 단언했다. 그리고 재일조선인들이 자유 의지로 귀국하려는 것을 일본이 법적으로 저지할 근거가 없으며, 한국 정부는 북송 문제를 분리하여 한일회담을 재개해야 한다고 촉구했다.[39]

북송 문제를 둘러싼 한일 간의 대립이 팽팽하게 전개되는 가운데, 1959년 2월 13일 일본 정부는 국무 회의에서 북송 사업 실시에 관한 각료 합의를 단행했다. 그 직후 일본과 북한은, 조만간 제네바에서 양국의 적십자사가 직접 만나 북송 문제를 토의하기로 합의했다. 게다가 일본 정부는 북송 문제를 확실하게 매듭짓기 위해 적십자 국제위원회에 이 문제에 관한 조정을 요청했다.[40] 1959년 3월, 제4차 한일회담 일본 측 수석 대표인 사와다 렌조(沢田廉三) 외무성 고문은 이러한 일본 정부의 결정을 한국 측에 통보하고, 만약 국제 적십자사가 북송

---

37) 위와 같음.

38) アジア局, 「板垣局長·崔参事官会談要旨」 1959.1.30, 일본외무성문서 2006-588-325.

39) アジア局, 「藤山外相·柳公使会談要旨」 1959.2.7, 일본외무성문서 2006-588-327; 「藤山外相·柳公使会談要旨」 1959.2.12, 일본외무성문서 2006-588-327.

40) 北東アジア課, 「沢田·柳会談録」 1959.3.11, 일본외무성문서 2006-588-322; 「沢田·柳会談要旨」 1959.4.16, 일본외무성문서 2006-588-322.

문제에 대한 개입을 거절한다고 해도 일본은 단념하지 않고 인도적 차원에서 이 문제를 독자적으로 추진할 것임을 밝혔다. 그리고 일본 정부는 제네바에서의 북한과의 협의를 포기하면서까지 한일회담을 재개할 뜻이 없다고 단언하기까지 했다.[41)]

지금까지 살펴본 바와 같이, 일본 측이 대외적으로 밝힌 북송 사업의 목적은 '인도 문제'였다. 그러나 일본 정부가 북송 사업을 강경하게 추진한 가장 큰 이유는 재일조선인들에 대한 차별적인 인식 때문이었다. 일본은 이들을 국외로 추방하기 위해서라도 북송 사업을 포기할 수 없었고, 때문에 북송 문제를 한일회담과 연동시키지 않으려는 의도가 분명했다.

미국의 묵인

재일조선인들의 북송 문제를 두고 한일 간의 대립이 팽팽하게 이어지는 가운데 미국은 일본의 북송 사업을 용인했다. 특히 더글러스 맥아더 2세(Douglas MacArthur Ⅱ) 주일미국대사는 일본의 북송 사업에 적극적인 이해를 보였다. 맥아더 대사는 본국 국무성에, 일본의 북송 사업은 인도주의적인 차원에서 추진하는 것이라고 보고했다.[42)] 한국 정부에 대해서는, 오무라 한국인들 중 일부를 가석방하려는 일본 정부의 결정은 확고하며 한국이 이러한 인도적 문제를 방해한다면 오히려 서방 세계는 한국을 비판할 것이라고 설득했다.[43)] 맥아더 대사는

41) 위와 같음.

42) MacArthur to Department of State, 1958.7.9, RG84, Japan-Tokyo Embassy, Classified General Records, 1958 July-Dec, 320, Box42, NA.

43) MacArthur to Department of State, 1958.7.16, RG84, Korea-Seoul Embassy, Classified General Records, 1958, 320.1, Box20(Old Box1), NA.

일본 외무성에, 월터 다우닝(Walter C. Dowling) 주한미국대사로부터 한국은 한일회담을 결렬시킬 의도가 없으며 북송 문제에 대해서도 용인할 방침이 있는 것 같다고 전하면서, 일본이 한국의 반발을 넘어 북송 사업을 추진하더라도 자신은 이것을 문제시하지 않을 것이라고 말했다.[44]

하지만 다우닝 대사는 맥아더 대사에게, 한국 정부가 북송 문제 때문에 한일회담을 정체시킨 것은 현명하지 못하지만 북송 문제에 대한 한국의 입장이 비합리적이라고는 생각하지 않는다는 입장을 분명히 전했다. 그리고 일본 정부가 한국 정부와 사전 협의를 하지 않고 일방적으로 오무라 한국인의 가석방 계획을 발표했기 때문에 문제가 복잡해진 것이라고 지적하기도 했다.[45] 단, 이러한 다우닝 대사의 발언은 일본 정부의 북송 사업 자체에 대한 비판은 아니었다. 다우닝은 일본이 한국을 자극하지 않도록, 교섭 전술 면에서 한국의 입장을 고려할 필요가 있다는 점을 강조하기 위한 것이었다.[46]

주한미국대사관과 주일미국대사관 사이에서는 북송 문제에 관해 미묘한 견해의 차이는 있었지만, 궁극적으로는 양측 모두 일본의 재일조선인 북송 사업을 비판적으로 보고 있지는 않았다. 미국 국무성 또한 자유 진영인 일본이 공산주의 국가인 북한에 접근하여 재일조선인들을 북한으로 보내는 것에 대해서 전면적인 비판이나 반대를 유보하고 있었다.

예를 들면, 1958년 9월 12일 후지야마 일본 외상과 일본 외무성 관

---

44) [무제] 1958.7.17, 일본외무성문서 2006-588-1483.

45) MacArthur to Department of State, 1958.8.22, RG84, Korea-Seoul Embassy, Classified General Records, 1958, 320.1, Box20(Old Box1), NA.

46) MacArthur to Department of State, 1958.8.22, RG84, Japan-Tokyo Embassy, Classified General Records, 1958, July-Dec, 320, Box42, NA.

료들이 방미하여 덜레스 미국무장관과 회담했다. 이때 후지야마는 덜레스에게, 맥아더 주일미국대사의 적극적인 지원을 언급하며 미국의 측면 지원으로 북송 사업이 좋은 방향으로 해결되어 가고 있다고 말했다. 이것은 일본의 재일조선인 북송 사업에 대해 국무성이 암묵적으로 인정하고 있다는 것을 전제로 한 발언이었다. 후지야마는, 일본은 자유주의 국가의 일원으로서 미국에 협력하여 공산주의에 대항하겠다고 강조하고, 대만의 국부에 대해서도 미국의 방침을 최대한 따르겠다고 약속하면서, 북송 사업에 대한 미국의 이해를 구했다. 당시 기시 정권은 정경 분리를 원칙으로 중국과의 교류도 시도하고 있었다. 철저한 반공주의자로 알려진 덜레스는, 기시 정권의 대중 접근에 대해서는 우려를 보였으나 북송 사업에 대해서는 반대하지 않았다.[47)]

이후 다우닝 주한미국대사와 맥아더 주일미국대사는 손발을 맞춰, 유엔을 통해 국제 사회에서 북송 문제를 지지한다고 발표하는 동시에, 이번 기회에 평화선과 일본 어민 석방 문제를 연동시켜 해결하는 방안을 한일 양국 정부에 권고하기로 했다. 그러나 국무성은 이러한 양국 대사의 움직임을 제지하고 그 이유로 다음과 같은 점을 지적했다. (1) 한일 간의 논쟁을 유엔으로 끌어들여서는 안 된다. (2) 한일회담에서는 모든 의제가 다루어져야 한다. (3) 서방 진영이 일본의 북송 문제에 간섭을 하게 되는 것은 부담스럽다. (4) 평화선 문제는 한일 간 협의뿐만 아니라 1960년에 개최될 해양법 회의의 결과도 반영하여 해결해야 한다.[48)] 미국 정부는 한일회담에서 평화선이나 일본 어민 석방 문제 등 일본이 원하는 의제만을 다루어서는 안된다는 점은 단호

---

47) 「九月十二日藤山大臣、ダレス国務長官会談録」 1958.9.12, 일본외무성문서 2006-588-1484.

48) Secretary of State to Seoul AmEmb, Tokyo AmEmb, 1959. 3. 19, RG84, Korea-Seoul Embassy, Classified General Records, 1956-1963, 320.1, Box27(Old Box8), NA.

하게 밝혔지만, 일본의 북송 사업은 국제적으로 문제화되지 않고 조용히 추진되기를 원했던 것 같다.

1959년 5월 한일 간의 분쟁을 해결하기 위해 미국 국무성의 국무차관보가 방한했는데, 국무성 측은 북송 문제에 관해서 한국을 위해 할 수 있는 것이 없다고 단언하며 북송 문제에 관여하지 않을 것임을 밝혔다.[49] 일본에 대해서는, 한일회담의 정체를 우려하면서도 북송 사업 추진에 대한 비판을 하지 않았다. 한일 관계의 악화를 노리는 북한의 전형적인 전술에 말려들지 않고 조기에 북송 문제를 해결하도록 권고하는데 그쳤다.[50]

격렬한 냉전 시기임에도 불구하고 미국은 민간인들이 자유 진영에서 공산 진영으로 자의적으로 이주하는 것을 왜 묵인하였을까? 일본의 북송 사업이 공산 진영에게 좋은 선전 재료가 된다는 점을 국무성이 의식하지 않았다고는 할 수 없는데, 미국은 이 사업을 왜 제지하지 않았을까 하는 의문이 남는다. 사실 이러한 의문을 풀어주는 실증 연구는 아직 없기 때문에 필자의 새로운 연구 과제로 남기기로 하면서, 필자는 조심스럽게 다음과 같은 추론을 해 보았다.

처음에는 오무라 한국인들의 한국 송환을 거부했던 한국 정부가 그들의 북송 의사를 접하고 한국으로의 강제 송환을 요구하는 것을, 일본 정부와 미국 정부는 위험하다고 판단했을 가능성이 있다. 여수 순천 반란 사건이나 제주도 4.3 사건에서 보듯, 해방 후 한국에서는 극한의 이념 대립 때문에 민간인들에게 빨갱이의 덫을 씌워 잔혹하게 학살하는 일들이 자행되고 있었다. 따라서 오무라 한국인들을 한국으

49) Memorandum of Conversation, 1959.5.5, RG84, Korea-Seoul Embassy, Classified General Records, 1959, 320.1, Box27(Old Box8), NA.

50) MacArthur to Department of State, 1959.5.8, RG84, Korea-Seoul Embassy, Classified General Records, 1959, 320.1, Box27(Old Box8), NA.

로 강제 송환할 경우 그들이 바로 사지로 내몰리는 상황을 예상하고, 일본과 미국 입장에서는 오무라 한국인들을 북한으로 보내는 것이 오히려 더 인도적이라고 판단했을지도 모른다는 추측이 가능하다. 물론 이들을 추방하지 않고 일본에 거주하게 하는 것이 가장 바람직했지만, 재일조선인들의 국외 추방을 절실한 과제로 생각하는 일본과 이러한 일본의 입장에 손을 들어준 미국으로서 차선책은 이들의 북송이었던 것이다.

한편 텟사 모리스는 북송 문제와 관련해서 다음의 에피소드를 소개하고 있다. 당시 맥아더 주일미국대사는 주일호주대사를 만나 "미국 대사관이 일본의 여론을 조사해 보니 대부분의 사람들이 일치하여 조선인의 추방에 적극적이었다"라고 전하면서, "일본에 남아있는 조선인은 수준이 낮고 공산주의자와 범죄자가 많기 때문에 맥아더 자신도 일본인을 비판할 수 없다"라고 말했다고 한다. 이에 대해 주일호주대사는 "왜 재일조선인이 일본 사회에서 이등 국민으로 취급받아야 하는가"라고 의문을 제기했다고 한다. 모리스는 북송 사업을 추진하는 일본과 이를 묵인하는 미국의 인식에는 재일조선인들에 대한 뿌리 깊은 차별 의식과 편견이 있었다고 비판하고 있다. 그리고 일본은 이러한 사업을 스스로 수행할 능력이 없었는데, 미국이 일본의 북송 사업에 대한 암묵적 파트너가 되었고 일본은 미국의 묵인하에 북송 사업을 추진했다고 판단하고 있다.[51)]

■ 한국의 한계

한국 정부는 이 시기 기시 내각이 지향하고 있는 '두 개의 중국' 론

51) テッサ·モーリス·スズキ, 앞의 책(2007), pp.257~262.

이 한반도에서 남북한 두 정권을 승인하는 '두 개의 조선' 정책으로 이어지는 것이 아닌지 의심했다. 이 때문에 북송 문제에 관한 미국의 지원을 얻을 수 없었음에도 불구하고 대일 공세를 더욱 강화했다. 한국은 자유 진영에서 공산 진영으로 민간인을 이주시키는 것은 일본이 처음이라고 비판하며 일본의 반공에 대한 진정성을 추궁했다. 일본 정부는 한국 정부가 한일회담과 중국 문제를 연관 지으려는 시도를 거부하고, 북송 문제에 대해서는 한국에도 책임이 있다고 말하며 기존의 방침을 변경할 수 없다는 입장을 고수했다.[52] 일본 정부가 말한 '북송 문제에 관한 한국의 책임'이 구체적으로 무엇인지, 사료를 통해서는 확인되지 않는다. 다만 필자가 앞에서 추론했듯이, 한국의 국내 상황이 오무라 한국인들의 북한행을 촉발시켰다는 것을 지적하고 있는 것은 아닐까 추측해 본다.

1959년 6월, 제네바에서 열리고 있는 북일 적십자 회담에서 북송 문제에 관한 협의가 타결을 앞두고 있었다. 이 소식을 접한 한국 정부는 곧바로 대일 통상 단절을 발표하고, 발표 당일부터 대일 무역을 정지시키는 등 강경 조치를 단행했다. 또 평화선 내에서의 감시를 강화하고 부산에 억류되어 있는 일본 어민들을 앞으로 석방하지 않겠으며 일본의 북송 사업을 강력하게 저지하겠다고 으름장을 놓았다.[53]

그러나 이러한 한국 정부의 격한 반발에도 아랑곳없이, 1959년 6월 24일 북일 적십자사 간에 북송 문제에 관한 협정의 가조인이 성립하고, 북송 문제에 국제 적십자사가 개입하는 것이 확정되었다. 이것은 북송 문제가 국제 적십자사의 개입을 통해 국제적으로 공인되었다는

52) 「沢田·柳·兪·李会談記録」 1960.2.23, 일본외무성문서 2006-588-335.

53) 参議院外務委員会調査室, 「日韓基本条約及び諸協定等に関する参考資料(六)第四次会談」 1965.10, 일본외무성문서 2006-588-1647.

것을 의미했다. 미국은 한국 정부에 대해 현실을 받아들이고 조속히 대일 통상과 한일회담을 재개해야 한다고 설득했다.[54)]

한국 정부가 북송 문제를 견제하기 위해 취할 수 있는 선택은 제한적이었다. 일본과의 통상 단절은 한국 입장에서 무모한 선택이었다. 미국의 원조뿐만 아니라 일본과의 무역에 많이 의존하고 있었던 한국 경제는 대일 통상 단절 선언 후 1개월도 지나지 않아 큰 타격을 받고 있었고, 절박해진 경제 상황에 국민들의 불만이 높아졌다. 7월 30일 한국 정부는 주일한국대표부 대사로 승격한 유태하를 통해 한일 무역 단절이라는 강경책을 철회했다. 그리고 부산에 억류되어 있는 일본 어민들과 오무라 한국인들의 상호 석방에 관한 교섭을 위해 회담을 재개하기로 발표했다.[55)]

부산의 일본 어민들과 오무라 한국인들의 상호 석방에 관한 교섭을 위해 회담을 재개한 한국 정부의 진짜 목적은 일본을 회담 테이블로 불러 내어 북송 문제를 저지하기 위한 것이었다. 1959년 8월 12일 중단되었던 제4차 한일회담이 재개되었지만 한국 측의 관심은 북송 사업 저지에 집중되어 있었다. 그러나 13일 인도 캘커타에서 북일 적십자사 간에 북송에 관한 협정이 정식으로 조인되었고 재일조선인들을 북한으로 보내기 위한 첫 번째 북송선의 출항 날짜도 결정되었다.[56)] 사와다 일본 측 수석 대표는 국제 적십자사의 알선을 받아 첫 북송선의 출항이 11월 초순으로 결정되었음을 한국 측에 통보하고, 북송 문제는 사실상 시작되었으니 이제 한일회담에서는 일본 어민들의 석방

54) アジア局,「第四次日韓全面会談再開本会議 第一回会合」1959.8.18, 일본외무성문서 2006-588-11.

55) 위와 같음.

56) 吉澤, 앞의 책(2015), p.94.

문제를 해결해야 한다고 촉구했다.[57)]

한국 정부는 일본의 북송 사업을 저지할 수 없다고 판단하고 이것을 외교적인 실패로 받아들였다. 그리고 한일회담을 무조건 재개하는 대신에 한국에 귀국할 사람들에 대한 일본 정부의 보상금 지불을 요구하는 전략으로 전환했다.[58)] 재일한국인들이 한국으로 귀국할 때 휴대할 수 있는 자산과 현금에 대해서도 상한을 두지 않고, 북송자들보다 한국에 귀국하는 사람들에 대한 보상금을 우대하도록 요구했다.[59)] 사와다는 일본 국내에 알려지지 않도록 비밀리에 진행한다는 조건으로 한국 측의 요구를 긍정적으로 받아들이며, 토의하기로 합의했다.[60)]

한국 정부는 일본 정부의 재일조선인 북송 사업을 사실상 인정하며, 북송 문제에 얽혀서 한일회담을 결렬시키기보다 실리를 추구하는 쪽이 더 현실적이라고 판단한 듯하다. 일본 외무성의 기록을 보면, 이러한 한국 정부의 태도 변화는 예비 회담 때부터 한일회담에 깊게 관여해 온 유진오 고려대학교 총장이, 북송 사업은 사실상 시작되었고 이것을 저지하는 것은 불가능하다고 이승만 대통령을 설득한 결과라고 한다.[61)] 이후 일본 정부에 의한 재일조선인 북송 사업은 본격적으로 진행되었고, 첫 번째 북한행 여객선은 예정보다 약 한 달 늦은

57) 北東アジア課, 「澤田首席代表と柳大使との会談要旨」 1959.9.18, 일본외무성문서 2006-588-322; 「沢田·柳会談記録」 1959.11.5, 일본외무성문서 2006-588-322.

58) 위와 같음.

59) 「山田次官·柳大使会談に関する件」 1959.11.10, 일본외무성문서 2006-588-324.

60) 北東アジア課, 「沢田·許会談録」 1959.9.25, 일본외무성문서 2006-588-332; 「沢田·許会談に関する件」 1959.10.16, 일본외무성문서 2006-588-332.

61) 北東アジア課, 「日韓会談関係情報」 1959.8.17, 일본외무성문서 2006-588-285; 「許政代表内話の件」 1959.8.21, 일본외무성문서 2006-588-285; 「韓国代表団動静に関する件」 1959.10.15~11.27, 일본외무성문서 2006-588-285.

1959년 12월 14일 일본 북부에 있는 니이가타항에서 출발했다.[62]

한반도라는 냉전의 최전선에서 한국이 놓인 환경은 매우 절박했다. 재일조선인의 상당수가 한국이 주적으로 규정한 북한을 조국으로 생각하고 그 일부가 북한으로 귀환하는 상황은, 북한과의 체제 경쟁에서 한국이 밀리고 있음을 의미했다. 때문에 제4차 한일회담에서 한국이 당면한 과제는 청구권 교섭보다 재일조선인들의 북송을 저지하는 것이었다. 한국은 북송 문제에 교섭의 화력을 집중시켰으나, 일본 정부는 북송 사업에 대한 이데올로기적 비판이나 한일회담과의 연동에 선을 긋고 한국에 대한 한 치의 양보 없이 북송 사업을 진전시켰다. 재일조선인들의 북송 문제는 일본의 완승으로 일단락되었다.

3. 경제 협력에 관한 논의의 출발

⁘ 한일 경제 협력론의 대두

기시 정권은 제4차 한일회담을 의욕적으로 재개했지만 재일조선인들에 대한 북송 사업 추진이라는 일본 정부의 당면 과제 때문에 한일회담을 추진할 동력을 얻지 못하고 있었다. 이후 북송 문제가 일단락되자 한일회담이 실질적으로 재개되었지만 일본 정부의 관심은 평화선과 관련된 어업 문제와 일본 어민들의 석방 문제에 집중되었다. 일본은 부산에 억류된 일본 어민들의 석방 조건으로 해방 전 한반도에서 반출해 간 문화재 106점을 한국에 반환한다거나,[63] 한국산 쌀을 수

---

62) 北東アジア課, 「日韓全面会談の両国代表の顔合せ経緯」 1960.1.30, 일본외무성문서 2006-588-52.

입하겠다는 당근책을 제시하기도 했다. 일본에서는 한국이 상호 석방 문제를 두고 '인질 외교'를 벌이고 있다는 비난이 높아져 있었기 때문에, 이러한 상황에서 '사람과 쌀을 거래'하느냐는 여론이 들끓었다. 한국 측이 일본의 여론에 불쾌함을 나타내자 일본 측은 "한국이 스스로 인질 외교를 하지 않는다고 생각한다면 부산에 억류된 일본 어민들의 석방을 조속히 실행해야 하는 것"이라고 반박하면서, 한국 측과 팽팽한 대립을 이어갔다.[64]

한편 1959년 6월에 일본 외무성 아시아국장으로 부임한 이세키는, 청구권 문제를 비롯한 한일 간 현안들을 조속히 해결하자고 주장하며, 전임자들과는 달리 실무자급 관료로서 매우 적극적으로 한일회담에 관여했다. 일본외무성문서를 보면, 이세키는 아시아국장에 취임한 이후인 1959년 후반부터 1962년 말 아시아국장을 이임하여 네덜란드 대사로 떠나기 직전까지, 한일회담에 굉장히 깊게 관여하고 있음을 알 수 있다.[65] 당시 일본 정부 내의 한국에 대한 정서에 비추어볼 때 이세키는 한국에 대한 호감을 갖고 있었고, 후술하겠지만 한일회담을 타결시키기 위해 많이 노력했다.[66]

일본 정부 내에서는 한국과의 청구권 문제가 미래의 북일 교섭이나

---

63) 板垣局長, 「大村収容所内の北鮮帰国希望者に関する柳公使、板垣アジア局長会談要旨」 1958.7.7, 일본외무성문서 2006-588-315.

64) 「沢田·柳·俞·李会談記録」 1960.2.23, 일본외무성문서 2006-588-335.

65) 대표적인 문서군은 다음과 같다. 일본외무성문서 2006-588-333, 2006-588-341, 2006-588-343, 2006-588-355, 2006-588-359.

66) 이세키가 한일회담에 적극적이었던 배경에 대해서 이종원이 흥미로운 사실을 발굴했다. 이세키는 제2차 세계대전 중이던 1940년부터 45년까지 중국에서 근무했었는데 이때 식민지 조선 출신인 한통숙(韓通淑)을 부하로 두고 있었다고 한다. 이종원은 이세키의 한국에 대한 인식에 한통숙과의 인연이 영향을 미쳤다고 추측하고 있다. 게다가 해방 후 한국의 관료가 된 한통숙은 한일회담 한국 대표단에 참가하게 되었는데 이세키와 재회하여 접촉했을 가능성이 매우 높다. 李鍾元, 앞의 논문(2009), p.24와 주석 47, 48을 참조.

인양자들에 대한 국가 보상 문제에 영향을 끼칠 수 있다는 우려가 여전히 지적되고 있었고, 한일 청구권 교섭에 대한 비관론도 강했다. 그러나 이세키 아시아국장은 부산 일본 어민들의 석방과 오무라 한국인들의 강제 퇴거 문제를 해결하기 위해서라도 일본이 먼저 양보를 해야 하며, 그것은 한국의 요구대로 청구권 교섭을 신속히 재개하고 한일회담에서 청구권 문제를 가장 우선적으로 해결하는 것이라고 주장했다. 그리고 1957년 12월 자 합의 의사록에 의거하여 일본이 역청구권 주장을 철회하는 것이 문제 해결의 제1단계라는 점을 강조했다.[67)]

하지만 제4차 한일회담은 일본이 역청구권 주장 철회를 약속하여 열리게 되었음에도 불구하고, 회담이 중단될 때까지 한일 간에 청구권 문제에 관한 공식적인 토의가 거의 없었다. 1958년 5월에 청구권위원회가 설치되기는 했으나 실질적으로 청구권위원회는 열리지 않았고, 문화재위원회에서 일반 청구권 문제를 토의하자고 할 정도였다. 이마저도 실질적인 청구권 교섭은 열리지 않았다. 이 회담에서 청구권에 관한 문제가 언급된 것은 사와다 대표와 유태하 대사 간, 일본 외무성 아시아국과 주일한국대표부 간에 오간 비공식 토의에서이다. 이 과정에서 유태하는 개인적인 의견이라는 전제로, 일반 청구권 문제를 두고 너무 상세하게 토의하는 것은 불가능하니 적당한 선에서 정치적 해결을 하는 것은 어떤가라고 물었다.[68)] 주목할 것은, 솔직한 의견을 나눌 수 있는 비공식 토의에서 유태하는 일본 측에 역청구권 주장 철회의 공식 표명을 요구하기보다 청구권 문제의 정치적 해결을 먼저 언급하고 있었다.

---

67) 外務省アジア局北東アジア課, 「日韓会談の経緯及び問題点」 1960.4.5, 일본외무성문서 2006-588-76.

68) 外務省顧問室, 「第三十次沢田·柳会談要旨」 1959.1.12, 일본외무성문서 2006-588-322.

사실 '정치적 해결'이라는 단어는 비공식이긴 하나 이전부터 언급되고 있었다. 본서 제2장에서도 기술하고 있는데, 제1차 한일회담에서 일본이 역청구권을 주장하고 이로 인해 한일 간에 법률 논쟁이 한창 진행되면서 회담이 정체하자, 한국 측은 '청구권 문제를 법적이 아닌 정치적으로 해결하고 싶다'라고 말한 적이 있다. 한국 측 관계자들은 일찍부터 청구권 문제를 논리나 법적으로만 따져서 해결할 수 없다는 것을 인식하고 있었고, 오랜 회담 중단기 끝에 재개된 제4차 한일회담에서도 이러한 인식을 감추지 않았다. 일본 외무성도 '교섭 상황에 따라 청구권 문제를 정치적으로, 경제 협력 등으로 매듭짓는' 방안을 언급하고 있었다. '정치적 해결'과 함께, '경제 협력'이라는 방향성도 제시하고 있는 점이 눈에 띈다.[69]

한편, 1960년 3월 15일 한국에서 대통령 선거가 실시되었다. 이 선거 결과 이승만이 또다시 대통령에 당선되었다. 그러나 선거 과정에서 열세였던 이승만 대통령 진영은 재집권을 위해 유권자 명부를 조작하고 투표함을 바꿔치기하여 투표수를 조작하는 등의 부정을 서슴지 않았다. 또, 야당 인물들을 위협하고 폭력을 휘두르면서까지 선거에 간섭하는 등 매우 악질적이고 노골적으로 선거에 개입했다. 이승만 독재 정권에 대해 불만이 높았던 시민들은 3.15 부정 선거를 계기로 이승만 대통령의 탄핵과 정권 타도를 위한 데모를 시작했고, 학생들을 중심으로 데모는 순식간에 전국으로 확대되면서 4.19 혁명에 불을 붙였다. 1960년 5월 3일 이승만 대통령이 하야를 선언하고, 허정 외무부 장관이 이끄는 과도 정부가 성립되었다. 한국 정세의 급변으로 제4차 한일회담은 중단되었다.

---

69) 본서 제2장 2 참조.

한국은 6월 15일 허정 과도 정부하에서 헌법 개정을 단행했다. 대통령 중심제에서 내각 책임제로 정치 체제를 전환하면서, 부통령제를 폐지하고 국무총리제를 신설했다. 내각 책임제에서 대통령은 상징적인 존재에 불과했고 정권은 사실상 국무총리가 장악하게 되었다. 8월 12일에 새롭게 치러진 대통령 선거에서 윤보선이 새 대통령으로 당선되었고, 대통령에 당선된 윤보선이 같은 달 17일에 장면을 국무총리에 지명하면서, 장면 정권이 탄생했다.

지난 정권에서 부통령을 역임했던 장면은 이승만 정권의 노골적이고 적대적인 반일 정책을 비판하고 한일 관계의 개선을 주장했었다. 정권을 잡은 장면 정부는 더 적극적으로 일본과의 관계 개선을 모색하며 일본에 접근했다. 장면 정권은 반공 논리를 강조하며 일본으로부터의 경제 협력을 적극적으로 요구했다. 일본의 안보 유지를 위해 한국의 공산화를 막는 것이 중요하며 한일 간의 국교 정상화를 통해 반공의 방파제를 확대 및 강화해야 한다는 것이 장 정권의 주장이었다.[70)]

한일 경제 협력론이 언제 누구에 의해서 먼저 거론되었는지에 대해서는 정확하게 파악하기 어렵다. 다만 일본외무성문서를 보면, 한국의 4.19 혁명으로 인해 제4차 한일회담이 중단되기 직전 일본 정부는 '선국교 후 경제 협력'을 기본 방침으로 하면서 한국의 경제와 사회 복지에 기여하는 명목으로 청구권 중 일부는 경제 협력을 통해 해결하겠다는 방안을 각료 회의에서 의결했다는 내용이 나온다.[71)] 한일 경제 협력론은 일본에서 먼저 거론되었으며 주일한국대표부를 통해 장면

---

70) 北東アジア課, 「日韓会談情報 13 日韓国交問題と赤化防止」 1960.11.18, 戦後外交記録, 「日韓条約及び諸協定関係 交渉経緯関係 日韓会談情報 第一巻」, 일본 외무성 외교사료관 소장(도쿄) B'.5.1.0.J/K(S)1-2-10(一巻); 『韓国日報』 1960.10.26.

71) アジア局, 「日韓全面会談に関する基本方針(案)(閣僚了解案)」 1960.4.16, 일본외무성문서 2006-588-1403.

정부에 전달되었을 가능성이 높다.

경제주의를 앞세운 장면 정권의 출범이 예상되던 시기, 일본 외무성은 이세키 아시아국장을 포함한 아시아국의 실무 관료들과 재계 인사들로 구성된 '일한경제협력 간담회'를 발족시켰다. 이 간담회의 첫 번째 회합에서, 미국의 대한 원조가 효과를 거두지 못하고 있다는 지적이 나오면서 한일 간 경제 협력의 성과에도 의문이 제기되었다. 이러한 지적에 대해 아시아국은, 한국 경제가 직면한 기본적인 문제와 현 상태를 파악할 필요는 있으나, 우선 농업을 중심으로 경제 협력을 한다면 성과는 얻을 수 있다고 설명했다. 또 한일 간 무역 불균형을 시정하기 위해서 한국의 대일 수출 종목을 재조정할 필요가 있다고 제안하면서, 구체적인 경제 협력 방안도 피력했다. 이 간담회에서는, 아직 일본 국내의 의견을 수렴할 단계이므로 한일 간에 구체적인 논의에는 들어가지 않기로 결론이 났으나, 한일 경제 협력에 관한 구체적인 논의가 있었다는 점이 눈에 띈다.[72)]

일본은 이미 동남아시아 국가들과의 배상 협상을 경제 협력 방식으로 매듭짓고 있었기 때문에 한국과의 청구권 문제를 경제 협력 방식으로 해결한다는 것은 낯설지 않은 정책이었다. 따라서 일본 정부로서는 앞으로 한국과의 교섭에서 경제 협력 방식을 어떻게 관철시키느냐가 새로운 관권이 되었다고 할 수 있다. 이러한 일본 정부의 방향성은 장면 정권하에서 시작되고 진행된 제5차 한일회담에서 표면화되었다.

---

72) 北東アジア課, 「日韓経済協力懇談会第一回会合記録」 1960.7.6, 일본외무성문서 2006-588-1601. 이 문서에는 재계 참석자들의 명단이 기재되어 있으나 명단에 먹칠이 되어 사실상 비공개 상태이며, 아쉽게도 참가자들의 면면을 알 수 없다.

⁂ 한일 간 암묵적인 인식의 접근

한일회담 정체의 가장 큰 요인으로 이승만 대통령의 반일 정책을 지적하고 있던 미국 국무성은, 이승만 정권이 붕괴하자 맥아더 주일 대사를 통해 기시 정권에게 한일 간의 각 현안을 조속히 해결하도록 요청했다. 미국은 일본이 적극적으로 한국의 경제 재건을 돕길 바라며, 기시 총리가 한국 측과 직접 교섭을 하거나 한국의 정권 교체를 환영하는 호의적인 성명을 내는 것이 좋겠다는 의견을 내면서, 일본 측의 적극적인 접근을 권고했었다.[73)]

하지만 한국의 정권 교체와 비슷한 시기 일본에서도 정권 교체가 일어났다. 기시 정권은 요시다 정권 때 체결된 불공정한 일미안보조약의 개정을 가장 중요한 정책 과제로 하고 있었는데, 조약 개정 과정에서 일본은 '안보 투쟁'이라고 불리는 정치적 혼란과 반미 감정이 극에 달했다. 이러한 정치적 혼란에 대한 책임으로 1960년 7월 19일 기시 총리는 끝내 퇴진하고 이케다 하야토(池田勇人)가 후임 총리에 취임하여 제1차 이케다 내각이 발족했다. 이케다 내각은 국내적으로는 '안보 투쟁'으로 상징되는 대결적 정치의 이미지를 불식하고자 '소득배증 계획'으로 잘 알려진 경제 발전 최우선 정책을 실시했다. 외교적으로는 '안보 투쟁' 과정에서 소원해진 일미 관계를 재정립하면서 자유주의 국가들과의 결속 강화를 최우선 과제로 했다.[74)]

미국 국무성은 기시 총리가 퇴임하자 후임인 이케다 총리에게도 한일 관계의 개선을 요구했다. 사실 한일회담이나 한일 관계는 이케다 총리의 관심 밖에 있다고 해도 과언이 아니었다. 하지만 요시다 전 총

---

73) 北東アジア課, 「小坂外相の訪韓に関する件(首相への説明資料)」 1960.8.25, 일본외무성문서 2006-588-507.

74) 吉次公介, 『池田政権期の日本外交と冷戦』(岩波書店, 2009), pp.13~15.

리의 정치적 제자인 이케다는 '요시다 학교'의 우등생답게 대미 관계를 중시하는 친미 외교를 지향했고, 대미 협력의 관점에서 한일 관계의 개선을 미국에 약속했다. 이케다 총리는, 한국의 새로운 외교 방침과 대일 관계 개선을 천명하는 장면 정권에 화답하며 윤 대통령과 장 총리의 취임에 축전을 보냈다. 그리고 코사카 젠타로(小坂善太郎) 외상의 방한을 추진했다.[75]

코사카 외상의 방한에 대해서는 자민당 내 일부 의원과 사회당의 비판을 빼면 일본 정계의 다수가 호의적이었다. 한국에서도 북송 문제나 어업 문제에 관한 일본의 태도를 비판하거나, 한일 경제 협력론이 결과적으로 일본의 경제적 침투를 촉발하지 않을까 하는 우려는 있었으나, 코사카 일본 외상의 방한에는 대부분 긍정적이었다. 그리고 일본 정치가의 방한을 계기로 한일 간 화해가 시작될 수 있다는 기대도 있었다.[76]

코사카 외상은 방한 중에 한국 언론과의 기자 회견이 예정되어 있었는데, 일본 외무성은 한국 측의 예상 질문과 이에 대한 답변을 준비하기 위한 작업에 들어갔다. 가장 먼저 예상되는 것은, 일제강점기에 대한 사죄 요구였다. 외무성은, '일본은 한국에 대해 한때는 우월감을 가지고 있었으나 패전 후 이러한 감정을 지우고 민주주의 국가로서 재출발했다'라는 선에서 발언을 끝내고 직접적인 사죄를 피하기로 했다.[77] 한일 경제 협력에 관한 질문도 예상되었다. 이에 대해서는 '일본이 한국의 경제 재건에 기여한다'라는 점을 강조하면서 구체적인 계

---

75) 北東アジア課,「小坂外相の訪韓に関する件(首相への説明資料)」1960.8.25, 일본외무성문서 2006-588-507.

76) 情報文化局報道課,「小坂外相の訪韓に関する韓国紙の論評について」1960.9.10, 일본외무성문서 2006-588-771.

77)「小坂大臣ステートメント等(京城到着時)」1960.8.25, 일본외무성문서 2006-588-508.

획에 대해서는 '호의적으로 고려한다'라는 선에서 답변을 하기로 했다. 재일한국인 기업의 본국 자본 투자를 허가해 달라는 장면 정권의 요구도 긍정적으로 검토했다. 일본 정부는 원래 재일한국인들이 일본에서 한국으로 자산을 반출하는 것을 부정적으로 보고 있었으나, 외무성은 한국의 요청을 받아들여야 한다고 조언했다.[78]

1960년 9월 6일 코사카 일본 외상은 일본 각료로서는 해방 후 처음으로 한국을 공식 방문했다. 코사카 일행은 9월 8일 정일형 외무부 장관과 회담을 하고, 다음 날에는 윤보선 대통령 및 장면 총리와 회담을 했다. 이 연속된 회담에서 한국 측은 이승만 정권 때와는 완전히 달라진 태도로 일본 측을 대했다. 윤 대통령은 "백제 시대에는 한일 관계가 매우 좋았다. 장차 한일 관계도 백제 시대처럼 좋아지길 바란다"라고 말하며 일본에 호의를 보였다. 장 총리는 "한국인으로서 과거를 완전히 잊지 않았지만 미래의 한일 간 친선 관계를 위해서 과거에 연연하지 않고 미래 지향적으로 생각하고 싶다"라고 말했다. 코사카는 한국과 일본의 상호 경제 번영과 국민 생활의 안정이 중요하며 양국이 공산주의에 효과적으로 대항하기 위해 일본이 한국에 경제 협력을 할 용의가 있다고 말하면서, 공식적으로 경제 협력을 제안했다. 한국 정부는 일본의 역청구권 공식 철회에 대해서는 아예 언급하지 않고, 일본의 경제 협력 제안을 환영했다.[79] 1960년 비슷한 시기에 한일 양국에서 일어난 정권 교체를 계기로 한일회담은 새로운 국면을 맞고 있었다.

한편, 일본 외무성이 코사카 외상의 방한 기자 회견을 준비하는 과

---

78) アジア局, 「小坂大臣のソウルにおける記者会見想定問答」 1960.9.3, 일본외무성문서 2006-588-509.

79) 北東アジア課, 「小坂大臣訪韓の際の尹大統領、張国務総理との会談中注目すべき諸点(局長の口述されたもの)」 1960.9.9, 일본외무성문서 2006-588-512.

정에서 눈에 띄는 점이 있다. 역사 문제에 대한 사죄를 회피하고, 경제 협력은 한국의 경제 재건에 기여하기 위해서라는 점을 강조하면서 청구권에 대한 언급을 전혀 하지 않고 있다. 역청구권 주장 철회에 대한 언급도 없다. 외무성은 이미 역청구권 주장 철회를 공식적으로 표명할 의사가 전혀 없었으며, '상호 포기 플러스알파'안을 의식하고 있었다고 보여진다. 더 큰 문제는 한국에 있었다. 장면 정권은 한국이 제4차 한일회담의 재개 조건으로 그토록 치열하게 약속을 얻어냈던 일본의 역청구권 주장 철회에 대해서 공식 표명을 요청하지 않았다. 만약 장면 정권이 일본으로부터 역청구권 주장 철회를 정식으로 선언받고 대일 청구권의 명목을 관철시키려는 의지가 있었다면, 일본의 역청구권 주장 철회의 시기나 방법에 관한 논의가 먼저 있어야 했다.

경제 협력에 관한 일본 정부 내 논의: '상호 포기 플러스알파'안과의 연속성

코사카 외상의 방한 후, 제5차 한일회담의 개시일이 1960년 10월 25일로 확정되었다. 일본 정부는 회담 개시를 앞두고 관련 부처의 실무 관료들이 모여 청구권 문제에 관한 협의를 진행했다. 대장성에서는 청구권 문제에 관해 가장 강경한 주장을 해 온 이재국(理財局) 관료들[80] 중심으로 출석했는데, 대장성 측은 기존의 강경한 입장에서 선회하는

[80] 일본 대장성 이재국은 국채, 지방채, 재정, 국유 재산 등의 관리, 일본 중앙 은행의 업무와 조직 운영, 화폐 발행 계획 등 일본의 국가 재정에 있어서 매우 중추적인 업무를 담당하는 부서이다. 그만큼 엘리트 관료가 집중되는 부서이자 재정 지출에 관해 가장 보수적인 관료 조직이었다. 따라서 일본의 전후 배상이나 청구권 문제에 관해서도 일본 정부 내에서 가장 보수적인 태도를 보여왔고, 이 문제에 관한 발언력 또한 컸다.

태도를 보였다. 인양자들에 대한 국가 보상 문제를 고려해야 한다고 말하면서도 인양자 문제와 청구권 문제를 연계시키지 않겠다고 했다. 또 한국의 대일 청구권보다 일본의 대한 청구권이 더 많다는 기존의 주장을 반복하면서도, 청구권 상쇄론에 더 이상 얽매이지 않고 상호 포기 방식을 받아들이겠다고 했다. 단 한국에 청구권 명목으로 지불하게 된다면, 옛 조선인 출신 관료나 피징용자 등에 대한 미지불 임금 및 퇴직 군인 상여금, 개인의 채권·채무를 중심으로 한 개인 청구권만을 한국의 대일 청구권으로 인정한다는 방침을 유지했다.[81]

대장성은 외무성의 구상인 '상호 포기 플러스알파'안을 수용하면서, '플러스알파'에 해당하는 부분에 대해서 구체적인 안도 제시했다. 며칠 후 열린 회합에서, 일본 수출입은행을 중심으로 지불할 것, 한국의 변제 능력을 파악하면서 제공할 것, 한국에 제공할 일본의 자금에 대해 미국의 보증을 확보할 것, 한국의 변제 능력을 기대할 수 없는 상황이라면 통상적인 경제 협력은 처음부터 성립되지 않기 때문에 'aid'[82] 즉 원조 방식을 채용할 것을 주장했다. 또, "명시적으로 약속할 수 없다

---

81) 北東アジア課, 「第五次日韓会談に対する日本側基本方針決定のための第一回各省代表打合会議概要」 1960.9.12, 일본외무성문서 9506-588-1408.

82) 최근에는 선진국이 개발 도상국에 대해 실시하는 경제 개발 원조 즉 ODA를 경제협력이라고 부르고 있지만, 원래는 미국이 제2차 세계대전 후 피폐해진 서유럽의 경제 부흥을 위해 제공했던 경제 협력에서 그 개념이 시작되었다. 경제 협력은 크게 정부에 대한 지원과 민간에 대한 지원으로 나뉜다. 일본 ODA의 특징은, 변제 의무가 없는 무상 자금의 공여보다 장기 저리의 조건으로 경제 개발에 필요한 자금을 융자해 주는 유상 자금 공여 즉 엔 차관의 비중이 크다. 일본 정부의 ODA에 대한 정의와 설명에 대해서는 일본 재무성 HP를 참조. http://www.mof.go.jp/international_policy/economic_assistance/oda/oda.html. 한편, 국제적으로 'ODA = aid(원조)'라는 인식이 정착되어 있는데, ODA로 국제 사회에서 인정받기 위해서는 자금의 원천이 정부 또는 정부 기관일 것, 제공 목적은 개발 도상국의 경제 개발과 복지 향상일 것, 개발 도상국에 유리한 조건으로 제공될 것이라는 조건이 필요하다. 下村恭民·辻一人·稲田十一·深川由起子 [著], 『国際協力 : その新しい潮流』(有斐閣選書, 2013), pp.10~13.

면 밀약이라도 좋으니" 한국으로부터 개인 청구권 이외의 항목에 대해서 일체의 청구권을 포기한다는 약속을 받자고 했다. 이 조건이라면 '상당한 aid'를 고려할 여지가 있지만 한국이 aid를 제공받으면서 일반 청구권을 여전히 요구한다면 받아들일 수 없다고 역설했다.[83)]

대장성의 발언을 보면, 한국의 대일 청구권을 모두 포기시키는 것이 궁극적인 목표라는 것을 알 수 있다. 대장성은 한국이 변제 능력이 없다면 무상 자금을 공여한다고 언급하고 있는데, 그 의도는 통상적인 ODA 개념에 입각하여 개발 도상국에 대한 경제 협력 자금으로서 한국에 지불한다는 것이며, 청구권 개념의 지불과는 거리가 멀었다. 개인 청구권에 관한 항목만을 청구권으로 인정한다는 발언은 '해방 전 일본인이었던 조선인'에 대한 책임 차원의 보상을 의미했다. 이것은 일제강점기에 대한 정당화를 전제로 한 발언이어서, 언제든 한국과의 법률 논쟁과 역사 논쟁이 재현될 가능성이 있었다.

외무성은 한국이 대일 청구권을 포기하는 대가로 경제 협력 자금을 지원하는 것이며, 이것이 결과적으로는 '상호 포기 플러스알파'안을 관철하는 것이라고 했다. 한국에 대한 경제 협력은 실질적인 상호 포기를 유도하기 위한 '마중물'이라고 표현하기도 했다. 일본이 필리핀이나 버마(현재, 미얀마) 등 동남아시아에서 실시하고 있는 경제 원조 방식을 한국에도 적용하겠지만, 한국에 대해서는 기술 원조나 기술 개발에 필요한 연구 자금의 제공도 검토하고 있다고 밝혔다.[84)]

한편 대장성은 '선 국교, 후 경제 협력'이라는 각료 회의의 의결 때문에 외무성이 한국과의 국교 수립을 서두르는 것은 아닌지 경계했

83) 北東アジア課,「第五次日韓会談に臨む日本側態度決定のための第二回各省代表打合会議概要」1960.9.19, 일본외무성문서 9506-588-1408.

84) 北東アジア課,「日韓会談準備のための省内打合会に関する件」1960.10.6, 일본외무성문서 9506-588-1408.

다. 청구권 문제가 아직 해결되지 않은 상황에서 대한 원조를 위해 성급하게 국교가 먼저 수립된다면 이것은 굉장히 문제가 있다고 지적하며, 일본 정부 내에서 청구권과 경제 협력에 관한 방침이 구체적으로 세워졌을 때 한국과의 교섭을 진행시켜야 한다고 못을 박았다.[85]

외무성은 성급한 국교 수립에 대한 대장성의 우려를 불식했다. 단, '선 국교 원칙'으로 회담을 진행한다고 하더라도 청구권에 관한 논의를 완전히 배제할 수는 없으므로 청구권위원회를 설치하여 청구권 교섭은 진전시킬 것이라고 했다. 청구권 교섭 시 명령 33호에 관한 일본의 법적 논리는 일단 유보하여 기존에 반복해 왔던 한일 간의 법률 논쟁을 유발하지 않아야 한다는 지론도 다시 피력했다. 조선 총독부 출신 관료들이나 피징용자들에 대한 미지불 임금에 관해서는 실무적인 협의를 진행하겠지만 청구권 문제는 최종적으로 '정치적으로 해결되어야 한다'라는 향후 전망을 제시하면서, 한국과의 국교 정상화가 가시화된다면 그때는 '대만 방식'을 검토 중이라고 밝히기도 했다.[86]

'대만 방식'이란, 1952년 4월 28일 일본과 대만의 국민당 정부가 일화(日華)평화조약을 체결할 당시, 대만이 대일 배상을 포기한 방식을 말한다. 대만은 일본에 대한 전쟁 배상 요구를 포기하는 대신, 그 대가로 일본에 대해서는 대만에 대한 최혜국 대우와 대만의 주권 범위를 중국 대륙까지 인정하도록 요구했다. 일본은 대만의 주권 범위를 중국 대륙까지 적용하라는 요구는 받아들이지 않았지만, 그 외의 요구들은 거의 받아들이면서 대만의 대일 배상 포기를 끌어 냈다. 이렇게 대만이 일본으로부터 정치적 양보를 얻어내기 위해 대일 청구권을

85) 北東アジア課,「第五次日韓会談に臨む日本側態度決定のための第三回各省代表打合会議概要」1960.10.14, 일본외무성문서 9506-588-1408.

86) 위와 같음.

포기한 것을 일본 정부는 '대만 방식'이라고 표현하고 있다.[87] 외무성은 한국에 경제 협력 등을 제공하면서 최종적으로는 대일 청구권을 포기시킬 수 있을 것이라는 자신감이 있었던 듯하다.

이 시기 한일 간 청구권 문제 해결에 관한 일본 정부의 정책 방향은, 한국의 대일 청구권을 포기시키고 동남아시아 국가들과의 배상협정 방식과 같은 경제 협력 방식으로 해결하려는 것으로 거의 기울어졌다. 사실, 대장성과 외무성 간의 의견 절충 과정에서 언급된 대한 경제 협력의 방식은 일본이 동남아시아 국가들과 타결한 전후 배상 방식에 전례가 있었다. 이 시기 일본이 동남아시아 국가들과 체결해 가고 있던 배상협정의 기본 방식은, 순 배상금과 차관을 조합한 형식이었다. 일본과 버마는 1955년 4월에 협정을 체결했는데, 1963년에 경제 협력 방식을 새롭게 추가하여 타결한다. 결과적으로 일본과 버마 양국의 배상 교섭은 '순 배상, 경제 협력' 방식으로 타결되었다.[88] 필리핀의 경우는, 1956년 7월에 체결된 협정에서 순 배상금 5억 5천만 달러와 민간 기업에 대한 장기 차관 2억 5천만 달러를 조합하여 '순 배상, 경제 협력, 총 8억 달러'로 마무리되었다.[89] 이러한 패턴은 한국과의 청구권 교섭 최종 타결에서도 관철되었다.

---

87) 井上正也, 『日中国交正常化の政治史』(名古屋大学出版会, 2010), pp.49~52.

88) 永野慎一郎·近藤正臣 [編], 『日本の戦後賠償—アジア経済協力の出発』(勁草書房, 1999), pp.84~85.

89) 永野 외, 위의 책, p.69.

4. 한일 경제 협력에 대한 기대와 우려

장면 정권의 과도한 기대

1960년 10월 25일 제5차 한일회담이 시작되었다. 일본은 제4차 한일회담의 수석 대표였던 사와다 외무성 고문을 유임했다. 한국은 유진오 고려대학교 총장을 이번 회담의 수석 대표로 임명했다. 앞에서 언급했듯이, 법학자인 유진오는, 예비 회담 때부터 한국 정부의 법률 고문 등으로 한일회담에 관여해 왔다. 그리고 한일 간에 청구권 문제에 관한 법률 논쟁이 한창 진행되고 있을 때, 일본의 주장을 비판하면서도 한국의 법적 논리가 일본의 법적 논리를 뒤집을 수 없다는 점도 지적하고 있었다. 이승만 대통령에게 한일회담을 진전시키기 위해서는 법률 논쟁에서 한 발 물러서야 한다고 진언하고, 유력 인사들과의 토의에서는 청구권 문제는 결국 정치적으로 해결해야 할 것이라고 말해 왔다. 이런 점 때문에 일본에서는 지일파로 알려져 있었다.

장면 정부가 유진오를 이번 회담의 수석 대표로 임명했다는 것은, 1950년대와 같은 법률 논쟁을 피하고 청구권 문제를 원만하게 해결하겠다는 의지를 보인 것과 마찬가지였다. 이러한 장면 정부의 기조 때문에 한국에서는 일본과의 경제 협력에 대한 기대와 한일회담 타결에 대한 낙관론이 생기면서, 제5차 한일회담 개시를 앞두고 일본 문학이나 일본 문화를 중심으로 한 '일본 붐'이 일어날 정도였다.[90]

장면 정부가 한일회담 타결 의지와 함께 한일 경제 협력론을 주장

---

90) 北東アジア課, 「日韓会談情報 14」 1960.11.21, 戦後外交記録, 「日韓条約及び諸協定関係 交渉経緯関係 日韓会談情報 第一巻」, 일본 외무성 외교사료관 소장(도쿄) B'.5.1.0.J/K(S)1-2-10(一巻).

하고, 9월에 방한한 코사카 일본 외상이 한국에 대한 경제 협력을 약속한 이후로, 한일 양국은 청구권 문제를 경제 협력 방식으로 해결하려는 방향성에 암묵적으로 동의하고 있었다. 그리고 이번 회담에서는 일반청구권위원회를 설치하여 4차 회담 때 진전이 없었던 청구권 교섭을 본격적으로 시작하기로 했다. 일반청구권위원회는 1960년 11월 10일 첫 회담을 시작으로 1961년 5월 10일까지 총 13번이 열렸다.

일반청구권위원회의 양국 교섭대표단 구성을 보면 양측의 교섭 전략을 어느 정도 가늠할 수 있다. 한국 정부는 일반청구권위원회의 교섭 위원으로 금융 전문가인 유창순 한국은행 부총재를 주사(主査)로, 이상덕 한국은행 국고부장을 주사대리로 임명했다.[91] 주사와 주사대리 모두 금융 전문가인데, 이것은 경제 협력에 대한 논의가 타결될 것이라는 전망 아래 지불 방식 등의 실무적인 토의를 위한 인선이었다. 청구권 문제를 조속히 해결하고 경제 부흥에 필요한 자금을 일본으로부터 조달하려는 장면 정권의 본심이 명확히 드러나 있었다.

일본 측의 교섭 위원은 니시하라 대장성 이재국 국장이 주사, 요시다 이재국 차장이 부주사(副主査)를 맡으면서 대장성 이재국 관료를 중심으로 구성되었다. 대장성 이재국은 일본 정부 내에서 청구권 문제에 가장 보수적이고 한국에 대한 인식도 가장 강경한 조직이었다.[92] 앞에서 여러 차례 언급했듯이, 일본 정부는 한국이 제출한 대일 청구권 리스트인 '대일 8 항목' 중 개인에 대한 지불만을 청구권으로 인정한다는 것이 기본 방침이었는데, 이것은 대장성 측의 강력한 주장이었다. 게다가 대장성은 한국의 대일 청구 항목에 대한 법적 근거

---

91) 아주과, 「1-1. 제1차, 1960.11.10」, 한국외교문서 718, 『제5차 한일회담 예비 회담, 일반청구권 소위원회 회의록, 1-13차, 1960-61』.

92) 주석 80 참조.

를 엄격하게 따지고 그 증빙 서류를 철저하게 요구한다는 강경한 원칙을 세우고 있었다. 대장성은 이러한 기본 방침을 한국과의 교섭 과정에서 가감 없이 드러냈다.

일반청구권위원회에서 '대일 8 항목'에 관한 상세한 토의가 진행되었다. 한국 측이 제출한 '대일 8 항목'은, 이승만 정권하인 1949년부터 1954년에 걸쳐 작성된 '대일배상요구 조서'의 내용을 토대로 한 것이었는데, 이 중에서 조선은행권 및 일본은행권의 처리, 피징용자 등 전쟁 피해자들에 대한 보상, 일본에 있는 한국 관련 자산(재일한국재산) 등, 채권·채무의 처리에 관한 내용을 중심으로 발췌하여 새롭게 작성한 것이었다.[93] 그러나 해방 후 한반도의 상황이 혼란스러웠던 탓에 '대일 8 항목'의 내용을 증명하기 위한 자료가 충분하지 못했다. 하지만 일본 대장성 측은 한국 측이 제시한 청구 항목에 대해 증빙 서류나 증거 자료의 제출을 철저하게 요구했다. 이러한 요구 중에는 한국전쟁으로 인해 소실되어 제시가 전혀 불가능한 서류조차 포함되어 있었다.[94] 제5차 한일회담의 청구권 교섭은 대장성의 전략에 말려 한국의 기대와는 전혀 다르게 전개되었다.

한국 대표단은 대장성 측과의 토의가 매우 어렵다고 통감하면서도 제대로 대응하지 못했고 대안도 제시하지 못하고 있었다. 대장성은 한국이 오로지 경제 협력에 대한 일본의 의견만을 타진하고 있다고 꼬집었다. 한국 대표단 안에서는, '정권이 바뀌어도 한일회담에 임하는 실무진의 자세는 구태의연하다', '일본의 전략에 한국이 말려들었다'라

93) 장박진, 앞의 책(2014), p.531. 이 책의 515~531쪽에는 제5차 한일회담 시 한국 측이 제시한 '대일 8 항목'의 내역과 이에 대한 상세한 분석 및 고찰이 기술되어 있다.

94) 北東アジア課,「日韓会談に対する見方に関する件」1960.11.28, 일본외무성문서 2006-588-350.

는 자가 비판과 함께 스스로의 무능함을 한탄하는 목소리가 나왔다.[95] 한국 대표단은 개인 청구권의 수급자 조사에는 시간과 노력이 필요한 데다 그 과정에서 불합리한 사태가 발생할 가능성도 있다고 말하면서, 청구권 항목에 관한 상세한 사정(査定)의 어려움을 토로했다.[96]

제5차 한일회담에서 장면 정권은 청구권 교섭에 대한 준비 부족뿐만 아니라, 일본의 경제 협력에 과도한 기대를 하며 청구권 문제에 대한 타협 가능성을 노골적으로 드러냈다. 일본이 한국을 경제적으로 재지배하려는 속셈으로 경제 원조나 기술 원조를 제안하고 있다고 경계를 하면서도, 한국의 경제적 어려움을 타개하기 위해서는 일본으로부터의 경제 협력이 절실하다고 생각했다. 그리고 일본으로부터 여러 가지 형태로 경제 협력을 유도하려고 했다. 수석 대표 간 토의에서, 한국은 일본이 한국의 심각한 전력 부족 문제를 해결해 준다면 청구권 문제는 바로 해결될 수 있다고 말하면서, 당면한 국내의 경제적 궁핍을 우선 해결하기 위해 청구권 문제에서 양보할 수 있음을 시사했다.[97] 사와다 일본 대표는 한국에 평화선 철폐를 요구하면서, 그 대가로 한국의 어업 발전에 필요한 기술 지도는 물론 청구권 문제와는 별도로 캔공장 건설 등의 경제 협력을 제공할 것이라는 '당근 책'을 제시했다. 이때에도 유진오 대표는 매우 민감한 일본의 평화선 언급에 대해 반발하기보다, 경제 협력 자금과 평화선 철폐를 거래할 수 있다는 입장을 보였다.[98]

---

95) 위와 같음.

96) 北東アジア課, 「沢田·宇山·兪·厳非公式会談記録」 1960.12.26, 일본외무성문서 2006-588-348.

97) 위와 같음.

98) 北東アジア課, 「日韓会談首席代表非公式会談記録」 1960.12.15, 일본외무성문서 2006-588-348.

한국은 지금까지 주장해 온 대일 청구권 논리에서도 일탈했다. 대일 청구권의 정당성을 일제강점기나 전쟁 피해자들에 대한 배상이 아닌, 반공 논리에 두기 시작했다. 한국이 방공(防共)의 최전선에서 고군분투하고 있는 덕분에 일본은 평온하게 경제적 번영을 구가하고 있으며, 이러한 이유만으로도 일본은 한국에 큰 빚을 졌다고 말하면서, 일본의 경제 협력을 적극적으로 요구했다. 이에 대해 대장성 측은, 대장성 내에는 경제 협력 무용론이 강하게 존재하고 있다는 말로 한국 측의 요구를 냉정하게 일축했다. 그리고 기존의 원칙을 고수하며 한국에게 청구권 요구를 증명할 근거 자료를 계속해서 요구했다.[99)]

일반청구권위원회에서 한국과 대장성 측의 토의를 지켜본 일본 외무성은, 청구권의 세부 항목에 대한 세세하고 번잡한 토의 때문에 청구권 교섭이 정체되고 있다고 지적했다. 그리고 대장성이 한국의 상황을 잘 알고 있음에도 불구하고 한국에 강경한 태도를 보이고 있다고 비판하고, 이러한 태도는 한일회담의 타결을 위한 것이라고 말할 수 없다고 꼬집었다.[100)] 하지만 이후에도 일반청구권위원회에서는 채권·채무의 처리 방식이나 한국의 배상 청구에 대한 법적인 성격을 따지는 소모적인 공방이 지속되었다. 끝내 대일강화조약 제4조, 명령 33호, 미국의 '57년 각서' 등 기존의 법적 논리마저 소환되어 이전의 법률 논쟁이 재현되는 조짐마저 보였다.[101)]

장면 정권은 이승만 정권의 반일을 기조로 한 대일 정책을 비판하면서, 경제 논리와 반공 논리를 전면에 내세우며 과거사 문제에 대한

---

99) 北東アジア課, 「請求権問題に関する非公式会談要旨」 1960.12.27, 일본외무성문서 2006-588-96.

100) 北東アジア課, 「第五次日韓全面会談予備会談の一般請求権小委員会第三回会合」 1960.12.10, 일본외무성문서 2006-588-85.

101) 아주과, 「1-9. 第7차, 1961.3.22」, 앞의 한국외교문서 718.

언급 없이 경제 협력 방식에 의한 청구권 문제의 해결을 시도하고 있었다. 그러나 일반청구권위원회에 교섭 위원으로 참가한 일본 대장성 측의 강경한 태도를 설득하지 못했고, 굴욕적이라고 할 만큼 일본에 양보하면서 경제 협력을 요구했다.

장면 정권이 일본에 굴욕적인 상황을 자초하면서까지 한일회담 타결을 서두른 이유 중 하나는, 장면 총리의 국내 정치 기반이 약한 것을 들 수 있다. 장면은 4.19 학생 혁명에 의해 타도된 이승만 정권을 대신하여 탄생했는데, 혁명으로 정권 교체를 이룬 국민들의 자부심은 대단했다. 당시 초등학생들조차 데모를 하며 정부에 수많은 요구를 했는데, 장면 내각은 이러한 국민들의 지나친 요구에 강하게 대처하기 못했다. 게다가 여당인 민주당은 해방 전부터 정치가였던 윤보선 대통령을 중심으로 한 구파 세력과 장면 총리처럼 해방 후 정치에 투신한 신파 세력, 두 개의 파벌로 분열되어 격하게 대립하고 있었다. 이런 상황에서 장면 자신은 국민적인 인기를 얻고 있었으나, 선거의 세례를 받지 못하고 당내 대립 세력인 윤보선 대통령의 지명으로 국무총리에 취임했다는 것이 핸디캡이 되어 정권 기반이 약했다. 결국 윤보선이 이끄는 구파는 민주당을 이탈해서 신민당을 창당하여 야당이 되었고, 장면 세력만 남은 여당 민주당은 국회의 과반수를 확보하지 못하고 있었다. 국내의 경제적 궁핍에 더해 정치적 불안마저 해소되지 못하자 국민들의 불만과 실망도 높아졌다.[102)]

따라서 장면 정권에게 있어서 한일회담을 조기에 타결시켜 일본으로부터 경제 발전에 필요한 자금을 확보하는 것은, 빈곤에 허덕이는 국민들의 민의에 보답함과 동시에 정권 강화에도 매우 도움이 되는

---

102) 박천욱, 『독학 국사』(일빛, 2004), pp.247~248.

것이었다. 그러나 이러한 장면 정권의 절실함은 일본과의 교섭에서 일본에게 교섭의 주도권을 빼앗기는 원인이 되었다. 제5차 한일회담은 한국 측의 의도와는 다르게 전개되었고, 한국은 교섭 주도권을 일본 측에 완전히 넘겨주었다.

한국의 인식

장면 정권의 대일 정책 및 한일 경제 협력론에 대해 한국에서는 여러 온도 차가 있었다. 야당은 한일국교정상화의 추진에는 동의하면서도, 일본과의 경제 협력 결과 한국이 또다시 일본에 '경제적 노예 상태'로 전락할 위험성이 있다고 지적했다. 또, 장 정권이 일본에 대해 지나치게 양보를 하며 과거사에 대한 청산의 의지가 보이지 않는다고 비판했다.[103] 야당에서 한일 문제를 정쟁의 도구로 이용하는 측면이 있긴 했지만, 야당이 한국 대표단의 대일 교섭 태도와 경제 협력의 부작용을 지적할 수밖에 없는 상황을 자초한 것은 장 정권의 책임이었다.

재계에서는 일본과의 경제 협력이 한국 경제의 처방제 또는 기폭제가 되리라는 기대가 컸다. 일본 외무성도 한국에서 야당의 부정적인 반응과는 달리 재계에서는 한일 간 경제 협력에 대한 관심이 매우 높은 것에 주목했다. 이미 양국 간에 민간 무역이 시작되고 있었고 한국 시장에 많은 일본 상품들이 유통되고 있었던 만큼, 양국의 민간 기업들끼리는 경제 협력에 관한 논의도 활발하게 진행되고 있다고 파악하고 있었다.[104]

---

103) 太田修, 『日韓交渉—請求権問題の研究 [新装新版]』(クレイン, 2015), pp.145~147.
104) 北東アジア課, 「首席代表非公式会談記録」 1961.1.27, 일본외무성문서 2006-588-353.

한국 신문들은 정도의 차이는 있지만 기대와 우려 속에서 한일 경제 협력론을 수용하면서도, 장면 정권의 대일 교섭력과 정치력에 불신을 보이며 이 교섭이 실제로 잘 진행될 수 있을지에 의문을 던졌다.

동아일보는 한국의 경제 번영과 안보를 위해서는 일본과의 경제 협력이 필요하며, 일본 또한 자국의 민주주의와 독립이 지켜진 데에는 방공의 최전선에서 싸우고 있는 한국의 역할이 있음을 인정해야 한다고 논하면서, 경제 논리와 반공 논리로 한일 경제 협력의 필요성을 강조했다. 대체적으로 한일 경제 협력을 긍정적으로 평가했지만, 한편으로는 한일 경제 협력이 일본에 의한 경제적 지배의 계기가 될 수 있다는 야당의 '일본의 경제적 재지배설' 주장에도 동조했다. 또, 일본이 역청구권 주장을 포기하고 한국에 경제 협력을 한다는 조건으로 한국에 대일 청구권 포기를 요구한다면 한국인들의 반일 감정에 다시 불이 붙을 것이며, 한일 경제 협력은 물론 국교 정상화조차 바랄 수 없는 상황이 초래될 것이라고 역설했다. 경제 협력을 추진하면서 청구권 문제가 희생되지 않도록 청구권 문제와 경제 협력을 나누어서 진행시켜야 한다는 점을 강조했다.[105)]

이 시기 동아일보의 기사를 보면, 한일회담에서 오간 내용은 물론 일본이 극도로 꺼리는 경제 협력 자금에 대한 구체적인 수치와 지불 방식이 언급되고 있다. 1960년 12월 11일 자 기사에서는 일본이 한국의 대일 청구권 포기를 전제로 약 6억 달러의 자본 원조와 기술 원조를 제안했으며 미국은 한국이 이 제안을 수락하도록 요청했다는 기사가 실렸다.[106)] 동 13일에는 일본이 한국에 대해 재일한국재산을 포기할 것을 조건으로 6억 달러의 원조를 제안했다고 보도하면서, 6억 달

105) 『東亜日報』 1960.10.26.

106) 『東亜日報』 1960.12.11, 석간.

러는 일본의 안보에 대한 한국의 역할을 고려한다면 너무 적은 금액이며 한국이 최소 10억 달러를 청구해도 비합리적이지 않다고 주장했다. 동아일보는, 일본은 필리핀에 대한 배상으로 8억 달러를 지불하고 있는데 일본의 방공 기지 역할을 하고 있는 한국의 가치는 필리핀과 비교도 할 수 없으며 따라서 총 10억 달러는 요구할 수 있다고 논하고 있다. 그리고 10억 달러는 재산 반환, 증여, 장기 신용 및 단기 신용 대출 방식으로 지불하여야 한다는, 방법론까지 제시하고 있다.[107)]

동아일보의 논조에서 주목하고 싶은 것이 있다. 동아일보가 언급한 '6억 달러'나 '10억 달러'라는 금액은 1956년 한국 정부가 외무성에 제시한 '6억 달러에서 10억 달러'의 배상 청구액 규모와 비슷하다는 점이다. 또 10억 달러를 어떤 방식으로 지불할 것인가에 대한 제안은, 일본 정부 내에서 구상하고 있었던 '순 청구권, 무상 경제 협력, 유상 경제 협력'과 유사했다.

즉, 제4차, 제5차 한일회담이 표면적으로는 정체하고 있었지만, 외무성과 한국 정부가 물밑에서 소통한 결과 적어도 1950년대 말에는 한국의 대일 청구권에 관한 금액의 규모나 지불 방식에 대해 한일 양국 간에 어느 정도 합의가 형성되어 있었다는 것을 충분히 추측할 수 있다. 그리고 이러한 내용들은 당시 언론에서도 공공연한게 인용되고 있었던 것이다. 따라서, '1962년 박정희 대통령의 지령으로 김종필 중앙정보부장이 일본의 오히라 마사요시(大平正芳) 외상과 야합하여 경제 협력 방식으로 5억 달러에 타협했다'라는 기존의 인식은 수정될 필요가 있다. 여기에 관해서는 다음 장에서 상세히 다루도록 한다.

한국일보는 한일 경제 협력에 대해 신중한 논진을 펼쳤다. 특히 일

---

107) 『東亜日報』 1960.12.13.

본의 경제 원조에 과도한 기대를 걸고 있는 장면 정권의 태도와 경제 협력으로 얻어질 성과를 부정적으로 봤다. 장면 정권이 경제 제일주의를 앞세우며 교섭을 하고 있지만 청구권에 관한 한일 간 인식의 격차가 여전히 큰 상태에서 청구권 문제가 잘 해결될 수 있을지는 의문이라고 했다. 일본이 분명히 밝힌 '선 국교, 후 경제 협력' 방침, 경제 협력을 무상 공여로 할 것인지 차관으로 할 것인지에 대한 양국의 이견, 청구권 명목의 유지 등에 대해서 정부가 혼란을 보이고 있다고 지적했다. 장 정권의 대일 교섭력이나 국내에서의 정치적 대응도 비관적으로 봤다. 국내에 한일 경제 협력에 대한 인식과 기대가 어느 정도 형성되어 있기는 하나, 일본과의 교섭을 강력하게 추진할 능력이 현 정권에 있다고 보지 않았다.[108]

조선일보는 냉전에 대한 대응과 산업화의 관점에서 일본과의 국교 정상화가 필요하다고 인정하면서도,[109] 한일 경제 협력이 표면화되자 이를 경계하는 논설을 게재했다.[110] '한국의 경제가 일본에 예속되는 사태를 저지해야 하며 원칙과 순서를 무시하면서까지 대일 관계 개선을 서두르는 장면 내각을 견제하자'라는 국회 의결을 지지하고, 일본과의 국교 정상화보다 식민지에 관한 역사 청산이 먼저 해결되어야 한다고 지적했다.[111] 또, 경제 문제를 해결하기 위해 청구권 문제를 경제 협력으로 둔갑시켜서 해결한다면 민족적인 과오를 범하게 될 것이라고 비판했다.[112]

당시 신문 기사들에서 주목하고 싶은 것이 있다. 제5차 한일회담

108) 『韓国日報』 1961.1.14.
109) 『朝鮮日報』 1960.12.10, 석간.
110) 『朝鮮日報』 1961.1.13, 석간.
111) 『朝鮮日報』 1961.2.7, 석간.
112) 『朝鮮日報』 1961.5.15, 석간.

시, 한국에서는 경제 논리와 반공 논리를 내세우며 한일 간의 경제 협력을 정당화하고, 경제 협력을 통해 한일 관계를 회복한다는 방향성에 합의가 형성되어 있었던 것은 분명하다. 한국의 야당이나 언론도 이러한 방향성에는 근본적으로 반대하지 않았다. 단, 청구권 문제를 과거사에 대한 청산 없이 경제 협력 방식으로만 타결한다는 것에는 아직 거센 저항이 있었다. 그리고 이 어려운 문제를 해결할 능력이 과연 장면 정권에게 있는 것인지에 대한 의문도 제기되고 있었다.

일본 정부 내의 이견

■ 대장성의 입장

일본 정부는 한국에 대해 역청구권 주장 철회를 표명하지 않고 한국과의 청구권 문제를 경제 협력 방식으로 해결한다는 방침을 전제로 제5차 한일회담을 시작했다. 하지만 한국에 대한 지불 총액이나 구체적인 지불 방식을 두고는 대장성과 외무성이 또다시 충돌했다.

동아일보가 일본의 대한 경제 협력 자금이 6에서 10억 달러라고 언급했다는 것이 곧 일본 정부에도 알려졌다.[113] 대장성은 일본 정부 내에서 합의되지 않은 구체적인 금액이 공개적으로 나온 것에 반발하며, 외무성에 대해 "6억 달러의 절반도 줄 수 없다"라고 단언했다.[114] 이 시기 대장성은 일반청구권위원회에서 한국 측과 교섭을 하며 청구 항목에 대한 증빙 서류 등을 엄격하게 따지고 있었다. 이때 외무성은 대장성의 강경한 교섭 태도를 우려하며 한국 정부 및 주일미국대사관

113) 北東アジア課, 「日韓会談情報 20」 1960.12.23, 戦後外交記録, 「日韓条約及び諸協定関係 交渉経緯関係 日韓会談情報 第一巻」, 일본 외무성 외교사료관 소장(도쿄) B'.5.1.0.J/K(S)1-2-10(一巻).

114) 北東アジア課, 「一般請求権問題に関する件」 1960.12.13, 일본외무성문서 2006-588-96.

측과 비공식 접촉을 진행하고 있었다. 이러한 사실을 알고 있는 대장성은, 한국 내의 신문 보도 내용이 외무성이나 주일미국대사관 측과 관련이 있다고 의심할 수밖에 없었다.

대장성은 한국의 대일 청구권으로서 지불할 수 있는 것은 해방 전 관료나 피징용자 및 피징병자에 대한 미지불 임금뿐이며, 수취인 당사자의 거주지나 소식이 불투명한 부분이 많기 때문에 실제로 한국에 지불되는 금액은 소액이라고 강조했다. 한일회담 자체에는 반대하지 않지만 성급하게 교섭을 진행시킬 필요는 없으며, 더군다나 아직은 경제 협력에 관한 논의를 진행시킬 단계도 아니라고 했다. 대장성은 외무성의 주도로 한일회담이 성급하게 진행되는 것을 경계하며, 한국이 바라는 청구권 금액에 대해 'wishful thinking'을 주어서는 안 된다고 못을 박고, 청구권 문제에 관해서 아무리 논의를 해봐야 일본이 양보할 수 없는 것이 있다는 것을 한국 측에 분명하게 인식시켜야 한다고 주장했다.[115]

대장성은 한국 측의 교섭 태도에 대해서도 비판했다. 일본이 쿠보타 발언을 철회한 취지는 '나도 할 말을 안 할 테니 당신도 쓸데없는 소리 하지 마라'라는 의도였다며, 그럼에도 불구하고 한국은 이전과 같은 태도를 버리지 않고 있다고 비난했다. 한일 간에 또다시 법률 논쟁이 재현되거나 쿠보타 발언과 같은 일이 재발할 가능성을 배제하지 않고, 이런 유사한 문제가 다시 발생한다면 그때는 국제사법재판소에 제소하는 방법도 검토해야 한다고 했다. 또 미국의 '57년 각서'는 '상쇄'의 의미를 포함한다는 기존의 주장을 다시 제기했다. 대장성은 일본이 한국에게 과감한 양보를 할 수 있다는 등의 과도한 기대를 주지

---

115) 北東アジア課,「日韓会談日本側代表団の打合せ会議概要」1961.1.25, 일본외무성 문서 9506-588-1411.

않도록, 외무성에게 자제를 요청했다. 한국의 국내 정세를 보면 한일회담이 타결될 수 있을지도 의문이라고 지적하며, 따라서 한국 측에 청구권 금액의 구체적인 숫자를 성급해서 제시해서는 안된다고 했다. 한국의 국내 정세를 냉철하게 지켜보면서 청구권 금액에 관한 한국의 기대를 억제시켜야 한다는 것이 대장성의 입장이었다.[116)]

물론 대장성이 한일회담 자체를 파탄시키려는 의도는 없었다. 개인청구권 수급 대상자들이 현재 한국이나 북한 어느 쪽에 거주하고 있는지를 조사한다는 것이 절차상 매우 곤란하다는 것도 잘 알고 있었다. 대장성의 대한 강경 태도가 한일회담 결렬의 원인이 되는 상황도 원하지 않았으므로 결국 외무성이 주장해 온 정치적 해결이 불가피하다는 것도 인정하고 있었다. 그러나 한국이 주장하고 있는 청구액을 그대로 지불할 생각이 없음을 명확히 밝히면서, 이점을 한국 측에 전달하도록 외무성을 압박했다.[117)]

▪ 외무성의 입장

외무성은 우선, 한국의 동아일보에서 보도한 '6억 달러'라는 숫자는 한국 측이 이후의 교섭을 염두에 두고 단순하게 제시한 금액이며 큰 의미가 없다고 해명했다.[118)] 오히려 대장성 측이 한일회담 청구권위원회에 교섭 대표로 참가하면서 모든 상황을 충분히 알고 있음에도 불구하고 과도한 신중론을 펼치고 있다고 비판했다. 그리고 대한 경제 협력의 큰 틀은 기존의 방침에서 전혀 바뀐 것이 없으며 대장성 이

116) 北東アジア課, 「日韓会談日本側代表の打合せ会議概要」 1961.2.8, 일본외무성문서 9506-588-1411.

117) 위와 같음.

118) 北東アジア課, 「一般請求権問題に関する件」 1960.12.13, 일본외무성문서 2006-588-96.

야말로 강경한 태도를 재고해야 한다고 반박했다.[119] 청구권 문제를 조급하게 해결하려 한다는 대장성의 우려에 대해서는, 어업 교섭에 진전이 없는 한 청구권 교섭도 진전이 없을 것이며 한국에 대한 일방적인 양보도 없을 것이라고 했다. 단, 앞으로의 과제는 한국과 어떤 식으로 타결해 갈 것인가 하는 방법론적인 논의가 중심이 될 것이라고 했다. 외무성은, "무슨 일이 있어도 한국과 싸우지 않겠다는 약속이 되어 있다"라고 강조하며 법률 논쟁이나 쿠보다 발언과 같은 문제의 재발 가능성을 부정하면서, 이번에야말로 한국과의 회담을 정리해야 한다고 역설했다.[120]

대장성은 1957년 12월 31일 자 합의 의사록에 기재된 '미국의 견해는 재산 청구권의 상호 포기를 의미하지 않는다'라는 문장이, '미국의 견해는 상쇄를 의미한다'라고 해석할 수 있다고 주장하고 있었다. 이에 대해 외무성은, 대장성의 주장은 이미 비현실적인 것이 되었으며 대장성 측의 이러한 주장이 한국 측의 태도를 경직시켜 회담에 악영향을 끼칠 뿐이라고 지적했다. 오히려 한국은 이 문장을 '일본의 역청구권만이 철회되었다'라고 해석하여 대장성과 정반대의 주장을 하고 있음을 전했다. 외무성은 대장상과 한국의 정반대 되는 주장에 각각 대응하면서, '미국이 상호 포기의 가능성을 배재하지 않고 있다'라는 외무성만의 해석을 고수했다. 한편, 최근의 교섭에서 한국은 '배상적 성격'이라는 취지의 발언을 하고 있는데, 이것은 한국 스스로 청구 항목들에 대한 법적 근거의 약함을 인정하고 정식 배상을 요구하지 않을 것이라는 의미라고 설명했다. 따라서 대장성이 '상쇄론'에 집착하

119) 北東アジア課, 「日韓会談日本側代表団の打合せ会議概要」 1961.1.25, 일본외무성 문서 9506-588-1411.

120) 北東アジア課, 「日韓会談日本側代表の打合せ会議概要」 1961.1.31, 일본외무성문서 9506-588-1411.

지 않아도 한국과의 교섭 결과는 대장성이 걱정하는 것처럼 되지 않을 것이라고 안심시켰다.[121]

1960년 10월부터 외무성 조약국장으로 취임한 나카가와는, 합의 의사록에서 단순히 '미국의 견해에 의한'이라고만 해 두었으면 좋았겠지만, 최종 단계에서 기시 총리의 결단으로 '상호 포기를 의미하지 않는다'라는 문장이 추가된 것이라고 설명했다. 이러한 경위 때문에 '미국의 견해가 상쇄를 의미한다'라고 말할 수 없게 되었으며, 이러한 경위를 알고 있는 이상 대장성의 주장대로 법리 해석을 할 수 없다고 못을 박았다. 나카가와는 미국의 '57년 각서'나 명령 33호에 관해서는 한일회담이 타결될 때까지 거론하지 않는 것이 현명하다고 말하며, 다시는 법률 논쟁을 일으키지 않겠다는 방침을 확고히 전했다. 이번 회담에서 한일 양국 대표단은 한국이 제출한 '대일 8 항목' 가운데 5개 항목에 관해서 합리성과 비합리성을 따지는 작업을 하고 있지만, 최종적으로는 청구권 문제를 정치적으로 해결하는 것이 가장 무난하다는 의견도 피력했다.[122]

이세키 아시아국장은, 한국 내에서도 일본의 법적 논리에 대한 견해가 나뉘어 있으며 한국의 법적 주장이 간단하게 성립될 수 없다는 것도 이해하고 있다고 덧붙였다. 현재 한국이 전향적으로 교섭에 임하고 있는 상황에서 일본이 고의로 청구권에 관한 토의를 피한다면 오히려 한국을 자극할 우려가 있다고 했다. 이세키는, "우여곡절은 있겠지만 회담을 결렬시키지 않고 계속 진행할 것이며 언젠가는 정리가

---

121) 北東アジア課,「請求権に関する一般的問題点」1961.2.6, 일본외무성문서 2006-588-1349; 北東アジア課,「請求権問題に関する大蔵省との打合会」(第一回~五回), 1961.2.7~3.13, 일본외무성문서 2006-588-1350.

122) 北東アジア課,「日韓会談日本側代表の打合せ会議概要」1961.2.8, 일본외무성문서 9506-588-1411.

될 것"이라고 말하며, 회담 타결에 대한 강한 의지를 보였다. 자유주의 진영 국가들의 단결이나 반공 논리를 앞세운 대국론에 밀려서 '한국에 과감히 양보'하는 일은 없을 것이며, '소액의 청구액만 인정하는 대장성 측의 생각을 존중해서' 한국을 설득해 가겠다고 했다. 청구권 문제를 어업 문제와 연동시켜서 해결하는 등 국내 여론을 납득시키기 위해 여러 가지 해결 방안도 생각하고 있다고 설명했다.[123]

이 시기 일본 외무성 내에서 한국 문제에 관해 조약국과 아시아국의 합이 상당히 잘 맞는 것이 눈에 띈다. 앞에서 해명했듯이, 초기 한일회담 시기 외무성 내에서는 한일회담의 추진을 주장하는 아시아국과 달리 조약국은 한국 문제에 대해 경직된 법적 논리를 주장하고 있었다. 아시아국이 구상한 '상호 포기 플러스알파'안을 기본으로 한 대한 정책안이 일본 정부 내에서 자리를 잡아가면서, 조약국은 아시아국의 대한 정책에 반대하지는 않았지만 한일회담에 적극적인 관심을 두지는 않았다. 그런데 나카가와가 조약국장으로 취임하면서 조약국의 입장이 유연해졌고, 대장성을 상대하는 아시아국을 나카가와가 측면에서 지원하고 있었다. 사실 나카가와는 한일회담 제2차 중단기였던 1953년부터 1957년까지 아시아국장을 지냈고, 한일회담 재개를 위해 굉장히 고군분투했었다. 아시아국의 사정을 잘 알고 있는데다 한일회담에 관심이 많았던 나카가와가 조약국장으로 취임하면서, 조약국은 이세키가 이끄는 아시아국을 적극적으로 도왔다.

한편 위에서, '소액의 청구액만 인정하는 대장성 측의 생각을 존중해서'라는 이세키 국장의 발언은 청구권 명목으로서의 금액을 소액으로 한다는 뜻이다. 후술하겠지만, 이세키는 경제 협력 자금으로 한국

---

123) 위와 같음.

측의 요구액을 만족시킨다는 본심을 감추고 있었다.

5. 청구권 교섭의 새로운 전개

■ 일본 정부 내 의견 수렴

일본 대장성과 외무성은 대한 경제 협력 문제를 두고 공방하면서 상호 포기 문제에 관해서도 또다시 균열을 보였는데, 이후 정부 내 토론을 거듭하면서 다음과 같이 의견이 수렴되어 갔다. 한국에 역청구권을 주장하지 않음으로써 역청구권 주장을 실질적으로 철회하지만, 한국의 대일 청구권 심사 과정에서 실질적인 상호 포기를 이끌어 낸다. 한국의 대일 청구권에 대해서 심사 결과 근거가 없는 것은 지불을 거부한다.[124] 한국이 대일강화조약 제4조 (b)항을 근거로 일본의 역청구권 포기를 거론한다면 일본은 미국의 '57년 각서'를 내세워 대응한다.[125] 이때, 대일강화조약에는 한국의 대일 배상 청구에 관한 법적 근거가 없음을 강조하고,[126] 배상 문제와 유사한 한국의 청구권도 대일강화조약에 존재하지 않는다는 것을 명확하게 주장할 것이다.[127] 요약하자면, 일본 정부는 한국에 대한 역청구권 주장을 실질적으로는

---

124) 外務省アジア局北東アジア課,「日韓会談の経緯(昭和二六年一〇月予備会談の開始より昭和三六年五月第五次会談の中止まで)」1961.9.4, 일본외무성문서 2006-588-77.

125) 北東アジア課,「第五次日韓全面会談予備会談の一般請求権小委員会七回会合」1961.3.22, 일본외무성문서 2006-588-89.

126) 北東アジア課,「第五次日韓全面会談予備会談の一般請求権小委員会九回会合」1961.4.6, 일본외무성문서 2006-588-91.

127) 北東アジア課,「第五次日韓全面会談予備会談の一般請求権小委員会一〇回会合」1961.4.13, 일본외무성문서 2006-588-92.

철회하지만 공식적인 철회 표명은 하지 않을 것이며, 기존의 법적 논리를 견지하겠다는 것이다.

초기 한일회담 때부터 청구권위원회에 출석해 온 일본 측 대표는 정부 관료를 중심으로 구성되어 있었고, 그중에서도 대장성 관료와 외무성 관료가 논의를 주도해 왔다. 이런 점에서, 청구권 문제에 관한 대장성과 외무성 두 부처 간의 의견 수렴은 일본 정부 내 의견 수렴의 최종 과정이라고 봐도 무방하다. 그리고 일본 정부 내에서, 한일 청구권 문제에 관한 기존의 법적 논리를 포기하지 않았으며, 한국과의 법률 논쟁을 되도록 피하면서 실질적인 청구권의 상호 포기로 유도한다는 기존의 방침이 재확인되었다.

한편, 한일 간에 경제 협력에 관한 인식이 접근하고 한일회담 타결에 대한 기대가 높아지자 일본 여당인 자민당이 움직이기 시작했다. 1961년 4월 자민당 내에 '일한문제 간담회'가 설치되었다. 전 자민당 총무회장이자 통상산업성 대신을 지낸 이시이 의원을 좌장으로 해서, 기시 전 총리, 기시의 친동생이자 후일 총리가 되는 사토 에이사쿠(佐藤栄作) 의원, 후지야마 전 외상 등 유력한 정치인들이 멤버로 참가했다.[128)]

이들은 모두 기시 정권의 각료 출신이며, 자민당 내 친대파(親台派) 의원들이다. 좌장인 이시이는 대만 총독부에서 근무한 경험으로 대만과 인연이 깊은 친대파 정치인의 대표 격으로 알려져 있다. 기시는 원래 친대파이지만 한국에서는 거물급 친한파(親韓派) 정치인으로 알려져 있다. 기시가 한국과 지리적으로 가까운 야마구치현 출신으로 한국에 대해 특별한 감정을 가지고 있으며, 1969년에 설립된 '일한협력

---

128) 「自民党政務調査会外交調査会日韓問題懇談会メンバー」 1961.4.26, 일본외무성문서 2006-588-514.

위원회'에서 오랫동안 회장을 맡았다는 이유에서이다. 친대파 의원들이 '일한문제 간담회'를 주도한 이유는, 아직 일본 정계에 친한파 세력이 형성되지 못한 것도 있지만, 이들은 한국, 일본, 대만이 협력하여 아시아의 반공 연대를 만든다는 목표로 한일국교정상화에 관심을 가지고 있었기 때문이었다.[129)]

이 간담회는 한일회담의 진전을 목표로 국회의원단을 한국에 파견하는 일을 추진했다. 그리고 자민당 소속 국회의원 8명으로 구성된 방한 의원단을 1961년 5월 6일부터 12일까지 서울에 파견했다. 이세키 외무성 아시아국장이 청구권 및 경제 협력에 관한 토의에서 정치적 판단이 필요하지 않은 실무 항목에 관한 설명을 담당하는 역할로 방한 의원단과 동행했다. 방한 의원단은 출반 전, 한일 간 경제 협력은 국교 정상화 이후에 실시할 것이며, 일본은 한국에 대한 경제적 재지배의 의도가 없다는 것,[130)] 청구권 문제에 대해서 일본이 일방적으로 양보하지는 않을 것이며 어업 문제도 같이 해결할 것 등을 한국 측에 적극적으로 주장하겠다고 장담했다.[131)] 방한 의원단의 입장은 외무성을 통해 이미 한국 측에도 전달되었다.

---

129) 이케다(池田)에 의하면, 일본 정부 내에서 '친대파'와 '친한파'는 각각 조직이 형성된 과정이나 활약상 그리고 일본 내 인식에서 대조적인 부분이 많지만, 야츠기(본서 제3장 4 참조)에 의해서 '친대파'와 '친한파'의 접점을 찾을 수 있다고 한다. 池田慎太郎, 「自民党の『親韓派』と『親台派』—岸信介·石井光次郎·船田中を中心に—」, 李鍾元·木宮正史·浅野豊美 [編], 『歴史としての日韓国交正常化』 I (法政大学出版局, 2011), pp.147~176. 야츠기가 한일 문제뿐만 아니라 일대(日台) 문제에 관해서도 물밑에서 외교 활동을 펼친 결과 일본, 한국, 대만을 잇는 반공 동맹의 형성에 적지 않은 역할을 했다는 추측도 가능하다.

130) 北東アジア課, 「自民党議員団の訪韓の際の想定問答(案)」 1961.4.27, 일본외무성문서 2006-588-514.

131) 参議院外務委員会調査室, 「日韓基本条約及び諸協定等に関する参考資料 二、交渉の経緯 ㅁ第五次会談」 1965.10, 일본외무성문서 2006-588-1647.

■ 장면 정권의 청구권 포기 가능성 시사

일반청구권위원회에서 대장성과 한국 대표단이 공방을 벌이는 동안 한국과 일본의 수석 대표 간 회의가 별도로 진행되었는데, 수석 대표 간의 비공식 회의에서 중요한 의견이 오갔다. 일본 측은 한국 측에, 청구권 교섭 시 청구권의 명목을 배제하지는 않겠지만 청구권 문제는 정치적 절충이 중요하며, 경제 협력 방식은 정부 간 무상 원조와 민간 자본의 제휴로 나누어 이행하자고 제안했다. 한일회담에 대한 일본 여론의 지지를 모으기 위해서는 어업 문제와 청구권 문제를 동시에 해결해야 한다는 점도 강조했다.[132] 한국 측도 청구권 문제를 경제 협력과 관련지어서 정치적으로 타결하고 싶다는 본심을 밝혔다.[133]

이후 일본 국회의원단의 방한이 확정되어 가던 시기, 주일미국대사관의 관계자가[134] 외무성 아시아국 북동아시아과 과장인 마에다 토시카즈(前田利一)와 자주 접촉하며 한일 간의 교섭 상황을 공유했는데, 이 루트는 미국 정부의 의견이 외무성을 통해 일본 정부로 전달되는 과정이기도 하다. 미국 대사관 측은 외무성 측에 "한국의 장면 정부는 일본으로부터 경제 원조를 조속히 받고 싶어 하며, 이 때문에 경제 협력 문제에 관한 교섭 상황에 따라 청구권 문제를 완전히 포기하는 것도 고려 중인 듯하다"라고 전했다. 그러면서, 미국은 국교를 먼저 회복하고 그다음에 일본이 원하는 형식으로 한국에 경제 협력을 한다는

---

132) 北東アジア課, 「首席代表非公式会談記録」 1961.2.7, 일본외무성문서 2006-588-353.

133) 아주과, 「1-8. 제6차, 1961.3.15」, 앞의 한국외교문서 718.

134) 일본외무성문서에는 1950년의 초기 한일회담 시기부터 한국의 정세와 주한미국대사관 측의 의견 그리고 워싱턴 국무성의 본심을 내밀하게 외무성에 전달했다는 주일미국대사관의 서기관이 자주 등장한다. 그러나 관련자 이름을 거의 모든 문서에서 검게 칠하여 비공개 상태이다. 한국 내에 일본 공관 성격의 존재가 아직 설치되어 있지 않은 상황에서, 한국의 국내 사정을 파악하는 데 있어 주일미국대사관 측이 외무성에게 매우 귀중한 정보원이었다는 것은 틀림없다.

일본 정부의 방침을 지지한다고 했다. 아시아국은 이러한 주일미국대사관 측의 견해가 일본의 입장만을 배려한 것이기 때문에 한국의 의중을 얼마만큼 정확히 전달하고 있는지에 대해서는 의문이 있다고 생각하면서도, 경제 협력 방식으로 청구권 문제를 해결할 수 있겠다는 확신을 얻었다.[135)]

한편, 이 시기부터 일본외무성문서에는 대한 경제 협력과 관련된 여러 유사 용어들이 본격적으로 등장한다. 선행 연구에서도 무상 공여, 무상 경제 원조, 무상 경제 협력, 무상 차관, 유상 공여, 유상 경제 원조, 유상 경제 협력, 유상 차관, 장기 저리 차관 등 다양한 명칭들이 사용되고 있다. 앞서 경제 협력에 관한 용어를 설명한 바 있는데 이를 참조하면서 위의 용어들을 정리하겠다. 무상 공여, 무상 경제 원조, 무상 경제 협력, 무상 차관 등은 변제 의무가 없는 자금을 의미하고, 유상 공여, 유상 경제 원조, 유상 경제 협력, 유상 차관, 장기 저리 차관 등은 변제 의무가 있는 엔 차관을 의미한다. 본서에서는 이후, 인용하는 경우를 제외하고 한일 청구권 및 경제 협력 문제에 관해서는 무상 경제 협력, 유상 경제 협력으로 용어를 통일하겠다.

자민당 의원들의 방한을 계기로 한국과 일본은 경제 협력 방식에 관한 구체적인 구상에 접근해 갔다. 방한 의원단에 동행한 이세키 국장은 김용식 외무부 차관을 만나 청구권 문제에 관한 다음의 해결안을 제시했다. "제1안은, 개인에 대한 명확한 채무는 청구권으로 해결하고, 일반적인 청구권은 무상 경제 협력으로 해결한다. 제2안은, 개인 채무에 관한 청구권을 따로 설정하지 않고 무상 경제 협력에 포함시키면서 정부 차관 및 수출입은행을 통한 민간 차관을 별도로 책정

---

135) 北東アジア課, 「日韓問題に関する在京米大使館員の内話の件」 1961.5.1, 일본외무성문서 2006-588-1792.

한다. 즉 전자든 후자든 '국가 간의 청구권'이라는 명목을 사실상 배제한다." 앞에서 언급했지만, 이세키 국장의 제안이 한국 정부에게 생소한 것은 아니었다. 김용식 차관은 청구권 문제에 관한 이세키의 제안을 받아들이면서, 일본이 무상 경제 협력 자금으로 어느 정도의 금액을 생각하고 있는지 물었다. 하지만 이것은 이세키가 대답할 수 있는 영역이 아니었다.[136]

한일 경제 협력에 대한 논의가 본격적인 궤도에 오르면서 한국 측이 가장 관심을 보인 것은 청구권 및 무상 경제 협력에 관한 금액과 유상 경제 협력 즉, 차관의 조건이었다. 방한 의원단은, 경제 협력에 관해서는 한국의 경제 개발 계획을 검토한 후 결정하겠지만 가능한 한 한국이 필요로 하는 부분을 경제 협력 또는 경제 원조의 형식으로 제공하겠다고 했다. 그러나 청구권 금액에 관해서는 정치적 절충으로 결정해야 한다는 말을 할 뿐 확답을 피했다.[137]

박정희 정권의 경제 정책으로 알려져 있는 경제 개발 5개년 계획은 사실 이 시기 장면 정권에서 입안된 것이다.[138] 그만큼 장면 정권은 한국의 자립적인 경제 부흥을 최우선 정치 과제로 하고 있었고 이를 위해 일본의 경제 원조를 절실히 원하고 있었다. 장면 정권은 경제 협력의 규모에 따라서는 청구권도 포기할 용의가 있음을 시사했고, 일본은 청구권을 무상 경제 협력으로 지불한다는 제안을 했다. 개인 청구권에 대한 포기 여부나 무상 경제 협력의 금액에 관한 협상은 여전히 과제로 남아있었으나, 청구권 문제는 일본의 구상대로 타결될 가

---

136) 「伊関局長·金溶植次官会談要旨」 1961.5.9, 일본외무성문서 9506-588-517.

137) 北東アジア課, 「自民党議員団及び伊関局長の訪韓 三六年(五月六日~一二日)関係会談記録」, 일본외무성문서 9506-588-517.

138) 한배호, 『한국 정치사』(일조각, 2008), p.240; 박천욱, 앞의 책(2004), p.250.

능성이 매우 높아졌다.

이세키 국장은 방한을 끝내고 귀국한 다음, 외무성 내 보고서에서 개인적인 의견이라고 전제한 후 다음과 같은 견해를 피력했다.[139)]

> 한국 국민들은 일본과 손을 잡는 것만이 살길이라고 생각하고 있다. 자민당 의원단과 만난 한국의 고위직들은 과거사에 대한 응어리는 다소 남아있었으나 지나치게 친일적이라고 비판받을 만큼, 내심 과거사야 어찌 되든 상관없다는 마음으로 일본과의 경제 협력을 바라고 있다.

이세키 국장은 "앞으로의 고비는 결국 일본 측이 얼마를 지불할 것인지를 결정하는 것"에 달렸다고 말하고, 이후의 한일회담에서는 청구권의 명목보다는 청구권의 금액에 관한 논의가 중심이 될 것이라고 예상했다.[140)]

'이세키 시안'과 외무성의 초기 대한 정책과의 연속성

방한 의원단과 함께 귀국한 이세키 아시아국장은 한일 간 청구권 및 경제 협력 문제에 관한 구체적인 해결 방법으로, 지금까지 여러 경로에서 논의되어 왔던 것을 다음과 같이 정리했다.[141)]

- 무상 경제 협력으로 연간 5천만 달러 씩 5년간 총 2억 5천만 달러, 청구권으로 인정된 채무로 5천만 달러, 합계 3억 달러를 지불한다.

---

139) 「(付)伊関局長の所見、考え方および指示事項(五月一五日)」, 일본외무성문서 9506-588-517.

140) 위와 같음.

141) 위와 같음.

- 무상의 기간에 맞춰 유상 경제 협력의 명목으로 연간 5천만 달러를 조성한다.
- 위의 안을 합쳐 연간 1억 달러를 제시한다.

개인 청구권을 중심으로 한 청구권 5천만 달러, 무상 경제 협력 2억 5천만 달러, 유상 경제 협력 2억 5천만 달러를 합하면 총액 5.5억 달러에 달한다. 이 총액을 산출한 근거에 대해서 이세키는, "미국의 대한 원조 자금의 1년분이 2억 수천만 달러이므로, 일본의 대한 원조가 미국의 대한 원조와 너무 차이가 나서는 안된다"라고 설명했다. 또 "한국 측이 비공식적으로 5억 달러는 받고 싶다고 말했다"라고 전하며, 한국 측이 희망하는 액수를 고려했다는 것을 시사했다. 이세키는, 청구권 교섭으로 시작하더라도 결과적으로는 일본이 한국 경제에 공헌할 수 있다는 점을 부각하는 것이 바람직하며 경제적으로 좀 더 나은 일본이 한국 경제의 붕괴를 막기 위해 노력할 필요가 있다고 의견을 피력했다.[142)]

이종원은 이 구상을 '이세키 시안'이라고 부르며, 외무성 관료인 이세키 아시아국장의 주도로 경제 협력 방식에 관한 구체적인 금액과 구상이 만들어졌다고 보고 있다. 그리고 제6차 한일회담에서 타결된 '김–오히라 합의'의 원형이 이 시기 한국의 장면 정권과 일본의 이케다 정권 사이에서 형성되었다고 한다.[143)]

그러나 본서에서 해명한 바와 같이, 이세키가 제시한 총액과 세 가지 지불 방식, 금액의 분배 등은 이전부터 논의가 있었던 것이다. 총액에 관해서는, 1956년 초부터 한미일 간에 '6억 달러에서 10억 달러'

---

142) 위와 같음.

143) 李鍾元, 앞의 논문(2009), pp.25~30.

사이가 언급되어 왔다. 이승만 정권은 일본과 필리핀의 전후 배상 협상의 타결 결과를 참고해서 8억 달러를 요구하기도 했다.

청구권, 무상 경제 협력, 유상 경제 협력의 세 가지 방식은, 제5차 한일회담을 앞둔 1960년 가을 이후 대장성과 외무성의 회합에서 언급되었던 '소액의 청구권, 정부의 무상 원조, 민간 자본의 제휴' 방식과 본질적으로 같다. 이후 소액의 청구권이 무상 원조에 포함되면서 '무상 원조, 유상 차관'으로 좁혀졌다. 또한, 일본이 동남아시아 국가들과 체결한 전후 배상에 관한 협정도 이 틀 안에서 타결된 점을 감안한다면, 한국에 대해서도 동남아시아의 선례를 적용한 것이라고 볼 수 있다.

금액의 배분에 관해서는, 청구권 5천만 달러의 출발점은 제4차 한일회담 중이었던 1958년 후반까지 거슬러 올라간다. 이 시기 일본 정부 내에서는 개인 청구권을 중심으로 한 한국의 대일 청구액으로 약 180억 엔[144]을 상정하고 있었는데, 이것을 당시의 엔 달러 고정 환율인 '1달러 = 360엔'으로 환산하면 5천만 달러가 된다. 무상과 유상에 관해서는, 지불 가능한 총액의 범위에서 청구권 5천만 달러를 제외한 금액을 이등분한 것이다.

따라서 '이세키 시안'은 이전부터 일본 외무성 내에서 축적되어 온 대한 정책의 틀에서 이세키가 정리한 것으로 보는 것이 타당하다. 1962년의 '김－오히라 합의'는 1950년대 말 외무성 내에서 토의되고 있었던 구상과 유사하며, 더 거슬러 올라가면 1953년 초에 외무성이 구상한 '상호 포기 플러스알파'안과 정책성 연속성이 있다는 것을 알 수 있다.

---

144) ア北, 「日韓会談の問題点」 1958.10.16, 일본외무성문서 2006-588-72.

한편 이세키 아시아국장은 청구권의 명목이나 금액에 관해서는 외무성과 대장성 두 부처 간의 당직자 협의에서 최종적으로 정리하겠지만, 한국이 이 자금들을 어디에 사용할 지에 관해서는 일본이 관여할 수 없다고 했다. 또 "한국이 이 금액 전부를 청구권으로 받아들여도 좋고 국내에 그렇게 설명해도 상관없다"라고 말하며, 이 방식으로 청구권 문제만 해결된다면 그것으로 충분하다고 했다.[145] 실무 관료에 불과한 이세키의 이러한 귀국 후 발언들이 '일한문제 간담회' 소속의 자민당 의원들과 합의 없이 있었다고는 보기 어려운 것이 상식이다. 청구권의 지불 방식이나 총액에 관한 외무성의 구상이 친한파 의원들을 중심으로 자민당 내에서도 어느 정도 공유되어 있었다고 보는 것이 자연스럽다. 덧붙이자면, 한일회담 타결의 가능성이 높아짐에 따라 일본 정부 내에서 한일국교정상화를 적극적으로 주장해 온 외무성의 주도권이 강화되는 것은 당연했다. 외무성의 입지 강화가 아시아국장인 이세키가 대장성 관료나 자민당 의원들과의 토의 과정에서 역량을 충분히 발휘할 수 있는 좋은 배경이 된 것은 분명하다.

청구권 문제가 경제 협력 방식으로 해결될 가능성이 높아지고 있는 가운데, 한일회담의 위기는 또 다른 곳에서 발생했다. 일본 자민당 소속의 방한 의원단과 이세키 국장이 귀국한 지 4일 후인 1961년 5월 16일, 한국에서 박정희가 주도한 군사 쿠데타가 일어났다.[146] 한일회

145) 「(付)伊関局長の所見、考え方および指示事項(五月一五日)」, 일본외무성문서 9506-588-517.

146) 한국에서는 박정희에 대한 평가에 따라 '군사 혁명', '5.16 혁명'이라는 다소 긍정적인 함의의 표현을 사용하거나, 다소 중립적 또는 부정적 의미로 '군사 쿠데타', '군사 정변'이라는 표현을 사용한다. 엄밀한 의미로 '5.16'은 인민이 주도한 사회변혁 요구인 '혁명'이 아니라, 일부 정치 군인들의 반란인 '쿠데타' 또는 '정변'이다. 본서에서는 '쿠데타'라는 용어로 통일하겠다. 단, 인용문의 경우에는 원문의 표현을 그대로 사용하겠다.

담은 중단되었고, 이 해 9월에 예정된 한일회담 본회담의 개최 여부가 불투명해졌다. 제5차 한일회담은 이대로 종료되었고, 일본 정부 내에서 무르익어가던 한일 경제 협력에 관한 구체적인 협의도 정체하게 된다.

⁘ 제4차, 제5차 한일회담 청구권 교섭의 의미

기시 총리의 대한 정책은 일본의 역청구권 주장 철회를 결단하고 약 4년 반 동안 중단된 한일회담을 재개했다는 점에서 평가할 만하다. 하지만 재개된 한일회담에서 기시 총리의 정치적 결단은 빛을 발하지 못했다. 기시 정권이 의욕적으로 재개한 제4차 한일회담에서 청구권 문제에 관한 교섭은 거의 없었다. 기시 총리는 일미 관계 및 대미 협상을 촉진시키기 위한 수단의 일부로 한일 관계의 개선을 서두르면서 일본 정부 내에서 한일 청구권 문제에 관한 충분한 논의를 하지 못했다. 이 점이, 역청구권 주장 철회가 실제로 이행되지 못하고 청구권 교섭이 실질적으로 재개하지 못한 큰 요인이었다. 재일조선인들의 북송 사업 추진이라는 일본 정부의 당면 과제 때문에 한일회담을 추진할 동력을 얻지 못했던 것도 사실이다. 한국은 제4차 한일회담에서 일본이 기존의 주장을 철회하고 한일회담의 교섭 양상과 교섭 내용에 변화가 있을 거라 기대했지만, 일본의 역청구권 주장 철회 약속은 공식 표명 없어 그대로 묻혔다.

제5차 한일회담에서도 청구권 문제는 실질적으로 진전되지 않았다. 다만, 이 시기 한일 양국이 청구권 교섭에 관한 기존의 논쟁과 교섭 양상에서 벗어나 새로운 방식으로 청구권 문제를 해결하려는 데에 인식이 접근했다는 점에서는 의미를 부여할 수 있다. 한국의 장면 정권은 국내 정세의 어려움을 극복하고자 일본으로부터의 경제 협력을 절실히 원했고, 이러한 한국의 절박함에서 시작된 제5차 한일회담에서 장면 정권은 대일 청구권 포기를 시사하면서까지 청구권 교섭의 타결을 서둘렀다. 한국의 대일 정책 변화에 맞춰 일본에서는 한일 경제 협력론에 관한 논의가 구체적으로 진행되었다.

제4차, 제5차 한일회담은 한국과 일본이 경제 협력 방식을 도출하기 위한 과도기적 시기라고 할 수 있지만, 이 시기 일본 정부 내의 논의를 분석하면 일본의 기존 법적 논리와 역사 인식 및 일본 외무성의 '상호 포기 플러스알파'안이 일관되게 관철되고 있다는 것을 알 수 있다. 특히, 일본 외무성은 일본 정부 내 의견 수렴 과정에서 그리고 한국과의 교섭 과정에서 기존에 외무성이 구상했던 대한 정책안을 관철시켜 갔다.

한일회담 초기부터 이 시기까지 일본 외무성의 대한 교섭 전략이 어떻게 관철되어 왔는지에 대해서 정리하면 다음과 같다. 첫 번째, '한국이 법적 논리를 주장하지 않는 한 일본도 교섭의 진전을 위해 법적 논리의 주장을 유보한다. 그러나 일본의 기존 법적 논리를 포기한다는 의미가 아니다. 한국이 법적 논리를 주장할 경우 일본도 기존의 법적 논리로 대응할 것이다'라는 방침이 줄곧 관철되었다. 두 번째, 한국에 대한 역청구권 주장 철회 약속은 대한 정책에 대한 본질적인 변화가 아니라, 한일 간 청구권의 상호 포기를 유도하기 위한 표면적인 정책적 변용에 불과하다는 인식이 일관되게 확인되었다. 세 번째, 한국에 대한 지불은 인정하지만 청구권 명목이 아닌 경제적 개념으로 지불한다는 취지의 '플러스알파'는, 이 시기 경제 협력 방식으로 구체화되어 갔다.

한편, 한일회담 제2차 중단기에 한국이 일본으로부터 적극적으로 끌어냈던 역청구권 주장 철회가 장면 정권에게는 중요한 사안이 되지 않았다. 오히려 장 정권이 청구권의 명목보다는 금액을 중시하여 청구권 문제를 경제 협력 방식으로 해결하는 데 동의하면서, 외무성이 구상했던 '상호 포기 플러스알파'안이 실현되는 계기가 만들어졌다. 장면 정권이 대일 청구권 포기를 시사하고 과거 청산 문제를 묻어가려고 한 것은 역사적 책임을 피하기 어렵다. 그러나 제5차 한일회담에서의 논의가 이후의 청구권 문제 해결과 한일회담 진전에 큰 토대가 된 것은 사실이다. 다음 장에서 자세히 분석하겠지만, 제6차 한일회담을 주도한 박정희 정권은 경제 협력 방식으로 청구권 문제를 실질적으로 타결시킨다. 이 점에서 한일 양국이 경제 협력 방식으로 인식을 접근시킨 제5차 한일회담은, 제6차 한일회담에서 청구권 문제가 타결되기 위한 중요한 전 단계였다.

제5장

경제 협력 방식의 타결

'상호 포기 플러스알파'안의 실현, 1961~62년

제5장

경제 협력 방식의 타결

1960년 4.19 혁명으로 이승만 독재 정권이 무너진 지 1년여 만인 1961년 5월 16일 새벽 군사 쿠데타가 일어났다. 이로 인해 1960년 한국에서 처음 실시된 내각 책임제가 약 9개월 만에 무너지고 박정희 군사 정권[1])이 시작되었다. 윤보선 대통령은 5.16 군사 쿠데타가 일어난 지 10개월 만인 1962년 3월에 하야했고, 실제로 정권을 운영했던 장면 내각이 붕괴된 것이다. 1962년 3월까지는 '윤보선 대통령-박정희 국가재건최고회의 의장' 체제였지만, 정권은 박정희에게 있었다.

1961년 10월부터 1964년 4월까지 약 2년 반 동안 박정희 정권과 일본의 이케다 정권 간에 제6차 한일회담이 진행되었다. 1962년 10월과 11월에 열린 김종필 중앙정보부장과 오히라 일본 외상 간의 정치 회담에서는 청구권 문제를 총액 5억 달러에 경제 협력 방식으로 타결하기로 합의했다. 이것이 잘 알려진 '김-오히라 합의'이다.

---

1) 박정희의 직위는, 군사 쿠데타 이후 국가재건최고회의 의장이 된 1961년 7월부터 1963년 12월 대통령 선거를 거쳐 제3 공화국이 정식으로 출발하기 전까지는 '최고회의 의장', 1963년 12월 이후 대통령으로 재임한 시기는 '대통령'이다. 본서에서는 박정희가 '의장'으로 불리던 시기부터 이후의 대통령 재임 시기를 통합해서 '박정희 정권'으로 통칭하고, 인용의 경우나 필요에 따라서 '박정희 군사 정권' 등을 사용한다.

제6차 한일회담에서 '김－오히라 합의'로 상징되는 청구권 교섭의 실질적인 타결이 있었고, 또 1950년대와 비교해서 연구 자료가 풍부하다는 현실적인 이유 때문에, 이 시기에 관한 선행 연구들은 매우 많다.[2] 그리고 대부분의 선행 연구들은 한일 간 또는 한미일 간의 청구권 교섭에 분석의 초점을 맞춰, 청구권 문제가 경제 협력 방식으로 타결되기까지의 여러 정치적 협상과 논쟁의 전개 과정을 해명하고 있다. 청구권 문제가 경제 협력 방식으로 타결된 요인에 대해서, 박정희 정권은 국가의 경제 개발을 위해 조속한 자금의 도입을 필요로 하고 있었고,[3] 고도 경제 성장기에 들어선 일본은 수출 시장의 확보와 안보 두 마리의 토끼를 잡기 위해 한국과의 관계 정상화가 필요했다는 점을 강조한다.[4] 당시 세계 냉전과 동아시아 정세의 불안 때문에 미국이 두 동맹국인 한국과 일본의 관계 정상화를 재촉하며 한일회담에 적극적으로 개입했다는 것은 잘 알려져 있다.[5]

이들 대부분의 선행 연구는 청구권 문제가 한일 간의 과거 청산이 아닌 미래의 경제 협력을 지향하며 타결된 이유에 대해, 당시의 시대적 상황과 관련된 경제 논리, 냉전 논리, 반공 논리 등으로 설명하고 있다. 또한, '김－오히라 합의'는 '친일적인' 박정희와 김종필이 일본의

---

2) 지금까지 대부분의 선행 연구와 문헌들을 소개했기 때문에 이 장에서는 소개를 생략한다. 서론의 각주들을 참조.

3) 기미야(木宮)는 1960년대 한국의 박 정권은 당시 냉전이라는 국제 환경을 이용하여 경제 개발을 성공시켰고, 반공 논리와 경제 논리를 내세워 한일 관계의 개선을 적극적으로 모색했다고 평가한다. 木宮正史, 「韓国における内包的工業化戦略の挫折」, 『法学志林』 第91巻第3号(1994); 木宮正史, 「1960年代韓国における冷戦と経済開発」, 『法学志林』 第92巻第4号(1995).

4) 김두승(金斗昇)은 한일회담에 관한 이케다 정권의 정책적 특징을 기존의 경제 논리와 함께 안보 정책의 관점에서도 분석하고 있다. 金斗昇, 『池田勇人政権の対外政策と日韓交渉』(明石書店, 2008).

5) 이종원(李鍾元)은 일련의 연구에서 미국의 대외 전략과 한일회담의 연동성을 검토하면서, 한일 관계에 관한 미국의 영향력을 강조하고 있다. 참고 문헌 참조.

오히라 외상 그리고 미국 정부와 야합한 결과 만들어낸 정치적 산물이라는 부정적인 평가가 지배적이다. 이러한 선행 연구들의 다양한 성과는 매우 의미가 있으며, 본 장의 서술도 선행 연구의 기반 위에서 전개될 것이다. 하지만 선행 연구들의 노력에도 불구하고 '김－오히라 합의'에 이르는 과정에 대해 여전히 불투명한 부분이 많이 있으며, 1차 사료를 기반으로 하는 실증성이 부족한 것도 사실이다. 한일회담의 한쪽 당사자인 일본 정부의 동향에 대해서도 해명되지 못한 부분이 많다.

본 장은 1961년 5월 한국에서 군사 쿠데타가 일어난 직후부터 1962년 11월 김－오히라 회담이 타결될 때까지, 일본 정부 내의 정치 과정을 분석한다. 이 기간은 제6차 한일회담 전반기에 해당한다. 한일회담 및 청구권 문제에 관한 일본 정부 내의 부처 간 논쟁과 관료 정치의 전개에 분석의 초점을 맞추면서, 일본 외무성의 초기 대한 정책과 '김－오히라 합의'의 유사성, 한일 간의 다양한 협상 과정, 한미일 삼국 간의 물밑 교섭, 한일 문제에 관한 미국 개입의 실체 등을 실증적으로 재검토한다. 선행 연구에서 거의 논의되지 않았던 또는 불투명했던 많은 부분들을 해명하고 자의적인 분석들을 수정하면서, 한일 간 청구권 문제가 경제 협력 방식으로 타결될 수밖에 없었던 요인을 새로운 측면에서 고찰할 수 있는 실마리를 제공하고자 한다.

1. 회담 재개 준비

군사 정권의 과제

5.16 군사 쿠데타 세력은 당일 새벽 한강 다리 앞에서 잠깐의 총격

전을 벌였지만 별다른 저항을 받지 않고 서울 시내 진입에 성공했다. 그리고 새벽 5시 라디오 방송을 통해 거사의 명분을 밝히는 6개 조항의 '혁명 공약'을 발표한다. 그 내용을 요약하면, (1) 반공 태세를 강화한다. (2) 유엔 헌장 및 국제 협약을 중시하고 자유 진영과의 연대를 견고히 한다. (3) 국내의 부정 부패 세력과 구악을 일소한다. (4) 한국의 자주 경제 재건에 총력을 기울인다. (5) 통일을 목표로 공산주의와 대결할 수 있는 실력을 배양하는데 전력 집중한다. (6) 모든 과업이 성취되면 정권을 참신하고 양심적인 정치인들에게 이양하고 (군인은) 본연의 임무로 복귀한다.[6]

이 중에서 자유 진영으로써의 확고한 태세를 강조한 (1)과 (2), 그리고 정권의 민정(民政) 이양을 약속한 (6) 항목은, 미국과 서방 국가들의 지지를 확보하기 위한 공약의 성격이 짙다. 쿠데타 세력에게 있어서 가장 중요한 것은, 미국과 서방 국가들로부터 쿠데타의 성공과 군사 정권의 존재를 인정받는 것이었다. '혁명 공약'은 미국이 쿠데타 세력을 승인하기 쉽게 만드는 효과를 가져왔다. 존 케네디(John F. Kennedy) 정권은 5.16 정변 직후 한국의 쿠데타를 부정하는 성명을 내긴 했으나, 얼마 지나지 않아서 한국의 군사 정권을 사실상 승인한다는 것을 시사했다. 일본 외무성 조약국은 미국이 사실상 한국의 쿠데타를 승인한 점과 태국, 파키스탄, 버마 등 다른 동남아시아 국가에서 쿠데타가 일어났을 때 서구 국가들이 묵인했던 점, 그리고 5.16 쿠데타 세력

---

6) 한국인들에게 '5.16 군사 쿠데타'는 잘 알려진 사건인 데다, '혁명 공약'이나 '5.16 군사 쿠데타'의 배경 등에 관해서는 선행 문헌뿐만 아니라 인터넷 검색으로도 정확한 개요를 찾아볼 수 있으나, 다음의 문헌을 소개해 두겠다. 한배호, 『한국 정치사』(일조각, 2008), pp.213~245. 일본어 원서에서는 박정희 정권에 대한 연구와 집필에 주력하고 있는 도쿄대학 기미야(木宮) 교수의 저술을 인용하고 있다. 기미야 교수는 다음의 저술에서 박정희 정권에 의한 제3 공화국의 설립 과정을 설명하고 있다. 木宮正史, 『国際政治のなかの韓国現代史』(出川出版社, 2012), pp.52~54.

이 내세운 '혁명 공약'의 내용을 참작하여, 일본도 한국의 군사 정권을 사실상 승인해도 된다는 결론을 내고 있었다.[7]

한편, 5.16 직후 쿠데타 세력의 표면적인 지도자는 군사혁명위원회의 의장인 장도영 중장이었다. 이들은 쿠데타 발생 3일 후 군사혁명위원회를 국가재건최고회의로 개칭하여 장도영 중장이 의장, 박정희 소장이 부의장에 취임하였고, 6월 6일에 국가재건비상조치법을 공표하면서 발 빠르게 권력을 장악했다. 그러나 이 군사 정권의 실질적인 권력자는 쿠데타를 주도한 박정희 소장이었다. 1961년 7월 3일 장도영 의장이 실각하고 박정희가 국가재건최고회의의 의장으로 올라섰다. 박정희는 권력을 장악한 직후인 7월 4일 최덕신을 단장으로 하는 친선 사절단을 일본에 파견하여, 한일회담을 조속히 재개하여 한일 간 국교를 빠른 시일 내에 정상화하고 싶다는 의지를 전했다.[8]

박정희는 군사 정권에 대한 미국과 서방 국가들의 승인을 얻기 위해 노력함과 동시에, 한일회담 조기 재개 및 조기 타결에도 의욕을 보였다. 그 배경에는 다음과 같은 사정이 있었다. 우선 미국의 원조에 의존하는 경제 구조에서 탈피하여 한국의 자립 경제의 길을 모색할 돌파구로 일본과의 관계 개선이 필요했다.[9] 또한 파탄 상태인 국내 경제의 재건을 최우선 과제로 내세우며 군사 정권의 정통성을 확립하고자 했다. 이 때문에 경제 발전을 위해 필요한 자금을 일본의 경제 원조로 조달하고자 했다. 박 정권은, 일본과의 섣부른 관계 개선이 일본의 경제적 침투를 유발하고 한국 경제의 자립을 방해할 수도 있다

---

7) 条約局, 「日韓予備会談再開の場合に生ずべき法律的問題について」 1961.5.31, 일본외무성문서 2006-588-1415.

8) 北東アジア課, 「武内次官、崔徳新韓国親善使節団長会談記録」 1961.7.5, 일본외무성문서 2006-588-357.

9) 木宮, 앞의 논문(1994), pp.29~31.

는 위험성을 우려하면서도, 당면한 경제 위기를 극복하기 위해 당장은 일본으로부터의 경제적 도움이 불가피하다고 보고 있었다.[10)]

앞 장에서 검토한 바와 같이, 파탄한 국내 경제의 재건을 위해 필요한 자금과 기술을 일본으로부터 도입하려는 구상은 장면 정권 때부터 적극적으로 대두되었다. 또 박정희 정권의 최대 업적으로 꼽히는 한강의 기적이라는 경제 발전의 토대를 마련한 정책인 경제 개발 5개년 계획도 사실 장면 정권에서 입안된 것이었다. 즉, 일본과의 경제 협력을 중시하여 적극적으로 일본에 접근한 박정희 정권의 대일 정책은, 장면 정권의 대일 정책을 그대로 계승한 것이었으며 박정희의 친일적인 성향의 결과라고 볼 수 없다.

미국의 대외 전략의 변화

박정희 정권이 일본과의 관계 개선을 서두른 배경에는 미국의 대한 원조 삭감 및 대외 전략의 변화도 한몫했다.

1950년대 중반 이후 동서 냉전은 직접적인 군사 대결보다 정치 경제 체제의 우위성 경쟁으로 양상이 바뀌는 변혁기를 맞이했다. 미국은 미소 간 군비 경쟁으로 치닫고 있던 냉전 전략의 한계를 인정하고, 정세가 불안정한 아시아, 중남미, 중동 등 제3 세계 저개발 국가들에 대한 경제 원조를 확대해 사회주의와의 체제 경쟁에서 우위를 확보하고자 했다. 한국전쟁이나 베트남전쟁과 같이 양 진영 간에 뜨거운 군사적 충돌이 발발한 아시아에서도, 전쟁 이후 냉전의 양상은 사회주의 진영과 자유주의 진영 간의 체제 우위 경쟁으로 전환되고 있었고, 특히 경제 발전 경쟁이 중심이 되어갔다.[11)]

10) 金斗昇, 앞의 책(2008), pp.104~107.

1960년대에 들어서자 미국은 제3 세계 저개발 국가들에 대한 경제 원조 총액을 1950년대에 비해서 대폭 증액시켰다. 하지만 당시 경제 수지가 악화 중이던 미국의 재정만으로는 이들 지역에 대한 경제 원조를 유지하기가 어려웠다. 게다가 중남미 국가들에 대한 경제 원조의 규모가 늘어나면서, 상대적으로 동아시아에 대한 경제 원조가 줄어들고 이 때문에 동아시아 지역의 정세가 불안정해질 것이라는 우려를 하지 않을 수 없게 되었다.[12] 사실, 1957년 이후 동아시아에 대한 미국의 원조는 이미 감소 추세에 있었고, 한국에 대한 원조도 급속이 줄어들고 있었다. 이 문제는 1961년 1월 20일 성립한 케네디 정권에 새로운 외교적 과제가 되어 있었다.[13]

미국의 대외 원조에 관한 정책 변화는 동아시아 지역에 대한 원조 정책에서 일본의 역할 확대를 기대하는 구상도 포함되었다. 이러한 맥락에서 한일 관계의 개선은 미국 입장에서 매우 중요했다. 미국은 일본의 기술력과 한국의 저임금 노동력이 결합한다면 한일 간의 경제적 상호 의존 관계가 강화될 것이며, 동아시아 지역의 자유주의 진영 국가들이 강하게 결속할 수 있는 계기가 될 것이라고 기대했다.[14] 케네디 정권은 현재 한반도가 통일될 가능성이 희박하여 한반도에 관한 새로운 정책을 만들어야 하며, 한반도와 그 주변 지역의 안정이라는 관점에서 한일 관계의 개선이 매우 중요하다고 강조했다.[15] 이것은

---

11) 松岡完·広瀬佳一·竹中佳彦 [編], 『冷戦史』(同文舘出版, 2003), 第3章.

12) 李鍾元, 「韓日国交正常化の成立とアメリカ—一九六〇~六五年」, 『年報近代日本研究』 第16号(1994), pp.275~283.

13) 李庭植 [著], 小此木政夫·吉田博司 [訳], 『戦後日韓関係史』(中央公論社, 1989), pp.64~65.

14) 木宮正史, 「一九六〇年代韓国における冷戦外交の三類型」, 小此木政夫·文正仁 [編], 『市場·国家·国際体制』(慶應義塾大学出版会, 2001), pp.98~99.

15) 'Orient prett representative informs us that he has filed story to Korea', 1961.2.22,

결과적으로 이 지역에 대한 미국의 안보 비용을 일본에 분담시킨다는 장기적인 구상이기도 했다.

이러한 상황에서 5.16 군사 쿠데타가 발생한 것이었다. 케네디 정권은 쿠데타 발생 직후 이를 인정하지 않는 성명을 발표했지만, 일본의 경제 협력을 얻어내기 위해 적극적으로 일본에 접근하는 박정희 정권의 대일 정책을 지지하고, 한일회담을 재개하도록 일본 정부를 설득하면서 군사 정권을 측면 지원했다.

미국 국무성은 군사 정권의 승인에 신중한 일본 정부를 이해한다고 하면서도 군사 정권의 승인 문제와는 별도로 일단 한일회담을 개최할 것을 권고했다. 1961년 6월 20일부터 23일까지, 이케다 총리가 케네디 대통령과의 수뇌 회담을 위해 워싱턴을 방문했는데, 이때에도 국무성은 일본이 주도권을 갖고 적극적으로 한일회담 재개를 위해 노력해 주기를 요청했다. 케네디 대통령도 이케다 총리에게 직접, "미국 정부는 한국의 군사 정권이 조속히 합헌 정부로 복귀하고 또한 한일 관계의 타개를 위해서 노력하도록 압박하고 있다"라고 말하면서, 일본 정부도 한국과의 관계 회복을 위해 노력해야 한다고 말했다.[16] 이에 대해 이케다 총리는, 한국의 새 정권이 일본의 경제 협력을 희망한다면 일본이 한국의 경제 발전을 지원할 용의가 있다고 대답했다.[17]

당시 새무엘 버거(Samuel D. Berger) 주한미국대사도 한국의 쿠데타에 대해서는 비판적이었으나, 박정희 정권이 전 정권의 경제 정책을

---

320 International Political Relations 1961, Box.42(Old Box23), UD2846(NND948813) Korea; U.S. Embassy, Seoul; Classified General Records, 1953-1963, RG84, NA.

16) 外務審議官, 「池田首相·ケネディ大統領第三次会談」 1961.6.29, 일본외무성문서 2006-588-1792.

17) 'Following is summary of Japanese Prime Minister Ikeda's visit to Washington. June 20-23', 1961.6.30, 320 US-Japan 1961, Box.42(Old Box23), UD2846(NND948813) Korea; U.S. Embassy, Seoul; Classified General Records, 1953-1963, RG84, NA.

계승하여 한국의 경제 발전을 추진하려는 의사를 높이 평가하였고, 한국의 경제 개발 계획에 미국도 협력해야 한다고 본국에 보고하고 있었다.[18] 버거 대사의 제언을 받은 딘 러스크(David Dean Rusk) 국무부 장관도 박 정권의 경제 개발 의지 및 한일회담 조기 타결 의사를 평가하며, 박 정권의 대일 정책을 지지한다는 국무성 성명을 발표했다.[19] 이후 러스크 장관은 한국을 방문하여 윤보선 대통령을 만나 한국에 대한 경제 원조를 계속할 것임을 약속했다. 하지만 한국의 경제 발전을 위해서는 미국의 원조에만 의지해서는 안되며 한일 관계의 개선이 매우 중요하다고 강조했다. 윤 대통령은, 한일 관계의 개선은 한일 양국 간의 문제뿐만 아니라 자유주의 진영에게도 매우 중요한 문제라고 대답하며 한일 관계 개선의 필요성에 동의했다.[20] 명목상 국가 원수인 윤보선 대통령의 발언은 사실상 박정희 군사 정권의 의지를 피력한 것이었다.

회담 재개에 대한 일본 외무성의 인식

일본 정부는 내부적으로 한국의 군사 정권을 승인할 방침을 세우고 있었지만, 박정희 정권의 성급한 대일 접근에는 거리를 두고 있었다.[21] 그리고 쿠데타로 인해 갑자기 중단된 한일회담을 재개하기 위

---

18) 'Following is verbatim text communique supplied by Kim', 1961.7.26, 320 US-ROK 1961, Box.42(Old Box23), UD2846(NND948813) Korea; U.S. Embassy, Seoul; Classified General Records, 1953-1963, RG84, NA.

19) 동북아주과, 「朴外務部次官과 버거 美大使와의 会談録, 1961.7.29」, 한국외교문서 754, 『한일회담에 대한 미국의 입장, 1961-64』.

20) 'Secretary of State's Call on President Po Sun Yun', 1961.11.5, 320 US-ROK 1961, Box.42(Old Box23), UD2846(NND948813) Korea; U.S. Embassy, Seoul; Classified General Records, 1953-1963, RG84, NA.

21) 北東アジア課, 「武内次官、崔徳新韓国親善使節団長会談記録」 1961.7.5, 일본외무

해서는 한국 정세에 관한 정보가 필요했다. 일본 외무성은 한국의 국내 정세를 파악하기 위해 1961년 8월 7일부터 한국 사정에 밝은 마에다 북동아시아과 과장을 서울에 파견했다.

한국 군사 정권은 마에다 과장의 방한에 맞춰 8월 12일, "1963년 3월에 개헌을 단행하고 5월에 총선거를 실시하여 여름에는 정권을 민정으로 이양하겠다"라는 박정희 의장의 공식 성명을 발표하고, 한일회담의 속행과 타결에 대한 강한 희망을 전달했다. 그리고 장면 정권하에서 한일회담이 꽤 진전되었음에도 불구하고 장면 정권 인사들의 부패와 무능함 때문에 비준이 안 된 것이라고 하면서, 자신들은 강한 추진력으로 한일회담을 타결할 수 있다는 자신감을 피력했다. 또 한일회담을 타결시킨 후 그 결과에 대한 국민들의 합의와 승인을 얻어낼 자신도 있다고 강조했다.[22]

서울을 방문한 마에다는 국가재건최고회의 간부들 및 한국 외무부 관계자, 민간의 유력한 인사들과 주한미국대사관 관계자 등을 만나 한국의 국내 동향을 주의 깊게 파악했다. 이때 버거 주한미국대사는 마에다에게, 군사 정권이 약속한 정권의 민정 이양이 2년 후라는 점은 불만이지만, 미국 정부는 이미 박 정권에 대한 지지를 표명했으니 일본도 한일회담 재개를 서두를 것을 제안했다. 버거 대사는 일본이 한국의 정세가 안정될 때까지 기다리지 말고 오히려 선제적으로 한일회담을 재개함으로써 한국의 정세 안정에 도움을 주는 것도 좋은 전략이며, 한일 간 국교 정상화는 군사 정권을 안정시키고 나아가서는 민정 이관에도 도움이 된다고 설득했다.[23]

성문서 2006-588-357.

22) 北東アジア課, 「前田北東アジア課長韓国出張報告」 1961.8.17, 일본외무성문서 2006-588-290.

서울에서 귀국한 마에다는 출장 보고서에서, 한국의 경제 상황은 악화되고 있으며 재계 인사나 관료 등은 한국 경제의 개선을 위해 일본과 협력해야 할 필요가 있다는 점을 인식하고 있다고 총괄했다. 단, 한국 주재 일본인 기자들 사이에서는 군사 정권의 미래에 대한 비관론이 강하다는 점과, 일본 정부가 한일회담을 개시할 경우 일본에서는 정부가 한국의 군사 정권을 측면 지원하고 있다는 비판에 직면할 수 있다는 점을 상기하고 있다. 한국인들의 민심에 대해서는, 1960년 4.19 학생 혁명이나 이번 5.16 군사 쿠데타 이후의 국내 정세에 대해 한국의 학생들이나 학자들과 같은 지식인층은 매우 진지하게 생각하고 있으나, 일반 국민들은 어떠한 정권이라도 일장일단이 있다고 생각하여 군사 정권에 대해 심각하게 생각하지 않는 것 같다고 전했다. 또 한국인들은 미국이 한국을 버리지 않을 것이라는 구태의연한 믿음을 전제로 한일회담 재개에 대해 느긋하게 생각하는 측면이 있다고 보고했다.[24)]

일본 외무성 내 거의 유일한 한국통인 마에다는 한일회담의 재개를 부정적으로 보지 않았지만, 일본 국내에서의 반발, 군사 정권의 불안정성, 한국인들이 미국에 대한 믿음 때문에 한일회담 재개를 서두르지 않는 측면 등을 서술하며 신중하게 보고를 했다. 아마도 정부 내의 반발을 의식했으리라 짐작한다. 하지만 한일회담 재개에 대한 박정희 정권의 적극적인 요청에 더해 미국 정부의 권고가 있자, 일본 정부는 회담 재개를 결정했다. 그리고 한일 양측은 제5차 한일회담에서 토의한 내용을 그대로 이어받아 1961년 9월 중순부터 도쿄에서 제6차 한일회담을 개최하는 것에 합의했다.[25)]

---

23) 위와 같음.
24) 위와 같음.

한일회담 재개와 관련된 일본 정부 내 회의에서, 한국 군사 정권에 대한 거부감을 핑계로 회담 재개를 마뜩잖게 생각하는 분위기가 여전했다. 이때 이세키 외무성 아시아국장은 쿠데타 직후의 한국 정세를 낙관적으로 보며, 일본 정부는 한국 군사 정권과의 회담 재개를 피하지 않아야 한다고 주장했다. 이세키는 일본 정부 내의 다수가 군사 정권과의 교섭에 소극적인 태도를 취하는 점은 이해할 수 있으나, 미국도 한국 군사 정권에 대한 지원 의사를 명확히 밝힌 상황에서 일본이 한국의 군사 정권을 부정할 단계는 이미 지났다고 설득했다. 미국이 대한 원조에 대한 부담을 일본과 분담하려 한다는 지적에 대해서는, 오히려 일본은 대미 관계에 대한 배려 차원에서 한국을 지원해야 한다고 대답했다.[26]

이세키는 한국의 정세 불안이 장기간 지속된다면 "한국은 파쇼화 내지는 공산화할 위험성이 있으며 한국이 공산화된다면 일본 외교에도 지대한 영향을 미칠 것"이라는 논리를 피력하며 안보적 측면에서도 한일회담 타결의 필요성을 강조했다. 또, 한국 군사 정권의 최대 관심은 경제 재건 자금을 일본으로부터 조달하는 것이며 이를 위해서 한일회담에 열의를 보이고 청구권 문제의 해결을 우선시하고 있는데, 이런 점은 일본에게도 한일회담을 타결할 수 있는 좋은 기회가 된다고 주장했다. 다만 한국의 입장이 아직 예측하기 어려운 상태이므로 섣불리 청구권 문제를 경제 협력 방식으로 대체하여 해결하기보다, 청구권과 경제 협력을 분리하여 실무적인 토의를 진행하다 보면 "10월 말이나 11월 초쯤 한국 측의 의도가 파악될 것"이라고 전망하면서, 그

25) 北東アジア課, 「日韓会談再開問題に関する伊関局長·李公使会談要旨」 1961.8.24, 일본외무성문서 2006-588-359.

26) 北東アジア課, 「第六次日韓会談再開に関する日本側打合せ」 1961.8.29, 일본외무성문서 2006-588-1418.

때까지는 일본 정부 내에서 좀 더 명확한 방침을 마련하자고 제안했다.[27]

이세키가 아시아국장으로 취임한 후 한일회담에 관한 일본 외무성의 견해는 거의 이세키를 통해 진술되고 있었는데, 이세키가 전임자들과 비교할 수 없을 만큼 강한 추진력을 발휘한 것은 이후에도 곳곳에서 드러난다. 한국 정부도 제6차 한일회담 시 일본 측 수석 대표에 대해 "외교 교섭에 전혀 경험이 없는 명목상의 수석 대표"라고 평가하고,[28] 이세키를 "일본 측의 실질적인 수석 대표"라고[29] 언급할 정도로 이세키가 관료 이상의 리더십을 발휘하여 한일회담의 추진에 많은 역할을 한 것은 분명하다.

하지만 이세키가 한일회담 타결을 추진한 이유는 일본 관료로서 당연히 일본의 국익을 위해서이다. 한일 관계의 개선이 일본의 국익에 중요하다고 생각하기 때문이었다. 한국 정부는 이세키의 적극적인 태도에 기대하며, 한일회담 재개 조건으로 일본의 재일조선인 북송 사업 중단을 요구하기도 했다. 그러나 이세키는 북송 사업과 한일회담을 별개 문제로 해결한다는 점을 강조하며, 북송 사업에 대해서 단호한 태도를 보였다.[30] 이후에도 이세키는 한국과의 관계 개선을 적극적으로 추진하되 '양보할 수 없는 것은 절대 양보하지 않는다'라는 원칙을 끝까지 고수한다.

---

27) 위와 같음.

28) 동북아주과, 「韓日会談対策의 最終検討」, 한국외교문서 763, 『속개 제6차 한일회담. 현안 문제에 관한 한국 측 최종 입장, 1963.4-64.3』.

29) 아주과, 「2-1. 친서 및 감사 서한, JW-1110」, 한국외교문서 786, 『박정희 국가재건최고회의 의장 일본 방문, 1961.11.11-12』.

30) 北東アジア課, 「アジア局長·李公使第一回会談記録」 1961.8.3, 일본외무성문서 2006-588-357.

2. 경제 협력에 관한 다른 해석들

●● 예비 교섭

제6차 한일회담 개시를 앞둔 1961년 9월 1일, 일본 여당인 자민당 내 '일한문제 간담회'의 초정으로 김용택 경제기획원장이 일본을 방문했다. 한국이 회담 개시 전에 경제기획원장을 먼저 일본에 파견한 목적은 명백했다. 한일 경제 협력에 대한 협의를 빨리 끌어내기 위해서였다. 김용택은 이세키 아시아국장과 이동환 주일공사가 배석하는 가운데 극비리에 코사카 일본 외상과 접촉했다. 김용택은 정치적 타결로 양국 간의 모든 현안들을 한꺼번에 해결하고 싶다고 말하면서, 우선 청구권 금액에 관한 일본의 생각을 알고 싶다고 했다. 그리고 "한국이 대일 8 항목을 전부 요구한다면 10억 달러는 받아야 하지만 8억 달러까지 깎을 수 있다"라고 말하며, 일본 측의 의향을 타진했다. 장면 정권 때부터 한국에서 언급해 왔던 금액의 범위와 같다. 단, 김용택은 "8억 달러가 반드시 청구권 명목으로 지불될 필요는 없다. 아무쪼록 무상 공여 방식이라면 어떤 명목이라도 상관없다"라고 말하며, 한국이 청구권 명목보다는 금액을 중시하고 있다는 것을 노골적으로 드러냈다.[31] 이러한 태도 또한 장면 정권과 다를 것이 없었다.

이세키 국장은 한국 측의 8억 달러 주장에 대해, "8억 달러라는 숫자는 굉장히 의외이며 청구권 치고는 너무 많은 금액"이라고 대답했다. 이어서, 일본이 청구권 지불의 대상으로 하고 있는 것은 식민지 통치 시대 군인이나 군 관련 종사자들, 관료에 대한 미지불 임금,

---

31) 北東アジア課, 「小坂大臣·金裕沢院長会談議録」 1961.9.1, 일본외무성문서 2006-588-360.

퇴직 상여금, 연금 등에 한해서이며 일본의 계산으로는 극히 소액이라고 말했다. 이세키는, 미국은 '57년 각서'에서 한국의 대일 청구권과 일본의 대한 청구권(역청구권)을 '상쇄 개념에 입각'해서 해결해야 한다는 의견을 제시했으며 '상쇄'라는 개념에 입각한다면 일본은 한국에 지불할 것이 없다고 단언하고, 한국 측이 제시한 금액의 조정을 요구했다.[32] 한국과 일본의 청구권 금액에 관한 협상은 이미 시작되고 있었다.

이세키 국장은 김용택 원장의 요구에 대해서는 단호하게 응대했지만, 일본 정부 내에서는 청구권 문제에 대해 강경한 대장성을 설득하고 있었다. 대장성은 여전히 상쇄 방식에 미련을 두고, 증빙 서류의 요구 및 개인 청구권을 개인에게 직접 지불하는 방식을 주장하고 있었다. 이에 대해 외무성은 한국전쟁으로 인해 개인 청구권의 근거가 될 만한 자료들이 많이 소실되었기 때문에 대장성의 주장대로 개인에게 직접 지불하는 방식은 사실상 이행되기 힘들 것이라고 설명했다. 그리고 청구권의 개별적인 사항을 일일이 따지지 말고 한국이 요구하는 총액과 일본이 최대한 지불할 수 있는 금액에서 접점을 찾아야 한다고 했다. 대신 한국의 경제 개발 5개년 계획을 지원하기 위한 경제 협력 자금이나 이와 유사한 명목으로 지불하면서 한국의 청구권 명목을 실질적으로 포기시킬 수 있음을 언급했다. 또, 버마에 대한 배상금이 당초 1억 달러로 결정되었지만 이후 이케다 총리의 결단으로 버마의 경제 재건을 위한 자금 명목으로 2억 달러로 증액이 된 점을 예로 들어, 한국에 대한 지불 총액에 대해서도 이케다 총리의 생각이 바뀔 가능성이 있음을 시사하며, 대장성 측에 한일 청구권 문제에 관한 유

32) 위와 같음.

연한 대응을 요청했다.[33]

한편 교섭 전략상, 지불해야 하는 측인 일본 입장에서 보면 청구권 교섭의 중요한 열쇠가 되는 청구권 금액을 최대한 억제한 상태에서 교섭을 출발시키고 싶었을 것이다. 사실 한국 측의 8억 달러 주장도 '교섭의 출발점'이며 여기부터 상당한 감액이 가능할 것이라는 것을, 버거 주한미국대사가 외무성 측에 귀띔하기도 했다.[34]

김용택과 코사카의 두 번째 회담에서, 코사카는 일본이 인정할 수 있는 청구권 금액은 극히 소액이므로 청구권과 경제 협력 두 가지 방식으로 문제를 해결하자고 제안했다. 이때 경제 협력 방식은 무상과 유상으로 나누어 실시하려 한다고 밝혔다. 김용택은 일본 측이 제시한 '청구권, 무상 경제 협력, 유상 경제 협력'안을 긍정적으로 받아들였다. 그리고 코사카에게, 한국의 경제 개발 5개년 계획에 필요한 기초 자금은 미국이나 독일 또는 일본의 민간 자본에서 조달하고, 추가분은 일본으로부터 받게 될 청구권 금액으로 충당할 계획이라고 말했다.[35]

이러한 김용택의 발언에서, 한국은 일본으로부터 청구권과 무상 경제 협력 자금으로 받을 수 있는 금액에 대한 기대가 높았음을 알 수 있다. 이에 대해 주한미국대사관 측은, 경제 개발 5개년 계획을 추진하기 위해 청구권 문제를 시급히 해결하고 싶은 박정희 정권은 일본이 제시한 '경제 협력'의 의미를 적확하게 파악하고 있지 않은 듯하다

---

33) 北東アジア課,「日韓請求権問題に関する外務省大蔵省打合せ会要旨」1961.9.8, 일본외무성문서 2006-588-1359.

34) 北東アジア課,「武内次官、バーガー大使会談記録」1961.9.5, 일본외무성문서 2006-588-1792.

35) 北東アジア課,「小坂大臣、金裕澤経済企画院院長第2回会談要旨」1961.9.7, 일본외무성문서 2006-588-360.

고 언질을 주었다.[36] 박정희 정권은 일본으로부터 청구권을 포함한 무상 공여 자금을 꽤 받아낼 수 있을 것이라고 낙관하고 있지만, 이것은 일본 측의 속내와 괴리하고 있음을 우려한 듯하다. 후술하겠지만, 실제로 이러한 한일 양측의 온도 차는 박정희와 이케다 총리 간의 회담에서 드러난다.

한편 버거 주한미국대사는 일본 외무성에 대해, 청구권 문제에 관한 한국 정부의 관심은 일본으로부터 받을 수 있는 총액이라고 말하며, 한국 측의 입장을 다음과 같이 전달한 바 있다. 첫 번째, 한국 정부는 기존의 청구권 요구와 경제 협력을 분리하여 교섭하겠다고 말하고는 있지만, 사실은 무상 경제 협력으로 원하는 금액을 받을 수 있다면 청구권 명목에 연연하지 않겠다는 태도이다. 두 번째, 한국 정부는 최종적인 타결 금액이 8억 달러보다 적어질 것이라는 것을 인식하고 있다. 세 번째, 한국 정부는 일본이 동남아시아에 대해 실시한 조건부 융자(tied loan)에 대해서는 경계하고 있다. 이러한 한국 정부의 본심을 일본 측에 전한 버거 대사의 의도는, 일본이 8억 달러라는 숫자에 얽매여 한일회담을 정체시키지 않도록 하기 위함이었다.[37]

김용택의 발언이나 버거 대사의 언질에서, 박정희 정권이 청구권 총액과 일본의 경제 협력에 대해 크게 기대하고 있다는 것이 분명했고 총액의 규모에 따라서는 청구권의 명목에 연연하지 않겠다는 속내가 드러났다. 이러한 박정희 정권의 교섭 전략은 장면 정권의 대일 교섭 전략의 연장선에 있는 것이었다. 박정희 정권과 장면 정권의 차이는 청구권 문제를 최종적으로 타결했는지 못했는지에 있다.

---

36) 北東アジア課, 「在京米大使館書記官の内話に関する件」 1961.9.14, 일본외무성문서 2006-588-1792.

37) 北東アジア課, 「韓国政情および日韓関係に関する米大使館員内話の件」 1961.10.12, 일본외무성문서 2006-588-1792.

이케다 총리의 본심

주일한국대표부와 일본 외무성 간의 예비 교섭에서, 9월 중순 한일회담이 개시하면 청구권 교섭에 관한 한일 간의 실무자 급 협의를 10월부터 11월 중순까지 집중적으로 진행하여 12월경에는 최종적으로 해결하자는 일정이 세워졌다. 청구권 금액에 관해서는, 기존의 형식대로 실무적인 절충으로 금액의 규모를 협의하겠지만 최종적으로는 정치적으로 타결하는 것에 양측의 의견이 일치되었다.[38] 하지만 당초 9월 20일에 시작될 예정이었던 제6차 한일회담은 한 달이 지난 10월 20일에 시작되면서, 순탄치 않을 것이라는 예감으로 출발했다. 한일회담에 관한 보고를 위해 한국에 귀국한 이동환 주일공사가 일본으로 귀임하는 것이 늦어지면서 회담 시작일이 지연된 것인데, 사실 이 공사의 일본 귀임이 늦어진 이유는 일본 측의 수석 대표 인선에 대한 한국 측의 불만 때문이었다.

한국 정부는 한일회담에 관한 적극론자로 알려진 기시 전 총리 또는 자민당 내 '일한문제 간담회'의 좌장인 이시이 전 통산산업성 대신을 일본 측의 수석 대표로 희망하고, 한국 측 수석 대표로 허정을 내정하고 있었다. 허정은 과거 정권에서 내각 수반과 대통령 권한 대행을 경험한 거물 정치인이었다. 한국 정부는 한일 양국의 유력 정치인에 의해 한일회담을 서둘러 정치적으로 타결하고 싶었던 것이다.[39] 하지만 이케다 총리는 한국 정부의 요구를 받아들이지 않고, 간사이 지역의 재계 인사로 일본무역진흥회 이사장을 맡고 있는 80세에 가까

---

38) 北東アジア課, 「伊関局長·李公使非公式会議要旨」 1961.9.4, 일본외무성문서 2006-588-359.

39) 北東アジア課, 「伊関アジア局長·李東煥公使会談要旨」 1961.9.21, 일본외무성문서 2006-588-359.

운 스기 미찌스케(杉道助)를 일본 측 수석 대표로 임명했다. 스기는 기시 전 총리와 동향인 야마구치현 출신으로 한국에 대한 호감이 있었고, 정계와도 인맥이 많은 일본 재계의 유력 인사였다. 이케다 총리는 한국이 원하는 거물 정치인이 아닌 재계 인사를 인선한 이유에 대해, "국내의 정치 상황이 미묘하기 때문"이라고 말했다.[40]

이케다 총리가 "국내의 정치 상황이 미묘"하다고 말하며 재계 인사인 스기를 기용한 것은, 자민당 내 파벌 간 경쟁을 의식했기 때문이다. 이케다는 일미안보조약 개정 소동으로 불명예 퇴진한 기시 총리의 후임으로 취임하였는데, 기시 전 총리와 기시의 남동생인 사토 의원이 속한 파벌의 지원으로 총리가 될 수 있었다. 그러나 애초에 기시/사토파와 이케다파는 정치적으로 대립하는 사이였고, '일한문제 간담회' 소속 의원들은 대부분 기시파 의원들이었다. 때문에 이케다가 한일회담 타결이라는 외교적인 큰 성과를 경쟁 파벌인 기시파에 넘길 수 없다는 정치적인 계산을 하고, 한일회담에 대한 기시파의 관여를 배제시켰다는 것은 잘 알려진 사실이다.

이케다 총리 자신이 내심 원하지 않고 있는 한일회담이 기시파에 의해서 급진전하는 것을 차단하려는 의도도 있었다. 이 시기 자민당 내에서는 '일한문제 간담회'를 중심으로, 조속히 한국에 대한 위자료 성격의 무상 공여를 지불하여 한국을 지원하지 않으면 한국의 군사 정권이 붕괴될 것이고 부산에 적기(赤旗)가 휘날릴 수도 있다라는 말과 함께 한일회담 조기 타결론이 거론되고 있었다. 한국이 공산화되어 일본의 안보가 위험해지는 것을 막기 위해서라도 한국과의 회담을 타결하여 한국을 지원해야 한다는 논리였다. 이케다는 한국에 대한

---

40) 杉道助追悼集刊行委員会編発行, 『杉道助追悼録』 上(1965), p.199.

성급한 태도는 한국의 전략에 말려들 우려가 있으며 국민 감정의 반발과 국민의 세금을 합리적으로 사용하여야 한다는 취지를 고려해야 한다고 말하면서 당내의 목소리에 선을 그었다. 또한 아직은 한일회담을 조기 타결하기 위한 준비가 되어 있지 않고 한일 양측의 견해도 상당히 괴리가 있기 때문에 한일회담 타결을 서두르기에는 시기가 적절하지 않다고 말하며, 기시파 의원들의 한일회담 조기 타결 압박을 일축했다.[41]

게다가 대장성 관료를 거쳐 요시다 정권 때 대장성 대신을 역임했던 이케다 총리는 본인 스스로도 배상 청구권 지불이나 인양자 국가보상 등 전후 처리에 관한 재정 지출에 매우 강경한 입장을 보인 대표적인 정치인이었다.[42] 이케다는 막대한 재정 지출이 예상되는 한국과의 청구권 협상에 소극적일 수밖에 없었다. 또한, '경제우선주의'를 강조하며 정권을 잡은 이케다 총리는 외교에 있어서도 일본의 경제 성장을 통해 자유주의 진영의 선진국 대열에 합류하기 위한 '경제 외교'에 중점을 두었다.[43] 한일회담도 정치적인 관점보다는 경제적인 관점에서 해결하려는 경향을 보였고, 이러한 이케다의 속내는 스기를 수석 대표로 임명함으로써 선명하게 드러났다.

한편, 일본 패전 후 도쿄의 재계는 한국과의 관계 회복에 소극적이었던 반면, 간사이 지역의 재계는 한일회담에 대한 관심이 높았다. 간사이 지역에 재일한국인이 많이 거주하고 있는 지역적 사정과도 무관하지 않았다. 간사이 지역의 재계는 패전 이후 한일 간 국교가 없는

---

41) 아주과, 「2-4. 기자 회견 및 신문 기사, JW-11192, 중요 신문 기사 보고의 건」, 앞의 한국외교문서 786.

42) 본서 제1장 3 참조.

43) 鈴木宏尚, 『池田政権と高度成長期の日本外交』(慶應義塾大学出版会, 2013), pp.70~71.

상태에서도 오사카와 고베를 중심으로 형성된 한국과의 무역 창구를 통하여 꾸준히 한국과 관계를 유지하고 있었다. 이케다는 그나마 간사이 지역을 무대로 활동하고 재계에서 유력한 인물인 동시에 정계에도 인맥이 넓었던 스기를 한일회담의 수석 대표로 임명하여 한국에 대한 약간의 배려를 보였다.[44]

이케다 총리는 재계 인사인 스기를 수석 대표로 임명함으로써 경쟁 파벌 정치인들의 한일회담 개입 및 청구권 문제의 정쟁화를 차단하면서, 동시에 경제적인 관점에서 한일회담에 접근한다는 인상을 국내에 전달하려고 했다. 하지만 여러 가지 이유로, 이케다 외교에 있어서 한일국교정상화가 우선 순위에서 한참 밀려나 있는 것은 사실이었다.[45] 스기 수석 대표의 인선을 계기로 한국과 일본 양 정부 내에서는 이케다 총리가 한일 문제에 적극적이지 않다고 인식되었다. 한국 정부는 허정의 수석 대표 내정을 취소하고, 재계 인사인 스기에 부합하는 인물로 경제통인 배의환 전 한국은행 총재를 수석 대표로 임명했다.

지난 제5차 한일회담 때 이케다 총리는 거의 나서지 않았고, 한일 양국의 교섭 대표단이 회담을 진행했었다. 한일 청구권 문제에 관한 이케다 총리의 생각은, 기존의 법적 논리를 관철시키면서 정치적 타결보다는 실무적 교섭을 기초로 타결하려는 점, 한국에 대한 지불 금액을 5천만 달러 선으로 책정하고 있는 점에서 대장성의 생각과 같았다. 일반청구권위원회에서 대장성 측이 보인 대한 교섭 태도와 주장은 이케다 총리의 입장과 일치했다. 대장성 측이 청구권 교섭에서 이케다 총리의 생각과 전략을 충실히 이행하고 있었기 때문에, 이케다

---

44) 木村昌人,「日本の対韓民間経済外交—国交正常化をめぐる関西財界の動き—」,『国際政治』第92号(1989), pp.118~120.

45) 北東アジア課,「第六次日韓会談に臨む日本側代表打合せ会議概要」1961.10.17, 일본외무성문서 2006-588-1418.

총리가 굳이 나서지 않았던 것 같다.

하지만 외무성이 여러 경로를 통해 한국 정부와 토의를 거듭하고 '일한문제 간담회' 소속 의원들이 본격적으로 한일 문제에 개입하자, 한일회담은 물론 일본 정부 내에서 한일 경제 협력 방식에 대한 구체적인 토의가 급속히 추진되었다. 이때 마침 한국에서 5.16 군사 쿠데타가 발생하여 한일회담이 중단된 것이 이케다 총리에게는 다행이었을지도 모르겠다. 이케다 총리는 제5차 한일회담 말기 외무성과 '일한문제 간담회'의 주도로 한일회담이 급속히 추진되는 것에 긴장했는지, 제6차 한일회담에서는 본인이 직접 회담을 챙겼다. 그러나 이케다 총리의 관심은 총리의 주도로 청구권 교섭 및 한일회담을 조기에 타결하기 위한 것이 아니었다. 오히려 기시파 의원들에 의한 한일회담의 성급한 추진에 제동을 걸고 한국의 요구를 차단하기 위한 것이었다.

박정희의 성급한 판단

1961년 10월 20일 제6차 한일회담이 시작되었다. 한일회담 대표단은 기존과 마찬가지로 분과 위원회 방식으로 각 의제별 협상을 진행하였다. 청구권 문제는 일반청구권위원회에서 양국의 주사급 실무진을 중심으로 협의가 진행되었다.[46] 한편 제6차 한일회담은 기존과는 달리, 대표단 간의 실무자급 토의와 병행하여 정치적 타결을 위한 별도의 회담도 추진하기로 했다. 정치적 타결을 위한 회담은 정책 결정 권한이 있는 고위급 정치인이 전면에 나서는 정치 회담의 성격이 강했다. 정치 회담의 첫 발을 떼기 위해 박정희 정권의 실세로 꼽히는

46) 参議院外務委員会調査室, 「日韓基本条約及び諸協定等に関する参考資料 (八)第六次会談」 1965.10, 일본외무성문서 2006-588-1647.

김종필 중앙정보부 부장이 특사 자격으로 10월 25일에 일본을 방문했다.[47)]

이케다 총리는 박정희 의장의 대리 격인 김종필의 카운터파트로 당시 관방장관(官房長官)이었던 오히라를 지명했다. 그리고 오히라와 이세키 아시아국장의 배석하에, 김종필은 이케다 총리와 면담을 가졌다. 김종필의 방일 목적은, 이케다 총리로부터 박정희 의장에 대한 방일 초청을 받아내어 한일 간 수뇌 회담을 성사시키기 위한 것이었다. 김종필은 "앞으로 한국은 경제 문화 등 모든 분야에서 그 어떤 나라보다도 일본과 긴밀하게 협력하고 싶다", "과거 문제에 연연하지 않고 한일회담을 타결해야 한다"라는 등 일본에 매우 호의적인 발언을 하며, 회담 타결에 대한 강한 의욕을 보였다. 그리고 비공식이라도 좋으니 이케다 총리의 대리 격을 방한시킬 수 있는지도 타진했다.[48)]

이케다 총리는 김종필의 방일에 대한 호응으로, 1961년 11월 2일 스기 수석 대표를 방한시켰다. 스기는 박정희 의장을 일본으로 초청한다는 이케다 총리의 친서를 가지고 갔다.[49)] 박정희는 스기 대표를 환영하며, 청구권 문제나 한일회담의 조기 타결에 대한 전망을 물어봤다. 스기 대표는, 일본 사회당이 박 정권과의 한일회담 타결에 비판적인 데다 여당 내에서도 정부와 자민당 내의 의견이 일치하지 않기 때문에 이케다 총리가 국내의 의견 수렴에 고심하고 있다고 대답했다. 한국과의 교섭을 무리해서 추진한다면 일본은 또다시 정치의 풍랑에

47) 김종필의 방일 및 이케다 총리와의 면담은 배의환 수석 대표에게 보고되지 않고 중앙정보부가 극비리에 추진한 것이었는데, 이후에 이 사실을 알게 된 배의환이 정부에 불쾌감을 표현했다고 한다. 유의상, 『대일외교의 명분과 실리－대일청구권 교섭 과정의 복원』(역사공간, 2016), pp.330~331.

48) 北東アジア課, 「池田総理、金鍾泌部長会談要旨」 1961.10.25, 일본외무성문서 2006-588-1820.

49) 아주과, 「2-1. 친서 및 감사 서한, JW-1102」, 앞의 한국외교문서 786.

휘말릴 가능성이 있어 이케다 총리가 이점을 우려한다고 전하며, 박정희가 방일할 때까지 한국이 만족할 만한 제안을 정리하기 어렵다고 솔직하게 답했다.[50)]

박정희 의장은 스기로부터 청구권 문제나 회담 타결에 대한 확답을 받지 못했지만, 이케다 총리와의 수뇌 회담에 대한 기대 속에 11월 6일 부산에 억류되어 있는 일본 어민 80여 명을 일제히 석방하고 나포된 일본 어선 5척을 반환하면서, 앞으로 일본 어선에 대한 단속을 자제하겠다고 발표했다. 박정희는 현재 한국 정부가 일본에 할 수 있는 것들을 선제적으로 실시하며 매우 유화적인 대일 태도를 보였다.[51)]

방미 예정이었던 박정희는 미국으로 가는 도중인 11월 11일에 일본에 들렀고, 다음 날인 12일 이케다 총리와 수뇌 회담을 가졌다. 박정희의 방일을 앞두고 일본에서는 요시다 전 총리, 기시 전 총리, 이시이 등 거물 정치인들이 한일회담의 조속한 타결을 적극적으로 주장하는 반면, 이케다 총리의 측근 그룹에서는 여전히 신중론이 강하다는 보도가 흘러나왔다.[52)]

기시 정권에서 외상을 지내며 북송 사업을 강력하게 추진했던 후지야마와 기시 정권 및 전 내각(제2차 이케다 제1차 개조 내각)에서 과학기술처 대신을 지낸 미키 타케오(三木武夫) 등이 대표적인 신중론자였다. 이들은 한일회담 추진 자체에는 반대하지 않았으나, 남북한 문제나 장래 중국과의 국교 정상화 가능성 등을 고려하여 박 정권과의 교섭 타결에 신중함을 요구했다.[53)] 아마도 일본이 언젠가는 공산

50) 아주과, 「2-4. 기자 회견 및 신문 기사, JW-11192, 중요 신문 기사 보고의 건」, 위의 한국외교문서.

51) 위와 같음.

52) 『朝日新聞』 1961.11.7.

53) 金斗昇, 앞의 책(2008), pp.182~184.

국가인 북한과 중국을 상대로 국교 정상화 교섭을 해야 한다는 점을 의식하여, 철저한 반공주의를 표방하면서 공산주의와 적대적으로 대립하고 있는 박정희 정권과의 교섭 타결에 신중했던 것 같다.

따라서 일본에서는 정부 여당 내부에서 한일 문제에 관한 적극론자와 소극론자가 논쟁을 하고 있는 가운데 최종적으로 이케다 총리 자신이 어떠한 결단을 내릴지에 대해 관심이 모아졌다.[54)]

그런데 이케다는 박정희와의 회담에서, 한일 간에 언급하지 않기로 암묵적으로 약속된 재한일본재산에 대한 법적 논리에 언급하였고, 청구권 문제에 대해 가장 강경한 대장성의 논리로 한국의 청구권 범위를 제한했다. 일제강점기 때 일본의 관료나 군인, 군속이었던 한국인들에 대한 미지급 임금, 우편 예금, 간이 보험 등의 개인 채권에 대해서는 일본인과 동등하게 보상하겠으나 법적인 근거가 있는 항목이어야 한다고 못을 박았다. 그리고 일본이 청구권으로 지불하는 금액만으로는 한국의 경제 개발을 위한 자금으로 턱없이 부족하다고 말하며, 청구권으로써 지불할 수 있는 금액이 소액이라는 점을 시사했다. 경제 협력에 관해서는 무상보다는 유상, 즉 장기 저리의 차관 형식으로 제공하는 것을 고려 중이라고 했다. 현금 지급을 꺼리는 이케다는 자본재 등의 물질 공여를 중심으로 청구권을 지불하겠다고 제안했다.[55)]

이러한 이케다의 발언이 이전 회담에서라면 한국 측의 반발과 함께 회담 전체에도 큰 파장을 불러올 수 있는 것이었으나, 박정희는 이케다의 발언에 대한 문제 제기를 하지 않았다. 박-이케다 회담 내용이 기록되어 있는 공문서를 보면, 이케다의 발언은 매우 모호했고 개인

---

54) 『讀賣新聞』 1961.11.10.

55) 北東アジア課, 「池田総理、朴正熙議長会談要旨」 1961.11.12, 일본외무성문서 2006-588-968.

청구권이나 무상 경제 협력에 대한 설명을 의식적으로 회피하고 있다. 이것은 박정희에게 청구권 문제에 대한 오해와 기대를 갖게 하는 원인이 되기도 했다.

이케다는 '한국의 관할권과 관련한 지역적 범위의 고려'라는 발언을 하기도 했다. 이것은 한국의 관할권을 북한 지역도 포함한 한반도 전체로 인정한다는 것을 시사했지만, 그 의도에 대해서 한일 수뇌는 서로 다른 해석을 했다. 박정희는 이케다의 이 발언에 대해, 일본이 북한을 국가로서 인정하지 않겠다는 의미로 받아들였던 것 같다. 미래의 북일 교섭이나 북일 접촉의 싹을 없앨 수 있기 때문에 박정희로서는 매우 반가운 발언이었다. 그러나 며칠 후 열린 일본 외무성의 내부토의 자료를 보면, 박정희가 오해한 것으로 판명이 났다. 이케다가 북한 지역까지도 한국의 관할권으로 인정한다고 시사한 것은, 북한과 관련된 청구권이나 북한 지역의 일본계 자산도 한국과의 청구권 협상 대상에 포함시켜 향후 한국과의 교섭을 유리하게 하려는, 기존 대장성의 주장 및 의도와 일치한다.[56]

제1장에서 해명한 바와 같이, 대장성은 '한국의 관할권 범위에 북한 지역까지 포함'한다고 주장했었다. 대장성이 한국의 통치 관할권을 한반도 전 지역으로 인정하려고 한 진짜 의도는, 북한에 존재하는 일본계 자산까지도 재한일본재산에 포함시키기 위해서였다. 이렇게 할 경우 한반도 전체에 남겨진 일본계 자산이 모두 재한일본재산의 범위에 들어가고, 이것은 한국의 대일 청구권보다 훨씬 많다. 재한일본재산에 대한 일본의 역청구권이 인정되어 한국의 대일 청구권과 상쇄할 경우, 이론상으로는 한국의 대일 청구권이 소멸할 뿐만 아니라 오히려 한국

56) 위와 같음.

이 일본에 보상을 해야 한다. 당시 청구권 문제와 연계한 대장성의 '한국의 관할권 범위'에 관한 논쟁은 한국뿐 아니라 미국으로부터도 비난을 받았고, 일본 정부 내에서도 현실성 없는 주장으로 치부되어 일찌감치 논쟁의 중심에서 사라졌다. 조금 더 추론해 보자면, 한일 간 청구권의 상호 포기 방식이 거의 굳혀진 이 시기, 북한 지역에 대한 관할권이 한국에 있다고 할 경우 한국의 대일 청구권 포기에 따라 북한의 대일 청구권도 소멸되는 것으로 해석된다. 이처럼 이케다 총리는 청구권 문제의 원활한 타결을 위해 방일한 박정희 의장에게 현실성 없는 강경한 주장까지도 서슴지 않고 있었다.

박정희 의장은 해방 후 한일 간 첫 수뇌 회담 개최라는 상황에 낙관했는지, 한일회담 및 한일 청구권 협상에 소극적인 이케다 총리의 본심을 눈치채지 못하고 이케다 총리의 발언과 제안들을 그대로 받아들였다. 즉, 개인 청구권을 법률상 근거가 있는 것만 인정하겠다는 이케다의 발언에 동의하고, 한국도 체면이 있으니 무상 경제 협력은 바라지 않고 장기 저리의 차관으로도 충분하다고 답했다. 또 경제 협력 자금은 청구권이 아닌 별도의 명목으로 해도 좋으며, 지불 방법은 소비재가 아닌 자본재로 받을 수 있다면 굳이 현금이 아니어도 된다고 대답하는 등 이케다의 제안을 거의 수용했다. 다만 일본이 지불할 수 있는 금액에 대해서 알고 싶다고 말하며, 청구권의 명목이나 해결 방식보다는 총액에 매우 관심이 많다는 것을 적극적으로 밝혔다.[57]

박-이케다 회담 후 한국 정부는 언론에, 박정희 의장이 이케다 총리와의 회담 결과에 '매우 만족'하고 있으며, 이 회담으로 청구권 문제의 해결 방식 등에 관한 원칙이 정해졌고 남은 문제들은 정치적 절충

57) 위와 같음.

으로 타협할 것이라고 보고했고, 한국 신문들은 이 내용을 대대적으로 보도했다.[58] 한편 일본 언론은, 한국이 전쟁 배상 요구가 아닌 명확한 법적 근거가 있는 재산에 대한 청구권만 주장하는데 동의했다고 보도했다.[59] 그러자 한국에서는 박 정권이 청구권을 포기했다는 비판이 쏟아졌다. 한국 정부는 즉시, 박 의장은 청구권의 명목을 단념하지 않았으며 청구권 문제를 유연하게 해결하기 위해 청구권의 명목에 집착하지 않겠다고 한 것이라는 해명을 발표했다.[60]

이처럼, 청구권 및 경제 협력 문제에 관한 박정희 의장과 이케다 총리의 생각에 온도 차는 컸다. 박정희 정권은 물밑에서 진행되는 일본과의 교섭에서는 일본 측의 주장을 적극적으로 수용하면서도, 국내에서의 대응 때문에 적지 않은 딜레마에 봉착했다. 장면 정권 때처럼, 일본과의 조속한 회담 타결을 통해 하루라도 빨리 경제 협력 자금을 얻어내고 싶었던 박정희 정권의 성급한 대일 접근은 오히려 일본 측에 더 많은 양보를 내어줄 수밖에 없는 빌미가 되었다.

박-이케다 회담 후 일본 정부의 동향

이케다 총리는 박정희 의장과의 회담 후 이세키 아시아국장에게, 회담이 거의 일본 측의 의도대로 진행되어 "이 회담은 99% 성공"이라고 자평했다. 이케다는 청구권으로 지불할 수 있는 금액이 소액에 불과하기 때문에 경제 협력 방식으로 보충하려 한다는 것에 박정희가 동의했다고 이해했다. 따라서 남은 문제는 개인 청구권에 관한 법적

58) 아주과, 「2-4. 기자 회견 및 신문 기사, JW-11192, 중요 신문 기사 보고의 건」, 앞의 한국외교문서 786.

59) 外務省アジア局, 「朴議長記者会見要旨」 1961.11.12, 일본외무성문서 2006-588-970.

60) 아주과, 「2-2. 정상 회담 및 활동 상황」, 앞의 한국외교문서 786.

인 근거나 전후 일본의 인플레이션 등 경제 상황을 고려하여 청구권 금액을 결정하면 될 일이라고 생각했다.[61] 그리고 언론과의 인터뷰에서, 청구권 교섭 시 재한일본재산이 몰수되었다는 점을 고려할 것이며 청구권은 법적 근거가 있는 개인들에게만 지불하게 될 것이라고 발표했다. 또 한국에 대한 경제 협력은 한국 시장으로 진출하기 위한 교두보로서 경제 원조를 실시하는 것이라고 말하며, 청구권과의 관련성에 선을 그었다.[62]

하지만 일본 외무성 아시아국은 한국과의 청구권 교섭이 이케다 총리의 의도대로 진행되지는 않을 것이라고 확신했다. 박정희가 이케다 총리의 제안을 받아들인 것은 청구권 문제에 관한 박정희의 인식 부족 때문이며, 따라서 회담을 '99% 성공'이라고 자신한 이케다 총리의 판단은 틀렸다고 단언했다. 그리고 박정희는 개인 청구권 지급에 필요한 법적 근거의 실체를 이해하지 못한 채, 법적 근거에 따라 한국이 받아낼 수 있는 청구권 금액이 한국이 생각하고 있는 금액에 어느 정도 근접할 것이라고 착각하고 있는 것이라고 판단했다. 또 아시아국은, 박정희가 무상 경제 협력을 단념했다고 이해하는 이케다의 해석에는 문제가 있다고 꼬집었다. 즉 박정희는 회담 타결에 대한 낙관적인 전망 아래, 개인 청구권의 법적 근거가 충분하여 만족할 만한 금액을 청구권 자금으로 받아낼 수 있다고 착각하면서 굳이 무상 원조가 필요하지 않다고 한 것이며, 따라서 청구권 외에 부족한 부분을 무상 경제 협력이 아닌 장기 저리의 유상 경제 협력으로 메꾸면 된다고 생각한 것이라고 지적했다.[63]

---

61) 北東アジア課, 「池田、朴会談後の事態における日韓会談の進め方(伊関局長指示事項)」 1961.11.13, 일본외무성문서 2006-588-971.

62) 「昭和三七年二月二一日ＮＨＫ特別番組『首相と語る』のうちの日韓問題に関する部分の抜粋」, 일본외무성문서 2006-588-1334.

일본 외무성 내 외교정책기획위원회에서도, 박-이케다 회담은 두 수뇌가 자신의 입장에 좋은 해석만을 한 채 구체적인 성과 없이 끝난 회담이라고 혹평했다. 박정희는 '개인의 주머니로 들어가게 될' 청구권 지불 방식에는 동의하지 않을 것이라고 단언했다. 이케다 총리가 한국의 실제적인 관할권은 38도선 이남이라는 점을 명확하게 말해야 한다고 지적하기도 했다. 즉, 박정희는 이케다 총리가 한국의 관할권을 이북까지 인정할 것이라고 기대하고 북한의 청구권까지 받아내려고 하기 때문에, 이케다 총리는 이러한 박정희의 오해와 기대를 차단하기 위해서라도 한국의 관할권은 이남 지역으로 한정되어 있다는 점을 분명하게 밝혀야 한다고 지적한 것이었다.[64)]

박-이케다 회담 이후 한일 간 청구권 교섭의 초점이 청구권 지불 총액과 지불 방식으로 모아지면서, 외무성과 대장성은 청구권 문제에 대한 사정 작업을 시작했다. 한국에 대한 차관 규모와 연간 제공액, 유상 차관의 금리 및 변제 방법 등 경제 협력에 관한 기술적인 문제가 폭넓게 토의되었다. 두 부처 간 토의 결과, 군인, 군속, 피징용자 등에 대한 위로금 및 퇴직 상여금 등을 개인 청구권 항목으로 하고 이것을 순 청구권으로 지불한다는 기존의 원칙은 재확인했으나, 그 외의 문제에 대해서는 두 부처 간의 인식이 좀처럼 좁혀지지 않았다.[65)]

대장성은 여전히, 한국이 재한일본재산을 취득한 결과 대일 청구권이 얼마큼 상쇄되었는지를 상세하게 따져야 한다고 주장하며 한국에 대한 지불액 총액에 매우 소극적이었고, 정확한 증빙 서류에 근거한

---

63) 外務省アジア局,「朴議長記者会見要旨」1961.11.12, 일본외무성문서 2006-588-970.
64)「第一七八回外交政策企画委員会記録」1961.11.15, 일본외무성문서 2006-588-1368.
65) アジア局,「韓国側対日請求額に対する大蔵、外務両省による査定の相違について」1962.2.15, 일본외무성문서 9506-588-1749.

청구권의 지불과 개인 간의 상쇄 방식에 대한 미련을 버리지 못하고 있었다. 게다가 한국에 순 청구권으로 지불할 수 있는 금액은 1천만 달러라고 단언하면서, 기존의 5천만 달러보다 더 낮은 금액을 언급하기도 했다. 또 아시아태평양전쟁에 군인 및 군속으로 참전한 사람들에 대한 수당을 '일본 국적을 상실한 조선인들'에게 현행법 안에서 어떻게 조치할지가 과제라고 주장하며, 자칫 한일회담을 중단시킬 수도 있는 역사 인식도 가감 없이 드러냈다.66)

외무성은, 원칙적으로 일본이 1957년에 역청구권 주장을 포기한다고 약속했기 때문에 대장성의 요구는 실현할 수 없으며, 대장성이 고집하고 있는 개인 청구권에 대한 사실 관계 증명 요청은 청구권 교섭을 더 복잡하게 만드는 생산적이지 못한 교섭 방식이라고 비판했다.67) 그리고 개인 청구권을 당사자가 아닌 한국 정부에 일괄 지급하고 해당 당사자에 대한 지불은 한국 정부가 책임을 지게 하며, 한국 정부가 개인 청구권을 정부 자금으로 운용한다고 해도 일본 정부는 관여하지 않는 것이 좋다고 했다. 단 박정희 정권이 청구권 문제에 대한 이해가 충분하지 못하다는 점을 언급하면서, 1957년에 일본이 약속했었던 '역청구권 주장 철회'를 공식적으로 표명하지 않고 이 문제를 묻어가겠다고 했다.68)

연말이 다가오자 박 정권은 기시 전 일본 총리를 한국으로 초청하여 서울에서 청구권 총액을 최종적으로 타결하고 싶다고 요청했다. 일본 외무성은 청구권 금액을 정치적으로 타결해야 할 단계가 왔다고

---

66) 위와 같음.

67) 参議院外務委員会調査室, 「日韓基本条約及び諸協定等に関する参考資料 (八)第六次会談」 1965.10, 일본외무성문서 2006-588-1647.

68) 経済協力部政策課, 「対韓経済協力実施上の問題点について」 1961.11.27, 일본외무성문서 2006-588-1364.

생각하고 한국의 요청을 긍정적으로 받아들였다.[69] 그리고 이케다 총리에게 한국 정부가 희망하는 형태로 정치적 타결을 진행할 것을 건의하고, 기시 전 총리를 한국으로 파견하여 청구권 문제를 대략적으로라도 타결해야 한다고 제언했다.[70] 하지만 이케다 총리는 기시의 특사 파견 및 기시를 통한 청구권 문제의 정치적 타결을 허가하지 않았다.

청구권 문제에 관해서 한일 양국 간은 물론 일본 정부 내에서도 의견이 좁혀지지 않자, 에드윈 라이샤워(Edwin O. Reischauer) 주일미국대사가 이케다 총리의 설득에 나섰다. 라이샤워는 이케다에게, 일본에서 청구권에 관한 납득할 만한 제안을 하지 않는다면 미국도 한국을 설득할 수 없다고 말하며, 이케다 총리가 청구권 총액에 관한 결단을 내리도록 유도했다. 이 자리에 동석한 이세키 아시아국장은, 박정희는 경제 협력으로써의 무상 원조를 받지 않겠다는 것이지 청구권의 넓은 의미로서 무상 원조를 받는 것에 대한 기대는 크다고 전했다. 또 '청구권이라고 말하지 않고 다른 적당한 명의여도 좋다'라는 박정희의 발언을 '청구권이라는 명목을 깨끗하게 포기했다'라고 해석해서는 안된다고 설명했다.[71]

그러나 이케다 총리는 박-이케다 회담에 대한 자신의 판단을 확신하며, 한국에 대한 무상 원조 지불을 배제하고 순 청구권으로만 최대 5천만 달러로 합의가 가능하다고 말했다. 이세키 아시아국장은, 이케다 총리와 대장성이 제시하고 있는 금액으로 "누가 정치적 절충을 하

69) 「最近の日韓関係に関する件」 1961.12.12, 일본외무성문서 2006-588-368.

70) アジア局長, 「日韓会談今後の選び方に関する件」 1961.12.27, 일본외무성문서 2006-588-1420.

71) 北東アジア課, 「池田総理、ライシャワー大使会談等に関する米大使館員の内話の件」 1962.1.5, 일본외무성문서 2006-588-1796.

겠다고 나서겠는가"라고 지적하며, 퇴직 상여금 등의 개인 청구권에 더해 무상 경제 협력도 청구권의 범주에 넣어 한국이 원하는 청구권 금액을 만들어야 한다고 주장했다.[72] 외무성은, 한국이 청구권이라는 명목보다 총액을 중시하고 있기 때문에 일본이 순 청구권으로 제시한 금액을 교섭의 출발선으로 할 수 없다고 단언했다.[73] 하지만 이케다 총리는 청구권 총액에 대한 결단을 내리지 못하고 있었다.

한편 이 시기 일본에서는 미국이 대한 원조에 대한 부담을 일본 정부에 전가하기 위해 한일 간의 청구권 문제를 조기 타결시키려 한다는 지적이 나오고 있었다. 라이샤워 측은 이케다 총리가 이 점을 의식하고 있다는 점을 알고, 외무성을 통해 일본의 대한 원조가 실현되면 미국의 대한 원조 제공 방식에는 변화가 있겠지만 원조액은 축소되지 않을 것이라고 해명했다. 그리고 일본의 대한 원조는 미국의 대한 원조를 대신 부담하는 의미가 아닌 미국의 대한 원조를 보완해 주는 역할이 될 것이며, 한국의 경제 발전에 결정적인 도움이 된다고 설명했다. 단 버거 주한미국대사가 한국 정부와 협의하여 대일 청구액을 5억 달러 이하로 조정하고 있으니 일본 정부도 이 선에서 타결을 해야 하며, 이때 총액의 일부만이라도 청구권 명목으로 인정해야 한다고 전했다.[74]

버거 주한미국대사도 주일미국대사관을 통해 한국의 입장을 일본에 전하면서 일본 정부의 설득에 나섰다. 버거는, 일본 정부 내에서

---

72) 北東アジア課, 「池田総理·ライシャワー大使会談要旨」 1962.1.5, 일본외무성문서 2006-588-1795.

73) 北東アジア課, 「日韓会談の進め方に関する勉強会の状況要点」 1962.1.9, 일본외무성문서 2006-588-1333.

74) 北東アジア課, 「池田総理、ライシャワー大使会談等に関する米大使館員の内話の件」 1962.1.5, 일본외무성문서 2006-588-1796.

논의가 모아지지 않고 있는 상황이 한국에서는 일본이 시간 벌기를 하고 있는 것처럼 비치고 있다고 지적했다. 그리고 한국 정부의 열의가 식어 또다시 한일회담이 중단된다면 일본 어선에 대한 나포 등이 재개될 수 있다고 경고하고, 회담의 촉진을 재촉했다.[75] 버거 대사는 일본 정부에 한일 경제 협력의 중요성을 다음과 같이 설명했다.[76]

- 한국 문제는 미국의 안보 전략에 있어서 중요하지만 그 이상으로 일본의 국익에도 중요하므로, 한국 경제에 대한 일본의 원조는 반드시 필요하다. 서독과 이탈리아처럼 한국이 자국의 안보와 직접적인 관계가 없는 나라들조차 한국에 원조를 하고 있는데, 어째서 (국익과 관련이 있는) 일본은 회피하려 하는가.
- 현재 한국에는 미국, 서독, 이탈리아, 영국 등의 자본이 점차적으로 진출하고 있는데 일본의 진출은 늦어지고 있다. 이 점이 우려스럽다.
- 박 정권은 일본과의 절충에 탄력적이며, 현재 한국 국회 내에 반대 세력이 없다는 점은 일본 측에 매우 유리하다.

버거 대사는, 한국에 대한 일본의 경제 협력은 장래 일본 경제에 이익이 되면서 동시에 일본의 안보에도 매우 중요하다는 점을 강조하고 있다. 이것은 당면한 경제적 부담과 당장의 득실만을 계산하면서 한국과의 교섭에 소극적인 이케다 총리와 대장성을 향한 비판이기도 했다.

---

75) 北東アジア課, 「日韓関係に関する在京米大使館の内話の件」 1962.1.12, 일본외무성문서 2006-588-1796.

76) 위와 같음.

3. 실무 협상과 정치 회담의 병행

■ 외무부 장관급 정치 회담의 실패

한일 양국 모두 청구권 문제를 경제 협력 방식으로 해결하자는 점에는 이미 이견이 없었다. 그러나 청구권 총액과 지불 명목에 관한 토의는 좀처럼 진전되지 않았다. 이러한 고착 상황을 타개하기 위한 고위급 정치 회담의 필요성이 다시 표면화되었고, 1962년 2월 19일 김종필 중앙정보부장이 일본을 재방문하여 이케다 총리와 면담을 가졌다.

김종필은 약 1개월 안에 회담을 타결시키고 5월 중에 조인하기를 원했다. 총액에 대한 한국의 입장은 어느 정도 정리되어 있으나, 일본이 회담을 타결한다는 의지가 있다면 총액의 대략적인 규모를 먼저 제시해야 한다고 요구했다. 이에 대해 이케다는, 박-이케다 회담에서 합의한 것처럼 청구권의 지불은 법적인 근거가 있는 것을 각 항목별로 따져가며 결정할 것이라고 말한 후, 총액에 관한 논의를 타결하고 싶다면 한국이 먼저 희망하는 금액을 제시하라고 했다.[77)]

그러나 김종필은 이케다에게, 일본이 동남아시아 각국에 배상금을 지불할 때에 일일이 법적인 근거를 따져가며 계산한 것은 아니지 않으냐고 반문하며, 한국과의 청구권 문제도 정치적으로 해결해야 할 문제라고 말했다. 또, 현재의 국제 정세상 국가 간 협조가 중요하기 때문에 미국이 막대한 금액을 여러 나라에 안보 비용으로 쓰고 있는 것이라고 말하며, 앞으로 아시아에서는 일본이 미국과 같은 역할을 해야 한다고 했다. 일본은 중요하지 않은 문제에 집착하지 말고 장기

---

77) アジア局,「池田総理、金鍾泌韓国中央情報部長会談要旨」1962.2.21, 일본외무성 문서 2006-588-1821.

적인 안목에서 한국의 장래를 고려해야 할 것이라고 했다. 한일회담 일본 측 수석 대표인 스기를 내심 달가워하지 않았던 김종필은, 정치적 타결의 형식에는 얽매이지 않으나 일본이 한국 국민들에게 성의를 보일 필요가 있다고 강조하며, 다음에 열릴 정치 회담에서는 반드시 기시 전 총리가 방한하여 서울에서 협의하고 싶다는 의사를 강하게 전달했다.[78]

이케다는, 스기 수석 대표는 재계에서 최고의 지위에 있고 정계에도 큰 영향력을 가진 인물이라고 하면서, 오히려 거물 정치인이 정치 회담에 나왔음에도 불구하고 회담이 타결되지 않는다면 그 뒷일이 더 걱정이라고 반론하며, 기시 전 총리의 한국 특사 파견을 거부하고 코사카 외상을 다음번 정치 회담의 대표로 할 것임을 밝혔다.[79] 김종필은 코사카 외상과의 정치 회담을 받아들이는 대신, 일본의 중요한 인물이 서울을 방문한다면 한국 내에서 회담 타결에 대한 좋은 분위기가 형성될 것이라는 명분으로 코사가 외상이 방한하여 서울에서 정치 회담을 열고 싶다는 희망을 관철시키려 했다. 그러나 이케다는 일본 국회가 회기 중이므로 코사카의 방한은 당분간 어려울 것이라고 선을 긋고, 한국 측 특사가 방일하여 코사카와 회담해야 한다는 것에 한치도 물러서지 않았다.[80]

김종필은 이케다 총리와의 회담에서 군인 출신의 젊고 패기 있는 모습으로 과감한 요구를 하였으나, 이케다는 김종필의 모든 요구를 거부하며 한국과의 청구권 문제 타결에 주저하는 모습을 보였다. 김

---

78) 위와 같음.

79) 위와 같음.

80) 北東アジア課, 「金鐘泌中央情報部長離日直前の内話に関する件」 1962.2.24, 일본 외무성문서 2006-588-1821.

종필은 더 이상 이케다를 설득하지 못하고, (1) 1962년 3월 10일부터 정치적 절충을 시작한다. (2) 이 정치적 절충은 양국의 수석 대표 이외의 인물로 진행한다. (3) 이번 정치 회담에서는 청구권 금액의 윤곽을 제시하고 그 외 다른 현안에 대해서도 토의한다. (4) 회담 장소는 도쿄로 한다. (5) 회담을 5월 말까지 타결하도록 노력한다라는 조건으로, 제1차 정치 회담을 개최하기로 합의했다.[81]

김종필의 방일 약 한 달 후인 1962년 3월 13일, 최덕신 외무부 장관이 방일하여 코사카 일본 외상과 도쿄에서 다섯 차례의 회담을 가졌다. 외무부 장관급의 공식적인 정치 회담이었다. 최 장관은 한일회담 대표단 간 회담에서 해결되지 못한 문제들을 이번 회담에서 해결한다는 의지를 보였다.[82] 그러나 코사카 일본 외상은 한국의 대일 청구권이 재한일본재산의 취득으로 삭감 또는 충족되었다는 말과 함께, 일본이 한국에 청구권 명목으로 지불할 수 있는 금액은 소액에 불과하다는 이케다 총리의 생각을 그대로 전달했다.[83] 청구권 총액에 대해서도, 최 장관은 한국의 대일 청구권 내역 중 순수한 청구권만으로도 7억 달러를 요구할 수 있다고 주장했으나, 코사카 외상은 일본이 순수한 청구권으로 지불할 수 있는 금액은 최대 7천만 달러 정도이며 여기에 차관 2억 달러를 보태겠다고 대답했다.[84]

고위급 회담을 통해 청구권 문제의 정치적인 타결을 시도했던 한일

---

81) アジア局, 「池田総理、金鍾泌韓国中央情報部長会談要旨」 1962.2.21, 일본외무성문서 2006-588-1821.

82) 아주과, 「한일 외상 회담 제1차 회의 회의록」, 한국외교문서 733, 『제6차 한일회담 제1차 정치 회담 동경, 1962.3.12-17, 전 2권(V.2 최덕신-고사까 외상 회담)』.

83) 「日韓間の請求権問題に関する小坂外相発言要旨」 1962.3.12, 일본외무성문서 2006-588-719.

84) 동북아주과, 「청구권 문제」, 한국외교문서 752, 『제6차 한일회담 청구권 관계 자료, 1963』.

외무부 장관급 정치 회담은, 양국의 주장이 현저하게 다르다는 것과 이런 식으로는 회담 타결의 가능성이 희박하다는 것만 확인한 채 성과 없이 종료되었다. 이케다 총리가 7월에 참의원 선거를 앞두고 한일회담과 관련된 문제를 정쟁화하고 싶지 않아 회담의 진전을 서두르지 않았다는 사정도, 최덕신－코사카 회담이 실패로 끝난 원인이기도 했다. 하지만 이케다 정권이 한일회담 타결에 소극적이라는 것은 분명했다.[85]

회담 대표단 간 토의의 공전

정치 회담과는 별도로 실무자 중심으로 구성된 한일회담 대표단 간의 토의도 진행되고 있었다. 일반청구권위원회에서는, 한국 측이 제출한 '대일 8 항목'의 내용을 중심으로 토의가 진행되었는데, 원칙적으로 제5차 한일회담의 토의 내용을 그대로 이어받고 있었다. 이 위원회의 일본 측 대표단은 대장성 이재국장이 주사를 담당하고, 이재국 차장과 외무성 아시아국의 참사관이 부주사로, 대장성 이재국의 각과 과장들이 실무 담당자로 참가했다.[86] 즉, 제5차 한일회담 때와 마찬가지로 한국에 대해 가장 강경한 주장을 해 온 대장성 관료들이 일반청구권의 교섭을 주도했다. 이들은 '대일 8 항목'에 대한 일본의 입장에 대해서 다음과 같이 주장했다.[87]

---

85) 参議院外務委員会調査室, 「日韓基本条約及び諸協定等に関する参考資料 (八)第六次会談」 1965.10, 일본외무성문서 2006-588-1647.

86) 北東アジア課, 「第六次日韓全面会談の一般請求権小委員会第八回会合」 1961.10.27, 일본외무성문서 2006-588-1218.

87) 동북아주과, 「청구권 문제」, 앞의 한국외교문서 752.

(1) 한반도의 금괴 및 은괴는 합법적인 수단으로 반출한 것이므로 반환에 관한 법적인 근거가 없다.
(2) 옛 조선 총독부에 대한 채무는 각 세목별로 대조하여 법률 관계가 명확한 것에 대해서만 변제한다.
(3) (한반도에서 일본으로) 이체 또는 송금된 금전 중 일부에 관해서는 협의가 가능하다.
(4) 법인의 재일자산에 대해서는 반환에 관한 법적 근거가 없으나, 일본에서 청산되고 남은 재산들의 분배금 중 아직 분배되지 않고 보관 또는 신탁 중인 한국인 주주의 지분권은 반환을 인정한다.
(5) 국채, 공채, 은행권, 징용자들의 미수금, 보상금 등에 관해서는 일부 반환에 응할 수 없는 것들이 있다.
(6) 개인 채권의 개별적 행사는, 한일회담에서 일본의 한국에 대한 채권·채무와 상쇄시켜 해결해야 한다.

일반청구권위원회에 참여한 대장성 관료들의 교섭 태도는 여전히 강경했다. 대장성은 한국 측에 모든 청구에 대한 명확한 법적 근거를 요구하면서, 그 입증 책임은 한국에 있다고 주장했다. 당연한 결과로써, 이 위원회에서는 법적 논리와 사실 관계를 두고 한일 간의 응수만 반복되었다.

양측 수석 대표 간에도 청구권 총액에 관한 토의가 진행되었다. 스기 대표는 한국의 대일 청구권 포기를 단도직입적으로 요구하고, 일본이 한국에 지불할 수 있는 순 청구권의 총액은 최대 7천만 달러 정도이며 여기에 '+α '로서 경제 협력 자금을 제공할 수 있다고 했다.[88] 코사카 외상도 최덕신 외무부 장관에게 순 청구권이 7천만 달러라고 말했는데, 이 금액의 근거는 불투명하다. 대장성 측의 천만 달러, 이케

88) 北東アジア課, 「杉·裵両首席代表会談(第一回)記録」 1962.3.13, 일본외무성문서 2006-588-1709.

다 총리의 5천만 달러, 외무성의 최소 1억 달러 등으로 일본 정부 내의 견해가 통일되지 않은 상황에서, 적당한 절충액을 제시한 것에 지나지 않을 것이다.

중요한 것은, 일본 측은 한국의 기대에 많이 못 미치는 적은 금액에서 논의를 출발하려 했다는 것이다. 게다가 일본은 1957년 기시 총리가 역청구권 주장을 철회한 것과 같이 한국도 대일 청구권을 포기해야 한다고 압박하며, 한일회담 초기부터 구상해 온 한일 간 청구권의 '상호 포기'를 실질적으로 실현시키고자 했다. 하지만 배의환 대표는, 한국은 대일 청구권을 포기하지 않을 것이며 청구권의 총액을 7억 달러 이하로는 양보할 수 없다고 대답했다.[89] 배 대표의 7억 달러 주장은 최덕신 외무부 장관의 요구액과 같은데, 한국 측도 기존의 주장에서 약간 절충된 액수를 제시한 것 같다. 한국과 일본은 각각 지난번보다 절충된 금액을 제시하고 있지만, 양측의 '7억 달러' 대 '7천만 달러'라는 액수의 차이뿐만 아니라 한국의 대일 청구권 포기를 둘러싼 논쟁도 가열되고 있었다.

미국 정부는 일본 정부 내에서 한국에 대한 교섭 방침이 통일되지 않아 이러한 회담의 공전이 반복된다고 보고 있었다.[90] 라이샤워 주일미국대사는 코사카 일본 외상에게, 한일 양국의 제시액에 너무 큰 차이가 있다고 지적하면서 "결론부터 말하자면 일본은 수억 달러는 지불해야 한다"라고 말했다. 그리고 일본이 7천만 달러에 고집하며 한국의 태도 변화만을 요구한다면 이 회담은 영원히 진전되지 않을 것이라고 충고했다.[91]

---

89) 「首席代表昼食会記録」 1962, 일본외무성문서 2006-588-1709.

90) 「ハリマン国務次官補会談資料」 1962.3.16, 일본외무성문서 2006-588-1334.

91) アメリカ局北米課, 「日韓問題に関するライシャワー大使の内話」 1962.4.17, 일본

라이샤워는 저명한 역사학자로서 최고의 일본 전문가이자 친일파 엘리트였다. 일본에 선교사로 파견된 아버지 덕분에 도쿄에서 태어나 어린 시절을 도쿄에서 보냈으며, 전처와 사별 후 재혼한 부인이 일본인 여성이었던 만큼 누구보다 일본을 이해하고 있었다. 이러한 라이샤워도 이케다 정권의 지나친 대한 교섭 태도를 못마땅해했다. 그는 한일 간의 청구권 문제는 일본에 의한 36년간의 식민지 통치와 관련되어 있어 한국인들의 국민 감정을 자극하고 있으며, 이 문제에 대해 한국인들이 과민하게 반응하는 것을 잘 이해한다고 말했다. 따라서 이 문제를 단순히 법률이나 경제적 관점에서만 풀려고 해서는 안 된다고 지적했다. 그리고 현재의 한국 정부와 이 문제를 풀기 위해서는 청구권이라는 명목보다는 일본이 얼마를 보상하는지가 중요하다고 하면서, 청구권이든 무상 원조든 상관없으나 일본은 한국에 지불할 수 있는 자금을 더 제시해야 한다고 거듭 강조했다.[92]

라이샤워의 충고에 대해 코사카 일본 외상은 "일본에도 국민 감정이 있다. 이승만 시대의 반일 정책 때문에 일본인은 아직도 한국에 대한 호감을 가질 수 없는 것"이라고 대답했다. 그리고 일본이 재한일본재산을 포기한 사실을 고려하면 한국의 대일 청구권 금액도 적어질 수밖에 없다고 말하면서 일본 정부 내의 강경한 입장을 대변했다. 코사카는 일본 정부 입장에서도 한국에 지불할 청구권 금액이 적은 점을 감안하여 이것을 보완하기 위해 장기 저리 차관으로 경제 협력 자금을 제공하려고 노력한 것이라고 반론하면서, 무상 경제 협력 자금의 증액에 난색을 보였다.[93]

외무성문서 2006-588-1799.

92) 위와 같음.

93) 北東アジア課, 「日韓問題に関する小坂大臣·ライシャワー大使会談記録」 1962.4.17,

박정희–이케다 수뇌 회담 이후, 최덕신–코사카 외무부 장관급 정치 회담 및 배의환–스기 수석 대표 간 회담 등 지금까지의 고위급 회담은 모두 성과 없이 종료했다. 사실 이러한 귀결을 예상치 못한 것은 아니었다. 가장 큰 이유는, 코사카 외상이나 스기 대표가 대한 강경론자이기 때문이 아니라, 한일 청구권 문제에 대한 이케다 총리의 완고한 태도 때문에 이들의 발언과 교섭력이 제약을 받고 있었기 때문이었다. 코사카 외상과 스기 대표가 발언하는 내용은 이케다 총리와 대장성 측의 주장 범위에 있었다.

일반청구권위원회에서도 일본 측의 교섭 주도권을 이케다 총리의 의중과 일체화된 대장성 관료들이 장악하면서, 외무성의 역할이 축소되었음을 알 수 있다. 일본 정부 내에서 이미 한일 청구권 문제에 관한 정책안이 외무성의 안으로 수렴되었음에도 불구하고, 이 시기 한일 간 교섭 과정에서 외무성이 소외되고 대장성의 주장이 힘을 받은 이유는 이케다 총리의 태도 때문이었다. 따라서 이케다 총리의 완고함을 설득하여 정치적 타결을 성공시킬 수 있는 리더십이 더욱 절실해졌다.

4. 일본 외무성의 주도권 회복

무상 경제 협력에 대한 해석론: '넓은 의미의 청구권'

최덕신–코사카 외무부 장관급 정치 회담이 실패하고 회담 대표단 간 회담도 전혀 진전을 보이지 않자, 일본 외무성은 '대일 8 항목'을

일본외무성문서 2006-588-1800.

법리적으로 검토하는 방식을 중지하고 정치적 타결을 해야 한다는 것에 더 확신을 갖게 되었다. 그리고 한국에 대해 청구권의 순수한 변제 방식에 고집한다면 법률 관계와 사실 관계를 엄격하게 물을 수밖에 없다는 점을 강조하며,[94] 다음과 같이 한국 정부를 설득했다.[95]

> 제5차 한일회담 이후 합의가 되어있는, 청구권과 무상 및 유상의 경제 협력 방식으로 타결한다. 이것이 외견상으로는 청구권과 무상 및 유상의 경제 협력으로 구성되어 있지만 실질적으로는 '넓은 의미의 청구권'과 경제 협력이다. 즉, 개인 청구권을 중심으로 한 순 청구권이 소액에 불과하여 무상 경제 협력 방식을 도입하였으므로, 무상 경제 협력을 경제 협력의 한 방식이 아닌 청구권의 변형된 형태로 취급할 수 있다. 따라서 청구권과 무상 경제 협력을 통합하여 '넓은 의미의 청구권'으로 보면 된다. (필자 요약)

외무성은 한국 정부가 원하는 금액을 받을 수 있다면 청구권의 명목을 포기할 수 있을 것이라고 판단하고, 지불 총액을 늘리는 대신 청구권 명목을 배제시킬 의도도 있었다. 한국 정부에, 순 청구권의 총액은 한국이 도저히 받아들일 수 없을 만큼의 소액에 불과하므로 경제 협력 방식으로 상당한 자금을 제공할 테니 그 대신 한국은 대일 청구권을 포기하는 것이 어떻겠냐고 제안했다.[96]

한국 정부는 청구권을 입증할 자료들이 대부분 소실되어 증명이 불충분하다는 점 때문에 무상 경제 협력 방식이 도입되었다는 것과, 무상 경제 협력이 '넓은 의미의 청구권'이라는 해석론에 동의했다. 그러

94) 동북아주과, 「청구권 문제」, 앞의 한국외교문서 752.

95) アジア局長, 「日韓会談の今後の進め方について」 1962.4.25, 일본외무성문서 2006-588-1336.

96) 동북아주과, 「청구권 문제」, 앞의 한국외교문서 752.

나 소액이라도 청구권이라는 명목은 유지하기를 원했다.[97] 어떻게든 청구권이라는 명목을 남겨두고 싶었던 한국은, 순 청구권과 무상 경제 협력 두 가지 명목을 다 사용하면서, '넓은 의미의 청구권'인 두 명목의 금액을 구분하지 않고 총액으로만 표시하는 방법을 제시하기도 했다.[98]

'넓은 의미의 청구권'이라는 외무성의 해석론은, 한국의 청구권 명목을 배제시킬 의도뿐만 아니라, 대장성에게 무상 원조 자금의 증액 필요성을 설득하기 위한 전략이기도 했다. 외무성은 대장성에, 한국 정부가 '넓은 의미의 청구권'이라는 해석론의 의도를 정확하게 파악하고 있는지는 잘 모르겠으나, 이것이 실질적으로는 청구권의 명목을 소멸시키는 것을 의미한다고 설명했다. 대신 한국이 대일 청구권을 철회한다면, 즉 청구권의 명목을 포기한다면 일본은 경제 협력의 형태로 한국 측의 요구를 보완해야 한다고 했다. 한국이 청구권으로 희망하는 금액을 다 인정할 수는 없지만, 순 청구권 금액으로 '최소 1억 달러 전후'는 지급해야 하며, 무상 경제 협력 자금은 정치적으로 고려할 수밖에 없다고 주장했다.[99] 미국 정부도 '넓은 의미의 청구권'이라는 개념을 도입하여 정치적 절충으로 총액을 결정한다는 외무성의 구상을 합리적이라고 평가했다.[100]

한편 외무성이 주장한 '넓은 의미의 청구권'이 한국의 대일 청구권 포기를 유도한다는 점에서 '상호 포기 플러스알파'안의 구도 안에 있

97) アジア局長, 「日韓会談の今後の進め方について」 1962.4.25, 일본외무성문서 2006-588-1336.

98) 동북아주과, 「청구권 문제」, 앞의 한국외교문서 752.

99) アジア局長, 「日韓会談の今後の進め方について」 1962.4.25, 일본외무성문서 2006-588-1336.

100) 「ハリマン国務次官補会談資料」 1962.3.16, 일본외무성문서 2006-588-1334.

음을 알 수 있다.

오히라 외상과 외무성의 교감

1962년 7월 1일 일본 참의원 선거 결과 자민당이 승리한 것을 계기로, 18일에 '제2차 이케다 제2차 개조 내각'이 발족했다. 이전 내각에서 관방장관이었던 오히라는 새롭게 구성된 내각에서 외상으로 취임했다. 오히라는 1936년 대장성에서 관료직을 시작했는데, 같은 대장성 관료 출신으로 친교를 쌓아왔던 이케다 총리의 권유로 정계에 입문했다. 오히라가 이케다 정권의 출발을 앞두고 이케다를 '소박하고 서민적인 총리'로 이미지 메이킹하여 성공했다는 이야기는 많이 회자되고 있다. 오히라는 이케다 정권의 첫 내각에서부터 관방장관 등의 요직을 맡을 정도로 오히라에 대한 이케다의 신뢰는 두터웠다. 일본에서는 이케다 정권의 실력자이자 총리와 각별한 관계인 오히라가 외상에 취임함으로써 이케다 외교에 중요한 현안들이 추진될 것이라는 기대가 높았고, 오히라 외상이 한국 문제를 어떻게 풀어갈 것인가에 대해서도 관심을 보였다.[101]

오히라는 외상에 취임한 직후의 기자 회견에서 "외교에 대해서는 아마추어"라고 겸손하게 말했지만, 실은 관방장관 시절 타케우치 류지(武内龍次) 외무성 차관으로부터 일본 외교에 관한 과외 수업을 받을 만큼 외교 문제에 깊은 관심을 갖고 있었고, 이케다 총리도 오히라의 외교적 안목을 신뢰했다고 한다. 오히라는 자신의 외상으로써의 임무는, 아직 국교를 회복하지 못한 국가들과 교섭을 진전시켜 완결되지

---

101) 「七月一八日ＮＨＫテレビ『池田改造内閣の政策を聞く』における日韓問題に関する大平外相と長谷川才次氏並びに唐島基智三氏の対談内容」, 일본외무성문서 2006-588-1337.

못한 일본의 전후 처리 문제를 매듭지으면서, 일본이 국제 사회의 일원으로 인정받는 것이라고 생각했다.[102] 한국 문제에 대해서는, 한국을 위해 일본이 양보하거나 희생하는 일은 없을 것이지만 "이웃으로써 가능한 범위에서 좋은 관계를 만들어 가겠다"라고 말하며 한일 관계 개선에 의욕을 보였다.[103]

이케다 총리도 일미 관계를 기축으로 하면서 이번 내각에서는 중국, 대만, 한국과의 복잡한 관계를 풀어가는 것이 중요한 외교 과제라고 밝혔지만, 사실 이케다 총리는 중국과의 관계 개선을 가장 우선시하고 있었다. 하지만 미국은 일본이 공산 국가인 중국에 접근하는 것을 경계하며 한일 관계를 먼저 해결하기를 원했다. 오히라도 대미 협조 차원에서 한일회담의 타결이 우선이라고 생각했고, 또 대장성 관료 출신으로써 청구권 문제를 풀어낼 자신이 있음을 피력했다.[104]

오히라는 외상 취임 직후 가장 먼저 한일회담에 관심을 보였다. 오히라 외상이 한일회담 타결에 대한 결심을 굳히는데 중요한 터닝포인트가 된 것은, 제2차 정치 회담을 염두에 두고 1962년 7월 24일에 열린 일본 외무성 간부 회의였다. 이 회의 자리에는 오히라 외상과 스기 수석 대표 외에, 타케우치 외무성 차관, 나카가와 조약국 국장, 이세키 아시아국 국장, 차기 아시아국 국장으로 내정된 우시로쿠, 한국통으로 알려진 마에다 북동아시아과 과장 등, 한일회담 타결에 적극적인 외무성 관료들이 모두 집합하여 향후 한일회담에 관한 긴밀한 회의를 진행했다.[105]

---

102) 大平正芳回想録刊行会編, 『大平正芳回想録』(鹿島出版会, 1983), pp.219~221.

103) 「七月一九日ＮＨＫテレビ『東西南北』における日韓問題に関する大平外相と細川隆元氏との対談内容」, 일본외무성문서 2006-588-1337.

104) 福永文夫, 『大平正芳』(中央公論新社, 2008), pp.101~112.

105) 北東アジア課, 「日韓会談の進め方に関する幹部会議概要」 1962.7.24, 일본외무성

이세키 아시아국장이 한일회담 타결에 적극적이었다는 사실은 앞에서도 여러 차례 언급했다. 아마도 오히라 외상의 요청이 있었으리라 추측되는데, 이세키는 1962년 11월부터 아시아국장의 임무를 마치고 네덜란드 대사로 부임할 예정인 상태에서도 바로 네덜란드로 떠나지 않고, '김－오히라 합의'와 이에 대한 이케다 총리의 승인이 나올 때까지 한일회담에 깊이 관여했다.[106] 하지만 한국 정부는 이세키의 적극적인 관여를 그리 반기지만은 않은 것 같다. 제5차 한일회담 당시 이세키는 도쿄에 있는 한국 대표단에게 사전 연락을 하지 않고 일본 국회의원 방한단을 수행하여 한국을 방문했다. 서울에 들어와서는 방한한 의원들과 함께 민주당 주요 정객들과 만나 한일 간 쟁점에 관해 토의하면서, 도쿄에 파견된 한국 대표단을 유명무실하게 했다는 비판을 받았다. 한국 정부는 이세키를 "일본 측의 실질적인 수석 대표"라고 평가하며[107] 이세키의 교섭 수완이나 리더십을 인정했지만, 관료답지 않은 저돌적인 행동은 곱지 않게 보았다.[108]

나카가와는 1953년 제3차 한일회담 때부터 1957년까지 아시아국장으로서 한국과의 교섭 책임자로 참여하면서, 당시 조약국으로 대표되는 외무성 내의 대한 강경론과 달리 한일회담에 매우 우호적이었다. 또 제5차 한일회담부터는 조약국장으로서 한일회담에 참여하여 이세키 아시아국장과 함께 한일회담의 진전에 힘을 보탰다. 우시로쿠는 제1차 한일회담 때부터 조약국과 아시아국을 거치면서 한일회담에 관여하고 있었다. 그리고 이세키의 후임으로 아시아국장에 취임하여 '김－오히

문서 2006-588-1338.

106) 「Ⅸ 日韓会談予備交渉－請求権処理大綱の決定と漁業問題の進展 3.大平外務大臣·金鍾泌中央情報部長会談」, 일본외무성문서 2006-588-1882.

107) 아주과, 「2-1. 친서 및 감사 서한, JW-1110」, 앞의 한국외교문서 786.

108) 아주과, 「대한민국 외무부 착신 전보 번호 JW-1110」, 위의 한국외교문서.

라 합의' 이후 한일회담이 최종 타결에 이르기까지 고군분투했다.

마에다는 당시 일본 외무성에서는 거의 유일하게 한국어와 한국 문화에 능통했다. 마에다의 집안은 대대로 야마구치현 출신이었으나, 마에다는 일제강점기 때인 1921년 현재의 인천에서 태어났고, 조선 총독부 부속학교인 경성중학교를 거쳐 1943년에 경성제국대학(서울대학교의 전신) 법학부를 졸업한 것으로 보아, 출생 이후 줄곧 한국에서 자란 듯하다. 마에다의 부모나 부인 등 가족사에 대해서는 거의 알려진 바가 없으나, 마에다가 출생 시부터 일본 패전 때까지 줄곧 서울과 인천에 살았던 점을 감안하면, 부모대부터 오랫동안 한반도를 거점으로 생활했고 이로 인해 마에다는 한반도와 특별한 인연이 있다고 추측할 뿐이다. 한반도 인양자 출신이기도 한 마에다는 일본에서 외무성 관료의 길을 걸으며, 한국과의 범상치 않은 인연으로 외무성 내에서는 대표적인 코리안 스쿨(한국통)로 알려져 있었고, 1980년대 초 주한일본대사를 역임하기도 한다.[109]

7월 24일 일본 외무성 간부 회의에서, 스기 수석 대표는 오히라 외상에게 "이케다 총리에게 한일회담 조기 타결에 대한 의지가 있는가"라고 물었다. 오히라는 "한국에 대한 이케다 총리의 태도에 거리감이 있는 것은 사실"이라며 이케다 총리가 한일회담에 소극적이라는 점을 인정했다. 한일회담 대표단의 수석 대표로서 여러 암초에 부딪혀 있던 스기는, 한국 측에 성의를 보이기 위해서라도 일단 회담을 재개하

---

109) 마에다는 1965년 한일기본조약 조인 후 서울에 설치된 주서울일본재외사무소 소장으로 발령을 받았고, 같은 해 12월 조약이 발효되자 초대 주한임시대리대사로 근무했다. 이후 1970년대 말 아프가니스탄 대사 등을 거쳐, 1981년부터 84년까지 주한일본대사를 역임했다. 2002년 12월, 향년 81세에 노환으로 사망했다. 「訃報 前田利一氏死去／元駐韓国大使」, 四国新聞社オンライン版, http://www.shikoku-np.co.jp/national/okuyami/article.aspx?id=20021216000251 (2023년 7월 27일 검색).

는 것이 중요하다고 강조했다. 그리고 "총리도 외상도 이번에야말로 타결한다는 마음을 굳혀야 한다"라고 당부했다. 외무성도, 한일회담을 더 이상 지연시키지 말고 8월 중에 재개해야 하며, 9월 중에는 정치적 절충을 통해 청구권 및 경제 협력 문제를 타결한 후, 연말까지 어업 문제와 그 외 현안들에 관한 토의를 매듭짓자는 일정을 제시했다. 오히라 외상은, 일본은 한일회담을 더 이상 지연시킬 핑계가 없다고 말하면서, 가까운 시일 안에 총리와 상의하여 해결 방안에 대한 틀을 마련하겠다고 약속했다.[110]

오히라는 국내에서 한일국교정상화에 대한 명분이 될 수 있는 '한국 시장의 경제적 가치'에 대해서 물었다. 이세키는 한국의 경제가 회복된다면 일본에서 한국에 팔 수 있는 것은 얼마든지 있다고 설명하며, 한국은 일본에게 좋은 시장이 될 것이라고 했다. 오히라는 한일회담에 대한 미국의 인식과 미국의 대한 원조가 일본으로 전가될 가능성에 대해서도 질문했다. 주일미국대사관 측과 빈번하게 접촉하고 있는 이세키는, 한일 관계가 개선된다면 미국의 대한 원조가 수월해지는 건 사실이지만, 한일 경제 협력을 계기로 미국이 대한 원조를 삭감하거나 일본에 부담을 전가하려는 의도는 없다고 설명했다. 단 미국이 동아시아의 정세 안정을 위해서 한일회담의 조기 타결을 바라고 있는 점을 고려해야 하며 대미 관계 측면에서 한일 관계의 회복은 중요하다고 강조했다.[111]

한편 오히라는 관방장관 시절에 부임한 라이샤워 주일미국대사와 친교를 쌓으면서 대미 관계의 파트너로 라이샤워를 신뢰하고 있었다.

---

110) 北東アジア課,「日韓会談の進め方に関する幹部会議概要」1962.7.24, 일본외무성 문서 2006-588-1338.

111) 위와 같음.

오히라가 외상에 취임한 후 라이샤워와의 우정은 더욱 돈독해졌다. 오히라는 라이샤워 대사와의 친교를 계기로, 아시아 외교의 일환으로서 뿐만 아니라 대미 관계 측면에서도 한일 관계를 조속히 타결시켜야 한다고 생각하고 있었다.[112]

이세키 아시아국장은, 이케다 총리의 신임이 두터운 데다 일본이 처한 외교 과제를 잘 이해하고 이에 대한 적극적인 해결을 다짐하고 있던 오히라의 외상 취임을 반겼다. 한일회담과 관련하여 이케다 총리에 대한 보고와 면담을 담당해 왔던 이세키는, 그동안 이케다 총리가 한일 문제에 대한 국내의 부정적인 여론을 의식하거나, 외무성과 대장성 간의 대립에 대해 분명한 입장을 주저하며 꽤 갈피를 잡지 못하고 있는 느낌이 들었다고 토로했었다. 그러나 이날의 외무성 간부회의 후, "오히라 외상이 취임하고 나서 외상에게 설명만 하면 (내가) 직접 총리와 대면하지 않아도 된다는 것에 안도했다"라고 회고하며, 오히라에 대한 신뢰를 드러냈다.[113]

오히라의 사위이자 비서관이었던 모리타 이치(森田一)의 회고에 의하면, 이 시기 오히라 외상은 한국 문제에 관해서 이세키 아시아국장, 한국통으로 알려진 마에다 북동아시아과장과 면밀하게 협의했다고 한다. 그리고 외상과 외무성과의 관계는 매우 친밀했고 신뢰 관계가 두터웠다고 한다.[114] 이러한 외상과 외무성 관료 간의 교감과 신뢰 관계가 한일회담에 미친 의미는 적지 않았으며, 오히라 외상의 리더십이 정체되고 있는 한일회담에 중요한 동력이 된 것은 분명하다.

---

112) 大平正芳回想録刊行会編, 앞의 책(1983), pp.219~221.

113) 「IX 日韓会談予備交渉－請求権処理大綱の決定と漁業問題等の進展 1.日韓会談の進め方についての幹部会議」, 일본외무성문서 2006-588-1882.

114) 森田一 [著], 服部龍二·昇亜美子·中島琢磨 [編], 『心の一燈: 回想の大平正芳 その人と外交』(第一法規, 2010), p.55.

■ '김-오히라 합의'의 틀

1962년 7월 24일 일본 외무성 간부 회의에서는 청구권 및 경제 협력 방식에 대한 논의도 진행되었다.

우선 오히라 외상은, 청구권을 '무상 원조'로 해결하려는 이유와 이 방식이 인양자들에 대한 국가 보상 문제를 야기할 우려는 없는지, 남북 관계에 영향은 없는지 물었다. 외무성은, 사실 관계가 명확하게 입증된 것에 한해서만 순 청구권으로 지불할 수 있는데 아무리 관대하게 심사해도 1억 달러 밖에 나오지 않기 때문에, 한국의 청구권 명목을 포기시키는 대신 '무상 원조'로 한국이 원하는 금액에 맞추려는 것이라고 설명했다. 청구권 명목으로 지불할 경우 기존의 법적 논리가 소환되고 인양자 국가 보상 문제도 발생할 수 있지만, '무상 원조'로 한다면 인양자 국가 보상 문제를 야기하지 않는다고 했다. 또, 청구권 명목으로 지불하게 된다면 청구권의 범위를 명확하게 해야 하며, 한국의 관할권이 미치는 지역을 남한으로만 규정할 필요가 있기 때문에 관할권 논쟁이 다시 붉어질 수 있지만, '무상 원조'로 할 경우 지역을 특정하지 않아도 되므로 북한과 관련된 불필요한 논쟁을 줄일 수 있다고 설명했다.[115]

이러한 외무성의 견해는 1950년대 초기부터 외무성 내에서 축적해 온 한일회담에 관한 전략의 연장선에 있었다. 한편, 당시 한국은 외무성에 사실 관계와 법률 관계의 입증이 곤란한 것에 대해서도 일본은 지불할 책임이 있으며, 개인 청구권 명목의 금액을 당사자에게 직접 지불하지 않고 정부에 일괄해서 제공하기 바란다고 요청하고 있었다.

---

115) 北東アジア課, 「日韓会談の進め方に関する幹部会議概要」 1962.7.24, 일본외무성 문서 2006-588-1338.

외무성은 한국의 요청에 이해를 보였다. 대신 한국이 청구권 명목에 고집하지 않는다면 상당한 금액과 실익을 제공하겠다고 약속했다. 이러한 외무성의 방침은 오히려 외상이 취임한 직후 더 구체화되었다.[116)]

외무성은, 최종적으로는 청구권이라는 명칭을 사용하지 않고 무상 경제 협력과 유상 경제 협력으로 타결할 방침을 굳혔다. 그리고 한국이 대일 청구권을 실질적으로 포기할 경우 이에 상응하는 금액을 무상 경제 협력 자금으로 제공하고, 한국이 요구하는 청구액과의 차액은 장기 저리 차관 형식인 유상 경제 협력으로 보완하기로 했다. 한국이 국내 정치상 일본으로부터 받은 자금을 '청구권 자금'이라고 설명하는 것은 인정하기로 했다. 한국 정부가 청구권 자금을 경제 발전과 사회 복지 등의 목적으로 사용하고 싶어 한다는 점을 고려하여, 개인에 대한 지불을 하지 않고 모든 자금을 한국 정부에 일괄 지급하는 것을 제안했다. 한국 정부가 개인 당사자들에게 실제로 지불할 지에 대해서는 보장할 수 없지만, 일본 입장에서는 개인 청구권에 대한 책임을 지지 않아도 된다는 점에서 적절한 방법이라고 판단했다.[117)]

외무성이 염두에 두고 있는 지불 총액에 대한 국내의 반발에 대해서는, 동남아시아 국가들에 대한 배상금이나 미국의 대한 원조 규모 등과 비교하면 외무성 내에서 논의되고 있는 한국에 대한 청구권 및 경제 협력 자금은 합리적인 금액임을 강조했다. 외무성은, 한국은 '총액으로 얼마를 받을 수 있느냐'에 관심이 집중될 것이라고 하면서, 한국 측이 먼저 총액에 대한 질문을 하면 일본 측은 '총액이 만족되면 우리의 방식을 받아들일 것인가'라고 되물으면서 청구권 명목을 포기

---

116) アジア局, 「日韓会談の今後の進め方に関する基本方針(案)」 1962.7.20, 일본외무성문서 2006-588-1882.

117) 위와 같음.

하도록 유도하는 전략을 밝혔다. 외무성은 청구권협정 문서에 '모든 청구권은 완전히 그리고 최종적으로 해결되었다는 것을 확인한다' 또는 '한일 간에 존재하는 모든 문제들이 해결되었음을 확인한다'라는 문구의 삽입 등, 청구권 문제에 대한 매우 상세한 부분까지도 구상하고 있었다.118)

이러한 방침을 전제로, 외무성은 오히라 외상에게 한국에 지불할 총액에 대해 "한국은 1(청구권)+ 2(무상 원조)+ 2 또는 3(유상 원조)으로 합계 5 내지 6을 생각하고 있는 것 같다"라고 말했다. 외무성은 이러한 한국의 요구와 일본이 현재 생각하고 있는 '2+2'의 금액 차이를 조정하는 것이 앞으로의 과제이며, 여기에는 '최고 난도'의 정치적 절충이 필요하다고 설명했다. 외무성이 말한 '일본이 현재 생각하고 있는 2+2'란, 청구권 명목이 없는 무상 2억 달러와 유상 2억 달러로 총 4억 달러를 지불하겠다는, 외무성의 구상이었다.119) 외무성이 언급한 이 방식은, 이후 김-오히라 회담에서 합의된 내용과 거의 유사하다.

오히라 외상은 청구권 문제에 관한 한국과의 정치적 타결에 앞서 우선 일본의 방침에 결단을 내릴 필요가 있었는데, 7월 24일 외무성 간부 회의에서 언급된 외무성의 제언을 거의 그대로 수용했다. 이날 회의에 참석한 마에다 북동아시아과장은 "지금까지 외무성 내의 시안으로 머물며 과연 이것이 실현될 수 있을지에 대해서 자신이 없었던 것들이 새 외상에게 흔쾌히 받아들여졌다. 외무성의 정책안이 드디어 일본 정부의 정책안으로 정식으로 채용되었다는 느낌이 든 이날의 회의는 매우 중요했다"라고 회고하며, 오히라 외상의 결단으로 외무성안

118) 위와 같음.

119) 北東アジア課, 「日韓会談の進め方に関する幹部会議概要」 1962.7.24, 일본외무성 문서 2006-588-1338.

을 기초로 한국과의 청구권 교섭이 타결될 것이라는 점을 고무적으로 평가했다. 한편 마에다는 오히라가 외상으로 취임하자마자 "너무 급하다고 생각될 만큼" 빠른 속도감으로 이런 방침들이 결정되었다고 회고했는데, 오히라 외상이 다른 정치인들이나 전임 외상에 비해 결단력과 추진력이 있는 인물이었던 것은 분명하다.120)

그러나 간과해서는 안 되는 것은, 외무성과 오히라 외상은 한일회담을 타결하기 위해 한국과의 논쟁을 피하려 했을 뿐 일본의 기존 주장을 전혀 포기하지 않았다는 것이다. 외무성과 오히라 외상은, 청구권 문제에 관한 기존의 법적 논리와 역사 인식을 포기하지 않고 다만 논의를 보류하는 것, 역청구권 주장을 철회하면서 동시에 한국의 대일 청구권 포기를 관철시켜 한일 간 청구권의 실질적인 상호 포기를 실현하는 것 등을 최종적으로 확인하면서 한일회담을 타결하기로 했다.

외무성으로의 일원화

오히라 외상은 외무성과의 협의 내용을 기초로 한국과의 청구권 및 경제 협력 문제에 관해서 이케다 총리와 의논했다. 오히라는 이케다 총리에게, 앞으로의 회담에서는 지금까지 해왔던 교섭 형식을 반복하지 않고 "높은 차원에서 청구권 문제를 해결할 필요가 있다"라고 말하며 정치적 타결의 필요성을 언급했다. 그리고 청구권을 포함한 무상 경제 협력과 장기 저리 차관 형식의 유상 경제 협력의 두 가지 방식을 조합하여 총 3억 달러의 자금을 한국에 제공하자고 제안하며 이케다 총리의 동의를 구했다. 이케다 총리는 "일본인이 한국에 남긴 재산만

---

120) 「IX 日韓会談予備交渉－請求権処理大綱の決定と漁業問題等の進展 1.日韓会談の進め方についての幹部会議」, 일본외무성문서 2006-588-1882.

으로도 일본의 한국에 대한 채무 중 일부를 상쇄할 수 있는데도 우리가 큰 양보를 한다"라고 불만을 말했지만, 현금 지급이 아닌 노무와 현물 공여를 중심으로 지급하겠다는 조건으로 청구권 총액 3억 달러를 승인했다.[121)]

오히라는 외무성과 논의한 금액보다 적은 3억 달러로 승인을 얻었는데, 이것은 전략적인 이유에서였을 것이다. 외무성 내에서는 이미, 한국의 요구가 최근에 5억 달러까지 내려온 것과 한일 양국의 여러 가지 요인들을 고려하여 이케다 총리로부터 3억 달러에 대한 재가는 반드시 얻어내야 하며, 이것을 출발선으로 해서 한국과의 정치적 절충에 들어가야 한다는 전략이 세워져 있었다.[122)]

따라서 오히라 외상과 외무성은, 우선 이케다 총리가 납득할 수 있는 범위에서 승낙을 받아내고, 이후 회담의 경과를 보면서 외무성이 구상한 금액 또는 한국이 요구하는 금액에 가깝게 증액시켜 최종적으로 타결할 의도가 아니었나 추측해 본다. 아무튼 지금까지 대장성과 이케다 총리가 한국에 대한 청구권 지불액으로 천만 달러에서 5천만 달러를 주장했던 것을 생각하면, 오히라 외상이 이케다 총리로부터 3억 달러의 승인을 받아낸 것은 정치적 타결을 위한 중요한 발판이 되었다고 평가할 수 있다.

이케다 총리로부터 3억 달러에 대한 승인이 나자, 스기 수석 대표는 곧장 제2차 정치 회담을 위한 준비에 착수했다. 그리고 1962년 8월 21일 정치 회담을 위한 한일 간 예비 절충이 시작되었다. 이 예비 절충에는 한일 양국의 수석 대표인 스기와 배의환, 그리고 이세키 아시아국장

121) 在タイ大江大使, 「日韓会談再開に関する漢字紙論説報告の件」 1962.8.21, 일본외무성문서 2006-588-668.

122) アジア局長, 「日韓会談の今後の進め方について」 1962.1.16, 일본외무성문서 2006-588-1333.

과 최영탁 주일대표부 참사관이 출석했다. 눈에 띄는 점은, 이전 회담에서 일반청구권위원회의 주사와 부주사를 담당하며 한일 청구권 교섭의 최전선에 나섰던 대장성 관료들이 이 자리에 출석하지 않았다.[123] 이것은 청구권 문제에 관한 일본 측의 교섭 주도권이 외무성으로 일원화되었음을 의미했다.

일본 정부 내에서 대장성은 청구권 문제와 관련이 있는 부처로서 제1차 한일회담 때부터 청구권 교섭에 관여하고 있었다. 그리고 제5차 한일회담부터는 일반청구권위원회의 일본 측 교섭 대표를 담당하고 있었고, 한때는 외무성을 배제하기도 했다. 이것은 이케다 총리의 영향 때문이었다. 이케다 총리는 자신과 비슷한 생각을 가진 대장성에게 청구권 교섭을 맡기고, 외무성에 대해 한국에 대한 지불액은 대장성과의 협의와 조정을 거친 금액만을 제시하도록 지시했었다.[124] 대장성도 외무성에, 청구권 교섭에 대해서는 대장성 이재국장이 주사를 담당하고, 외무성은 이재국장의 지시에 따라 토의해야 한다고 말하고 있었다.[125] 일본 외무성은 청구권 문제에 관해 정부 내에서 첨예하게 대립해 온 대장성과 어떻게 합의를 맞춰갈지가 늘 과제였다. 하지만 오히라 외상이 외무성의 구상을 적극적으로 수용하고 외무성에 힘을 실어주자 자연히 한일 문제에 관한 대장성의 관여는 억제되었을 것이다.

이와 관련하여 흥미로운 에피소드가 있다. 이케다 총리는 이번 새

---

123) 参議院外務委員会調査室,「日韓基本条約及び諸協定等に関する参考資料 (八)第六次会談」1965.10, 일본외무성문서 2006-588-1647.

124) アジア局長,「日韓会談の今後の進め方について」1962.1.16, 일본외무성문서 2006-588-1333.

125) 北東アジア課,「日韓請求権問題に関する外務省大蔵省打合せ会要旨」1961.9.8, 일본외무성문서 2006-588-1359.

로운 내각의 구성을 관방장관인 오히라에게 일임했다. 오히라는 스스로 새 내각의 외상에 취임하면서, 대장성 대신으로는 오랜 친구이자 정치적 동지인 다나카 카구에이(田中角栄)를 지명했다.[126] 후세에 천재적인 정치인으로 평가받고 있는 다나카는, 1972년 7월부터 1974년 12월까지 제64~65대 일본 총리를 역임하였고, 총리에 취임한 해인 1972년 오히라 외상 (오히라의 두 번째 외상 취임)과 함께 일중국교정상화를 성사시킨 매우 유능한 정치인이었다. 오히라가 다나카에게 대장성 대신을 부탁한 이유가, 유력한 정치인인 다나카를 통해 한일 문제에 강경한 대장성 당국자들을 설득하거나 통제하려는 큰 그림이 있었을 것이라는 것을 자연스럽게 추측할 수 있는 일화이다.

실제로 오히라는 후술할 김-오히라 회담에서 김종필과 청구권 문제에 대해 타결한 후 다나카에게 전화를 걸어 "대장성 당국자들이 여러 가지 말들을 하겠지만 자네가 자제시켜 주게"라고 부탁했고, 다나카는 "알겠네"라고 흔쾌히 찬성했다고 한다. 오히라는 이때 "다나카 군의 용단은 매우 훌륭했다"라고 회상했다.[127] 또한 다나카 자신도 일찍부터 한일 문제에 관심이 있었고, 1961년 5월에 '일한문제 간담회'의 국회의원 방한단 멤버로 한국을 방문했다. 이때 다나카는 한국 측 인사들과 접촉하면서 "한일국교정상화는 조속히 타결되어야 하며, 외무성이 일을 할 수 있도록 정치인들이 밀어줘야 한다"라고 말했다.[128] 다나카는 외교 문제에 있어서 만큼은 외무성의 주도권을 존중하였고, 대장성의 교섭 태도를 좋게 보지 않았던 듯하다.

---

126) 森田, 앞의 책(2010), pp.29~54.

127) 「IX 日韓会談予備交渉―請求権処理大綱の決定と漁業問題の進展 3. (3)第2回会談(11月12日)」, 일본외무성문서 2006-588-1882.

128) 「訪韓議員団と鄭外務部長官との会談要旨」 1961.5.8, 일본외무성문서 2006-588-517.

5. 정치적 타결 과정

최종 물밑 작업

제2차 정치 회담을 위한 한일 간 예비 절충에서도 최대의 쟁점은 청구권 총액이었다. 스기 일본 측 수석 대표는 총 3억 달러 안에서 무상 및 유상 경제 협력으로 각각 1억 5천만 달러씩 책정하고, 이것을 '뭉칫돈' 방식으로 지불하며, 대신 청구권 명목을 사용하지 않겠다고 했다. 하지만 무상 경제 협력 자금이 실질적으로 청구권을 의미한다고 강조했다. 배의환 대표는 '뭉칫돈' 방식과 정치적 타결에 대해서는 동의하면서, "빌려준 돈을 받으러 왔다가 오히려 빚지고 돌아가는 꼴"이라고 비유하며 차관 형식인 유상 경제 협력에 대해 난색을 표했다.[129] 배 대표는 겨우 1억 5천만 달러로 청구권의 명목을 포기한다면 한국인은 납득하지 못할 것이라고 말하며, 어떤 형태든 청구권의 명목을 살려 청구권과 무상 경제 협력을 분리하고, 아울러 무상 자금에 대한 증액도 필요하다고 했다.[130]

이세키 아시아국장은, 청구권 명목으로 지불할 경우 명확한 증거가 필요하지만, 한국에서 제시할 수 있는 법적 근거가 충분하지 못하기 때문에 수천만 달러 밖에 되지 않아 '뭉칫돈' 방식으로 3억 달러를 책정하여 경제 협력 자금으로 제공하는 것이라고 설명했다. 그리고 이것으로 한일 간에 청구권 문제는 모두 해결된다는 것을 인정해야 한다고 했다. 단, 한국 정부가 자국민에게 일본으로부터 받은 자금을 어

129) 参議院外務委員会調査室, 「日韓基本条約及び諸協定等に関する参考資料 (八)第六次会談」 1965.10, 일본외무성문서 2006-588-1647.

130) 北東アジア課, 「日韓予備交渉第三回会合記録」 1962.8.29, 일본외무성문서 2006-588-650.

떤 성격으로 설명할지는 자유이며, 청구권으로 해석해도 상관없다고 부연했다. 증액에 관해서는, 3억 달러도 대장성의 입장과 크게 차이가 있는 데다 무상 경제 협력을 경제 협력의 일환이 아닌 청구권의 위장된 형태라고 비판하고 있는 일본 국내 사정 때문에 더 이상 총액을 늘리기는 어렵다고 했다. 대신 총액 3억 달러 안에서 조정하여 무상 경제 협력 자금의 비중을 늘리는 것은 가능하다고 했다.[131]

이러한 내용을 배의환 대표에게 보고 받은 한국 정부는, 주일미국대사관을 통해 '청구권 3억 달러, 무상 공여 3억 달러, 총액 6억 달러'를 제시하면서 청구권 금액을 조정하여 총액을 6억 달러 밑으로 내리는 것도 가능하다고 전했다. 그리고 청구권과 무상 경제 협력을 통합한 금액이 실질적인 청구권이며, 이 자금에 관한 합의가 성립된 후 유상 경제 협력에 관한 토의에 들어가고 싶다고 했다.[132] 즉 한국 정부는 '넓은 의미의 청구권'으로 6억 달러 이하를 요구하고 별도로 유상 경제 협력 자금에 대해 논의하고 싶다는 것이었다.

그러나 한국의 요구는 받아들여지지 않았다. 한국 정부는 총액을 5억 달러로 하향하고 대신 무상 자금을 최소 3억 달러로 하자는 제안을 가지고 기시 전 총리에게 중재를 요청했다. 하지만 기시는, 이케다 총리에게 한일회담 타결에 관한 권고는 할 수 있지만 청구권 총액에 대해서는 이케다 총리가 일관되게 소극적이라고 답신하며, 청구권 문제에 관여하지 않았다.[133] 배의환 대표는 "이승만 정권 때에는 청구권으로 20억 달러에서 25억 달러를 요구했었지만 현재는 5억 달러까지

131) 北東アジア課,「日韓予備交渉第一回会合記録」1962.8.21, 일본외무성문서 2006-588-650.

132) 北東アジア課,「日韓予備交渉に関する米側情報」1962.8.28, 일본외무성문서 2006-588-1806.

133) 아주과,「한일 예비 교섭에 관한 정부의 훈령」, 한국외교문서 737,『제6차 한일회담 제2차 정치 회담 예비 절충: 본회의, 1-65차, 1962. 8. 21-64. 2. 6 전 5권』.

내려갔다"는 점을 강조하며, 한국으로서도 더 이상의 양보는 없다고 못을 박았다. 그리고 한국의 요구는 '무상 3억 달러를 포함한 총액 5억 달러'로 굳혀졌다.[134] 게다가 박정희 정권은 무상 경제 협력 자금 3억 달러를 포함한 총액 5억 달러로 타결된다면, 이케다 총리와 일본 경제에 부담이 되지 않도록 현금이 아닌 자본재와 노무로 지불해도 된다는 의향도 밝혔다.[135]

지금까지 검토한 결과, 늦어도 1962년 9월에는 한일 양국 간에 청구권 총액이 5억에서 6억 달러 사이로 인식되어 있었다. 예비 절충에서 일본 측은 이케다 총리가 승인한 총액 3억 달러 선을 넘지 않으며 교섭했으나, 외무성 내에서는 이미 4억 달러에서 6억 달러라는 착지점이 구상되어 있었고 오히려 외상도 이것을 받아들이고 있었다. 그러나 한일 양 대표단 간 협의에서는 더 이상의 진전이 어려웠고, 정치 회담에 의한 결단의 시기가 다가왔다는 것이 분명해졌다.

제2차 정치 회담을 위한 예비 절충이 어느 정도 마무리되자, 9월 28일부터 일본 외무성 관료들이 한국을 방문했다. 이 방한단은 일본 외무성 관료로만 구성되었고 10월 말에 이세키의 후임으로 아시아국장에 부임할 예정인 우시로쿠가 일행을 통솔했다. 일행의 목적은, 장래의 대한 경제 협력을 염두에 두고 한국의 경제 상황을 시찰하기 위해서였다. 이들은 귀국 후, 한국은 경제 개발 5개년 계획의 중요한 프로젝트를 추진하기 위한 체제를 정비하는데 노력하고 있다고 평가하고, 한일회담의 타결과 한국에 대한 경제 협력의 필요성을 피력했다.[136]

---

134) 아주과, 「예비 절충 제6회 회의록, 1962.9.13」, 위의 한국외교문서.

135) 「IX 日韓会談予備交渉－請求権処理大綱の決定と漁業問題等の進展 2.日韓全面会談予備交渉の開始と米国側の関心」, 일본외무성문서 2006-588-1882.

136) 経済局アジア課, 「韓国の経済開発五カ年計画を中心とする経済情勢について－出張報告－」 1962.10.10, 일본외무성문서 2006-588-293.

외무성 방한 시찰단은 한국에 대한 다른 나라들의 지원이 성과를 거두지 못하고 있는 사례나,[137] 한국이 미국과 독일 등으로부터 제공받고 있는 차관보다 더 좋은 조건으로 일본으로부터 차관을 도입하고 싶어 한다는 점을 예로 들며, 일본이 다른 나라들보다 유리한 조건으로 한국에 경제 협력을 해야 한다고 보고했다.[138] 또, 한국에 대한 일본의 진출이 더 이상 늦어진다면 일본의 영향력이 다른 나라들의 후순위로 밀려날 것이며 이것이 일본에게는 득이 되지 않는다는 점을 강조하고, 한일국교정상화의 시기가 가까워졌다고 보고하고 있다.[139]

●● '김-오히라 합의'까지의 과정

■ 제1차 김-오히라 회담(1962년 10월 20일)

제2차 정치 회담의 한국 측 특사는 김종필이 내정되었다. 미국 방문을 앞둔 김종필은 도미(渡米)에 앞서 일본에 들러 이케다 총리 또는 오히라 외상과 회담하고 싶다고 제안했으나,[140] 내심 일본 정부의 최

137) 위와 같음. 당시 미국과 영국 등은 한국에 대한 기술 원조의 일환으로 국비 유학생을 받아들이고 있었는데 그중 85%는 기술을 습득한 후에도 그대로 영주권을 취득하여 귀국하지 않았다. 외무성은 이런 현실 때문에 미국과 영국의 기술 원조가 성과를 거두지 못하고 한국의 경제 건설에 도움이 되지 않고 있다고 분석했다.

138) 위와 같음.

139) 北東アジア課,「後宮審議官韓国出張報告」1962.10.8, 일본외무성문서 2006-588-292. 우시로쿠 일본 외무성 아시아국장은 한국의 상황에 대해, "박정희 정권이 대외적으로는 정권의 지위를 향상하고 국내적으로는 경제 번영을 이뤄 북한을 흡수 통일하겠다는 목표로 경제 개발 5개년 계획의 달성에 매진하고 있다. 한국의 엘리트 층 중에서 30세 이상의 중견 세대는 일본식 교육을 받았지만 그 이하 세대는 구미로 유학하는 경우가 많아 결과적으로 한국에 대한 다른 나라들의 영향력이 커졌다. 여전히 한국에서 일본은 특별한 외국으로 취급받고 있긴 하지만 전체적인 대일 감정은 좋아졌다"라고 보고했다.

140) 北東アジア課,「日韓予備交渉第八回会合記録」1962.9.26, 일본외무성문서 2006-588-650.

고 결정자인 이케다 총리와 회담을 하여 청구권 금액을 신속히 타결하고 싶어 했다. 이세키 아시아국장도, 이케다 총리와 김종필과의 회담에서 청구권 총액이 결정될 것이라고 보고 있었다. 그러나 김종필의 교섭 상대는 총리가 아닌 오히라 외상으로 결정되었다.[141]

박정희 의장은 김종필의 방일에 앞서, 한국 정부는 과거 문제에 얽매이지 않고 국민들의 비난을 감수하면서라도 한일회담을 반드시 타결하겠으며, 이번에는 반드시 교섭을 마무리하고 싶다는 의사를 이케다 총리에 전달했다. 이케다 총리는 오히라 외상에게, "국내적으로 득실을 따진다면 타결하지 않는 것이 더 손해일 것이다. 또 대미 관계를 고려할 필요가 있으며, 공산권 국가들과의 외교를 추진하기 위해서라도 우선은 한국과의 관계를 정립해야 한다"라고 말하면서, 한국과의 청구권 문제 타결을 현실로 받아들였다.[142]

일본 외무성은 이케다 총리가 승인한 3억 달러 안에서, 김－오히라 회담에 관한 교섭 요령안을 다음과 같이 준비했다.[143]

- 무상 금액: 2억 5천만 달러
  (한국의 외상 채무 4,573만 달러는 무상 금액에서 제하지 않고 별도로 상환받는다)
  지불 방법: 일본의 자본재 및 노무에 의한 공여
  지불 기간: 2,500만 달러씩 10년간 균등 지불
  (연간 2,500만 달러는 현재 일본이 타국에 지불하고 있는 배상금 중 연간 최고액이 가장 많은 필리핀과 같은 금액임)
- 장기 저리 차관: 무상의 증액에 영향을 미치므로 신중히 대응할 것

141) 아주과, 「제10차, 1962. 10. 10」, 앞의 한국외교문서 737.

142) 「池田総理·大平大臣話し合い結果」 1962.10.15, 일본외무성문서 9506-588-1824.

143) アジア局, 「一〇月二〇日の大平大臣·金鐘泌部長会談における大平大臣の発言要旨(案)」 1962.10.15, 일본외무성문서 9506-588-1824.

- 조인과 비준의 일정: 올해 안에 조인하고 내년 1월 중 비준 완료

이 안은, 청구권 명목을 완전히 배제하고 무상 경제 협력 자금만을 책정하고 있다. 사실 김종필의 방일을 앞두고 미국 측은, 무상 3억 달러 이하라면 한국 정부는 만족하지 않을 것이라는 점을 여러 차례 전달했다. 그리고 과거 이승만 정권과 달리 박정희 정권은 한일회담 타결에 진심이라는 점을 강조하며, 박정희 정권이 국민들을 설득할 수 있도록 이번 정치 회담에서 한국의 요구에 가까운 금액을 제시하라고 조언했다.[144] 따라서 '무상 2억 5천만 달러'는 한국의 요구 및 미국의 조언에는 약간 밑돌았지만, 교섭을 통한 증액을 염두에 둔 오히라는 이것을 복안으로 하여 김종필과의 협상에 나섰다.

10월 20일 방일한 김종필은 이날 오후 일본 외무성 내 장관 응접실에서 약 2시간 반에 걸쳐 오히라 외상과 회담을 갖는다. 김종필이 한일회담에 대한 오히라의 생각을 묻자, 오히라는 "과거 역사 등에 관련하여 세세하게 청구권 내용을 논의하는 것은 의미가 없다"라고 말하면서, "한국의 독립에 대한 축하금으로써 옛 종주국이 신생 독립국의 경제적 자립을 위해 협력하는 의미로 제공하는 것"이라고 대답했다.[145]

이어서 오히라는, 미국으로부터 한국 정부가 무상 3억 달러를 희망한다고 들었으나, 무상으로 제공할 수 있는 것은 3억 달러 미만이며, 대신 장기 저리 차관으로 전체적인 숫자를 크게 할 수 있다고 제안했다. 오히라는, 일본이 필리핀에 지불하는 무상의 배상액이 연간 2,500만 달러인데, 한국에 대해 이것을 상회하여 지불한다면 다른 나라들이

---

144) 北東アジア課,「バーガー駐韓米大使の情勢判断等に関する在京米大使館よりの通報」1962.10.16, 일본외무성문서 2006-588-1806.

145)「大平大臣·金鐘泌韓国中央情報部長会談記録要旨」1962.10.20, 일본외무성문서 9506-588-1824.

배상 문제의 재검토를 요구할 위험이 있다고 말했다. 또 한국에 대한 무상 자금 지원에 대해서 일본의 국민 감정이 호의적이지 않은 데다 일본 정부가 연간 지불 가능한 금액도 한계가 있으므로 이 점을 고려해 달라고 했다.[146)]

김종필은, 필리핀과 한국의 입장은 근본적으로 다르다고 반론하면서도, 청구권의 명칭이 소멸한 것에 대해서는 언급하지 않았다. 그의 관심은 일본이 지불할 수 있는 총액에 있었다. 그는 무상 3억 달러에 일본의 경제 협력 기금을 활용한 유상 자금을 더해 가능하면 6억 달러에 맞춰줄 것을 요구했다. 그리고 이 금액은 한국의 당초 요구에서 큰 폭으로 감액된 것이며, 이 금액으로 결정하기까지 매우 어려운 난관이 있었다고 말하고, 일본이 제시한 금액에 동의할 수 없다고 했다.[147)] 이날의 김－오히라 회담은 더 이상의 구체적인 진전 없이 종료되었다. 사실 오히라 외상이 김종필과의 회담을 아무런 성과 없이 끝낼 수밖에 없었던 이유는, 김종필이 이케다 총리와의 면담을 앞두고 있었기 때문이었다.

김종필은 오히라 외상과 회담을 마친 이틀 후 총리 관저에서 이케다 총리를 만나, 오히라 외상이 제시한 금액은 "50억 불 수출국다운 일본으로서 매우 적은 금액"이라고 말하며, 무상 경제 협력 자금의 증액과 함께 정부 간 차관 형식에 의한 장기 저리의 유상 경제 협력을 요구했다. 그러나 이케다는, 한국에 지불할 금액은 아무리 관대하게 계산해도 1억 5천만 달러 정도이며, 오히려 일본은 과거의 논리를 따지지 않고 '독립 축하금' 명목으로 3억 달러의 총액을 제시하는 것이라고 단언하고, 한국은 일본이 제시한 조건을 받아들이라고 했다. 이케

146) 위와 같음.

147) 위와 같음.

다는 또, "돈을 빌려 부를 이룬 다음 그 돈을 갚았을 때의 기쁨을 알았으면 좋겠다"라는 모욕적인 훈계와 "재한일본재산을 몰수한 명령 33호는 국제적인 선례가 없는 부조리한 조치이며, 한국은 옛 종주국이 선의로 지불하는 독립 축하금에 대해 과한 요구를 한다"는 등의 언사도 서슴지 않았다. 이케다는 일본의 기존 법적 논리와 역사 인식을 가감 없이 드러내며, 무상 자금의 증액이나 정부 차관 형식에 관한 김종필의 요구를 모두 거부했다.[148)]

김종필은 아무런 성과 없이, 방미 후에 다시 일본을 찾겠다는 약속을 하고 22일 밤 미국으로 향했다. 오히라는 이케다 총리와 합의되지 않은 금액을 이케다 총리와의 면담을 앞둔 김종필에게 제시할 수 없었으나, 이번 김종필과의 정치 회담을 반드시 성사시키려는 의사는 분명했다. 이세키 아시아국장은 오히라 외상에게, 한국 측의 요구대로 무상을 최종적으로 3억 달러로 증액하고 차관을 활용하여 되도록 6억 달러에 맞추자고 제안했다. 그리고 일본에서는 한국에 대한 '독립 축하금'으로 설명하여 6억 달러에 대한 반발을 최소화하자고 했다. 오히라는 이세키 국장의 제안에 반대하지 않았다.[149)]

한편 김종필의 방일 중 이케다 총리와 오히라 외상은, 한국에 대한 지불을 청구권 문제가 아닌 '독립 축하금'이라고 칭하며 일제강점기를 정당화하는 역사 인식을 적나라하게 드러냈다. 그러나 이러한 일본 측의 발언에 김종필은 거의 반론하지 않았다. 김종필은 양국과의 접점을 찾을 수 없는 논쟁을 피하고 일본과 협의가 가능한 현실적인 협상에만 집중했다. 가난하고 힘없는 나라, 그것도 패전국의 식민지에서

148) 「IX 日韓会談予備交渉－請求権処理大綱の決定と漁業問題の進展 3.大平外務大臣·金鍾泌中央情報部長会談」, 일본외무성문서 2006-588-1882.

149) 「大平·金会談(一〇月二〇日)の結果に関する伊関局長のコメント」 1962.10.22, 일본외무성문서 9506-588-1824.

자력이 아닌 외부의 힘으로 독립한 한국의 현실을 뼈저리게 느끼는 자리였다.

■ 제2차 김-오히라 회담(1962년 11월 12일)

미국에 도착한 김종필은 러스크 국무부 장관과 회담하면서, 한일 문제에 대한 미국의 협조를 요청했다. 특히 청구권 금액에 관해서, 일본 측이 제시한 금액은 충분하지 않으니 총액 6억 달러로 타결될 수 있도록 협조를 요청했다. 대신 한국 국민들이 6억 달러를 배상적 성격으로 인식하고 있는 것은 분명 하나 한국 정부는 '배상'이라는 표현에 집착하지 않겠다고 말하며, 청구권 명목을 포기할 수 있음을 시사했다.[150] 이러한 김종필의 생각은 주일미국대사관을 통해 일본 외무성에도 전달되었고, 미국 정부는 한국이 주장하는 6억 달러의 의미를 일본이 충분히 이해하길 바란다고 조언했다.[151]

미국 일정을 마친 김종필은 11월 10일 다시 일본에 들렀다. 이 시기 이케다 총리는 유럽 순방 중으로 일본에 부재중이었기 때문에 오히라 외상이 단독으로 김종필과의 협상을 처리하게 되었다. 흥미로운 것은, 이세키의 후임으로 일본 외무성 아시아국장에 새롭게 부임한 우시로쿠는 김종필의 방일 직전 한국 측 관계자를 만나, 오히라 외상은 이번에 청구권 문제를 타결시키고 총리의 승인을 받아낼 수 있다고 자신하고 있다고 전했다. 우시로쿠는, 오히라 외상은 이케다 총리뿐만 아니라 현재 내각의 주요 인물인 관방장관이나 자민당 간사장 등과 같은 대장성 관료 출신으로 친분이 두텁다는 점을 강조하며, 오히라 외

---

150) 北東アジア課, 「ラスク国務長官·金韓国中央情報部長会談内容に関する米側よりの通報」 1962.11.7, 일본외무성문서 2006-588-1823.

151) Seoul Embassy to Tokyo Embassy, 1962.11.8, RG84, Japan, Tokyo Embassy, Classified General Records, 1952-1963, UD2828A(NND959026), 320, Box.85, NA.

상이 이케다 총리를 설득할 수 있는 인물이라고 했다.[152]

우시로쿠의 발언에서, 오히라 외상은 이케다 총리의 부재를 기회로 삼아 김종필과의 회담을 타결시키겠다는 결심을 하고 있지 않았을까 하는 추측도 가능하다. 실제로 11월 12일에 열린 두 번째 김-오히라 회담은, 3시간 반에 걸친 피 말리는 협상 끝에 결국 청구권 문제에 관한 최종적인 타결이 이루어졌다.

일본은 동남아시아 국가들과의 전후 배상 협상에서, 대체로 무상 자금이 결정된 후 무상 자금과 비슷한 규모로 유상 경제 협력 자금을 책정했다. 따라서 무상 경제 협력 자금은 총액에도 영향을 미쳤다. 때문에 한국과의 협상에서도 총액에 결정적인 열쇠가 되는 무상 경제 협력 자금에 관한 타결이 중요했다. 무상 경제 협력 자금에 관한 양측의 첫 제시액은, 오히라가 2억 5천만 달러 김종필이 3억 5천만 달러로 1억 달러의 차액이 있었으나, 양측은 3억 달러로 합의했다. 무상 경제 협력 자금이 3억 달러로 설정되면서 총액은 이케다 총리가 승인한 액수를 초과하게 되었는데, 오히라는 사후적이긴 하지만 본인이 이케다 총리를 설득하겠다고 자신했다. 김종필과 오히라가 합의한 내용을 정리하면 다음과 같다.[153]

- 무상 공여 3억 달러, 연간 3천만 달러씩 10년간 지불
- 유상 차관 2억 달러, 10년간 공여, 이자 3.5%, 7년 거치 후 13년간 변제
- 수출입은행을 통한 민간 차관 1억 달러 이상(필자 요약 정리)

이것이 이른바 '무상 3억 달러, 유상 2억 달러, 민간 차관 1억 달러

152) 아주과, 「제14차, 1962.11.9」, 앞의 한국외교문서 737.

153) 「Ⅸ 日韓会談予備交渉－請求権処理大綱の決定と漁業問題の進展 3.大平外務大臣·金鍾泌中央情報部長会談」, 일본외무성문서 2006-588-1882.

이상'을 골자로 하는 '김－오히라 합의'이며, 김종필과 오히라는 이 합의 내용을 각자 메모로 작성했다.[자료 5-1, 5-2 참조].

오히라의 비서관인 모리타의 회고를 보면, 민간 차관을 포함한 6억 달러라는 총액은 오히라 외상의 독단에 가까웠으며, 오히라는 이 금액에 대해 이케다와 일절 상의하지 않았다고 한다. 하지만 아시아 외교를 중요시하는 오히라는 한일 문제를 반드시 해결해야 한다는 외교적 판단으로 김종필과 합의했다고 한다. 그리고 그 결과에 대해서 "이케다가 화를 내도 조금도 무섭지 않다"라고 말하며, 자신의 판단에 자신감을 갖고 있었다고 한다.[154] 이세키 전 아시아국장은 "오히라 외상이 총리의 승낙 없이 그 숫자에 합의한 것은 정말 대담한 것이었지만 이것으로 드디어 한일 간 청구권 문제가 해결되었다"라고, 오히라의 정치적 결단을 높이 평가하고 있다.[155]

한국 입장에서 보면 총액 6억 달러, 그리고 청구권의 명목을 포기한 채 경제 협력 방식으로 타결된 결과가 매우 불만인 것은 당연하다. 다만 당시 한국에 대한 일본 정부의 전반적인 인식이나 이케다 총리의 강경한 태도를 감안하면, 오히라가 매우 대담한 결정을 내린 것은 분명하다. 오히라가 이런 대담한 결정을 내린 배경에는 한일 관계에 대한 그의 외교적 판단이 가장 크겠지만, 개인적으로 교섭 상대였던 김종필에 대한 높은 평가도 한몫한 듯하다. 후일 오히라는 당시 김종필에 대한 인상을 다음과 같이 회고했다.[156]

37~39세의 젊은 나이에 일본어에 매우 능숙하고 꽤 머리가 좋은 사람

---

154) 森田, 앞의 책(2010), pp.61~64.

155) 「IX 日韓会談予備交渉－請求権処理大綱の決定と漁業問題の進展 3.大平外務大臣·金鍾泌中央情報部長会談」, 일본외무성문서 2006-588-1882.

156) 위와 같음.

인데, 거기다가 가장 중요한 용기도 있었다. 나에게 있어서 한국 문제는 외무성의 많은 과제 중 하나에 불과했고 어쩌다가 한국을 상대하고 있는 정도에 불과했다. 그러나 한국에게 있어 대일 교섭은 한국 정부의 운명을 건 매우 큰 문제였다. 따라서 이 문제에 대한 절실함은, 이쪽이 10분의 1일 이면 저쪽은 10분의 9를 차지할 것이다. 게다가 당시 한국에서는 학생들을 중심으로 한일회담에 반대하는 여론이 높았기 때문에 자칫하다가는 그의 정치 생명뿐만 아니라 목숨마저 위협받는 상황이었던 것 같다. 이렇듯 김종필은 밤을 주으러 불 속으로 뛰어드는 것과 같은 입장에 있었지만, 그의 냉정하고 침착한 태도는 매우 훌륭했다. 사념(邪念)을 떠나 상대방(일본)의 입장과 조국의 입장을 생각하며 공정하고 상식적으로 해결을 모색하려는 그의 태도가 나를 움직였다.(필자 번역)

한국과 일본에서는 김-오히라 회담 이후 얼마 지나지 않은 12월 초, 김종필과 오히라가 청구권 문제에 합의했고 합의 내용을 적은 메모가 존재한다는 소문이 흘러나왔다.[157] 그러나 김종필과 오히라가 각각 작성한 메모는 오랫동안 공개되지 않았다. 한국에서는 2005년 외교문서가 공개되면서 메모의 실물이 처음 공개되었다. 당시 일본 정부 내에서도 '김-오히라 합의'에 관한 메모의 존재를 알고 있는 사람은 극소수였다고 한다. 오히라는 '김-오히라 합의'의 메모 원본을 당분간 자신이 지니고 다니며 나중에 외무성 북동아시아과에 보관했는데, 그때까지 외무성 내에서 몇 명에게만 보여줬다고 한다. 아시아국장으로서 한일 간 청구권 문제 타결에 큰 활약을 하고 곧 네덜란드 대사로 부임을 앞둔 이세키조차 메모를 보지 못했고, 이세키는 1962년 12월 10일 오노 반보쿠(大野伴睦) 자민당 부총재의 방한에 동행했을 당시 한국 측으로부터 메모의 존재에 대해 전해 들었다고 한다. 오히라 외

157) 아주과, 「제18차, 1962.12.4 JW-12092」, 앞의 한국외교문서 737.

상은 '김－오히라 합의'가 불러올 정치적 파장을 우려하여, 국회의 질의에 대해서도 "한국 측이 메모를 했는지는 모르겠지만 나와 김종필과의 사이에서는 합의 문서나 메모 같은 것을 교환한 기억이 없다"라고 답변하며 '김－오히라 합의'에 관한 메모의 존재를 부정했다.[158]

역사 청산을 뒤로한 채 경제 협력에만 초점을 맞춘 '김－오히라 합의'에 대해 한국에서는 여전히 부정적인 평가와 비판이 강하다. 그럼에도 불구하고, '김－오히라 합의'로 한일 간 청구권 문제가 실질적으로 타결되었고, 이 합의가 한일회담을 최종 타결로 이끄는 중요한 계기가 된 것은 분명하다.

〈자료 5-1〉 '김-오히라 메모': 오히라 일본 외상이 작성한 메모

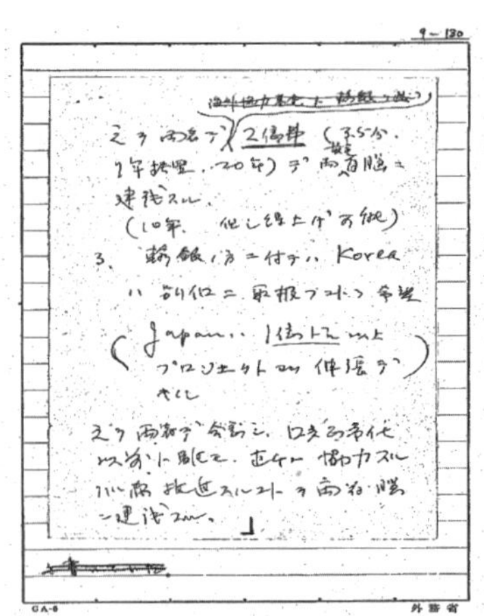

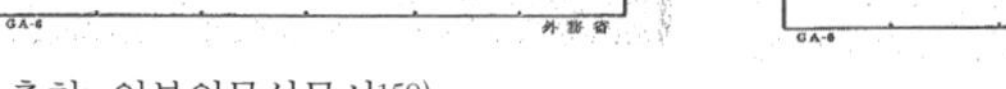

* 출처: 일본외무성문서[159]

[158] 「Ⅸ 日韓会談予備交渉－請求権処理大網の決定と漁業問題の進展 3.大平外務大臣·金鍾泌中央情報部長会談」, 일본외무성문서 2006-588-1882.

[159] 위와 같음.

〈자료 5-2〉 '김-오히라 메모': 김종필이 작성한 메모

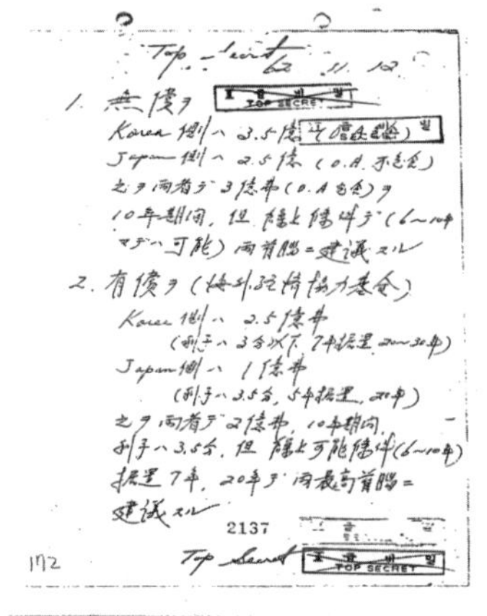

Top Secret 62. 11. 12

1. 無償ヲ
Korea側ハ3.5億(請求権)
Japan側ハ2.5億(O.A.不包含)
之ヲ両者デ3億弗(O.A包含)ヲ
10年期間, 但 繰上償却デ(6~10年マデハ可能)両首脳ニ建議スル
2. 有償ヲ(海外経済協力基金)
Korea側ハ2.5億弗
(利子ハ3分以下, 7年据置, 20~30年)
Japan側ハ1億弗
(利子ハ3.5分, 5年据置, 20年)
之ヲ両者デ2億弗, 10年期間,
利子ハ3.5分, 但 繰上可能條件(6~10年)
据置7年, 20年デ両最高首脳ニ
建議スル

2137

172 Top Secret

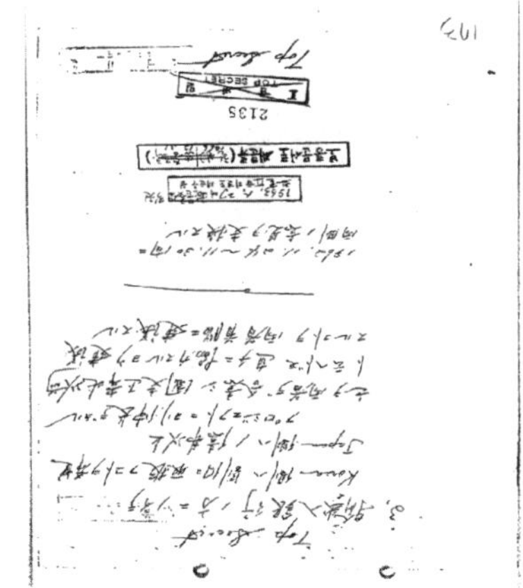

* 출처: 한국외교문서[160]

남은 과제들

일본 외무성은 김종필과 오히라가 합의한 총액이 10월 제1차 김-오히라 회담 때보다 크게 늘어난 점, 이케다 총리가 유럽 순방으로 부재중인 시기에 결정되었다는 점 때문에 이케다 총리가 어떤 반응을 보일지 걱정하고 있었다. 외무성의 예상대로, 11월 25일 유럽 순방을 마치고 귀국한 이케다 총리는 '김-오히라 합의' 내용에 불쾌해하며, 오히라가 한국에 너무 관대했다고 화를 냈다.[161] 오히라는 "이 금액은 오히려 싼 편이다. 더 미뤄지면 다른 문제가 생길 수 있으니 이쯤에서 손을 털자"라고 이케다 총리를 설득했다.[162] 하지만 이케다는 지불 총

160) 동북아주과, 「김-오히라 외상 회담 내용(1962.11.12)」, 한국외교문서 796, 『김종필 특사 일본 방문, 1962.10-11』.

161) 伊藤昌哉, 『池田勇人―その生と死』(至誠党, 1966), p.174.

162) 「IX 日韓会談予備交渉-請求権処理大綱の決定と漁業問題の進展 3.大平外務大

액뿐만 아니라 지불 조건, 엔 자금의 조달, 한국의 외상 채무금의 상환 등 모든 사항을 재검토하라고 지시하고 '김－오히라 합의'의 승인을 유보했다.[163]

한국 정부는 이케다 총리가 '김－오히라 합의'의 승인을 유보하고 있다는 것을 우려하며 외무성에 상황을 타진했다. 외무성은 이케다 총리가 원칙적으로는 동의하고 있지만 국내 정세를 고려하여 공식 승인을 유보하는 것이라고 해명했다. 특히, 12월 중순 임시 국회가 열릴 예정인데 국회에서 한일 문제가 쟁점화되어 야당에게 공격당하는 것을 피하려고 하는 것이 가장 큰 이유라고 설명했다. 그리고 임시 국회가 종료하는 대로 이케다 총리의 승인을 얻을 수 있을 것이라고 전망했다.[164]

하지만 오히라 외상은 이케다 총리의 재가를 받지 못한 채 11월 30일 예정되어 있던 방미길에 올랐다. 오히라 외상이 방미로 인해 부재중인 데다 '김－오히라 합의'에 대한 이케다 총리의 재가가 유보된 상태에서, 이케다 총리가 '김－오히라 합의'를 어기려 한다는 한국 측의 비판과, 박－이케다 회담에서 결정된 내용을 참작해야 한다는 일본 측의 해명으로 양측의 논쟁만 반복되었다. 이후 오노 자민당 부총재를 비롯한 자민당의 중진 의원들이 이케다 총리에 대한 설득에 합류했다. 이케다는 1962년 12월 10일 오노 자민당 부총재를 한국에 특사로 파견하여 세부적인 합의를 하도록 했고, 12월 중순 이케다 총리는 '김－오히라 합의'에 최종 승인했다.[165]

臣·金鍾泌中央情報部長会談」, 일본외무성문서 2006-588-1882.

163) 아주과, 「제17차, 1962.11.28 JW-11412」, 앞의 한국외교문서 737.

164) 아주과, 「제17차, 1962.11.28 JW-11430」, 위의 한국외교문서.

165) 아주과, 「제19차, 1962.12.18」「제20차, 1962.12.21」「제21차, 1962.12.26」, 위의 한국외교문서.

이처럼 오히라 외상이 '김－오히라 합의'에 대해 이케다 총리의 재가를 얻는 것은 순탄하지 않았다. 오히라는 "총리는 나에게 잘했다는 칭찬 한마디 없이 시종일관 불편한 기색을 보이면서 겨우 OK 해 주었다"라고 회고하고 있다.[166] 사실, 당시 이케다 총리가 오히라 외상을 질투하여 '김－오히라 합의'를 승인하지 않고 있다는 소문이 꽤 있었다고 한다.[167]

이후, 김종필과 오히라 사이에서 합의된 내용은 일본에서 '청구권 문제의 해결 방법에 관해 오히라 외상이 김종필 부장에게 보낸 서간'이라는 공식 문서로 정리되었다. 그 내용은 다음과 같다.[168]

- 무상 경제 협력: 총액을 3억 달러로 하고, 매년 3천만 달러씩 10년 동안, 생산물 및 노무로 공여한다.
- 일본의 미수 채권(4,573만 달러)의 상환: 한국은 이 금액을 3년간 균등 상환한다.
- 유상 경제 협력(정부 관여 부분): 총액 2억 달러를 장기 저리 차관으로 10년간 공여한다.
- 순수한 민간 차관: 민간 자금을 베이스로 하며, 적당한 프로젝트를 대상으로 금액과 조건 등을 모두 민간의 협의에 맡긴다.

이 문서는 12월 18일, 스기 일본 측 수석 대표가 배의환 수석 대표에게 전달했다. 이 문서에는 일본에 대한 한국의 외상 채무금을 3년 이내에 변제한다는 내용이 추가되었고, 민간 차관의 하한선인 '1억 달

166) 「IX 日韓会談予備交渉－請求権処理大綱の決定と漁業問題の進展 3.大平外務大臣·金鍾泌中央情報部長会談」, 일본외무성문서 2006-588-1882.

167) 伊藤昌哉, 앞의 책(1966), p.174.

168) 外務省アジア局北東アジア課, 「日韓会談重要資料集(3) 請求権問題の解決方法に関する大平外相の金鍾泌部長あて書簡, 1962.12.18」 1963.10.1, 일본외무성문서 2006-588-527.

러 이상'이 빠져있어, '김－오히라 합의'와 약간 다른 점이 보인다.

한국 정부는 국내에서 '무상 3억 달러, 유상 2억 달러, 민간 차관 1억 달러 이상, 총 6억 달러'로 청구권 문제가 타결되었다고 발표하고 있었다. 그러나 이케다 총리는 기자 회견에서 '무상 3억 달러, 유상 2억 달러, 상당한 규모의 민간 차관, 외상 채권 4,573만 달러 변제'의 조건으로 대한 경제 협력을 실시한다고 발표했다. 이케다는 민간 차관 부분을 청구권 총액에서 제외하여, 청구권 문제 해결을 위한 총액은 일본 측이 발표하고 있는 총 5억 달러이며, 한국 측이 발표한 6억 달러는 한국 정부의 선전에 불과하다고 일축했다.[169)]

일본 대장성은 '김－오히라 합의' 내용에 불만을 보였지만, '김－오히라 합의'는 청구권의 상호 포기를 실현한 것이며 이것으로 한국의 청구권 명목이 완전히 소멸되었다는 외무성의 설명을 듣고 일단 '김－오히라 합의'를 받아들였다.[170)] 하지만 추가 제안은 냉정하게 거절했다. 한국은 민간 차관 부분도 유상 경제 협력과 같은 장기 저리의 조건으로 일본 정부가 관리하고 있는 해외경제협력기금에서 지불해 달라고 요청했으나, 대장성은 정부 관련 기금의 증액을 반대했다.[171)]

한일 간에는 청구권 명목 및 기존 법적 논리에 관한 논쟁의 불씨도 여전히 남아 있었다. 김－오히라 회담 후 대표단 간의 회합에서, 일본 측은 경제 협력을 위한 무상 자금의 공여로 청구권 문제는 '완전하고 최종적으로 해결되었다'라는 입장을 강조했으나 한국은 받아들이지 않았다.[172)] 또, 일본은 대일강화조약 제4조 (a)항을 청구권의 명확한

169) 「池田総理記者会見(一二月六日)資料」, 일본외무성문서 2006-588-1833.

170) 理財局, 「日韓の請求権の処理について」 1962.12.5, 일본외무성문서 2006-588-1775.

171) 아주과, 「제18차, 1962.12.4 駐米大使의 해리만 및 大平面談報告 1962.12.5」, 앞의 한국외교문서 737.

172) 北東アジア課, 「日韓予備交渉第一六回会合記録」 1962.11.22, 일본외무성문서

법적 근거로 한다는 취지의 문장을 청구권협정 문서에 넣자고 주장하고, 한국은 '제2차 세계대전 종결에 의해 발생한 양국 간의 청구권 문제'라는 표현을 주장하기도 했다.173)

이케다 정권은 장면 정권과 박정희 정권을 상대로 한일회담을 진행했지만, 재정적 규율을 중시하는 대장성과 함께 일관되게 청구권 교섭의 타결에 소극적이었다. 오히라 외상은 일본 정부 내의 대한 강경론을 설득하고 외무성의 대한 교섭안을 토대로 '김－오히라 합의'를 이끌었다. '김－오히라 합의'는 청구권 문제를 경제 협력 방식으로 해결한다는 방향성과 총액의 규모를 대략 확정하여 한일회담 타결을 위한 큰 전기를 제공했지만, 청구권 교섭의 최종적인 타결까지는 아직 넘어야 할 산이 있었다.

고찰

제6차 한일회담의 특징 중 하나는, 한일 양국이 한일회담 대표단 간의 실무적 협의와는 별도로 청구권 문제를 정치적으로 타결하기 위해 여러 가지 형태의 정치 회담을 적극적으로 병행했다는 것이다. 김－오히라 회담도 정치 회담 중 하나이다. 선행 연구에서, '김－오히라 합의'는 김종필과 오히라를 통해 박정희 정권과 이케다 정권 그리고 미국이 정치적으로 야합한 것이라는 인식이 강하다. 하지만 본 장에서 해명했듯이, '김－오히라 합의'는 수많은 교섭과 정치 과정을 통해 축적된 협의의 산물이다.

특히, '김－오히라 합의'는 일본 외무성의 '상호 포기 플러스알파'안

2006-588-651.

173) 동북아주과, 「韓日会談対策의 最終検討」, 앞의 한국외교문서 763.

의 최종적인 실현이라고 볼 수 있다. 일본은 '상호 포기 플러스알파'안의 내재적 논리인 기존의 법적 논리와 역사 인식을 '김－오히라 합의' 시에도 관철했다. 청구권이라는 명목을 사용하지 않음으로써 한일 청구권의 실질적인 '상호 포기'를 실현했고, 경제적인 관점에서 지불한다는 '플러스알파'를 '경제 협력 방식'이라는 구체적인 정책으로 성사시켰다.

청구권 교섭이 결국 일본의 구상대로 타결된 것은, 36년간의 일제강점기에서 겨우 해방된 '신생 독립국' 한국이 처한 매우 절망적인 상황 때문이다. 한일 문제에 관해 미국을 완전한 우리 편으로 만들지 못하는 외교적 한계나 일본과의 국력 차이에서 오는 한계뿐만 아니라, 외교 교섭을 담당할 전문 관료들의 부재도 일본과의 교섭에서 늘 한계에 부딪히게 했다.

'김－오히라 합의'가 성립한 후 한국 정부 내에서는 교섭을 담당한 양국 관료들의 경력과 전문성을 비교한 흥미로운 보고서가 작성되었다. 한국 정부는, 일본 대표단이 한일 문제나 외교에 관해 경험이 풍부한 외교관이나 전문가들로 구성되어 있다는 점을 크게 인식했다. 특히, "전통 있는 일본 외무성은 정치인에게 설득되거나 휘둘리지 않고, 오히려 특사나 비정식 교섭자들을 자신들의 수족처럼 이용하며 외무성의 방침이 그들을 통해 한국 정부에 전달되고 있다"라며, 일본 외무성 관료들이 한일회담을 실질적으로 움직이고 있다고 판단했다. 반면에 "역사가 짧은 한국 외무부는 정권 수뇌나 정치인의 영향에 휘둘리기 쉽다"라고 하면서, 한국 대표단의 능력의 한계를 실감했다.[174]

한일회담은커녕 외국과의 교섭 경험이 거의 없는 인사들로 구성된

---

174) 위와 같음.

한국 대표단에 대해 일본 정부도 고충을 토로한 적이 있다. 제6차 한일회담 시 일본은 한국 측에, 한국의 교섭 상대는 'Too Many Lines', 'Too Many spare holder'라고 표현했다. 외교 교섭의 창구가 공식, 비공식을 구분할 수 없을 만큼 많았고, 교섭 당사자가 자주 바뀌는 데다 간섭하는 사람이 많아 누구와 접촉해야 좋은지 판단이 서지 않는다고 토로하며, 상임 위원회의 교섭 당사자를 고정 멤버로 해야 한다고 제안하기도 했다.[175] 이 시기 한국 측이 제시한 대일 청구액도 교섭 담당자에 따라서 최소 5억 달러에서 최대 12억 달러로 큰 폭이 있었다. 이런 점들이 한국의 교섭 담당자들에 대한 신뢰를 더욱 저하시키면서, 일본 외무성이 정치 회담을 통한 타결을 지향한 요인 중 하나가 되었다고 볼 수 있다.[176]

필자가 이 점을 강조하는 의도는, '전문성과 능력을 겸비한 일본 외무성의 역량'을 평가하려는 것이 아니다. 청구권 문제를 총액 6억 달러의 경제 협력 방식으로 타결한 '김-오히라 합의'는 당시 미국의 압력 때문에 박정희 정권과 이케다 정권이 떠밀리듯이 타결했다는 기존의 인식, 한일 양 정부 모두 미국의 압력에 굴복한 결과라는 '양비론'을 재고하기 위해서이다. 특히 한국뿐만 아니라 일본도 미국의 압력 때문에 마지못해 청구권 문제를 경제 협력 방식으로 타결했다는 기존의 논리는, 일본이 한국 문제에 관한 책임을 회피할 수 있는 구실을 제공한다. 청구권 문제가 과거 청산과 거리가 먼 경제 협력 방식으로 타결되었고 그 결과가 현재의 한일 관계에도 영향을 미치게 된 것에 대해, 일본에게 면죄부를 주게 되는 것이다.

---

175) 위와 같음.

176) 参議院外務委員会調査室, 「日韓基本条約及び諸協定等に関する参考資料 (八)第六次会談」 1965.10, 일본외무성문서 2006-588-1647.

'김-오히라 합의'가 1950년대 초 외무성이 구상한 '상호 포기 플러스알파'안과 연속성을 갖고 있다는 것은, 경제 협력 방식에 의한 청구권 문제의 타결이 일본의 치밀한 준비의 결과라는 것을 증명한다. 한일 간의 과거 청산이라는 과제가 한국에게는 절실하고 당연한 요구였지만 일본은 피하고 싶은 문제였다. 일본은 대미 협조의 일환, 경제적 실익, 한국을 방파제로 한 일본의 방공과 안보 유지라는 목적에 무게를 두고 한일회담을 추진했고 청구권 문제를 경제 협력 방식으로 타결하는 데 성공했다. 일본 외무성이 당시 일본 정부 내에서는 한국 문제에 대해 상당히 진보적인 생각을 갖고 있었고 한일회담을 적극적으로 추진했다는 점은 평가할 수 있지만, 일본 정부의 보편적인 역사 인식을 넘어서지 못한 점은 아쉽다.

한편, '김-오히라 합의'는 박정희 정권이 일본 및 미국과 정치적으로 야합한 결과라는 세간의 인식, 박정희의 친일적인 태도 때문에 박정희 정권이 스스로 과거사에 대한 일본의 사죄나 청구권 명목을 포기했고 경제 협력 방식에 의한 '굴욕적인' 타결을 맺게 되었다는 기존의 인식도 다시 돌아볼 필요가 있다. 박정희에 대한 비판이, 노골적인 친일적 태도뿐만 아니라 대일 교섭에 매우 무능했었던 장면에 비해서 균형 있고 합당한 비판인지 지적하지 않을 수 없다.

박정희 및 박정희 정권에 대한 모든 평가를 여기서 다 할 수는 없다. 다만 본서의 주제에만 초점을 맞춘다면, 박정희 정권은 당시 한국이 처한 위상과 상황에서 최대한 합리적이고 현실적인 외교를 전개하여 한국이 얻어낼 수 있는 이익을 최대한 확보하고자 노력했다고 재평가해야 한다. 박정희는 무모했던 이승만 정권이나 무능했던 장면 정권과 달리, 강력한 추진력으로 해방 후 한일 관계를 개시했고 이후 경제 발전에도 성공했다. 이러한 박정희 정권의 성과가 박정희 시대의 '과오'에 묻혀 폄하되는 것이 안타깝다.

박정희에 대한 평가는 양면성이 있음에도 불구하고, 한국에서는 박정희를 정서적으로 평가하는 경향이 강하다. 박정희를 독재자로서만 비판하던지, 반대로 경제 발전의 성과만을 강조하며 신격화하여 찬양한다. 박정희에 대한 극단적으로 양분된 평가는 현재 한국 사회를 이념적으로 분단시키는 한 요인이 되기도 한다. 한국 사회를 양분하는 '보수'와 '진보', '친일'과 '반일'이라는 이념의 프레임에 휘둘리지 않고, 해방 후 한일 관계를 개시한 박정희 정권에 대한 재평가는 필요하지 않을까.

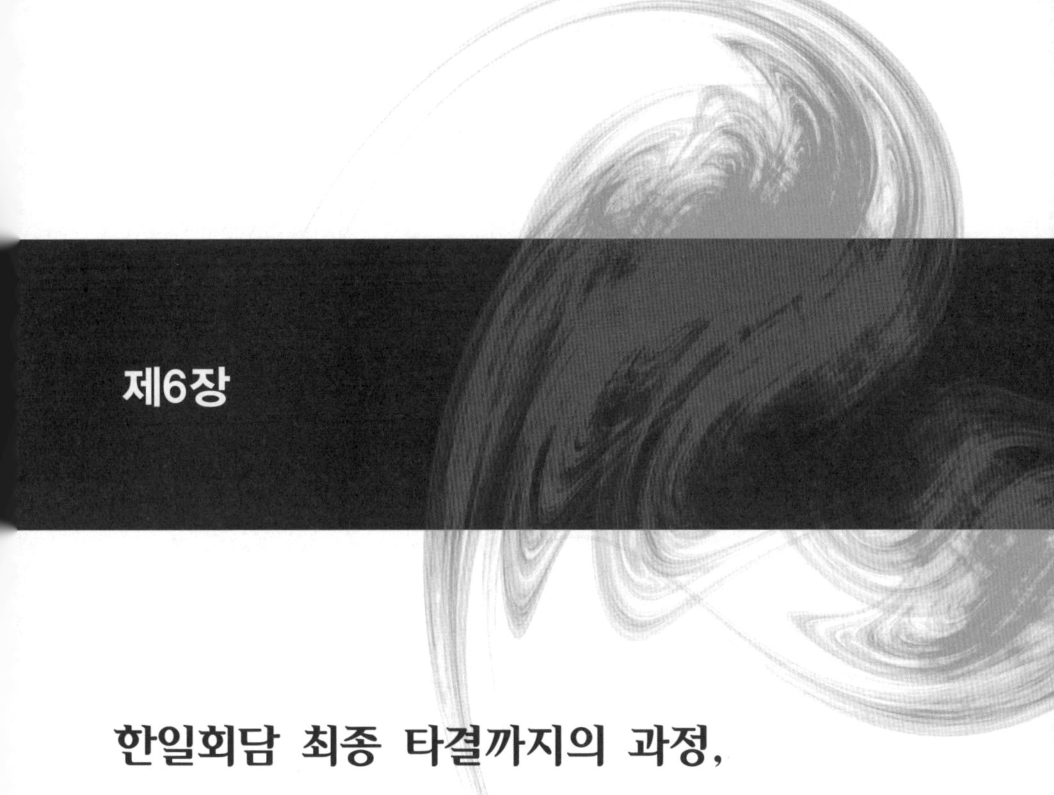

제6장

한일회담 최종 타결까지의 과정, 1963~65년

제6장

한일회담 최종 타결까지의 과정, 1963~65년

1962년 10월 20일과 11월 12일 도쿄에서 열린 김종필 중앙정보부장과 오히라 일본 외상과의 두 차례에 걸친 회담 결과 청구권 문제가 타결되었고, 12월에 한일 양국 정부는 '김-오히라 합의' 내용에 공식적으로 합의했다. 양국 정부에서는 이후 한일회담 타결에 속도가 붙을 것이라는 기대가 높아졌다. 하지만 기대와는 달리, 한일회담이 최종 타결되고 양국 국회에서 조인되어 한일협정이 정식 발효될 때까지 약 3년의 시간이 더 걸렸다. '김-오히라 합의' 이후에도 청구권 문제에 관한 한일 양국 간의 알력은 여전히 존재했고, 한일회담 반대 운동이 본격적으로 전개되었다. 경제 협력 자금에 관한 추가 교섭과 한일기본조약 체결 등 넘어야 할 산도 많았다. 하지만 한국, 일본, 미국의 이해관계가 연동하면서 한일회담 타결은 필연적인 것이 되었고, 김-오히라 회담에서 합의된 원칙을 뒤집는 것은 불가능했다.

'김-오히라 합의'는 청구권 문제가 사실상 타결되었다는 의미뿐만 아니라, 한일회담을 타결하기 위한 논리가 기존의 '역사 논리'에서 '경제 논리, 냉전 논리, 반공 논리'로 전환되었다는 것을 의미하기도 했다. '김-오히라 합의'에서 과거 청산이 유보되었기 때문에 결국 한일

기본조약 및 관련 협정에서도 끝내 역사 문제가 청산되지 못했고, 과거 청산이 배제된 채 조인된 한일협정의 비완결성은 현재까지 한일관계에 많은 영향을 미치고 있다.

한일회담에서 역사 문제가 청산되지 못한 점을 정당화할 수 없지만, 당시의 시대 상황이 과거 청산을 불가능하게 한 근본적인 원인이었다는 점을 간과할 수 없다. 제2차 세계대전 후 식민지주의 청산을 외면한 연합국들의 태도는 한일 간 역사 논쟁을 유발하고 방치하는 원인이 되었다. 해방 후 냉전의 악화와 한일 간의 비대칭적인 국력은, 과거 청산을 유보한 채 한일회담이 타결될 수밖에 없었던 구조적 요인이 되었다.

본 장에서는 '김－오히라 합의' 이후의 제6차 한일회담 후반기와 제7차 한일회담 시기 한일회담이 최종적으로 타결되는 과정을, 선행 연구의 다양한 성과들을 토대로 하면서 재구성한다. 또한, 해방 후 한일관계의 형성 및 한일회담에 영향을 준 구조적 요인과 여러 동향들을 유기적으로 고찰하면서 한일 간 국교 정상화에 이르는 과정을 재검토한다.

1. '김－오히라 합의' 이후 한국과 일본의 국내 동향

일본 외무성의 낙관적 전망

'김－오히라 합의' 이후 일본 외무성은 한국에 대한 경제 협력을 어떻게 실행할지에 대한 실무적인 검토에 들어갔다. 외무성은 한국의 경제 개발 5개년 계획이 미국으로부터의 원조 및 해외 차관을 기준으로 입안되어 있어 아직은 일본에 대한 기대가 과도하지 않으나, 점진적으로 일본으로부터 도입될 무상 및 유상의 경제 협력 자금으로 대체될 것이라고 예상했다. 그리고 한국의 실정을 파악하기 위해 경제협력국과 아시아국의 과장급 이하 실무자를 중심으로 구성한 시찰단을 차례로 한국에 파견했다.[1)]

일본 외무성 경제협력국에서 파견된 시찰단은, 1963년 1월 11일부터 16일까지 한국에 체류하면서 주한미국대사관, 주한이탈리아대사관, 주한독일대사관 등을 방문했다. 미국, 이탈리아, 서독은 한국에 경제 원조를 하고 있는 국가인데, 아직 한국에 재외공관 성격의 사무소가 없는 일본은 서울에 있는 주요 외국대사관에서 한국의 국내 정세 및 경제 원조 상황에 대한 정보를 듣고자 했다. 민간 차원에서는 이미 한일 간에 경제 교류가 진전되고 있었기 때문에, 일본의 경제 협력에 대한 관심이 매우 높은 한국 재계의 상황을 파악하는 것도 중요한 목적이었다. 한국은행, 경제인협회, 무역협회 등 경제 관련 기관뿐만 아니라 울산과 인천의 공업 지구도 시찰했다.[2)]

경제협력국은 한국의 공장 시설에 미국이나 서독제 기계의 점유율이 매우 높은 것에 주목하고, 일본의 한국 진출이 늦어진다면 장기적으로 일본에게 득이 되지 않는다고 판단했다. 일본의 한국 진출이 늦어진 것을 따라잡기 위해서, 한국의 장기적인 경제 개발 계획에 맞춰 한국의 재계 인사들을 일본 경제 시찰에 초청하여 그들의 눈을 일본으로 돌릴 필요가 있다고 제언하기도 했다. 군사 정권하에서의 통제 경세가 오히려 경제 협력의 성과를 기대할 수 있다고 보고하며, 전반

1) 経済協力課長沢木正男,「大韓民国出張報告書」1 963.1.19, 일본외무성문서 2006-588-295.

2) 위와 같음.

적으로 향후 한일 간의 경제 관계를 긍정적으로 전망했다.[3] 경제협력국은 대한 경제 협력을 효과적으로 실시하기 위해서 가능한 한 빨리 한국에 진출해야 한다고 강조하고, 각료들 간의 정치적인 판단과는 별개로 적어도 관련 부처의 실무자 차원에서는 경제 협력의 실시 방법 등 기술적인 문제를 검토하면서 논의를 진행할 필요가 있다고 주장했다.[4]

경제협력국은 한국에서 일본과의 경제 협력에 대한 관심이 높고 일본에 우호적인 곳을 중심으로 시찰하면서 한국인의 대일 감정이 양호해졌다고 평가하기도 했다. 특히, 한국 내에 '일본의 경제적 재지배'에 대한 공포심이 많이 옅어졌으며, 동남아시아 국가들에서 종종 일어나고 있는 일본인과 현지인들 사이의 트러블이 한국에서는 일어나지 않는다고 보고했다. 현재 한국 정부 내에서 권한을 가진 관료들은 모두 대학 졸업 후 미국이나 영국에서 유학하여 일본에 대한 실정을 잘 모르기 때문에 한국에 대한 일본의 영향력이 약해져 있으나, 이 점이 오히려 일본에 대한 한국인의 반발심을 완화시켰다고 보고하기도 했다.[5]

일본 외무성 아시아국에서 파견된 시찰단은 1월 11일부터 19일까지 한국에 체류했다. 경제협력국이 경제 관련 기관을 중심으로 시찰했다면, 아시아국은 한국의 정치 동향에 초점을 맞췄다. 아시아국은, 현재 한국은 야당이 열세에 있으며 모든 것이 여당의 주도로 움직이고 있고, 군사 정권은 한일회담을 여야 간의 쟁점으로 끌고 가지 않으려는

---

3) 経済協力課長, 「日韓経済協力関係促進に関する件」 1963.1.17, 일본외무성문서 2006-588-1886.

4) 経済協力局経済協力課, 「対韓民間経済協力の推進につき関係各省の協議に関する件」 1963.1.28, 일본외무성문서 2006-588-1888.

5) 経済協力課長, 「日韓経済協力関係促進に関する件」 1963.1.17, 일본외무성문서 2006-588-1886.

의지가 강하다고 평가했다. 그러나 한국의 야당 세력이 정치적인 열세를 만회하기 위해 앞으로 한일회담을 정부 여당에 대한 공격의 재료로 이용할 가능성이 있다고 내다봤다. 경제협력국이 박정희 군사정권에 대해 한일 경제 협력을 강력하게 추진하기 위한 충분 조건이라고 평가하고 한국인의 대일 감정이 양호해졌다고 분석한 것과는 사뭇 다른 분석이었다.[6] 결과적으로 아시아국의 분석은 적중했고, 이후 한국에서는 야당 세력 주도로 한일회담 반대 운동이 전개된다.

단, 아시아국도 한일 경제 협력의 장기적인 전망에 대해서는 경제협력국과 마찬가지로 낙관적이었다. 한국의 정세 불안과 아직 해결되지 못한 한일 간 어업 문제를 의식하지 않을 수는 없지만, 일본이 한국에 대한 경제 협력을 조속히 실시하는 것이 바람직하다고 결론을 내렸다. 한일 경제 협력을 추진하기 위한 분위기가 무르익었다고 판단한 아시아국과 경제협력국은, 한국 민간 기업에 대한 차관은 국교 정상화 이전이라도 실시할 수 있다고 제언하며, '선 국교, 후 경제 협력'을 기조로 한 기존의 방침에 융통성을 두자고 했다. 한국의 민간 기업에서 차관 신청이 있을 경우 국교 정상화 이전이라도 플랜트(Plant)의 연급 수출을 실시할 수 있으며, 민간 차관의 조건도 한국 측에 유리하게 구성하고, 민간 기업에 대한 민간 차관을 나중에 정부 주도의 무상 및 유상 차관으로 바꿀 수 있도록 하는 안도 제안했다.[7]

하지만 일본 대장성은 대한 경제 협력에 적극적인 외무성에 대해 신중한 대처를 요구했다. 그리고 청구권 문제뿐만 아니라 어업 문제와 그 외 모든 현안이 타결되고 국교 정상화의 전망이 확실히 섰을 때

[6] 北東アジア課, 「前田北東アジア課長韓国出張報告」 1963.1.21, 일본외무성문서 2006-588-296.

[7] 위와 같음.

가 대한 경제 협력의 적절한 시기라고 못을 박았다. 한국의 민간 기업에 대한 차관을 추후에 정부 차관으로 대체시키자는 외무성의 제언에도 난색을 보였다. 한국에서 원조를 받아들일 때의 조건이 다른 외국보다 일본에 대해 차별적이라고 지적하고, 한국 내 대일 차별의 철폐가 우선이라고 주장하기도 했다. 단, 대장성이 한일회담 자체를 방해하려는 의도가 없다는 점을 강조하며, 외무성의 제안에 대한 기술적인 문제를 검토하자는 것이라고 설명했다.[8] 향후 한일회담의 타결이 확실시되고 있는 상황에서, 대장성은 자신들의 반대로 또다시 한일회담이 정체할 경우 그에 대한 비판이 쏟아질 것을 우려했을 것이다.

'김-오히라 합의' 이후 일본 정부 내에서는 외무성의 적극론과 대장성의 신중론으로 다소 온도 차는 있었지만, 한일회담 타결 및 대한 경제 협력을 기정사실로 하는 것에는 이견이 없었다.

김종필의 정계 퇴진과 한국 정세의 불안

일본 외무성의 낙관적인 전망과는 반대로 한국의 국내 정세는 소용돌이에 빠졌다. 일본에서 '김-오히라 합의'에 대한 이케다 총리의 승인이 나온 직후인 1962년 12월 27일, 한국에서는 박정희 의장이 기자회견을 열고 다음의 중대 발표를 했다.[9]

> 청구권 문제에 관해 '무상 3억 달러, 유상 2억 달러, 민간 차관 1억 달러 이상, 총액 6억 달러'의 조건으로 일본과 최종 합의했다. 조만간 선거를 실시하여 군사 정권에서 민정(民政)으로 이관할 것이며 민정 이관을 준비하

---

8) 経済協力局経済協力課,「対韓民間経済協力の推進につき関係各省の協議に関する件」1963.1.28, 일본외무성문서 2006-588-1888.

9)『東亜日報』1962.12.27, 석간.

기 위해 김종필 중앙정보부장에게 민주공화당의 창당을 맡긴다.

박정희는 한일회담에 속도를 내고 동시에 국내 정치의 개편을 추진하여 외교와 내정 두 마리의 토끼를 잡으려고 했다. 그러나 이 발표는 국내에서 일제히 비판과 반발을 불러왔다. 우선, 청구권 금액이 6억 달러에 합의된 점에 대해 예상보다 적은 금액이라는 비판과 함께 합의의 대가로 한국이 어업 문제에서 양보한 것은 아닌가 하는 우려가 나왔다.[10] 또, 민정 이관 자체는 환영하였으나 그 방법을 두고 야당뿐만 아니라 군사 정권 내부에서도 강한 반대가 나왔다. 당시 군사 정권 내에서는 박정희의 후계자로 인식되어 있었던 김종필의 독주를 견제하고 경계하는 파벌 경쟁이 일어나고 있었기 때문에 비판의 초점은 김종필에게로 향했다. 반대론자들은, 박정희가 그의 복심인 김종필에게 민정 이관이라는 중대사를 맡기려는 계획은 여당의 중심 세력에 측근을 기용하여 정권을 장악하려는 노림수라고 비판했다.[11]

박정희를 잇는 이인자로 인식되어 온 김종필이 '김－오히라 합의'라는 정치적 성과를 올린 것에 더해 민정 이관 후에도 권력자로서 확실한 지위를 보장받았다는 것은, 여당 내에서 김종필에 대한 견제와 비판이 강화되는 결과로 이어졌다. 1963년 1월, 군사 정권 내 반주류파의 중심 인물이었던 김동하 국가재건최고회의의 국방외교 위원장은 스스로 사임을 발표하면서, 주류파인 김종필에게도 모든 공직에서 사퇴할 것을 압박했다. 이러한 반대파의 정치 공세에도 불구하고 김종필은 1963년 2월 2일 민주공화당 창당준비 위원장에 선출되었다.[12]

---

10) アジア局北東アジア課,「一九六二年一二月二七日に行なわれた朴正熙議長の記者会見談のうち日韓関係に関する部分について」1963.1.10, 일본외무성문서 2006-588-775.

11) 参議院外務委員会調査室,「日韓基本条約及び諸協定等に関する参考資料 二、交渉の経緯 (八)第六次会談」1965.10, 일본외무성문서 2006-588-1647.

이런 가운데 한일 양국은 경제 협력에 관한 실무자 회합을 개시했다. 한국은, 한일회담의 조기 타결을 원하는 입장은 확고하지만 청구권에 대한 국민들의 관심이 높아 경제 협력의 명목으로 무상 원조와 유상 차관을 제공받는 대신 청구권 개념을 도입하지 않겠다는 취지를 국민들에게 납득시킬 자신이 없다고 설명하면서, 청구권의 명목에 대해 조금 더 논의하자고 요청했다. '김－오히라 합의'의 기본 방침은 변경하지 않지만, 국내의 반발을 달래기 위해서는 적어도 '청구권의 해결과 경제 협력의 증진을 희망하여 무상 원조 및 차관이 제공된다'라는 문구를 넣어야 한다고 요구했다.[13] 이 회합의 이름도 '경제 협력'에 관한 회의가 아닌 '청구권 및 경제 협력'에 관한 회의라고 부르자고 했다.[14]

일본은, 약속대로 청구권 명목을 완전히 배제할 것이며 경제 협력 또한 국교 정상화 이후에 실시할 것임을 강조했다. 마치 한국에 대해 경제 협력의 은혜를 베푸는 듯한 고자세로, 한국이 일본에서 도입할 자금을 경제 발전을 위해 유용하게 사용하길 바란다고 발언하기도 했다. 양국 대표단 사이에 청구권 명목에 관한 논쟁은 한동안 이어졌고 이로 인해 과거의 법률 논쟁이 재연될 조짐까지 보였다. 하지만 한일 양측은 경제 협력이나 청구권에 관해서는 양국이 국내에서 각각 다른 명칭을 사용하는 것으로 타협점을 찾았다. 이 회합에 대해서도, 일본에서는 '경제 협력에 관한 전문가 회합'으로, 한국에서는 '청구권 및 경제 협력에 관한 전문가 회합'으로 부르기로 했다.[15]

---

12) 위와 같음.

13) 동북아주과, 「한일회담 관계 : 중요 현안 문제에 관한 한국 측의 기본 입장」, 한국외교문서 764, 『한·일회담에 대한 미국의 입장, 1961-65』.

14) 「日韓経済協力に関する専門家会合記録 第一回」 1963.2.13, 일본외무성문서 2006-588-1163.

15) 위와 같음.

사실 대표단 구성에서 한국은 이미 일본에 압도되어 실무자를 중심으로 한 정상적인 교섭이 어려웠다. 이 회합에 참가한 일본 대표단은 외무성 경제협력국을 비롯하여, 유상 경제 협력과 관련한 차관 및 금융 문제를 담당할 대장성 환율국, 수출입 허가를 담당할 통산성 경제협력부, 경제 협력 기금을 담당할 경제기획청 경제협력과 등이 주무부처가 되어 각각 전문 관료를 참가시켰다. 전문적인 실무진으로 꾸려진 일본 대표단과는 대조적으로 한국 대표단은 고작 4명에 불과했다.[16] 앞 장에서도 언급했지만, 일본은 제국주의 시대를 풍미하며 전문 관료 시스템과 풍부한 인재들을 갖추고 있었다. 당시 이러한 일본과 교섭을 해야 하는 한국은 어쩔 수 없는 교섭력의 한계를 가지고 있었다. 박정희 정권은 청구권 명목에 대한 논의를 더 이상 추진하지 못하고, 청구권 문제에 관한 교섭의 초점을 경제 협력의 조건이나 실시 방법 등 기술적인 문제의 협의로 옮겼다.[17]

하지만 1963년 벽두부터 군사 정권 내에서 김종필에 대한 불만과 정치적 공세가 고조되면서 한국 정계는 혼란에 빠졌고, 한일회담에 또다시 위기가 찾아왔다. 2월 18일 박정희 의장은 이 문제를 수습하기 위해 민정 이관 시 자신은 대통령 선거에 입후보하지 않겠다고 공약했다. 그러나 문제는 박정희가 아니라 반 김종필 정서의 급속한 확산이었다. 다음 날인 19일 한국 각 군의 수뇌부는 일제히 김종필을 요직에서 파면할 것을 요구했다. 위기감을 느낀 박정희 의장은 20일 김종필의 정계 퇴진을 발표하였고, 김종필은 23일 미국으로 외유를 떠났다.[18]

---

16) 위와 같음.

17) 동북아주과, 「한일 간 청구권 해결 및 경제 협력에 관한 협정에 대한 방침」, 한국외교문서 763, 『속개 제6차 한일회담. 현안 문제에 관한 한국 측 최종 입장, 1963.4-64.3』.

18) 木宮正史, 『国際政治のなかの韓国現代史』(出川出版社, 2012), pp.54~57.

김종필의 갑작스러운 정계 퇴진으로 당황할 틈도 없이, 일본 정계에는 버거 주한미국대사가 박정희와 김종필에 반대하는 세력을 지원하고 김종필의 정계 퇴진을 뒤에서 조종했다는 소문이 떠돌고 있었다. 1963년 2월 20일 김종필의 정계 퇴진이 발표된 직후 오히라 외상은 미국 국무성에, "원래 미국은 박정희와 김종필 라인을 핵심으로 한국 정세를 안정시키고 민정 이관 후에도 당분간 박－김 체제를 유지하려고 했던 것으로 아는데 어째서 최근 박－김의 반대 세력을 지지하고 있는가"라고 물었다. 국무성은 "박－김 라인을 지원하면 한국의 정치 경제의 안정이 도모될 것이라고 생각했는데, 최근의 한국 정세는 오히려 박－김 라인 때문에 혼란에 빠졌고 이것은 유혈 사태까지 불러올 위험이 있다"라고 답하며, 박－김 라인에 대한 불신을 드러냈다.[19]

일본 외무성은 한일회담의 조기 타결을 위해 김종필이 강력한 리더십을 발휘해 줄 것을 기대하고 있었던 만큼, 현재의 사태에 촉각을 세우고 있었다. 외무성은 이케다 총리와 오히라 외상에게 한일회담을 계속하겠다는 의지가 있음을 확인했지만, 한국에서 박정희－김종필에 의한 리더십이 붕괴되지 않을까 우려하고 있었다. 만약 박정희마저 정계 퇴진을 하게 된다면 박정희를 이을 만한 정치 세력이 나올 수 있을지에 대해서 비관적이었고, 박정희가 퇴진하지 않는다 해도 김종필 없이 민정 이관이 제대로 실행될지도 의문이라고 생각했다.[20]

주일미국대사관의 존 엠머슨(John K. Emmerson) 공사는 일본 외무성에, 김종필의 정계 퇴진에 미국은 관여하지 않았다고 해명했다. 한

---

19) (電信写)在米朝海大使宛, 大平大臣発, 「韓国政情に関する米側見解照会の件」 1963.2.20, 일본외무성문서 2006-588-1819.

20) アジア局長, 「韓国政情に関する米国大使館エマーソン公使の連絡要旨」 1963.3.6, 일본외무성문서 2006-588-1809.

국 군부의 수뇌부는 박정희를 지지하고 있으며, 김종필이 당의 조직이나 인사 문제에 관해 타협하지 않았기 때문에 여당 내의 반대파를 적으로 돌렸고, 반대파들은 김종필을 박정희에게서 떼어내기 위해 강경한 주장을 하고 있는 것이라고 설명했다. 하지만 이러한 김종필에 대한 반감이 박정희의 정치적 부담이 되고 있는 것은 사실이라고 인정했다. 엠머슨은, 만약 한국의 정세가 악화되기 이전인 1월 중순쯤 박정희가 김종필을 정리했다면 박정희가 대통령 불출마를 선언할 필요도 없었을 것이라고 말하며, 김종필에 대한 불신과는 달리 박정희에 대해서는 신뢰를 보였다.[21]

그러나 김종필이 미국으로 출국한 이후 한국 정세는 더 긴박한 상황으로 빠져들었다. 1963년 3월, 정권의 비주류파에 의한 쿠데타 계획이 발각되면서 이에 관여한 현역 군인들과 정치인들이 체포되었다. 박정희 의장은 민정 이관의 공약을 철회하고 군정을 4년간 연장한다고 선언했다. 그리고 '비상사태수습 임시조치법'을 공표하여 민간인의 정치 활동 및 데모 집회, 정치 논문의 발표 등을 일제히 금지시켰다. 갑작스러운 군정 연장 성명은 국내외에 큰 충격을 주었다. 미국 정부는 3월 25일 국무성 성명을 통해, 한국의 군정 연장에 대한 반대를 표명했다. 케네디 대통령도 기자 회견에서 한국의 조속한 민정 이관을 촉구했다. 국내에서는 비상 시국임에도 불구하고 각 정당, 언론계, 학생들의 거친 반발이 일어났고 각지에서 데모가 일어났다.[22]

---

21) 위와 같음.

22) 参議院外務委員会調査室,「日韓基本条約及び諸協定等に関する参考資料 二、交渉の経緯 (八)第六次会談」1965.10, 일본외무성문서 2006-588-1647.

일본 정부의 회담 지속 의지

김종필의 갑작스러운 정계 퇴진과 한국 정세의 불안은 분위기가 고조되어 있었던 한일회담 타결의 기운에 찬물을 끼얹은 셈이 되었다. 이러한 한국의 정세 불안 상황에서 한일회담을 지속해야 하는지의 여부를 두고, 일본에서는 정부와 국회가 논쟁을 벌이게 되었다. 1963년 2월 26일 제43회 국회 중의원 본회의에서, 중의원 부의장인 사회당의 오카다 하루오(岡田春夫) 의원은 박정희 군사 정권이 심각한 위기에 빠져있어 한일회담의 타결을 예단할 수 없는 지경이라고 지적했다. 오카다는 한일회담을 계속하는 것을 강하게 반대하며, 회담 계속을 주장하는 정부를 규탄했다. 이에 대해 이케다 총리는, "현재 곤란한 상황이긴 하지만 한국이 (일본과의) 국교 정상화에 열의가 있고 합법적인 태도로 임한다면 일본은 한국의 정세를 유심히 지켜보면서 신의와 성의를 다해 교섭을 계속하는 것이 외교적 책임이다"라고 답변하며, 일본이 먼저 회담을 중지하지는 않을 것이라고 밝혔다.[23)]

같은 달 28일 참의원 외무위원회에서는 오히라 외상이 국회 답변에 나섰다. 오히라는 한일회담의 계속 여부를 묻는 질의에 대해, "한일간 현안은 한국의 정세와 관계없이 진행한다. 현재 예비 교섭이 진행 중이며 상대방이 대화하겠다는 태도를 보이는 한 우리도 대화를 해야 할 임무가 있다"라고 말하며, 한일회담을 중단할 뜻이 없음을 분명히 했다.[24)]

오히라 외상은 미국에, 박정희 정부는 회담 추진에 대한 의사가 분명하며 또한 현실적인 태도로 교섭에 임할 능력이 있기 때문에, 적어

---

23) 「第四十三回国会 衆議院会議録第十号」 1963.2.26, 일본 국회회의록 검색 시스템.

24) 「第四十三回国会 参議院外務委員会会議録第九号」 1963.2.28, 일본 국회회의록 검색 시스템.

도 일본에서 먼저 한국의 정세 불안을 이유로 회담 중단을 요구하지는 않을 것이라고 전했다.[25] 한국 측에도, 현재 일본에서는 한일회담에 대한 반대 여론이 있긴 하지만 일본 정부는 한일회담을 타결하겠다는 의지가 있고 일본인의 다수도 한일 간의 국교 정상화에 대해서는 찬성이라고 말하며, 한일회담을 계속하겠다는 의지를 명확히 전달했다.[26]

일본 외무성은 작금의 한국 정세를 파악하기 위해 1963년 4월 3일부터 12일까지 약 열흘간 조약국 실무자를 한국에 파견했다. 한국 정세의 소용돌이를 눈앞에서 목격한 것이 크겠지만, 오기소 모토오(小木曽本雄) 조약국 법규과장은 귀국 후 한국의 정세 및 한일회담 타결에 대해, 경제협력국과 아시아국의 낙관적인 전망과는 결이 다른 부정적인 보고를 했다. 오기소의 발언을 요약하면 다음과 같다.[27]

> 1월의 시찰단은 단기간 체류에서 얻은 지식을 일반화하고 한국인과의 개인적인 친분을 한국인 전체의 친일적인 감정이라고 오해하고 있다. 시장에 진열되어 있는 상품만 보고 한국의 경제 상황을 판단하거나, 외국인과 접할 기회가 많은 운전수나 호텔 직원의 친절한 언동만 보고 이것이 마치 한국인들의 보편적인 인식이라고 생각하는 것은 위험하다. 한국인의 대일 인식은 여전히 좋지 않다. 일반적인 한국인들은 과거 일본의 식민지 지배를 받은 것이나 현재 신생 독립국이라는 입장에 대해서 강한 콤플렉스를 가지고 있다. 한국의 높은 교육열은 일본의 식민지 통치 시대에 조선인의 교육이 제한당한 것에 대한 반발이며 이것도 일본에 대한 콤플렉스에서

25) (電信写)在米朝海大使宛, 大平大臣発, 「日韓会談に対する日本側の基本的態度に関する件」 1963.3.9, 일본외무성문서 2006-588-1819.

26) アジア局長, 「金溶植外務部長官·大平外相会談要旨」 1963.3.26, 일본외무성문서 2006-588-1717.

27) 北東アジア課, 「小木曽課長韓国視察報告に関する件」 1963.4.13, 일본외무성문서 2006-588-298.

기인한다. 이러한 내재적인 콤플렉스가 어떠한 동기로 인해 반일 감정으로 바뀔 가능성이 있다.

오기소는 1월의 대한 시찰단과는 대조적으로 한국에 대한 편협한 인식을 드러내기도 했지만, 한일회담 타결에 대한 반대는 아니었다. 한일 간에 국교가 회복한다면 한일 상호 간 영향력은 다른 나라들과 비교할 수 없을 만큼 커질 것이라는 점을 인정하면서, 회담 타결 자체만으로도 한일 관계가 회복할 것이라는 정부 내 낙관론을 경계하는 것에 방점이 있었다. 그리고 조약국의 입장에서, 한일협정을 체결한다는 것은 단순한 전후 처리 차원이 아닌 국교 회복 후의 한일 관계의 성격을 규정하는 일이라고 강조했다. 따라서 일본이 한국에 대해 어떠한 책임을 가질 것인가를 충분히 검토하면서 철저하고 신중하게 회담을 추진해야 한다고 주장했다.[28]

외무성을 비롯한 일본 정부는 김종필의 정계 퇴진과 한국 정세의 급격한 위기 상황에 당혹해하면서도 회담을 중단하지 않겠다는 방침을 분명히 했다. 하지만, 한국의 정세에 미국이 얼마큼 개입하고 있는지, 박정희 정권의 유지에 미국은 얼마큼 진심인지, 박정희-김종필 체제에서 한일회담이 타결될 수 있는지 등, 매우 신경이 쓰이지 않을 수 없었다.

1963년 4월 미국무성의 조셉 예거(Joseph Yeager) 동아시아국 국장이 방일했다. 이때 우시로쿠 외무성 아시아국장은, 미국 정부가 박정희 군사 정권을 가장 안정된 정부로 인정하고 있지 않았느냐고 물으면서, 미국이 박정희 정권과 김종필의 붕괴를 의도하고 있는지 탐색했다. 그리고 일본 정부 내의 대다수는 '김-오히라 합의'에 의해 청구

28) 위와 같음.

권 문제의 큰 틀이 합의되었다고 생각하고 있으며 박정희와 김종필이 아니면 회담 타결이 불가능할 것이라는 우려가 크다고 전했다.[29)]

예거 국장은, 박 정권이 한국의 이전 정권보다 안정된 정권임을 인정하면서 박 정권 붕괴설을 부인했다. 또, 군사 정권 내부에는 아직 김종필의 세력이 남아있으며 박정희가 김종필 세력의 싹을 완전히 자르지 않았다고 설명하면서, 미국이 김종필의 제거에 깊숙이 관여하지 않았음을 간접적으로 해명했다. 그러나 박－김 체제가 아니어도 한일회담은 타결될 수 있으며 미국 입장에서는 박－김의 존재에 연연하지 않는다고 말하면서, 김종필에 대한 불신은 감추지 않았다. 예거는 오히려 일본 정부가 김종필의 존재를 지나치게 의식하고 있으며 이 점이 회담의 진전을 방해하는 것은 아닌지 반문했다.[30)]

이 시기 미국 정부가 김종필을 못마땅하게 생각하고 있었고, 김종필을 정계 퇴진과 외유로 내몬 숨은 세력이 미국 정부였다는 설이 정설로 인식되고 있는데, 지금까지 나온 미국 국무성 측의 발언들은 이러한 세간의 설을 뒷받침하고 있는 셈이다. 하지만 일본 외무성은, 적어도 한일회담 추진에 한해서는 '김－오히라 합의'를 이끌어낸 김종필과 박정희 정권에 대한 신뢰와 기대가 컸었던 것 같다. 그리고 김종필이 외유로 내몰린 상황이긴 하지만, 어떻게든 박－김 체제에서 한일회담을 타결하고 싶어 했다.

⁘ 박정희 정권의 안정

일본 외무성은 한국의 정세 변화로 박정희 정권이 붕괴하거나 이로

29) 北東アジア課,「国務省イェーガー東アジア局長との会談要旨(韓国関係)」1963.4.17, 일본외무성문서 2006-588-1816.

30) 위와 같음.

인해 '김-오히라 합의'가 전면 부정되는 사태를 크게 우려하고 있었는데, 다행히 박 정권은 안정을 찾아갔다. 1963년 7월 27일, 박 정권은 3월에 공표했던 '비상사태수습 임시조치법'과 군정 연장 성명을 철회했다. 그리고 10월에 대통령 선거, 11월에 국회의원 선거를 실시하고 12월에 민정 이관을 실행하겠다는 새로운 계획을 발표했다. 이후 10월 15일에 실시된 대통령 선거에서, 민주공화당에서 입후보한 박정희가 민정당 후보인 윤보선을 15만 표 차로 신승하면서 대통령에 당선되었다.

박정희는 대통령 당선 직후 일본 측에, 정식으로 민정 이관이 되기 전인 연말 이전에 한일회담을 타결하고 싶다고 희망했다. 민정 이관 후 국회가 개원하면 한일회담에 대한 야당의 견제와 공격이 본격적으로 시작될 것을 예상하고, 국회가 구성되기 전에 한일회담을 조속히 타결하고 싶어 했다. 일본 외무성은 간부 회의를 열어 박정희의 제안을 검토했다. 우선, 11월 한국 국회의원 선거에서 박정희가 속한 여당이 압승하지 못한다면 일본에 불리하기 때문에 박정희의 제안대로 민정 이관 전 군사 정권하에서 회담 타결을 서두르는 것이 좋다는 의견이 있었다. 하지만 박정희가 대통령 선거에서 적은 표 차이로 신승하여 권력 기반이 여전히 취약하다는 점과, 일본도 중의원 선거를 앞두고 있어 군사 정권을 상대로 무리하게 회담을 타결시킬 경우 일본 내 반대 세력을 자극할 수 있다는 지적이 있어 일단 한국의 국내 정세를 좀 더 지켜보기로 했다.[31)]

1963년 11월 26일에 실시된 한국의 국회의원 선거는 일본 외무성의 우려를 불식하듯 여당인 민주공화당이 야당 3당의 합계 의석수를 크

---

31) 幹部会, 「現時点において韓国側の要請に応じ法的地位、文化財、請求権等日韓会談の各関係会合を全面的に再開することの可否」 1963.10.29, 일본외무성문서 2006-588-1343.

게 웃돌며 대승했다. 게다가 정계 퇴진에 몰려 잠시 미국으로 떠나 있었던 김종필이 이 선거에 출마하여 당선됨으로써 정계에 복귀하였고, 12월 1일에는 민주공화당 의장으로 취임했다. 12월 16일 군사 정권의 중핵이었던 국가재건최고회의가 해산되었다. 다음 날인 12월 17일 제3공화국 헌법의 발효와 함께 새로운 국회가 시작되었고 박정희는 제5대 대한민국 대통령에 취임했다. 그리고 최규하를 국무총리로 하는 새 내각도 발족했다. 박정희 정권은 1961년 5.16 군사 쿠데타로 시작된 군사 정권을 2년 7개월 만에 종료하고 선거에 의해 민간 정부로 새롭게 출발했다.[32)]

한국의 민정 이관은 박정희의 주도로 성공하였고, 김종필도 잠시 동안의 외유 후에 무사히 정계에 복귀하며 박 정권의 정치 기반은 오히려 강화되었다. 일본 외무성은 박정희-김종필 체제에서 한일회담이 계속 추진된다는 사실을 크게 반겼다. 민정 이관 직후, 김종필의 외유로 인해 거의 1년간 진전이 없었던 한일회담을 재개하기 위해 한일 양측이 접촉했다. 일본 자민당은 한국의 국내 정세가 안정을 찾았다고 판단하고 한일회담의 촉진을 위해 1964년 3월에 한국의 여야 국회의원 12명을 일본으로 초청했다. 하지만 민정당, 민주당, 삼민회 등 한국의 야당 세력은 이 초청을 거부했다.[33)]

국내 신문들은 일본의 초청을 거부하는 야당의 입장을 이해한다고 하면서도, 일본의 정당인들과 교류하는 것이 정치인의 태도라고 지적하며 한일회담의 조기 타결을 위한 박 정권의 대일 접근을 지지했다.[34)] 그러나 야당의 태도에는 이유가 있었다. 이미 한일 양국에서는

32) 일본어 원서에서는 한국 국내 정세에 대한 일본인 독자들의 이해를 돕기 위해 다음 문헌을 인용했다. 木宮, 앞의 책(2012), p.56.

33) 参議院外務委員会調査室,「日韓基本条約及び諸協定等に関する参考資料 二、交渉の経緯 (八)第六次会談」1965.10, 일본외무성문서 2006-588-1647.

한일회담에 대한 반대 운동이 고양되고 있었고, 한일회담을 추진하고 있는 박정희 정권에 반대하는 야당 입장에서 일본 국회의 초청을 받아들일 수 없었다.

2. 회담의 지연

어업 교섭의 난항

일본 정부 내에서는 '김－오히라 합의'로 청구권 문제가 어느 정도 해결되었다는 판단과 함께 어업 문제가 다음 과제로 부상했다.

시간을 조금 거슬러 올라가 시계열로 어업 문제에 관한 경과를 설명하겠다. 본서에서 여러 차례 언급했지만, 어업 문제는 1950년대부터 한일 간에 중요한 현안 중 하나였다. 어업 문제에 관해, 일본은 평화선 철폐 및 조업권과 관련된 전관 수역 조정을 집요하게 요구하고 있었는데, 독도 영유권 문제도 어업 문제와 관련된 중요한 사안 중 하나였다. 독도 문제는 한일회담에서 드러나게 논의하지는 않았지만,[35] 일본은 물밑에서 독도 문제를 국제사법재판소에 제소하여 해결하자는 주장을 꾸준히 하고 있었다. 김종필과 오히라의 회담 시에도 독제 문제가 언급되었다. 이때 김종필은, 국제사법재판소에는 일본인 판사가 임명되어 있기 때문에 전체적인 분위기가 한국에 불리함을 강조하며, 독도 문제를 국제사법재판소에 제소하자는 일본의 제안을 일축했다.[36]

---

34) 『한국일보』 1964.3.6.

35) 독도 문제는 결국 한일회담 타결 최종 단계에서 '해결하지 않은 것으로 해결했다고 간주한다. 따라서 (한일기본) 조약에는 담지 않는다'라는 애매한 표현으로 합의했다. ロー·ダニエル, 『竹島密約』(草思社, 2008), pp.202~220.

대신에 김종필은, 평화선이나 전관 수역 문제에 관해서는 전향적으로 대답했다. 청구권 문제에 관한 기본 합의가 이루어지면 어업 교섭을 신속하게 개최하여 논의를 진행시키겠다고 약속했다. 그리고 한국이 어업 문제에 관한 일본의 요구를 들어준다면 일본은 그 대가로 한국에 대한 어업 원조를 어업협정에 규정하고, 청구권 문제에서도 더 양보해 달라고 요구했다. 김종필은 어업 문제를 청구권 문제와 연동해서 더 많은 경제 협력 자금을 끌어내고 싶어 했고, '김-오히라 합의' 전날인 1962년 11월 11일 기자 회견에서는 평화선을 철폐할 가능성을 시사하기도 했다.[37]

1963년 1월 11일 한국에 파견된 일본 외무성의 시찰단은 최덕신 외무부 장관에게, 청구권 문제가 해결되었으니 어업 문제에서는 한국이 양보했으면 한다는 의향을 전했다. 최 장관은 "청구권 문제는 과거의 문제이며 어업 문제는 미래의 문제이기 때문에 양자는 별개"라고 선을 그으며, 어업 문제에 관한 양보에 거부감을 보였다.[38] 최 장관은 어업 문제에 관해 김종필과 다른 입장을 말하고 있었는데, 최 장관 입장에서는 박정희의 복심이며 정권의 이인자로 불린 김종필과 달리 선불리 어업 문제에 관한 양보를 말할 수 없었을 것이다. 또, 어업 문제에 관한 김종필의 양보 발언이 최덕신 외무부 장관 및 한국 정부의 공식 입장과는 다른 단독 발언이었을 가능성이 크다. 일본 외무성이, 독자적인 정치력으로 일본과 '화끈한' 담판이 가능한 김종필과 한일회담

36) 동북아주과, 「한일회담 각 현안 문제에 관한 아측 최종 입장 결정 : 6. 독도 문제」, 앞의 한국외교문서 763.

37) 趙胤修, 「日韓漁業の国際政治—海洋秩序の脱植民化と『国益』の調整—」, 東北大学法学研究科博士学位論文(2008), pp.116~123.

38) 北東アジア課, 「前田北東アジア課長韓国出張報告」 1963.1.21, 일본외무성문서 2006-588-296.

타결을 마무리하고 싶어 하는 의도는, 미루어 짐작이 가능하다.

김종필의 정계 퇴진 파동 이후 한일 간에 청구권 문제에 관한 교섭이 멈춘 상황에서, 오히라 일본 외상은 미국 정부에 다음과 같은 일본 정부의 입장을 전달하면서 미국이 한국 정부를 설득해 달라고 요청했다.[39)]

> 어업 문제에 대한 한국 정부의 태도가 경직되어 있다. 한국 정부는 한일회담 추진에 대한 의지와 능력이 있다는 것을 보여주기 위해서라도 어업 문제에 관한 일본의 요구를 이행해야 한다. 한국은 전관 수역으로 영해 12해리 설정을 받아들여야 한다. 한국은 청구권 문제와 관련해서 더 이상의 양보를 요구하지 않고, 주한일본대표부의 설치도 조속히 승인해야 한다.

오히라는 한국 정부에도, 일본인들의 일반적인 생각에는 방대한 재한일본재산이 몰수되었음에도 불구하고 청구권 문제를 해결하기 위해 한국에 거액의 경제 협력 자금을 제공하는 것을 이해할 수 없다는 정서가 있다고 말하며, 일본이 청구권 문제에서 많은 양보를 했으니 한국은 어업 문제에서 성의를 보여야 한다고 꾸준히 요구했다. 사실 일본 정부 내에서는 '김－오히라 합의'에 대한 대가로 청구권 및 경제 협력 문제와 어업 문제를 동시에 해결하고 어업 문제에 독도 문제도 포함시켜 해결하도록 오히라 외상을 압박하고 있었다. 이케다 총리도 오히라 외상에게 "현재 일본의 주요 관심사인 어업 문제에 대해서 우리 국민들이 충분히 납득할 수 있는 합리적인 해결을 얻을 수 없다면 청구권 문제에 대해서 국민들의 지지를 얻을 자신이 없다"라고 말하며, 오히라를 재촉하고 있었다.[40)]

39) (電信写)在米朝海大使宛, 大平大臣発,「日韓会談に対する日本側の基本的態度に関する件」1963.3.9, 일본외무성문서 2006-588-1819.

한국에서는, '김－오히라 합의' 이후 어업 문제에 대해 일본이 집요한 요구를 해 오자, 야당들이 김－오히라 회담 시 어업 문제에 대한 한국의 양보가 있었다고 주장하며 정부 여당에 대한 정치 공세를 높였다. 정부 여당은 '김－오히라 합의'에 청구권 문제와 어업 문제에 관한 뒷거래는 없다고 해명하고, "독도는 한국의 영토이므로 이에 대한 양보는 있을 수 없다"라고 천명했다. 또 한국 어민의 이익에 부합하지 않는 어업협정은 하지 않을 것이라고 약속했다. 정부는 야당이 외교 문제를 국내 정쟁에 이용하려는 속셈이라고 비판하였지만, 야당은 어업 문제에 관한 국내의 관심을 더 집중시키며 한일회담의 중단을 요구하고 나섰다.[41]

박정희 정권은 어업 문제에 관해서 한국 내 야당의 공세뿐만 아니라 일본의 압박에도 시달리고 있었다. 일본 정부는 어업 문제에 관해서 한국이 일본의 제안을 모두 받아들이도록 한국 정부를 지속적으로 압박했다. 일본은 배의환 수석 대표에게 "청구권에 관해서 3억 달러와 2억 달러라는 숫자가 결정된 이상 어업협정에 12해리라는 숫자가 표면에 나오지 않는다면 말이 안 된다"라고 주장하며, 일본이 구상한 어업협정안을 제시했다.[42]

제3공화국의 출발과 함께 김종필이 정계에 복귀하고 1964년 1월 한일 간 교섭이 재개되자 일본 정부는 어업 문제에 관한 당근책을 제시하며 한국을 회유하기도 했다. '김－오히라 합의'의 경제 협력 자금과

---

40) アジア局長,「金溶植外務部長官·大平外相会談要旨」1963.3.26, 일본외무성문서 2006-588-1717.

41) アジア局北東アジア課,「日韓問題に関する在野政治家の声明とこれに対する外務部長官の声明」1963.5.2, 일본외무성문서 2006-588-776.

42) 北東アジア課,「日韓予備交渉第四八回会合記録」1963.8.22, 일본외무성문서 2006-588-1168.

는 별도로 총액 1억 7천만 달러의 어업 협력 자금을 제공하겠다는 추가 제안을 하면서, 전관 수역 12해리 확보와 평화선 철폐라는 일본의 주장을 관철시키려고 했다.[43] 한국은 일본의 제안들을 거절했고, 어업 교섭은 좀처럼 진전하지 못했다. 일본 정부 내에서는 어업 문제가 어느 정도 타결될 때까지 다른 문제에 관한 토의를 할 수 없으며, 어업 문제를 단독으로 처리하자는 의견도 언급되었다.[44]

'김-오히라 합의' 이후 한일회담이 크게 진전할 것이라 예상되었지만 사실은 그 반대의 방향으로 흘러갔다. '김-오히라 합의' 직후 전개된 김종필의 정계 퇴진과 한국 정세의 불안으로 한일회담을 강력하게 추진할 동력을 잃은 것도 요인이었지만, 어업 교섭이 난항한 것도 한일회담 정체의 요인이었다. 한일 양국 국내에서 어업 문제에 대한 관심이 높아지면서 정부에 대한 압박이 거세지자, 어업 교섭을 등한시하면서 청구권 교섭이나 회담 타결 자체만을 우선시하기 어려운 상황이 되었다.

⁘ 한일회담 반대 운동

'김-오히라 합의' 이후에도 한일회담이 지연된 더 큰 요인은 한일회담 반대 운동의 확산 때문이었다. 한일회담 반대 운동은 일본 내에서 먼저 시작되었다. 1958년부터 일본의 재일조선인 사회에서는 일조협회[45]와 조총련 등의 친북 단체가 중심이 되어 한일회담 반대 운동을

43) 「大平·ラスク会談資料(日韓交渉)」 1964.1.27, 일본외무성문서 2006-588-1677.

44) 北東アジア課, 「三月六日の閣議における大臣の発言振り(案)」 1964.3.5, 일본외무성문서 2006-588-1782.

45) 일조협회는 1952년에 식민지 조선과 관련 있는 일본인들이 결성한 단체였는데 성립 과정에서 일본의 좌파 정당인 사회당과 공산당의 지원을 받았다. 초기 발족을 주도한 일부 일본인을 제외하면 일조협회에 참가한 대다수는 친북 성향의 재일

전개하고 있었다. 1953년 10월부터 약 4년 반 동안 중단되었던 한일회담이 1958년에 제4차 한일회담으로 재개되자 일조협회는 '회담 저지'를 강력하게 주장하며 한일회담에 대한 반대 의사를 명확히 했다. 1955년에 북한을 조국으로 두고 결성된 조총련도 일본의 좌파 야당 및 일조협회의 협력을 얻어 한일회담 반대 투쟁을 조직적으로 전개했다.[46]

재일조선인 사회를 중심으로 전개된 한일회담 반대 운동은, 일본 자민당과 이념적으로 대립하고 있었던 사회당과 공산당의 측면 지원도 받고 있었다. 일본의 좌파계 야당인 사회당과 공산당은 1961년 한국에 군사 정권이 들어서자 군사 독재 정권인 박정희 정권과의 교섭 자체에 반대했다. 1962년에 '김-오히라 합의'가 나오자 한일회담 타결이 한반도의 분단을 고착화한다는 이유로 반대 운동에 적극적으로 합류했다. 자민당은 '한일문제 PR위원회'를 발족시켜, 냉전 논리와 반공 논리를 앞세워 한일과의 국교 정상화 필요성을 강조하고 야당의 공격에 대응했다. 자민당은 "한국은 일본과 같은 자유주의 국가이며 일본과는 지리적으로 역사적으로 매우 밀접한 관계이다. 양국의 국교 정상화는 아시아의 안정과 번영의 지주로서 세계 각국으로부터 많은 기대를 받고 있다"라고 여론을 환기했다.[47] 그러나 박정희 군사 정권이 민정 이관에 성공하고 한일회담이 재개하면서 회담 타결이 현실감있게 다가오자 일본에서의 한일회담 반대 운동은 더욱 고조되었다.[48]

조선인이었기 때문에 일조협회의 활동은 재일조선인들의 영향력 확대에 주력했고, 기시 정권의 재일조선인 북송 사업을 적극적으로 장려하기도 했다. 朴正鎮, 『日朝冷戦構造の誕生1945-1965』(平凡社, 2012), pp.75~80.

46) 김현수, 『일본에서의 한일회담 반대 운동: 재일조선인 운동을 중심으로』(선인, 2016), pp.134~153.

47) 吉澤文寿, 『戦後日韓関係—国交正常化交渉をめぐって [新装新版]』(クレイン, 2015), pp.184~185.

48) 吉澤, 위의 책, pp.249~317.

단, 일본에서는 한국과 이념적으로 이해관계에 있는 친북 성향 단체와 좌파계 야당을 중심으로 반대 운동이 전개되었고 국민적인 저항이나 반대로까지는 확산되지 않았다. 한일회담 자체가 일본에서는 큰 관심을 차지하지 않는다는 것이 가장 큰 이유일 것이다. 하지만 한국에서는 한일회담이 매우 중요한 외교적 과제였던 만큼, 한국에서 전개된 한일회담 반대 운동은 매우 격하게 그리고 지속적으로 이어졌다.

한국에서의 한일회담 반대 운동은 김종필의 정계 퇴진과 군사 정권 연장 선언 등으로 정국이 혼란해진 1963년 5월 이후에 시작되었다. 1963년 5월 1일 윤보선 전 대통령과 허정 전 총리를 포함한 13인의 재야정치인은 '한일회담에 관한 성명서'를 발표하면서, 박정희 정부는 한일회담에서 손을 떼고 '김－오히라 합의'의 내용과 교섭 과정을 공개하라고 요구했다.[49] 7월에는, 평화선 사수를 결의하고 군사 정권이 일본에 대해 '저자세 굴욕 외교'를 하고 있다고 규탄하면서 전국적인 반대 운동에 돌입했다.[50]

한편 1963년 11월 국회의원 선거에서 당선되어 정계에 복귀한 김종필은, 1964년 3월부터 본격적으로 한일회담의 교섭 테이블로 돌아왔다. 김종필 민주공화당 대표는 도쿄를 방문하여 5월 초에는 한일협정이 조인될 수 있을 것이라고 발언했다. 이에 대해 한국에서는 김종필이 또다시 일본과 정치적인 거래를 하고 있다고 비판하며 김종필의 한일회담 관여를 강하게 제지했다. 야당 및 재야세력은 '대일굴욕외교 반대 범국민 투쟁위원회'를 결성하고, 평화선이 실질적으로 철폐되는 방향으로 가고 있다는 주장을 하며 각지에서 한일회담에 대한 반대 운동을 전개했다. 서울에서도 학생들의 주도로 '한일회담 즉시 중지',

49) 『東亜日報』 1963.5.1.

50) 『東亜日報』 1963.7.24.

'평화선 사수'의 슬로건을 내건 데모가 일어났다. 이후 데모는 전국으로 퍼지며 대규모화되어 갔다.[51]

야당의 반대 논리가 학생들의 데모를 자극하자, 정부는 한일회담은 굴욕적인 것이 아니며 국가 이익을 위해 타결해야만 한다고 학생들을 설득했다. 그러나 반대 데모는 더 격해졌다. 1964년 3월 26일 박 대통령은 특별 방송을 편성하여 "정부는 한일회담을 계속 추진할 것이며 한국의 주장을 관철시킬 것"이라는 결의를 보이는 한편 반대 세력을 달래기 위해 한일회담의 냉각 기간을 둘 것이라고 발표했다. 또 데모를 진정시키기 위해, 당시 한일회담을 위해 방일 중이었던 김종필과 어업 교섭을 담당하고 있었던 원용석 농림부 장관을 귀국시켰다. 1964년 5월에 타결할 목표로 진행되고 있었던 한일회담은, 4월 6일 농림부 장관급 회담을 끝으로 중단되었다.[52]

박정희 정권은 한일회담 반대 운동에 의한 국내의 혼란과 한일회담의 정체 상태를 수습하기 위해, 1964년 5월 9일에 내각 개조를 단행하여 정일권을 총리로 하는 새 내각을 발족했다. 정 총리는, 새 내각은 혼란스러운 정세를 일신하기 위한 조치라고 강조하면서 한편으로는 한일회담의 타결에 대한 적극적인 의지를 보였다. 하지만 대통령의 권한이 막강한 한국 정치에서 임명 총리와 새 내각의 존재감은 미미했고, 오히려 반대 운동을 더 자극했다. 한일회담 반대 데모는 한일회담의 중지뿐만 아니라 '악덕한 재벌과 부정 부패한 원흉들의 처벌, 정치범의 석방'을 외치며, 반정부 운동으로 확대되고 있었다.[53]

---

51) 吉澤, 앞의 책(2015), pp.249~311.

52) 동북아주과, 「2-8. 한일회담과 학생 데모 사태에 관하여, 1964.3.30」, 한국외교문서 754, 『제6차 한일회담 회담 관계 각료 회의 및 회담 관계 제 문제점 연구, 1963-64』.

53) 参議院外務委員会調査室, 「日韓基本条約及び諸協定等に関する参考資料 二、交渉の経緯 (八)第六次会談」 1965.10, 일본외무성문서 2006-588-1647.

엎친 데 덮친 격으로, 평화선 내에서 다시 한일 간의 충돌이 발생했다. 한국 정부가 평화선 내에서 조업하는 일본 어선을 나포했는데, 이때 일본 해상보안청의 순찰함이 일본 어선을 데려가기 위해 평화선을 넘어오는 사건이 일어났다. 한국 여론은 일본이 한국의 영해를 침범했다고 비난했고, 대일 여론이 더욱 경직되면서 한일회담에 대한 반대 운동을 더욱 자극했다. 1964년 7월에 자민당 총재 선거가 예정되어 있는 일본 정부로서는 이 사건의 파문을 의식하지 않을 수 없었다. 일본에서도 한일회담 타결에 대한 긍정적인 분위기가 순식간에 냉각되었다. 일본 정부는 이 상태에서는 회담 타결의 의미가 없다고 보고 제6차 한일회담의 중지를 제안했다.[54)]

제6차 한일회담이 잠정적으로 중단되었음에도 불구하고 한일회담 반대 운동은 사그라지지 않고 더욱 격렬해졌다. 1964년 6월 3일, 학생들뿐만 아니라 일반 대중들도 합세한 대규모 데모대가 서울 한복판에 결집하여 국회의사당과 청와대를 향했는데, 이를 저지하려는 경찰과 출동했다. '6.3 사태'로 불리는 이 대규모 충돌은 한국의 국내 정세를 긴장 상태로 몰아넣었다. 박 정권은 당일 서울 시내에 비상계엄령을 선포하고 데모대를 강하게 진압했다. 이틀 후인 5일에는 데모에 참가한 학생과 그들에게 영향을 미친 대학 교수들의 처벌을 명하는 '학원 정화 방침'을 발표하고 관련자들을 체포했다.[55)] 한편으로는 데모대를 달래기 위해, 김종필을 민주공화당 대표에서 사임시키고 6월 18일에는 김종필을 다시 미국으로 외유시켰다. 57명의 부패 공무원을

54) 동북아주과, 「2-8. 어업 각료 회담 제의에 대한 일측 반응에 대하여, 1964.5.18」, 앞의 한국외교문서 754.

55) 吉澤, 앞의 책(2015), pp.255~257. '6.3 사태'의 도화선이 된 대학생들의 결의문이나 데모의 전개 양상에 관해서는 다음이 상세하다. 6·3동지회 [편], 『6·3학생운동사』 (6·3 학생운동사 편집위원회, 1994).

적발하여 처벌하는 등 국민들의 불신을 완화하기 위한 조치도 단행했다.[56)]

1964년 7월 29일 박 정권은 '6.3 사태' 시 선포한 비상계엄령을 해제했지만, 이후에도 언론과 학생들에 대한 정부의 단속은 계속되고 강화되었다. 계엄령을 위반했다는 혐의로 체포된 대학생은 서울 시내에서만 224명에 달했고, 그들은 계속 구속 상태에 있었다. 또 언론 활동을 규제할 목적으로 '언론윤리위원회법' 제정을 시도하기도 했다.[57)] 이러한 박 정권의 강경 조치는 야당뿐만 아니라 한일회담의 추진과 타결을 지지했던 언론계에서도 큰 반발을 불러왔다. 정국의 위기감이 고조되자 박 정권은 '언론윤리위원회법' 개정을 무기한 연기했지만 한일회담 반대 운동은 반정부 투쟁으로까지 확대되면서 박정희 정권을 위협하고 있었다.[58)]

이케다 총리의 속도 조절

1963년 5월 이후 본격화된 한국에서의 한일회담 반대 운동의 구호는 김종필에 대한 정치적 견제, '김-오히라 합의'에 대한 의혹과 재교섭 요구, 한일 경제 협력에 대한 반감에 집중되었다. 박정희 정권은 일본에 대한 강경 여론을 완화하고 반대 운동의 확산을 막기 위해, 1964년 초 일본 외무성에 청구권 총액에 관한 추가 교섭을 타진하면서, 사실상 '김-오히라 합의'의 증액을 요구했다. 오히라 외상은 청구

56) 参議院外務委員会調査室, 「日韓基本条約及び諸協定等に関する参考資料 二、交渉の経緯 (八)第六次会談」 1965.10, 일본외무성문서 2006-588-1647.

57) 吉澤, 앞의 책(2015), pp.255~257.

58) 参議院外務委員会調査室, 「日韓基本条約及び諸協定等に関する参考資料 二、交渉の経緯 (八)第六次会談」 1965.10, 일본외무성문서 2006-588-1647.

권 명목과 관계가 없는 민간 차관 부분에 관해서는 증액 교섭에 응할 수 있지만, 청구권의 증액이나 '김-오히라 합의'의 수정으로 보이는 교섭에는 응할 수 없다고 대답했다.[59)]

1964년 '6.3 사태' 직후 한국 정부는 일본 외무성에, 청구권의 증액 요구가 아닌 한국에 대한 긴급 차관이 가능한지 타진했다. 경제 피폐로 악화된 민심을 달래고 국내의 반일 여론을 완화하기 위한 명목이라고 밝혔다. 일본 정부 내에는 '6.3 사태' 이후 비상계엄령이 선포 중인 한국의 정세가 불안하다는 이유로 한일 간의 어떤 접촉이든 일단 중지하고 향방을 지켜보자는 입장이 지배적이었다. 하지만 외무성은 한국에서 고조되고 있는 한일회담 반대 운동을 완화시킬 수 있다는 박 정권의 설명에 동감하고, 식량과 소비재를 중심으로 한 대한 긴급 차관을 긍정적으로 검토했다. 외무성은 정부 내의 논의를 기다리지 않고 한국 측과 비공식으로 접촉하여, 차관 방식에 관한 의견 등을 조율했다.[60)]

외무성은 한국 내의 반일 여론을 완화하기 위해, "대한 긴급 차관은 일본에서 먼저 제안한 것"이라고 발표했다.[61)] 일본 정부 내에서는, 대한 긴급 차관이 '김-오히라 합의'의 증액이나 경제 협력 자금이 국교정상화 이전에 미리 지급된 것으로 보이지 않기 위해, 한국의 수출과 고용 증대에 기여하기 위한 것이라고 설명했다.[62)] 그리고 전년도 일본이 인도네시아에 긴급 원조한 방식을 사례로, 한국에 대해서도 소

---

59) 「大平·ラスク会談資料(日韓交渉)」 1964.1.27, 일본외무성문서 2006-588-1677.

60) 北東アジア課, 「日韓経済会談および対韓援助に関する件」 1964.6.15, 일본외무성문서 2006-588-1908.

61) 『朝日新聞』 1964.6.11, 조간.

62) 経済局アジア課·経済協力局経済協力課, 「韓国援助問題に関する韓国側要望内容」 1964.6.25, 일본외무성문서 2006-588-1908.

비재를 중심으로 천만 달러 규모의 연급 차관 방식으로 제공하겠다고 제안했다.[63]

하지만 한국 정부는 소비재 중심의 원조는 결과적으로 한국 시장에서 일본 제품의 점유율만 확대될 뿐이라고 지적하고, 공장이나 발전소 등의 플랜트를 중심으로 한 연급 차관을 요청했다. 차관 규모도 2천만 달러를 요구했다.[64] 또, 2천만 달러의 긴급 차관은 '김－오히라 합의'의 민간 차관과는 별도의 카테고리라는 점을 강조하고, 일본이 한국산 김과 쌀을 수입해 줄 것도 요청했다.[65]

외무성은 한일회담이 현재 중단 상태이기는 하지만 언젠가는 회담이 재개될 것이며 한국과의 외교적 접촉을 유지하는 것이 중요하다고 판단하고 한국의 요청을 받아들이기로 했다. 한국과의 조율을 끝낸 일본 외무성은 대장성에 대한 긴급 차관 문제에 관한 협조를 요청했다. 외무성은 대장성에, 현재 미국 이외에도 영국, 서독, 프랑스, 이탈리아 등이 한국에 경제 협력을 하고 있지만 일본은 한국에 대해 이 나라들보다 더 많은 이해관계를 가지고 있으므로 이러한 한국의 경제 상황을 일본이 방관해선 안된다고 설명했다. 또 이 문제는 외교적인 측면에서도 중요하다고 강조하고, 일본이 솔선해서 한국에 대한 경제 원조를 해야 한다고 설득했다.[66]

대장성은 대한 긴급 차관이 '김－오히라 합의'의 증액으로 연결되지 않는다는 점을 분명히 하면서 이를 승인했다. 그리고 한국의 국내 정

---

63) 外務省, 「韓国に対する援助問題(改定案)」 1964.6.20, 일본외무성문서 2006-588-1908.

64) 経済局アジア課·経済協力局経済協力課, 「韓国援助問題に関する韓国側要望内容」 1964.6.25, 일본외무성문서 2006-588-1908.

65) 北東アジア課, 「日韓会談首席代表第一二回非公式会合記録」 1964.7.23, 일본외무성문서 2006-588-453.

66) 北東アジア課, 「対韓商品援助問題に関し外相の大蔵大臣に対する申入れ要領(案)」 1964.8.15, 일본외무성문서 2006-588-1908.

세를 고려하여 일본이 자발적으로 한국에 긴급 차관을 공여하는 것이라고 하자는 외무성의 제안에도 동의했다. 이후 일본 정부는 한국 측이 요구한 차관 조건을 거의 수용하며, 한국 조달청에 2천만 달러 규모의 원자재 및 플랜트를 연급 수출하기로 결정하고 한국산 농수산물 수입에 대한 규제 완화도 승인했다.[67]

대한 긴급 차관에 관한 한일 간 합의는 작은 에피소드로 보이지만, 한일회담이 중단된 상황에서도 한일 양국이 국교 정상화 및 경제 협력 관계의 성립을 기정사실로 하면서 물밑에서 꾸준히 접촉하고 있었다는 것을 보여준다. 또 주목할 만한 것은, 비록 한일회담이 중단되긴 했지만 실질적으로 경제 협력을 개시하고 무역 확대를 시도했다는 점에서 의의가 있는 합의였다. 한편 일본 정부 내에서 '재정 논리'와 '외교 논리'로 줄곧 대립해 왔던 대장성과 외무성이 대한 긴급 차관 문제에서 선뜻 합의를 본 것도 흥미로운 점이다. 아마도 오히라 외상과 개인적으로 친분이 두터웠던 다나카 장상(蔵相)이 '김－오히라 합의' 이후에도 외무성을 적극적으로 지지한 덕분일 것이다.

그러나 일본 정부 내에서 순조롭게 합의된 대한 긴급 차관은 이케다 총리의 반대로 무산되었다. 마침 이 시기 일본의 내각에 변화가 있었다. 1964년 7월 10일 이케다는 자민당 총재 선거에서 3선을 달성하여 총리직을 유지하면서 7월 18일 개각을 단행했는데, 이때 오히라는 외상에서 물러나게 되었다. 이케다 총리는 외교 분야와는 거리가 먼 상공부 관료 출신인 시이나 에쓰사부로(椎名悦三郎)를 오히라의 후임 외상으로 임명했다.

오히라는 후일 요미우리신문 기자에게 이때의 인사에 대해 "이케다

67) 北東アジア課, 「対韓緊急商品援助に関する若干の問題点について」 1964.8.5, 일본 외무성문서 2006-588-1908.

는 내가 관방장관 시절에는 매우 신용했는데 내가 외상이 되어 인기가 높아지자 질투했고, 많이 경계했다. 모두가 이케다와 오히라는 일심동체라고 생각하고 있지만, 완전히 틀리다"라고 회고했다.[68] 외상에 내정된 시이나가 자신의 외상으로서의 자질에 대해 걱정하자, 이케다는 시이나에게 "내가 도울테니 나랑 둘이서 하면 된다"라고 말했다고 한다.[69] 즉 이번 개각은 이케다 총리가 '김-오히라 합의'를 비롯해 주도적으로 외교 정책을 진행하는 오히라에 대해 불만을 갖고, 자신이 직접 외교 문제를 챙기겠다는 의도를 드러낸 것과 같았다.

한국 정부는 외교 분야에 경험이 부족한 시이나의 등용은 이케다 총리가 한국 문제에 대해서 충분히 이해하지 못하기 때문이라고 폄하했다. 외무성도 한국 측에, "오히라 외상 때에는 이케다 총리에 대한 설득은 오히라 씨에게 일임하면 되었는데, 외교 수완이 증명되지 않은 시이나 외상에게 이러한 기대가 가능할지 걱정"이라고 토로했다. 단 시이나는 말수가 적고 온화한 성격이라는 품평을 받고 있으므로, 일본의 새 내각이 기존의 외교 노선을 정면으로 뒤집는 일은 없을 것이라는 점에 기대를 걸기로 했다.[70]

하지만 이케다 총리는 신임 외상인 시이나에게 한일 문제를 일임하지 않고, 기존의 보수적인 태도로 한일 문제를 직접 챙기며 대한 긴급 차관 결정을 유보했다. 외무성은 시이나 외상 체제에서 대한 긴급 차관을 관철시키지 못했다. 대한 긴급 차관을 승인했던 대장성도 이케다가 시이나를 새 외상으로 임명한 것을 시그널로 받아들였는지, 이케다 총리의 유보 결정을 받아들였다. 한국 정부는 오히라 외상에 협

---

68) 福永文夫, 『大平正芳: 「戦後保守」とはなにか』(中公新書, 2008), pp.115~117.
69) 池井優, 『語られなかった戦後日本外交』(慶應義塾大学出版会, 2012), p.120.
70) 동북아주과, 「한일회담 관계 각료 회의」, 앞의 한국외교문서 754.

력했었던 다나카 장상이 이케다 총리의 유보 결정을 받아들인 것에 적지 않게 당황하면서, 다나카가 시이나의 외상으로서의 능력을 테스트하기 위해 반대로 돌아선 것이라고 분석하고, 시이나 외상은 정부 내 정치에 굴복했다고 판단했다. 그리고 이 일로 인해 일본 정부 내에서 각 부처 간의 의견 대립이 재발하거나 외무성의 비중이 저하되지 않을까 우려했다.[71]

현재 일본에서 시이나는 정치가로서뿐만 아니라 외상으로서도 꽤 좋은 평가를 받고 있는 인물이며, 원래 상공성 관료 시절 '면도칼 시이나'로 불릴 만큼 두뇌 회전이 빨랐다고 한다. 외교 분야에서의 자질이 불투명한 상태에서 외상에 취임하였지만 이후 외무성 관료가 감탄할 만큼 단기간에 복잡한 외교 현안을 파악하고 외무성 내에서 우려하던 자질 문제를 바로 불식시켰다고 한다.[72] 후술하겠지만, 사토 정권에서 외상을 연임한 시이나는 비로소 외상으로서의 진가를 발휘하게 된다. 하지만, 이 시기 시이나는 외교 경험이 없는 자신을 외상에 임명한 이케다 총리의 의도를 잘 알고 있었고, 이케다 총리가 한일 문제에 대해 속도 조절 하는 것을 지켜볼 수밖에 없었다. 한일회담에 관한 외무성의 주도권도 후퇴할 수밖에 없었다.

요시다 전 총리 방한 요청에 대한 외무성의 반대

한국 정부는 대한 긴급 차관을 유보한 이케다 총리의 태도에 실망해 '김-오히라 합의'의 백지화를 주장하며 강한 불만을 표시하기도 했으

71) 동북아주과, 「2-21. 내각 개조 후의 일본의 대외 정책, 1964.9.21」, 위의 한국외교문서.

72) 池井優, 앞의 책(2012), p.121.

나,[73] 이 상황을 타파하기 위한 전략으로 요시다 전 총리의 방한을 요청했다.

당시 87세였던 요시다는 전년도인 1963년에 정계를 은퇴했지만, 최근에 악화된 대만과의 관계 회복에 큰 역할을 했다. 1963년 이케다 정권은 중국과 이른바 'LT무역협정'을 체결하고, 기존의 민간 무역에 국한된 관계를 벗어난 정부 차원의 일중 관계 개선에 시동을 걸었다. 이에 대만이 크게 반발하면서 매우 우호적이었던 일본－대만 관계가 급속히 악화되었다. 1964년 2월, 이케다 총리는 거물 정치인이자 자신의 정치적 스승인 요시다 전 총리를 대만에 파견하여, 중국과의 무역 개시에 대한 이해를 구하고 대만과의 관계를 다시 회복했다.[74]

당시 한국 외무부 장관이었던 이동원의 회고에서도 언급되지만, 한국 정부의 요시다 방한 요청은 정치적인 이벤트 효과를 노린 것이었다. 거물 정치인인 요시다 전 총리의 방한 그 자체로도 의미가 있겠지만, 혐한주의자로 알려진 요시다의 입을 통해 한국에 대한 '사죄' 발언을 받아내어 국내 정치의 궁지에서 탈피하려는 것이 주된 목적이었다.[75]

요시다의 대만 방문 성과에 주목한 한국 정부는, 국내의 반일 감정을 해소하고 정체된 한일 관계의 분위기를 쇄신하고 싶다는 명목으로 요시다의 방한을 요청했다. 1964년 8월 새로 부임한 윈스럽 브라운(Winthrop Gilman Brown) 주한미국대사에게도 요시다 방한에 대한 협력을 부탁했다. 미국 국무성 또한 요시다 전 총리의 방한을 긍정적으로 평가하고 주일미국대사에게 협조를 요청했다. 그리고 엠머슨 주일

---

73) 동북아주과, 「김－오히라 합의의 백지화에 대하여, 1964.8.1」, 앞의 한국외교문서 754.

74) 井上正也, 『日中国交正常化の政治史』(名古屋大学出版会, 2010), pp.258~277.

75) 李東元 [著], 具末謨 [訳], 『日韓条約の成立—李東元回顧録 椎名悦三郎との友情—』(彩流社, 2016), pp.62~72.

공사가 우시로쿠 외무성 아시아국장에게 요시다의 방한을 타진하게 되었다. 그러나 우시로쿠는 "한국 측의 성의는 이해하지만 지금은 (요시다 방한을) 검토할 타이밍이 아니다"라고 말하며, 요시다의 방한에 부정적이었다.[76)]

라이샤워 주일미국대사도 직접 시이나 일본 외상에게 요시다의 방한을 타진했다. 라이샤워 대사는 시이나에게 '사죄'를 위한 특사라는 표현을 하지 않았지만, 요시다 방한 요청의 의미가 '사죄'를 위한 특사 파견 요청이라는 것은 공공연한 것이었다. 시이나는, 요시다의 방한은 결정적인 카드로 써야 하는데 방한의 효과가 미지수인 상태에서 섣불리 추진할 수 없으며, 한국이 원하는 '외교적 선물'인 '사죄' 발언을 준비할 수 없다는 이유로 요시다의 방한을 거절했다. 라이샤워는 시이나에게 "요시다의 방한 자체가 선물이며 한일 간의 분위기 개선에 도움이 된다"라고 설득했다. 그러나 시이나는 요시다의 방한은 일시적인 분위기 쇄신용일 뿐 한일 관계의 근본적인 개선에는 효과가 없다고 대답했다.[77)]

흥미로운 사실은, 이승만 정권에게 혐한 감정을 스스럼없이 드러내며 한일회담의 추진 또는 한일 관계의 개선에 부정적이었던 요시다는, 이 시기 한국 측의 방한 요청을 긍정적으로 검토하고 있었다. 대만에서의 성과로 자신감을 얻은 요시다는 원로 정치인으로서 한국과의 관계 개선에 역할을 하고 싶었던 듯하다. 요시다는 외무성에 자신의 방한을 검토해 보라고 지시했다. 하지만 이 문제를 토의하기 위한 외무성 간부 회의 결과, 요시다의 방한은 시기상조라는 결론이 나왔다. 외

---

76) 北東アジア課, 「韓国側の吉田元総理訪韓の希望表明について」 1964.8.22, 일본외무성문서 2006-588-1680.

77) 北東アジア課, 「吉田元総理訪韓問題に関する椎名大臣とライシャワー米大使の会談内容」 1964.8.27, 일본외무성문서 2006-588-1683.

무성은 요시다에게, 한일국교정상화 이후 '축하 사절'로 가는 게 좋겠다고 진언했다. 요시다도 외무성의 의견을 받아들여 방한을 단념했다.[78]

이후에도 한국 정부는 미국 국무성을 통해 요시다의 방한을 재차 요청했다. 국무성도 외무성에, 요시다의 방한과 과거사에 대한 사죄 발언이 일본으로서는 '역사적인 도박'일지 모르겠지만 한일 관계에는 매우 좋은 영향이 있을 것이라고 설득했다. 그러나 우시로쿠 아시아 국장은, 요시다의 방한뿐만 아니라 과거사에 대한 사죄 발언은 도저히 있을 수 없는 일이라고 말하고, 이러한 이야기가 오간 것이 바깥으로 새어나간다면 정권의 생명도 위험해질 것이라고 단언했다. 게다가 최근에도 요시다는 주일한국대사에게 일본의 조선 식민지 통치에 대한 공헌을 자랑할 정도라고 하면서, 요시다는 '사죄 사절'로서 가장 부적절한 인물이라고 했다.[79]

일본 외무성은 이전부터 이케다 총리의 반대에도 불구하고 기시 전 총리 등 거물 정치인의 방한을 적극적으로 추진하여 한일 관계의 진전에 도움을 받고자 했다. 하지만 이 시기 요시다 전 총리의 방한 요청은 아예 외무성 내에서조차 받아들이지 않고 있었다. 한일회담이 정체되고 있는 상황이긴 하지만 청구권 문제는 어느 정도 해결이 되었고 회담 자체에 대한 타결도 기정 사실화되어 있는 상황에서, 오히려 요시다 전 총리의 부주의한 발언이 한일회담을 후퇴시키지 않을까 우려했을 것이라는 추측이 가능하다.

한편, 한국 정부가 한일회담에 호의적인 기시 전 총리대신 혐한적인 언동을 서슴지 않는 요시다 전 총리의 방한을 요구한 이유는 무엇

78) 北東アジア課,「吉田元総理訪韓問題に関する件」1964.8.29, 일본외무성문서 2006-588-1785.

79) 北東アジア課,「バーネット国務次官補代理の内話に関する件」1964.9.15, 일본외무성문서 2006-588-1684.

이었을까? 아마도 이케다 총리가 정치적으로 대립 관계에 있는 기시 전 총리를 한일 문제에 개입시키지 않으려 한다는 점을 의식했을 것이며, 그렇다면 차라리 일본 보수의 원로이자 이케다 총리의 정치적 스승인 요시다를 끌어들여 분위기 전환을 시도하려고 한 것 같다. 하지만 한국의 시도는 일본 외무성조차 반대하면서 성공하지 못했다.

한국의 요시다 전 총리 방한 요청과 실패에 관한 에피소드는, 총리급 거물 정치인을 외교 문제에 적절히 활용하고 있는 일본 외무성의 역량과 노련미에 비해, 혐한주의자였던 요시다에게 순진한 기대를 걸고 있는 한국의 외교 역량의 한계를 깨닫게 해 준다.

3. 한일회담 타결의 전환점

사토 정권의 출범

1964년 10월 25일 이케다 총리의 암투병으로 인해 이케다 내각이 총사퇴하고, 11월 9일에 사토 정권이 탄생했다. 일본 정치에서는 매우 드물게 약 8년간 장기 집권을 한 사토는, 이케다 전 총리와 같은 요시다 노선[80]의 계승자이며 이케다 정권의 경제 우선 정책을 그대로 계승하면서 일본의 고도 경제 성장기를 구가한 총리이다. 동시에 '반 요시다파'이자 이케다와 정치적으로 대립각을 세우는 기시 전 총리의 친

80) 패전 직후 미국 점령기 때부터 약 7년간 일본 총리를 지낸 요시다 시게루는 '(일본 군사력의) 경무장, 대미 의존형 안보, 경제 중시'를 중요한 국가 전략으로 정착시켰다. 이러한 요시다의 정책 노선이 후일 '요시다 노선'으로 불리게 되었다. 요시다 정권 이후 많은 유력 정치인들이 요시다 시게루의 국가 전략인 '요시다 노선' 전부 또는 일부를 표본으로 삼았고, 이들은 일본 자민당 내 최대 파벌로 성장하였으며, 또한 일본 보수의 본류라고 자칭하고 있다.

동생으로 기시와 함께 한일회담에 관심을 보인 정치인 중 한 명이었다.[81] 사토 총리는 정권 발족 직후 한일국교정상화를 목표로 한일 간 교섭을 전격적으로 개시하였다.

부연하자면, 사토 총리가 한일회담을 타결하려고 했던 진짜 의도는 친형인 기시 전 총리의 노선을 따랐다기보다는, 당시의 시대 상황이 한일 관계를 더 이상 단절 상태로 두기 어려웠던 점이 크다. 우선, 1964년부터 미국의 베트남전쟁 개입이 본격화되면서 사토 정권은 일본의 안보뿐만 아니라 동아시아의 안보 및 대미 협력 차원에서 한일 관계를 긴밀하게 해야 할 시대적 과제를 안게 되었다. 보다 본질적인 이유는, 사토 정권의 가장 큰 정치적 과제였던 오키나와 반환 문제가 있다. 아시아태평양전쟁 패전의 대가로 미국의 점령을 받았던 일본은 1952년 대일강화조약 발효와 함께 독립을 달성했지만 오키나와는 여전히 미국의 점령하에 있었다. 사토 총리는 오키나와를 일본에 반환시켜 아시아태평양전쟁 패전의 상징인 미국의 점령 시대를 완전히 종식하는 것을 과업으로 삼았다. 오키나와 일본 귀속 운동은 1960년 봄부터 시작되었으나, 사토 정권 출범 이후 이 문제가 일미 관계에서 본격적으로 거론되었다. 사토 정권은 1968년 11월부터 미국 정부와 오키나와 반환을 위한 교섭을 개시하고, 1년 후인 1969년 11월 일미 정상회담에서 교섭에 타결했으며, 1972년 5월 오키나와는 미국의 점령에서 벗어나 일본 영토로 귀속되었다. 사토 총리는 이 일로 1974년에 노벨평화상을 수상한다. 사토 총리는 미국에 오키나와 반환 교섭을 요청하면서, 일본은 오키나와 귀속 후에도 미국의 대외 전략에 적극 협조할 것임을 어필했다. 또, 미국의 대외 전략에 적극 협조하겠다는 의

81) 村井良太, 『佐藤栄作―戦後日本の政治指導者』(中公新書, 2019), p.169.

지의 일환 중 하나가 한일회담 타결을 통해 한일 관계를 정상화하는 것이었다.[82]

한일 양국은 1964년 12월에 제7차 한일회담을 개시하기로 하고 준비에 들어갔다. 박정희 대통령은 김동주 신임 주일대표부 대사를 한일회담의 수석 대표로 임명했다. 사토 총리는 이케다 정권의 마지막 외상이었던 시이나를 유임하고, 제6차 한일회담의 수석 대표였던 스기도 유임했다. 당시 스기는 만 80세의 고령이었고 노환으로 와병 중이었기 때문에 외무성 심의관인 우시바 노부히코(牛場信彦)를 수석 대표 대리로 임명했다. 시이나 외상과 스기 수석 대표의 유임은 한일회담의 기존 형식과 내용을 그대로 이어가겠다는 일본의 의사 표현이었다. 또한 굳이 와병 중인 고령의 스기를 수석 대표로 유임한 것은 사토 총리의 배려이기도 했다. 앞 장에서도 언급했지만 스기는 한국에 우호적인 인물이었으며, 잘 알려지지는 않았지만 한국에 대해 특별한 사연이 있는 듯하다. 스기는 자신이 큰 역할을 권유받을 때에는 항상 주위와 상의하여 결정하지만, 한일회담의 수석 대표 자리를 권유받았을 때에는 아무에게도 상의하지 않고 받아들였다고 한다. 한일회담의 수석 대표를 맡으면서 "한일회담의 진짜 목적은 한일 양국 국민들을 행복하게 해주는 것"이라고 자주 말하고, 한국에 대해서는 왠지 감상적인 기분이 든다고 말하곤 했다.[83] 제6차 한일회담 당시 스기는 수석 대표로서의 자신을 환영하지 않는 한국 정부의 입장을 이해하면서, 한국을 자극할 수 있는 민감한 발언이나 행동을 조심하면서 무난하게 수석 대표직을 수행하며 일본 대표단을 이끌었다.[84]

---

82) 櫻澤誠, 『沖縄現代史―米国統治、本土復帰から「オール沖縄」まで』(中公新書, 2015).
83) 杉道助追悼集刊行委員会編発行, 『杉道助追悼録』 下(1965), pp.195~197.
84) 杉道助追悼集刊行委員会編発行, 『杉道助追悼録』 上(1965), pp.209~210.

제7차 한일회담을 앞둔 한일 양국의 예비 교섭은, 1964년 10월 이케다 총리의 퇴임이 확실시된 직후부터 시작되었다. 시이나 외상은 한국에 의한 일본 어선의 나포가 계속되고 있는 점을 지적하며, 어업 문제의 우선 해결을 주장했다. 이 문제 때문에 자민당 내부에서도 정부가 한국에 양보만 하는 것 아니냐는 공격을 받고 있으며, 외무성이 다른 부처들을 설득하거나 통솔하기 어렵다고 설명했다.[85)]

김동주 대표는 얼마 전 추진되다가 이케다 총리의 반대로 무산된 플랜드 연급 수출을 중심으로 한 2천만 달러의 대한 긴급 차관 및 한국산 농산물의 수입 규제 완화를 먼저 해결해 달라고 요구했다. 그리고 한국에서 회담 재개에 관한 긍정적인 분위기가 조성될 수 있도록 11월경 시이나 외상이 한국을 방문해 달라고 요청했다. 한국은 시이나의 방한이 실현된다면 나포된 일본 어선과 선원을 석방하겠다고 약속했다.[86)]

사토 총리는 한국 측의 요구를 받아들여 플랜트 연급 수출을 중심으로 한 2천만 달러의 대한 긴급 차관을 승인했다. 나포된 일본 어선과 어민을 즉시 석방한다면 긴급 차관을 곧장 추진하겠다는 약속도 했다. 또 시이나 방한 시 과거사 문제에 대한 사죄 발언 등의 '외교적 선물'을 요구하지 않는다면 적절한 시기에 시이나 외상의 방한을 추진하겠다고 했다.[87)]

한편 일본 대장성은 다시 추진하게 된 2천만 달러의 대한 긴급 차

85) 北東アジア課, 「椎名大臣·金代表会談要旨」 1964.10.22, 일본외무성문서 2006-588-1785.

86) 外務省アジア局, 「日韓問題に対する韓国側希望とこれに対する日本側の方針」 1964.10.29, 일본외무성문서 2006-588-1786.

87) 北東アジア課, 「日韓会談再開問題等に関する韓国側申入れに対する日本側回答」 1964.11.14, 일본외무성문서 2006-588-1786.

관이 이후 정치적 판단으로 '김－오히라 합의'의 증액으로 연결되는 것이 아닌가 하는 의혹을 제기했다.[88] 이에 대해 외무성은, 2천만 달러의 대한 긴급 차관은 '김－오히라 합의'의 '무상 3억 달러, 유상 2억 달러, 민간 차관 1억 달러 이상' 중에서 민간 차관 부분의 일부를 실행하는 것이라고 설명했다. 그리고 '김－오히라 합의' 중 청구권과 관련된 금액은 무상 3억 달러와 유상 2억 달러로 총 5억 달러이며, 민간 차관은 청구권과 상관없다고 하면서 청구권 지불의 증액이 아니라는 점을 강조했다.[89] 외무성은 국회에 대해서도 대한 긴급 차관 2천만 달러는 '민간 차관 1억 달러 이상'에 포함되는 금액이지만 청구권의 증액은 아니라고 설명했다.[90]

대장성과 국회에 대한 일본 외무성의 답변은 청구권 증액에 대한 국내의 의혹을 불식시키려는 의도였지만, 한국 정부의 의도와는 달랐다. 일본으로부터의 경제 협력 자금을 조금이라도 더 유치하려는 한국 정부는 대한 긴급 차관을 '김－오히라 합의'의 민간 차관과는 별도의 카테고리로 생각하고 있었다. 청구권 문제에 대한 한일 양측의 생각에는 여전히 온도 차가 있었지만, 사토 정권의 출범으로 정체하고 있던 한일 간 교섭이 재개된 것은 다행이었다.

이케다 정권에서, 이케다 총리는 한일회담 타결에 관한 미국의 압력과 오히라 외상의 뜻밖의 정치적 타결로 어쩔 수 없이 한일회담을 추진했다는 인상이 강하다. 정권 후반기에는 오히라 외상을 교체하고 이케다 총리가 직접 한일회담을 챙기면서 한일회담에 속도 조절을 하

---

88) 「統一見解」 1964.12.2, 일본외무성문서 2006-588-1833.

89) 北東アジア課, 「日韓会談首席代表第一九回非公式会合記録」 1964.10.1, 일본외무성문서 2006-588-454.

90) 「第四十七回国会 衆議院予算委員会議録第二号」 1964.11.28, 일본 국회회의록 검색 시스템.

고 있었다. 하지만 사토 정권의 출범으로 한일회담은 순조롭게 재개했다. 사토 총리는 한일 관계 개선에 대한 의지의 신호탄으로 이케다 총리가 승인을 유보했던 대한 긴급 차관을 신속히 승인했다. 일본 정부 내에서는 외무성이 다시 한일회담의 전면에 나서게 되었다.

한국 내 한일회담 반대 운동의 본질

한국에서 전개된 한일회담 반대 운동에 관해서는 여러 가지 분석[91]이 있지만, 당시 미국 정부는 한일회담 반대 운동의 본질을 다음과 같이 분석하고 있었다.

주한미국대사관 측은 일본 외무성에, 한국에서 전개되는 한일회담 반대 운동은 한국인들에게 널리 공유되어 있는 반일 정서와 일본의 재지배에 대한 위기감이 근본에 있으나, 한일회담 그 자체에 대한 반대가 아니라 정부에 대한 일반적인 불신감을 표현하는 수단이라고 전했다. 특히 박 대통령에 대한 불신이라기보다는, 김종필이 주도하는 회담 방식에 대한 불만과 교섭 내용에 대한 불안의 표출이라고 지적했다. 그리고 야당 측의 선동이 데모 학생들을 자극한 것은 사실이지만, 데모에 참가하고 있는 대다수는 야당을 지지하고 있지 않다고 했

---

91) 오타(太田)는한국 내의 한일회담 반대 운동은 과거 청산을 요구하는 한국의 민족주의적 논리를 배경으로 '일제 근대화론'과 '신 식민지주의'에 대한 반대의 성격이 강하다고 분석한다. 이러한 사상적 전제로 출발한 한일회담 반대 운동은 이후 한국 사회에서 식민지주의에 대한 비판이나 전쟁 피해로부터의 회복을 주장하는 사람들의 긴 투쟁의 시작이라고 논하고 있다. 太田修, 『日韓交渉—請求権問題の研究 [新装新版]』(クレイン, 2015), pp.264~268. 요시자와(吉澤)는 한국에서 전개된 한일회담 반대 운동을 한국의 시민 운동이나 민주화 운동과 관련지어서 설명하고 있다. 즉, 한일회담의 문제점을 지적하기 위해 시작된 반대 운동이 학생들의 데모를 중심으로 서서히 박정희 정권에 대한 반대 운동으로 이행된 점을 주목하고, 이것은 한국 민주화 운동 과정에서 중요한 의미가 있다고 평가했다. 吉澤, 앞의 책(2015), pp.249~317.

다. 한국의 야당 또한 김종필에 대한 정치적 공세와 박정희 정권의 내부 분열을 도발하기 위해 한일회담에 대한 공격을 하고 있는 것이며, 한일회담 타결 자체에 대한 반대는 아니라는 것이 미국 정부의 분석이었다.[92]

버거 전 주한미국대사도 일본 외무성에, 한국 내 학생들의 데모와 야당의 본심은 한일국교정상화 그 자체에 대한 반대가 아니라는 점을 강조했다. 한국의 야당은 김종필이 주도한 '김-오히라 합의'를 기본 틀로 한일회담이 타결되어 일본으로부터 경제 협력 자금이 도입되고 이로 인해 박정희 정권이 강화되어 상대적으로 야당이 불리해지는 것을 두려워하는 것이라고 설명했다. 버거는 한국 재야세력의 정신적 지주로 알려진 윤보선 전 대통령에게, 야당 측은 학생들을 선동하여 한일회담에 대한 반대 여론을 고조시켰지만 이것은 돌이킬 수 없는 실패이며 이에 대한 야당과 윤보선의 책임이 크다고 경고하고, 이 사실을 일본 측에도 전했다. 일본 외무성도 한국에서 전개되고 있는 한일회담 반대 운동의 본질이 한일회담 자체에 대한 반대가 아니라 박정희 정권과 김종필에 대한 야당의 정치적인 공세와 반감의 표출이라는 미국 측의 분석에 공감했다.[93]

그러나 표면적이라고는 해도 한국인들의 대다수가 한일회담에 반대하는 양상으로 전개되고 있는 것은 사실이었다. '6.3 사태' 이후 한국 정부의 단속으로 한일회담 반대 운동은 잠잠해졌지만 제7차 한일회담을 앞두고 한국에서 반대 운동이 재발할 우려와 한국의 정세 변화를 의식하지 않을 수 없었다. 일본 외무성의 마에다 북동아시아과

---

92) 北東アジア課, 「韓国情勢に関する在京米大使館よりの情報について」 1964.4.10, 일본외무성문서 2006-588-1678.

93) 北東アジア課, 「前駐韓バーガー米大使の内話に関する件」 1964.7.13, 일본외무성문서 2006-588-1682.

장은 제7차 한일회담이 시작된 직후부터 한국의 국내 동향과 한일회담에 대한 여론을 파악하기 위해 서울에 체류하고 있었다. 마에다는, 곤궁에 처한 한국의 경제 상황 때문에 정부에 대한 한국인들의 신뢰가 낮고 이러한 불만이 한일회담 반대 운동과 반정부 투쟁으로 이어질 가능성이 여전히 높다고 지적했다. 또, 박정희 대통령과 민주공화당의 주류파는 김종필의 손으로 한일회담이 마무리되기를 바라며 현재 미국에 외유 중인 김종필의 조기 귀국을 강하게 원하고 있지만 주한미국대사관의 반대로 김종필의 귀국이 실현되지 못하고 있다는 점도 지적하고 있었다. 마에다는 미국이 김종필의 귀국을 반대하는 이유로, 현재 한국 내에서 한일회담에 대한 반대 운동이 잠잠해지고 있는데 만약 김종필이 귀국한다면 야당의 정치 공세가 다시 시작되고 한일회담에 대한 반대 운동이 다시 불붙을 것이라고 우려하기 때문이라고 전했다. 하지만, 한국의 일반 국민들은 물론 야당도 한일국교정상화라는 원칙 자체에는 반대하지 않는다고 보고했다.[94]

김동주 주일대표부 대사 겸 한일회담 수석 대표도 일본 외무성 측에, 실제로 한일회담에 대한 국민들의 큰 반대가 없으며 오히려 일반 국민들은 "박 정권이 쓰러지면 한국은 다시 정치 경제적으로 혼란 상태에 빠질 것이라고 생각하고 있다"라고 전하면서, 한일회담이 타결된다면 반대 여론은 금세 잦아들 것이라고 내다봤다. 김동주는, 윤보선과 같은 야당 인사들은 박 정권의 손으로 한일회담이 성립되는 것을 질투하여 반대 운동을 하는 것이며, 그들의 본심도 한일회담 타결에 찬성하고 있다고 했다.[95]

---

94) 前田北東アジア課長,「韓国出張報告」1964.12.25, 일본외무성문서 2006-588-310.

95) 北東アジア課,「日韓会談に対する韓国側の態度について」1965.1.18, 일본외무성문서 2006-588-289.

이후에도 한국 내 한일회담 반대 운동을 주시하고 있던 외무성은, 김종필로 인해 한국 정세가 흔들릴 가능성이 여전히 크며 이것이 언제든 대규모 한일회담 반대 운동의 도화선이 될 수 있다는 점을 간과하지 않았다. 단 한국 야당의 한일회담 반대는 여당에 대한 정치 공세 차원이며, 야당 내부적으로는 "한국의 현 상황에서 누가 한일회담을 타결하더라도 같은 결과가 될 것"이라는 점을 인정하고 있다고 파악했다. 따라서 이대로 한일회담 타결을 추진해도 문제가 없다는 것이 외무성의 판단이었다.[96]

한편 한일 경제 협력에 대한 기대가 매우 높은 한국의 재계는 야당이 주도하는 한일회담 반대 운동과 선을 긋고, 한일회담 타결을 현실로 인식하고 있었다. 재계는 한국의 값싸고 풍부한 노동력을 활용하여 일본의 노동 집약형 수출 산업을 유치하고 싶다는 구체적인 의사를 일본 측에 타진하기도 했다. 국제 분업에 참가한다는 명목으로, 선진국에서 사양 산업이 된 분야를 한국에 유치하려는 산업 전략을 밝히며, 일본에 대해서도 일본의 국내 산업 중에 한일 간의 경제 격차가 클수록 한국에서 생산하는 것이 더 유리한 산업이 있다는 점을 강조했다. 외무성은 이러한 한국 재계의 접근을 통해, 한국인들이 '일본의 경제력 침략'이라는 야당 측의 선전에 두려워하고 있는 것은 사실이지만 한국인들 대다수는 일본으로부터의 경제 협력이 필요하다는 것을 현실로 받아들이고 있으며 일본의 경제적인 조력을 원하고 있다고 판단했다.[97]

외무성은 한국 내 한일회담 반대 여론에 촉각을 세우면서도 한일회담 타결 전망을 높게 봤다.

---

96) アジア局北東アジア課,「韓国出張報告—主として韓国の国民感情を中心に—」1965.2.17, 일본외무성문서 2006-588-311.

97) 위와 같음.

논쟁의 회피

스기가 수석 대표이던 시절 양국 간의 감정적인 대립이나 발언들은 많이 억제되었지만, 일본에서는 여전히 재한일본재산에 대한 미련과, 명령 33호와 대일강화조약 제4조에 관한 기존의 법해석이 정당하다는 인식이 그대로 있었다.[98] 한국에 대한 우월감도 은연중에 표현하고 있었다. 1963년 11월 16일, 대통령 취임을 앞둔 박정희를 축하하기 위해 오노 자민당 부총재가 한국에 특사로 파견되었을 때, 오노는 한국 언론과의 기자 회견에서 "일본과 한국은 부모 자식 관계와 같다"라고 발언했다. 오노는 한국에 대한 친근감을 표현한 것이었지만, 한국 입장에서는 한국에 대한 일본인들의 우월감을 드러낸 매우 불편한 표현이었다. 오노의 발언은 당장 한국 측의 반발을 샀지만 이때 동석한 스기 수석 대표가 어색한 분위기를 완화시켜 "위기를 넘겼다"라고 고백한 에피소드가 있다.[99]

한국에 대한 이해와 배려를 보였던 스기는 병과 노환으로 쓰러져 제7차 한일회담에 참여하지 못한 채, 1964년 12월 14일 서거했다. 사토 총리는 스기의 후임으로 스기와 같은 재계 인사인 다카스기 신이치(高杉晋一)를 새 수석 대표로 임명했다. 디카스기는 전범 기업인 미츠비시전기의 전 회장 출신으로, 제국주의 시대를 정당화하며 한국에 우월감을 가진 인물이었다. 따라서 일본이 다카스기를 수석 대표로 임명한 것 자체가 한국을 크게 자극할 수 있었다. 한국 정부는 일본이 전범 기업의 회장 출신을 한일회담의 수석 대표로 기용한 것만으로도 일본에 항의할 수 있었으나, 다카스기의 기용을 받아들였다. 하지만

98) 理財局, 「日韓請求権問題の未解決点について」 1964.12.12, 일본외무성문서 2006-588-1912.

99) 杉道助追悼集刊行委員会編発行, 앞의 책 上(1965), pp.209~210.

다카스기는 1953년 한일회담 중단의 원인이 된 쿠보타 망언을 방불케 하는 발언으로 한일 간에 큰 파문을 불러왔다.

1965년 1월 다카스기는 수석 대표 취임 기자 회견에서, 일본의 조선 식민지 통치는 좋은 점도 있었다는 취지로 다음과 같은 발언을 한다.[100)]

> 일본은 한국에 대해 형님과 같은 마음으로 일을 하고 있다. 조선 통치 시대에 일본은 조선을 발전시켜 주고 싶었을 뿐인데 뭐가 잘못이라는 건가. 지금 조선의 산에는 나무 한 그루도 없지만 만약 일본이 20년 정도 더 있었다면 이런 일은 없었을 것이다. 창씨개명을 조선인에게 강요한 것은 조선인을 동화시켜 일본인과 완전히 같은 대우를 하기 위해서 였다.

다카스기는 쿠보타 망언의 역사 인식을 뛰어넘는 식민 사관을 보였다. 이러한 다카스기의 발언을 들은 김동주는 "이것은 이전의 쿠보타 망언을 뛰어넘는 메가톤급 망언"이라고 분개하며, 이 발언이 일본의 변하지 않는 역사 인식을 적나라하게 보여준다고 비난했다.[101)]

하지만 한일국교정상화의 시기가 머지않았음을 직감한 한일 양 대표단은, 회담에 대한 악영향을 우려하여 다카스기 발언의 파문을 최소한으로 억제하는데 힘썼다. 일본 외무성은 이날 기자 회견에 참석한 일본 기자단에게 다카스기의 발언을 보도하지 않도록 요청했고, 대부분의 신문은 이것을 보도하지 않았다.[102)] 그러나 일본 공산당 중앙위원회가 발행하는 일간지 아카하다(赤旗)가 1965년 1월 10일 이것을 보도했다. 평양은 이것을 받아 1월 13일 자 조선중앙통신에 다카스

---

100) 北東アジア課, 「『高杉発言』問題の概要」 1965.1.25, 일본외무성문서 2006-588-1422.

101) 金東祚 [著], 林建彦 [訳], 『韓日の和解—日韓交渉14年の記録』(サイマル出版会, 1993), pp.270~271.

102) 北東アジア課, 「日韓会談に対する韓国側の態度について」 1965.1.18, 일본외무성문서 2006-588-289.

기의 발언을 대대적으로 보도했다. 두 신문은, 한일회담의 일본 측 수석 대표인 다카스기가 일본의 조선 식민지 지배를 정당화했다고 일제히 비난했다. 1월 19일에는 주일특파원 발로 한국 국내 신문에도 보도되었다.[103] 동아일보는, 다카스기의 발언은 1953년 쿠보타의 발언보다 더 광적인 언사라고 격렬하게 비판했다.[104] 하지만 박정희 정권은 회담의 결렬을 막기 위해 이 발언을 크게 문제 삼지 않았고, 다카스기 발언의 파문은 조용히 묻혔다.[105]

오히려 박 대통령은 김동주를 통해, 한일회담에 대한 야당의 극심한 반대와 이로 인한 정쟁 때문에 2월 중에 성과가 있지 않으면 정권이 위험해진다고 전하며, 2월 중에는 반드시 한일기본조약을 체결하자고 제안했다. 3월 이후 한국에는 '3.1 독립만세운동', '4.19 학생혁명', '5.16 군사혁명', '6.25 전쟁' 등의 기념일이 연속으로 있는 데다 올해는 을사보호조약 60주년의 해이기도 하므로 반일 감정과 한일회담 타결에 대한 반감이 고조될 수 있음을 시사하면서, 2월 중에 국교 회복에 관한 공동 선언이 나오지 않으면 한일회담은 또 연기될 것이라고 설명했다. 그리고 양국 국회에서 비준해야 하는 조약 형식보다는 비준을 필요로 하지 않는 공동 선언의 형식으로 한일회담을 타결하자고 했다.[106]

다카스기의 발언이 이승만 정권 때인 1953년 쿠보다 발언과 본질적으로 같은 것임에도 불구하고 이승만 정권과 박정희 정권의 반응은

103) 北東アジア課, 「『高杉発言』問題の概要」, 일본외무성문서 2006-588-1422.

104) 『東亜日報』 1965.1.20.

105) 동북아과, 「한일회담 일본 측 대표 다까스기 실언문제」, 한국외교문서 1459, 『제7차 한일회담 본회의 및 수석 대표 회담, 1964-65』.

106) 北東アジア課, 「日韓会談に対する韓国側の態度について」 1965.1.18, 일본외무성문서 2006-588-289.

완전히 대조적이었다. 대부분의 선행 연구는 이승만 정권과 박정희 정권의 대일 인식 때문에 다른 대응이 나왔다고 설명하는 경향이 강하다. 즉, '독립운동가 출신이며 반일주의자인 이승만'과 '일본군 출신이자 친일적인 박정희'라는 흑백 논리에 의한 설명이다. 하지만 두 정권의 대조적인 반응은 단순히 반일과 친일의 차이로 보아서는 안된다. 3장에서 분석했듯이, 이승만 정권의 대일 교섭의 최대 과제는 일본의 역청구권 주장을 철회시키는 것이었고 이것을 관철시키기 위해 이승만 정권은 쿠보타 발언을 이용한 측면이 있다. 한편 박정희 정권하에서는 이미 일본의 역청구권 주장 철회라는 쟁점이 정리된 상황에서 회담이 진전되고 있었고, 청구권 문제 및 한일회담의 타결은 기정사실화되어 있는 상태였다. 회담 타결을 최우선으로 하는 박정희 정권이 '다카스기의 발언을 문제 삼아 회담이 결렬되는' 사태를 피하려고 하는 것은 현실적인 선택이었다.

한일 양국의 역사 인식은 여전히 괴리되어 있었고, 이따금 기존의 법적 논리를 소환하며 성과 없는 논쟁을 하기도 했지만, 박정희 정권에게는 타결을 눈앞에 둔 한일회담을 중단시킬 수 없다는 것이 현실적으로 중요했다.

4. 한일회담의 최종 타결

시이나 방한과 한일기본조약의 가조인

제7차 한일회담에서는 청구권 및 경제 협력 방식 문제 외에도 한일기본조약, 어업 문제, 재일한국인 법적 지위 문제에 관한 위원회도 동시에 설치되었는데, 한국 정부는 한일 간의 기본 관계를 설정하는 한일기본조약의 체결을 먼저 하자고 제안했다. 한일기본조약은 한일 간에 국교 정상화가 시작되었음을 상징하는 것이고, 이것이 체결된다면 이후 청구권 문제와 어업 문제 등의 최종 타결도 촉진될 것이라고 설명했다.[107)]

한편 제7차 한일회담에서 눈에 띄는 것은, 한일 간 교섭에서 김종필의 관여가 배제되고 철저하게 양국의 정식 외교 창구를 통해서만 한일 간 교섭이 진행되어 최종 타결까지 이르렀다는 점이다. 한국에서 전개되는 한일회담 반대 운동의 본질이 김종필에 대한 정치적 견제와 반감이라는 점을 의식한 것이었다. 김종필은 자신의 손으로 한일회담을 타결지으려는 야망을 이루지 못했다. 일본 외무성도 앞으로의 한일 간 교섭은 '김-오히라 합의'와 같은 정치적 타협이 곤란하다고 보고, 한일회담의 최종 타결까지는 양국의 정식 외교 창구를 통해서만 교섭을 진행하겠다고 다짐하고 있었다.[108)]

한일기본조약을 협의하기 위한 기본관계위원회가 1964년 12월 8일부터 1965년 2월 15일까지 약 13차례 열렸다. 주일한국대표부와 일본 외무성의 실무진으로 구성되어 매우 밀도 높은 토의가 진행되었다. 이 위원회에서 쟁점이 된 것은, 1910년의 한일합병조약 및 한일합병 과정에서 대한제국과 일본 사이에 체결된 조약들을 무효로 하는 구조약 무효 확인 조항의 내용, 한반도에서 한국의 관할권이 미치는 영역의 지정, 한국 정부의 유일 합법성 승인에 관한 문제였다.[109)] 구조약

---

107) 위와 같음.

108) アジア局北東アジア課, 「韓国出張報告—主として韓国の国民感情を中心に—」 1965.2.17, 일본외무성문서 2006-588-311.

109) 동북아주과, 「2. 기본 조약 관계 시안」, 한국외교문서 756, 『속개 제6차 한일회담 기본관계위원회, 1964』.

무효 확인 조항은 일본의 조선 식민지 통치에 대한 성격 규정 및 역사 인식과 관련이 있었고, 한국의 관할권 및 유일 합법성 승인 조항은 남북 관계 및 현재와 미래의 한국의 정치적 입장에 영향을 미치는 문제였다. 이 문제는 실무자 간 토의에서 최종적인 합의가 되지 않았다.[110]

한국 정부는 사토 총리가 한일회담의 조기 타결을 지지한다는 점에 기대하며, 제7차 한일회담이 시작되기 전부터 시이나 외상의 방한을 통해 한일회담 타결에 대한 우호적인 분위기를 조성하고 싶다고 요청하고 있었다. 시아나 외상이 11월 중에 방한한다면 부산에 억류되어 있는 일본 어선과 일본 어민을 즉시 석방하겠다고 약속했다. 하지만 일본 정부는 시이나 외상의 방한을 미루고 있었다.[111] 이후 한일기본조약의 협의가 어느 정도 진전을 보이자 이동원 외무부 장관은 "한국이 일방적으로 일본을 방문하는 것은 굴욕적"이라는 강한 어조로 시이나 일본 외상이 방한하여 이 문제를 결판 짓자고 했다. 일본 정부 내에는 여전히 시이나의 방한에 대한 부정적인 시선이 있었지만, 시이나 외상은 한국의 방한 요청을 받아들였다.[112]

1965년 2월 17일부터 20일까지 3박 4일간의 일정으로 시이나 외상이 한국을 방문하였다. 시이나의 방한은 '친선 방문'의 명목으로 발표되었지만,[113] 한국은 이동원－시이나 외상 회담을 통해 각 현안을 정

110) 동북아주과, 「기본 관계 조약 양측 입장 대조표(한일 외상 회담 개최 직전 현재), 1965.2.18」, 한국외교문서 1455, 『제7차 한일회담 기본관계위원회 회의록 및 훈령, 1964.12-65.2』.

111) 동북아주과의전과, 「1. 일정 및 사전 교섭 JAW-11198, JAW-11202, WJA-11111, WJA-11128, WJA-11131」, 한국외교문서 1500, 『시이나 에쓰사부로(椎名悦三郎) 일본 외상 방한, 1965.2.17-20』.

112) 李東元, 앞의 책(2016), pp.62~72.

113) 동북아주과의전과, 「시이나 일본 외상 방한에 관한 공동 발표문」, 앞의 한국외교문서 1500.

치적으로 해결하고 한일회담을 조속히 타결하고 싶어 했다.[114] 일본 신문들도 "시이나의 방한이 친선 방문이라는 간판을 내세우고 있지만 실은 정치 회담을 위한 것"이라고 보도했다.[115] 하지만 일본 외무성은, 이동원과 시이나의 회담이 양국 국민들로부터 신뢰를 얻기 위해서는 투명성이 담보되어야 한다고 생각하고 김－오히라 회담 때와 같은 정치적 타결로 보이지 않기 위해 주의를 기울였다.[116]

시이나의 방한을 앞둔 한국 정부는 이동원－시이나 회담에서 한일회담의 모든 의제를 정치적으로 타결하고 싶어 했지만, 일본 측은 한일기본 관계에 대한 협의를 최종 타결하여 가조인하는 것이 이번 방문의 목적이라고 선을 그었다. 또 한국 정부는 시이나가 한국 도착 성명에서 과거사에 대한 사죄 발언을 할 수 있는지 타진했으나, 일본 정부는 시이나의 정치적 입장을 고려하여 기자 회견에서만 조금 언급하는 것으로 합의했다.[117] 그런데 시이나 외상은 2월 17일 김포공항에 도착하여 "양국 간의 오랜 역사 안에서 불행했던 시기가 있었던 것에 진심으로 유감을 표하며 깊이 반성한다"라는 성명을 발표했다.[118] 시이나의 사죄 발언은 외무성은 물론 당시 동행한 외무성 관료들도 생각하지 못한 독자적인 발표였다.[119] 당시 이동원 외무부 장관은 시이나 외상이 일본 정부의 부정적인 인식에도 불구하고 한국 정부의 요청을 배려하여 한국에 과거사에 대한 사죄 발언을 결단했다고 평가했다.[120]

---

114) 동북아주과의전과, 「1. 일정 및 사전 교섭 JAW-01204」, 위의 한국외교문서.
115) 동북아주과의전과, 「1. 일정 및 사전 교섭 JAW-02206」, 위의 한국외교문서.
116) アジア局北東アジア課, 「記者会見用想定問題集(大臣訪韓用)」 1965.2.10, 일본외무성문서 2006-588-1328.
117) 동북아주과의전과, 「2. 의제」, 앞의 한국외교문서 1500.
118) 椎名悦三郎追悼録刊行会, 『記録 椎名悦三郎(下巻)』(1982), p.49.
119) 服部龍二, 「大平·金鍾泌会談記録 1962年秋」, 『人文研紀要』 第65号(2009), p.195.
120) 李東元, 앞의 책(2016), p.71.

시이나 일본 외상의 전격적인 방한 결정과 사죄 발언 덕분에 이동원–시이나 회담은 화기애애한 분위기에서 진행되었고, 국교 정상화 이후의 한일 기본 관계에 관한 각 쟁점의 마무리 토의에 들어갔다. 양측은 조약문의 공통 언어를 영어로 채택했는데, 구조약 무효 확인 조항과 관련한 한일합병조약의 무효 시점에 대한 영문 표기를 두고 첨예한 주장의 대립이 있었다. 한국은 한일합병조약의 불법성과 부당함을 규정하고자 '구조약은 처음부터 그 자체가 무효'라는 취지의 영문 표기를 넣으려 했다. 그러나 일본은 '현재는 무효'라는 취지의 표기를 주장했다. 일본의 조선 식민지화 과정에서 한일 간에 체결된 여러 조약들을, 일본은 '합법' 및 '정당'하다고 주장하려는 의도였고, 한국은 '불법' 및 '부당'하다고 주장하려는 의도였다. 한국 정부의 관할권에 관한 논쟁도 있었다. 구조약 무효 확인 조항과 관련된 논쟁이 과거사에 대한 문제였다면, 한국 정부의 관할권 논쟁은 미래의 남북 간 체제 경쟁 및 일본의 한반도 정책과 관련된 이해 충돌 문제였다. 한국은 장래의 북일 접촉을 차단하기 위해 한국 정부의 관할권을 북한 지역까지 인정받으면서 일본의 북한 정권 승인을 막으려고 했다. 반면 일본은 장래 북한과의 관계 개선 여지를 남겨두기 위해 한국 정부의 관할권을 현재 한국이 실효 지배하고 있는 남한 지역으로 한정해야 했다.[121)]

이동원–시이나 회담 결과, 구조약 무효 확인 조항은 일본 측의 주장이 관철되었다. 한국 정부의 관할권에 관해서는 한국이 한반도에서 유일한 합법 정부라는 확인만 한 채 관할권에 대한 언급 없이 마무리되었다. 이동원의 회고록에 의하면, 이동원 장관 자신이 이 합의 내용

121) 동북아주과의전과, 「2. 의제」「3. 언론 보도」, 앞의 한국외교문서 1500. 이 문제에 관한 해설과 고찰은 이원덕의 논문이 자세하다. 李元德, 「日韓基本条約と北朝鮮問題 : 唯一合法性条項とその現在的含意」, 李鍾元·木宮正史·浅野豊美 [編], 『歴史としての日韓国交正常化』 I (法政大学出版局, 2011).

에 대해 직접 박 대통령을 설득했다고 한다. 시이나가 귀국하기 전날인 2월 19일 밤 이동원과 시이나는 서울의 '청운각(淸雲閣)'이라는 요정에서 한일기본조약에 관한 최종 협의를 했는데 양측의 주장은 좀처럼 좁혀지지 않았다. 이때 이동원은 박 대통령에게 전화를 걸어, 일본 입장에서 한국의 관할권을 북한 지역까지 인정하는 것은 현실적으로 어려운 문제이며, 구조약 무효 확인 조항에 대한 일본 측의 제안을 받아들이는 대신 한국 정부의 유일 합법성에 대한 승인을 정식으로 받아내는 것이 현실적이라고 박 대통령을 설득하여 재가를 얻었다고 한다.[122]

또 이동원의 회고에서는, 시이나 외상이 방한을 앞두고 사토 총리로부터 한국에 절대 양보하지 말라는 엄명을 받았지만 그 나름대로 정치적 결단을 내린 것이라고 한다. 청운각 회담에 동석했던 우시로쿠 아시아국장이 "사토 총리의 엄명이므로 절대 양보해서는 안된다"라고 시이나 외상을 말렸지만, 시이나는 오히려 우시로쿠 국장에게 자리를 비워 달라고 요청하고, 한국에 대한 유일 합법 정부를 승인했다고 한다. 이동원은 당시 시이나의 인격과 결단이 매우 훌륭했다고 평가하고 있다.[123]

이동원과 시이나의 청운각 회담 후, 일본 정부 내에서는 "정부는 한국에 양보하는 버릇이 생겨 버렸다. 조기 타결을 위한 한국의 페이스에 말려들었다"라는 불만이 있었다. 하지만 언론의 대부분은 "일본이 한국에 양보하는 것이 굴욕적이라는 것은 제국주의적인 발상"이라는 옹호론과 함께, 시이나 외상의 성과를 환영했다.[124] 한국 언론도 구조

122) 李東元 [著], 崔雲祥 [訳], 『韓日条約締結秘話：ある二人の外交官の運命的出会い』(PHP研究所, 1997), pp.87~120.

123) 李東元, 앞의 책(2016), pp.114~120.

약 무효 확인 조항이 한국의 의도대로 체결되지 않은 것에는 불만이 있지만 한국이 한반도에서 유일한 합법 정부라는 승인을 받아 내어 북일 간의 국교 정상화 교섭 가능성을 차단한 것은 큰 성과라고 논평했다.[125]

하지만 한일기본조약은 사실상 일본의 외교적 승리로 끝난 것이나 다름없었다. 사실 한국 정부의 한반도 내 유일 합법성은 이미 유엔에서 승인한 만큼, 일본은 유엔의 규정을 확인해 준 것에 불과했다. 오히려 북한 정권을 고립시키기 위해 한반도 전체를 관할권으로 인정받으려는 한국의 요구는 받아들여지지 않았다. 일본이 암묵적으로 한국의 관할권을 실제의 시정권이 미치는 3.8도선 이남 지역으로 제한하면서, 한국은 장래 북일 교섭의 가능성을 제거하지 못했다. 또 구조약 무효 확인 조항과 관련해서 일본의 주장인 '현재는 무효'라는 취지의 표기를 받아들임으로써, 한국은 한일합병이 애초부터 '불법' 또는 '부당'하다는 것을 규정하지 못했다.

한편 한일기본조약이 가조인되자 한국에서는 야당이 결성한 '대일굴욕외교반대 범국민 투쟁위원회'가 한일회담 반대 운동을 재점화하고 있었다. 투쟁위원회는, 반일 감정을 극도로 자극하는 3.1절을 맞아 한일회담에 대한 한일 양 정부의 태도를 비난하는 캠페인을 전개했다.[126] 일본 외무성은 한국 내 회담 반대 세력의 본심은 한일회담 자체에 대한 반대가 아니라는 기존의 판단을 유지하고, 반대 세력 자체도 많이 약해졌으며 한국 야당도 결국에는 회담 타결에 동조하게 될 것이라고

---

124) 情内,「椎名外相の訪韓に関する新聞論調(四十·二·一七~二·二三)」1965.2.23, 일본외무성문서 2006-588-1332.

125)『朝鮮日報』1965.2.23;『京郷新聞』1965.2.24;『東亜日報』1965.2.25.

126) (電信写)前田調査官ソウル発,「対日屈辱外交反対韓国民闘争三·一声明等に関する報道」1965.3.2, 일본외무성문서 2006-588-289.

판단하고 있었다.[127]

청구권 추가 교섭의 마무리

1964년 초 박정희 정권이 청구권 총액에 관한 추가 교섭을 요구했지만 일본은 전혀 동조하지 않았다. 하지만 박 정권은 한일회담에 반대하는 야당을 설득하기 위해 "김종필의 이미지가 떠오르는 6억 달러라는 숫자의 대안"으로 증액이 필요한 것이라는 사정을 설명하면서 청구권 증액 교섭의 필요성을 꾸준히 제기하고 있었다. 대신, 별도로 진행되고 있는 어업 차관과 선박 관련 자금을 '김-오히라 합의'의 민간 차관에 포함시키겠다고 제안하면서, 청구권 금액의 실질적인 증액이 아니며 따라서 '김-오히라 합의'의 원칙을 깨는 것이 아니라고 강조했다. 미국 국무성도 일본 외무성에, 한국이 근대화하여 국제 사회의 일원이 되기 위해서는 미국의 원조뿐만 아니라 일본의 경제 협력도 필요하며 박정희 정권이 붕괴되지 않도록 일본이 한국의 새로운 요구를 고려했으면 한다고 설득했다. 외무성도 박정희 정권과 회담을 마무리 짓기 위해서라도 한국 측의 요구를 고려해야 한다고 생각하고 있었다.[128]

한국 내 한일회담 반대 여론을 완화하기 위한 숫자를 확보하기 위해 어업 차관 등을 경제 협력 자금으로 전환하여 총액의 숫자를 올린다는 한국 정부의 제안은 일본 정부 입장에서도 나쁘지 않았다. 외무성은 일본이 여러 가지 명목으로 한국에 지불하게 될 금액의 총액을

---

127) (電信写)前田調査官ソウル発,「韓国国内情勢、日韓会談の見通しについて民主共和党委員の内話」 1965.3.17, 일본외무성문서 2006-588-289.

128) 北東アジア課,「バーネット国務次官補代理の内話に関する件」 1964.9.15, 일본외무성문서 2006-588-1684.

실질적으로 변경하지 않아도 된다는 점에서, 한국이 요구하는 청구권 및 경제 협력 자금의 '표면적인 숫자의 증액' 요구에 재고의 여지가 있다고 생각하고 있었다. 그러나 당시 이케다 총리는 정부 내에서 합의한 대한 긴급 차관조차 승인하지 않고 한국과의 교섭에 속도 조절을 하고 있었다. 게다가 청구권 총액에 대해 일본은 '김-오히라 합의'에서 민간 차관 부분을 뺀 5억 달러로, 한국은 민간 차관 부분을 포함한 6억 달러로 각각 발표했다는 점을 지적하면서, 이러한 발표 방식에 불만을 보이기도 했다. 대장성도 '김-오히라 합의'는 일본이 한국에 지나치게 양보한 것이므로 추가 교섭은 있을 수 없다고 하면서 이케다 총리의 강경 태도에 숟가락을 얹고 있었다. 이러한 상황에서 청구권 증액 교섭은 시작도 하지 못하고 있었다.[129)]

이후, 이케다 정권이 퇴진하고 1965년 2월 사토 정권하에서 한일기본조약이 최종 타결되어 가조인되자, 청구권 증액 교섭이 다시 화두에 올랐다. 한일기본조약 타결 후 이동원 장관은 남은 현안들을 마무리하기 위해 방일했고, 청구권의 증액 교섭을 요청했다. 시이나와 일본 외무성은 이 장관에게, 일본 국민들에게 '김-오히라 합의'가 수정되어 증액되었다는 인상을 주어서는 안 된다고 강조하며, '무상 3억 달러'와 '유상 2억 달러'는 절대 변경할 수 없다고 못을 박았다. 또 '민간 차관 1억 달러 이상'의 숫자를 굳이 바꾸지 않더라도 한국 측이 경제 협력에 관한 구체적인 프로젝트를 제시한다면 거기에 맞춰 한국에 대한 경제 협력 자금을 실질적으로 증액하겠다고 약속했다.[130)]

이동원 장관은, 다른 형식으로 경제 협력 자금을 증액하는 것은 현

129) 北東アジア課, 「日韓会談首席代表第一九回非公式会合記録」 1964.10.1, 일본외무성문서 2006-588-454.

130) 北東アジア課, 「椎名大臣·李長官会談録」 1965.3.11, 일본외무성문서 2006-588-728.

재 한국 입장에서 의미가 없다고 하면서, 일본의 입장을 고려해서 무상과 유상의 숫자는 그대로 두겠으나 민간 차관의 숫자는 변경하자고 요구했다. 이 장관은, '김－오히라 합의'에 대한 야당의 공세를 막아야 하기 때문에, '일본과 재교섭한 결과 청구권의 증액이 달성되었다'라는 가시적인 성과가 있어야 한다고 설명했다. 민간 차관을 '3억 달러 이상'으로 변경하자고 요청하고, 가능하다면 일본이 어업 협력 자금으로 약속했던 약 1억 달러와 선박 관련 자금도 민간 차관에 포함시켜, 한국 정부가 야당과 국민들에게 제시할 수 있는 총액을 더 확보하고 싶다고 했다. 이 회담에서 구체적인 증액 내용에 대해서는 양측에 이견이 있었지만, '김－오히라 합의' 내용 중 '민간 차관 1억 달러 이상' 부분을 증액하겠다는 데에는 의견이 모아졌다.[131]

한국 내에서 한일회담 반대 운동이 재점화되는 민감한 상황에 이동원과 시이나는 3월 중순에 다시 만나 청구권 증액 교섭을 진행했다. 시이나는 '김－오히라 합의'에 대한 한일 양국 간의 온도 차가 여전히 크다고 난색을 표하고[132] 민간 차관의 숫자가 변경되는 것이 청구권의 증액으로 보여서는 안 된다는 점을 강조하며[133] 방어적인 태도를 보였으나 이동원 장관 측은 오히려 더 구체적인 안을 제시했다. 우선, 개별적인 경제 프로젝트에 맞춰 자금을 조달하기보다는 일정한 금액을 책정하여 한꺼번에 수령하는 방식을 희망했다. 이미 민간 차관을 '3억 달러 이상'으로 변경해 달라고 요구하고 있었는데, 여기에 일본의 어업 협력 자금 등을 포함시켜 최종적으로 '민간 차관 5억 달러 이상'으로 변경하고 결과적으로 총액을 10억 달러로 만들고 싶다고 했

131) 위와 같음.

132) 「日韓外相会談第一回会合記録」 1965.3.24, 일본외무성문서 2006-588-729.

133) 「椎名大臣とライシャワー大使との会談」 1965.3.22, 일본외무성문서 2006-588-1692.

다.[134] 이동원 장관의 추가 요구는 각하되었지만, 청구권 증액 협상은 최종적으로 '무상 3억 달러, 유상 2억 달러, 민간 차관 3억 달러 이상'으로 합의되었다.[135]

일본은 국내에서 청구권과 상관없는 명목이라고 했던 민간 차관 부분의 증액만을 끝까지 관철시켜 청구권의 실질적인 증액을 하지 않았다는 명목을 확보했다. 한국은 '총액 10억 달러'의 확보에는 실패했지만, 김종필의 이미지가 강한 '6억 달러'라는 숫자에서 최종적으로 '8억 달러'로 변경한 것으로 소기의 목적을 달성했다고 자평했다. 이에 대해, 한국은 실질적인 증액이 아닌 국내용으로 보여주기 위한 숫자를 확보하는 것에 불과했다는 지적과 비판도 있다. 이러한 교섭 결과를 어떤 시각으로 보느냐에 따라 한일 양국에게 좋은 결과로 해석할 수도 있고, 반대로 껍데기에 불과한 교섭이라고 해석할 수 있는데, 기미야는 긍정적으로 평가하고 있다. 기미야는 '민간 차관 3억 달러 이상'이라는 타결 내용이 한국 측에 유리한 좋은 조건이었으며, 이것을 박정희 정권의 대일 외교의 최대 성과라고 평가하고 있다.[136]

한편, 이동원－시이나 회담 외에도 한일회담 대표단 간의 실무자 회담도 진행되었다. 이 과정에서 청구권 명목에 대한 논쟁과 함께 1950년대의 법적 공방이 재연되기도 했다. '김－오히라 합의'가 '청구권 문제의 타결'을 의미하는지 아닌지에 대해, 한국은 대일 청구권을 포기한 적이 없으며 '김－오히라 합의'는 청구권 문제의 타결이라고 주장했다. 하지만 일본은 대일강화조약 제4조 (a)항을 실현했다고 주

134) 「日韓外相会談第一回会合記録」 1965.3.24, 일본외무성문서 2006-588-729.

135) 「(不公表)日韓間の請求権問題解決及び経済協力に関する合意事項(案)」 1965.4.3, 일본외무성문서 2006-588-739.

136) 木宮, 앞의 책(2012), pp.115~143.

장했다. 즉 일본은, 한국이 재한일본재산의 취득을 감안하여 대일 청구권을 포기했으며 그에 대한 대가로 일본이 한국에 대한 경제 협력을 제공한 것이라고 주장했다.[137] 청구권협정에 관한 문구에 대해서도, 한국은 '청구권 문제 해결과 경제 협력을 위한 제공'이라고 표현하기를 원했지만, 일본은 '경제 협력의 제공 결과 청구권 문제는 소멸했다'라는 표현을 주장했다. 일본은 청구권 문제 자체를 소멸시키려고 했고, 한국은 경제 협력 방식이 곧 청구권 문제의 해결이라고 주장한 것이다.[138] 한일회담 타결을 위한 마지막 조율만 남긴 상황에서 한일 양측은 결정적인 충돌을 피하며 접점을 찾아갔다.

청구권 교섭이 일단락되자, 어업 문제, 재일한국인 법적 지위 문제, 문화재 반환 문제 등의 각 현안들도 최종적으로 합의되었고, 1965년 4월 3일 모든 합의 내용에 관한 가조인이 체결되었다. 한국에서는 여전히 한일회담 반대 운동이 전개되고 있었지만, 한국 야당과 학생들은 한일회담 타결을 현실로 받아들이고 있었다.[139]

베트남 파병의 대가

이 시기 아시아의 국제 정세는 급변하고 있었는데 이런 사정이 한일회담 타결을 촉진시키는 한 요인이 되기도 했다.

1963년 11월 22일 미국에서 케네디 대통령이 암살되자 부통령이었던 린든 존슨(Lyndon B. Johnson)이 대통령으로 승격했다. 존슨 정권은

---

137) アジア局北東アジア課, 「日韓請求権問題に関する事務レベル第二回会合記録」 1965.3.22, 일본외무성문서 2006-588-78.

138) アジア局, 「日韓会談の現状および今後の進め方について」 1964.2.17, 일본외무성문서 2006-588-1782.

139) 北東アジア課, 「最近の韓国内の政治情勢」 1965.6.3, 일본외무성문서 2006-588-312.

1964년 8월 2일 '통킹만 사건'을 계기로 본격적으로 베트남전쟁에 개입했는데, 그전에 한국에도 베트남에 대한 지상군 파병을 요청하고 있었다. 박 대통령은 미국의 요청을 받아들여, 1964년 7월 국회의 동의를 얻고 이후 의료 병력과 태권도 교관을 중심으로 첫 베트남 파병을 성사시켰다.[140] 미국의 베트남전쟁 참전은 남베트남을 돕기 위한 구실이었는데, 중국은 북베트남을 몰래 지원하고 있었다. 한국전쟁에 이어 베트남전쟁에서도 미중 간의 대립 구도가 형성된 것인데, 10월에 북베트남을 지원하고 있는 중국이 핵실험에 성공하면서 아시아의 긴장은 더욱 고조되었다.

아시아 정세의 급변은 정치 경제적으로 취약한 한국에 큰 위기감을 줬다. 박정희 대통령은 한일회담 타결에 대한 강한 의지를 보이며 1965년 새해 연두연설에서 "한일회담을 올해 안에 종결하겠다"라고 천명했다.[141] 그리고 1965년 2월에는 존슨 정권의 베트남 추가 파병 요청에 신속히 화답하며, 국회의 동의를 얻어 비둘기부대로 명명된 2천여 명의 후방 군사 원조 지원단을 추가로 파병했다. 베트남 추가 파병은 베트남전쟁 특수에 의한 경제 효과를 기대하며 박 대통령 측이 신청한 측면도 있지만, 한일회담에 대한 미국의 협조를 얻어내기 위한 전략이기도 했다.[142] 아시아에 대한 일본의 역할 증대를 본격적으로 압박하던 존슨 대통령은, 1965년 1월 방미한 사토 총리에게도 한일회

140) 木宮, 앞의 책(2012), pp.66~68. 존슨 정권은 '통킹만 사건'을 구실로 북베트남에 대한 폭격을 시작하였고 1965년 2월까지 지속적으로 북베트남을 폭격했다. 그리고 1965년 3월 7일에 최초로 남베트남 다낭에 약 20만 명의 지상군을 투입하면서 본격적으로 베트남에서 지상전을 전개했다.

141) 北東アジア課, 「日韓会談に対する韓国側の態度について」 1965.1.18, 일본외무성 문서 2006-588-289.

142) 木宮正史, 「1960年代韓国における冷戦と経済開発」, 『法学志林』 第92巻第4号(1995), pp.68~104.

담의 촉진과 조속한 회담 타결을 요구했다. 사토 총리는 존슨 대통령에게 한일회담 타결을 약속했다.[143)]

한편, 한국의 야당 세력은 "김종필이 오히라와 정식 외교 창구를 통하지 않고 둘이서 정해 버렸다", "김－오히라 합의의 이면에는 어업 문제에 관한 뒷거래가 있다", "일본제국주의는 무력으로 침략했지만 앞으로 일본은 압도적인 경제력을 가지고 침략할 것이다"라고 여론을 선동하며, '대일 타협 굴복'이라는 슬로건으로 여당을 계속 공격하고 반대 운동의 불씨를 이어갔다. 하지만 박 대통령은 국민들에게, 미국의 대한 원조가 삭감되고 있으며 이로 인한 타격을 극복하려면 일본으로부터의 외자 도입과 기술 제휴를 통해 국제 분업에 참여해야 한다고 설명하면서, 한일회담 타결의 정당성을 호소했다.[144)] 이런 혼란한 상황에서도 1965년 4월에 한일 간의 각 현안들이 거의 합의되어 정식 조인과 비준을 남겨놓고 있었다. 하지만 한국에서는 여전히 한일회담 반대 운동이 전개되고 있어 이후의 정치 과정에 돌입하지 못하고 있었다.[145)]

박정희 대통령은 미국으로부터의 지원을 유도하여 정부에 대한 여론을 완화시키고 한일회담 반대 세력을 진정시키려는 목적으로 존슨 대통령과의 수뇌 회담을 요청했다. 존슨도 베트남에 대한 한국의 전투 병력 추가 파병을 정식으로 요구하기 위한 목적으로 박정희의 방미와 한미 수뇌 회담을 수락했다. 1965년 5월 존슨 대통령은 한국의 베트남 파병에 대한 답례로 박 대통령을 국빈으로 초청하고 환대했

143) 동북아주과, 「사토 수상의 방미와 한일 문제에 관한 신문 보도」, 한국외교문서 1453, 『한일회담에 대한 미국의 입장, 1965』.

144) アジア局北東アジア課, 「韓国出張報告―主として韓国の国民感情を中心に―」 1965.2.17, 일본외무성문서 2006-588-311.

145) 北東アジア課, 「朴大統領の訪米について」 1965.5.28, 일본외무성문서 2006-588-207.

다. 박 대통령은 이번 방미를 계기로 한국군의 베트남 추가 파병을 약속하는 대신 한국에 대한 미국의 군사 원조 증대, 주한미군의 주둔 보장, 경제 원조의 지속, 한일회담에 대한 지원 등을 요구했다. 존슨 대통령은 한국에 대한 경제적 군사적 지원의 지속, 그리고 한일회담이 마무리될 때까지 외교적 지원을 아끼지 않겠다는 것을 약속하고, 이것을 한미공동성명 안에 합의했다.[146]

주한미국대사관 측은 일본 외무성에, 윤보선 등 한국의 야당 정치인들이 박정희-존슨 간의 약속을 자의적인 거래로 보고 한일회담에 대한 반대를 계속할 가능성은 있지만, 박 대통령의 방미 효과는 매우 크다고 전했다.[147] 5.16 쿠데타 이후 의사 소통이 소원해졌던 한미 관계가 박 대통령의 방미를 계기로 크게 호전되었으며, 이러한 한미 관계의 호전과 미국이 한일회담에 대한 박 정권의 강력한 추진력을 용인하고 있는 것은 일본에게도 유리하다고 설명했다. 외무성도, 박 대통령은 방미 효과가 남아있는 동안에 한일협정의 타결과 비준을 서두를 것이라고 전망하고, 다음 단계의 준비에 들어갔다.[148]

⁘ 최종 타결과 국회 비준

1965년 6월에 이동원 외무부 장관이 일본을 재방문하여 한일 간에 남은 쟁점들을 모두 정리한 후, 22일 한일회담을 최종 타결했다. 가장 기본이 되는 한일기본조약은 '대한민국과 일본국 간의 기본 관계에 관한 조약'이라는 정식 명칭으로 최종적으로 조인되었다. 한일기본조약

146) 위와 같음.

147) 北東アジア課, 「在韓米国大使館ハビブ参事官の内話について」 1965.5.25, 일본외무성문서 2006-588-1693.

148) 北東アジア課, 「朴大統領の訪米について」 1965.5.28, 일본외무성문서 2006-588-207.

의 체결과 함께 4개의 관련 협정과 25개 항목의 교환 공문서도 체결되었다. 이것을 모두 통칭하여 '한일협정'이라고 부른다. 청구권협정은 이 한일협정의 관련 협정 중 하나이다. 청구권협정의 정식 명칭은 '대한민국과 일본국 간의 재산 및 청구권에 관한 문제의 해결과 경제 협력에 관한 협정'이다. 이 협정문 안에서 현재 한일 간 역사 인식에 관한 공방의 불씨를 남긴 곳이 다음의 제2조 1항이다.[149]

〈한국어〉

제2조 1. 양 체약국은 양 체약국 및 그 국민(법인을 포함함)의 재산, 권리 및 이익과 양 체약국 및 그 국민 간의 청구권에 관한 문제가 1951년 9월 8일에 샌프런시스코시에서 서명된 일본국과의 평화조약 제4조 (a)에 규정된 것을 포함하여 완전히 그리고 최종적으로 해결된 것이 된다는 것을 확인한다.

〈일본어〉

第二条 1 両締約国は、両締約国及びその国民(法人を含む。)の財産、権利及び利益並びに両締約国及びその国民の間の請求権に関する問題が、千九百五十一年九月八日にサン・フランシスコ市で署名された日本国との平和条約第四条(ａ)に規定されたものを含めて、完全かつ最終的に解決されたこととなることを確認する。

한국은 청구권협정의 명칭에 '청구권에 관한 문제의 해결'이라는 문구의 삽입을 관철시켜 대일 청구권을 포기하지 않았다는 것을 강조했

149) 동북아주과, 「2. 기본 조약 관계 시안」, 앞의 한국외교문서 756; 「財産及び請求権に関する問題の解決並びに経済協力に関する日本国と大韓民国との間の協定」 1965.6.22, 일본외무성문서 2006-588-198.

다. 일본은 협정문 제2조 1항에 '완전히 그리고 최종적으로 해결된 것'이라는 문구를 넣어 차후 청구권에 관한 추가적인 문제 제기의 가능성을 차단했다. 눈에 띄는 것은, 일본이 줄곧 주장해 온 대일강화조약 제4조 (a)의 내용이 관철된 부분이다. 제1차 한일회담 때부터 한일 간 법적 공방의 중심에 있었던 제4조 (a)항과 (b)항에 관한 논쟁이, 최종적으로 일본이 주장해 온 (a)항의 관철로 마무리되었고 일본 측에 더 유리한 문구로 타결되었다고 볼 수 있다.

한일협정이 정식으로 조인되자 미국 정부는 비준 과정에서 한일 양국의 갈등이나 양 국민 간의 뿌리 깊은 반감이 표면화될 수 있다고 우려하면서도, 한일협정의 체결로 한일 양국의 상호 이익뿐만 아니라 자유 진영이 강화되었다고 평가했다. 워싱턴포스트지 등 미국의 여론도 한일 양국이 상호 보완적으로 경제 협력의 실타래를 풀었다고 평가하고, 이것은 박정희 대통령과 사토 총리의 용기로 가능해진 것이라고 절찬했다.[150]

한일협정의 성립에 대해, 일본 재계도 대부분 환영을 표시하고 미래의 경제적 효과와 한일 관계의 회복을 기대했다. 일본 언론들도 일제히 환영을 표시했다. 단 조약이 비준될 때까지 순탄치만은 않을 것이라고 전망하면서, 한일 간 경제 협력이 한국 국민들에게는 '일본의 경제적 침략'이라는 인상을 주고 있다는 점에 주의를 기울여야 한다고 환기했다.[151]

우려대로, 한일협정에 대한 한일 양국 국회에서의 비준을 앞두고 양국에서 회담 반대 운동이 재점화되었다.[152] 게다가 한국의 동아일

150) 外務省,「日韓条約および諸協定調印に対する韓国および各国の反響」1965.7.12, 일본외무성문서 2006-588-1694.

151) 일본 언론의 반응과 논조는 다음 사료에 정리되어 있다. 情報文化局,「日韓正式調印に関する国内新聞論調」1965.7.1, 일본외무성문서 2006-588-210.

보[153]나 조선일보[154] 등 주요 일간지는, 한일협정에는 중대한 결함이 있다고 지적하면서 한일회담 비준에 관한 반대 운동을 지지하기도 했다. 일본 외무성은 한국 국회에서의 비준을 장담하지 못했다.[155]

한국에서는 한일협정을 비준하기 위한 국회가 8월 12일로 예정되자, 전국에서 한일회담 비준에 대한 반대 운동이 야당과 대학생들의 데모를 중심으로 연일 전개되었다. 한국 국회에서의 비준이 매우 거친 과정을 거치게 될 것이라고 예상되었다. 그러나 야당이 온건파와 강경파로 분열되면서 비준 저지를 위한 결속이 균열되었다. 8월 14일 야당은 비준 국회를 보이콧했고, 여당 의원들만 참가한 가운데 한일기본조약을 비롯한 한일협정의 비준안이 한국 국회를 통과하였다. 이후 비준 무효 운동이 전개되기도 했으나 박 정권은 '6.3 사태'와 같은 극단적인 사태를 막기 위해 단속을 강화하고 반대 투쟁을 진압했다. 그리고 1965년 9월 이후에는 한일회담에 관한 반대 운동이 거의 수습되었다.[156]

일본에서는 이른바 좌파 진보 정당을 중심으로 한일협정 비준 반대 운동이 전개되었다. 일본에서의 비준 반대 논리는 1950년대부터 전개된 한일회담 반대 논리와 같았다. 사회당은 "한일조약은 일본 국민 대부분이 반대할 뿐만 아니라 남북한의 분단을 고착화시킨다"라는 논리, 공산당은 "한일조약은 한미일 3국 간 동맹의 결성이며 남북 통일을 방해한다"라는 논리로 비판했다. 공명당도 "한일 양국에서 반대하는 국

---

152) 「韓国の最近の正常について(在ソウル米大使館の観測)」 1965.7.12, 일본외무성문서 2006-588-1694.

153) 『東亜日報』 1965.6.25~7.13.

154) 『朝鮮日報』 1965.7.4~7.8.

155) 外務省, 「日韓条約および諸協定調印に対する韓国および各国の反響」 1965.7.12, 일본외무성문서 2006-588-1694.

156) 吉澤, 앞의 책(2015), pp.261~264.

민 감정이 있음에도 불구하고 비준을 강행하는 것은 온당치 못하다" 라고 비판적인 논평을 냈다.[157]

하지만 일본 국회도 한일협정에 대한 비준을 진행시켰다. 1965년 11월 12일 새벽 중의원 본회의에서 한일협정 비준안을 강행 체결했다. 여당인 자민당이 "한국의 적화를 조장하고 일미안보체제를 위협하는 좌파들의 반대 운동을 배척하고 가능한 한 신속하게 비준을 완료해야 한다"라고 강하게 추진했고, 야당들 간에도 한일협정 비준에 대한 통일된 의견과 연대가 실패하면서 큰 충돌 없이 비준되었다.[158] 일본에서는 한일협정의 국회 비준을 앞두고 1960년 안보 투쟁 이후 최대 규모의 데모가 전개되었지만 중의원 통과 이후 반대 운동은 급속히 약화되었다. 12월 11일에는 일본 국회 참의원 본회의에서 한일협정에 대한 비준안이 통과했다.[159] 이로써 한일 양국 국회에서 한일기본조약을 포함한 한일협정의 비준이 최종적으로 완료했다. 1965년 12월 18일 한일 양국 간에 비준서가 교환되고 한일협정이 발효되었다. 이것으로 현대 세계사에서 유례를 찾기 힘들 만큼 다난했던 한일국교정상화 교섭에 종지부를 찍고, 해방 후 20년 만에 한국과 일본은 정식으로 외교 관계가 시작되었다.

---

157) 参議院外務委員会調査室, 「日韓基本条約及び諸協定等に関する参考資料 : 四、条約及び協定等に対するわが国各党の態度及び韓国国内の動き」 1965.10, 일본외무성문서 2006-588-1647.

158) 위와 같음.

159) 吉澤, 앞의 책(2015), pp.285~289.

결 론

한일 청구권 교섭의 현재적 함의

결 론

한일 청구권 교섭의 현재적 함의

1. 해방 후 한일 관계의 불안한 출발: 한계성

1965년 12월 한일협정이 발효된 후 한국 정부는 일본으로부터 도입될 경제 협력 자금을 운용하기 위해 '청구권 자금의 운용 및 관리에 관한 법률'을 공표했다. 자금 사용에 대해서는, 무상 경제 협력 자금은 농업, 임업, 수산업의 진흥에 사용하고, 유상 경제 협력 자금은 기업 육성, 기간 산업, 사회 간접 자본 투자를 위해 사용한다는 것을 골자로 하고 있다.[1] 한편 일본은, 무상 경제 협력은 외무성 경제협력국 배상과가 주관하고, 유상 경제 협력은 해외경제협력기금이 주관했다.[2] 1966년 6월에 양국은 무상 경제 협력 자금과 유상 경제 협력 자금을 각각 어떻게 사용할 지에 관해 합의하고, 9월에 서울에서 한일 경제각료 간담회를 개최한 후 한일 간 경제 관계를 본격적으로 개시했다.[3]

---

1) 조약과, 동북아주과, 「請求權資金의 運用 및 管理에 관한 法律 法律第1741호, 1966年 2月 19日 公布」, 한국외교문서 1944, 『한일 간의 청구권 및 경제협력협정 제1의정서 제7조 및 제1의정서의 실시 세목－협정 및 제1조 2의 합동위원회－협정, 1966. 전 3권(V, 3 추가 합의 사항 체결 국내조치』.

2) 北東アジア課, 「日韓条約諸協定の実施状況」 1966.7.12, 일본외무성문서 2006-588-1243.

그러나 청구권 문제가 과거 청산에 관한 양국 간 인식의 차이를 해결하지 못한 채 경제 협력 방식으로 타결된 결과, 현재까지도 역사 인식뿐만 아니라 청구권과 관련된 양국 간의 대립과 논쟁은 계속되고 있다.

청구권 문제가 경제 협력 방식으로 타결된 가장 큰 요인은 일본의 완고한 역사 인식과 이것을 기초로 형성된 대한 정책 때문이다. 경제 협력 방식으로 타결된 요인을 '미국 탓', '냉전 탓', '친일적인 박정희 정권 탓'으로만 돌릴 수 없다. 경제 협력 방식은 당초 일본의 구상이었다. 일본 정부는 패전 직후부터 장차 한국과의 교섭을 염두에 두고 역청구권 주장을 정당화하기 위한 법적 논리를 정비하고 있었다. 정치가와 관료를 포함한 대부분의 일본인들은, 조선 식민지 지배는 합법적이었으며 일본의 조선 통치가 조선의 근대화에 공헌했다고 생각하고 있었다. 따라서 조선 총독부 관료 출신을 비롯해 해방 전 조선에서 살았던 인양자들도 조선에 남긴 그들의 사유 재산에 대한 보상을 당연한 요구라고 생각했다.

또한 우리에게는 불편한 진실일지도 모르겠으나, 한일합병조약과 일본의 조선 식민지 통치 자체를 불법이라고 주장하는 한국의 역사 인식과 청구권 주장 논리가 당시의 국제법 및 국제적 관례상 인정받기 어려웠다는 점을 인정해야 한다. 일제강점기 때 일제 권력이 조선인들에게 불법적이며 부당하게 자행했던 일에 대해서는 책임을 물을 수 있겠지만, '한일합병조약과 일본의 조선 식민지 통치 자체가 불법'이라는 전제하에서는 오히려 우리의 주장이 더 불리해진다.

식민지주의를 청산하지 않고 암묵적으로 인정한 연합국의 전후 처리

3) 경제협력과, 「韓日経済閣僚懇談会 一部 討議記録 全体会議 및 分科会議 (1966.9.8~9.10)」, 한국외교문서 2003, 『한일경제각료간담회. 서울, 1966.9.8-10』.

방식이, 일본인들의 역사 인식을 정당화하고 한국의 논리를 제약하는 데 일조했다. 게다가 전후 직후부터 시작된 동서 냉전이 아시아에까지 파급되자 과거 청산의 개념으로 청구권 문제를 해결해야 한다고 주장하는 한국의 입지는 더 약화되었다. 아시아 냉전이라는 새로운 국제 질서의 출현이 한일 간 국교 정상화의 최종적인 목표를 역사 청산이 아닌 경제 협력으로 귀결시키는 구조적 요인이 된 것은 분명하다.

본서가 청구권 문제를 경제 협력 방식으로 타결한 것에 대한 일본 정부의 책임을 명확하게 묻는 동시에, 한일 과거사 문제에 대한 우리의 주장과 논리를 냉정하게 재점검하는 토대가 되기를 바란다.

2. 일본의 대한 정책의 연속성: 초기 한일회담부터 최종 타결까지

일본 정부의 대한 정책이 어떻게 형성되었으며 어떤 과정을 거쳐 청구권 문제가 경제 협력 방식으로 최종 타결되었는지를, 서론에서 제시한 본서의 문제 제기와 분석의 틀에 맞춰서 총괄 정리해 보겠다.

한일 청구권 문제가 경제 협력 방식으로 타결된 과정을 1950년대와 1960년대를 관통하는 '연속 사관'의 입장에서 고찰할 때, 기존에 통설로 인식되어 왔던 '미국 개입 사관'이나 '정치가 결정 사관'으로는 설명되지 않는 부분이 많이 해명되었다. 즉, 경제 협력 방식에 의한 청구권 문제의 타결은 정치가의 정치적 결단이나 미국의 압력에 의한 자의적인 결과가 아니라, 일본 정부의 대한 교섭 논리와 정책 방침으로 최종적으로 귀결된 것이었다. 한일 청구권 문제에 관한 일본 정부의 논리와 정책은 한일회담 개시부터 타결 때까지 일관된 입장이었다.

일본의 역청구권 주장에 함의되어 있는 법적 논리와 역사 인식은,

제3차 한일회담 때 큰 파문을 일으킨 '쿠보타 망언'이나, 제7차 한일회담 때 파문을 일으킨 '다카스키 발언'에도 적나라하게 드러났다. 청구권 문제에 대한 일본의 내재적 논리는 한일회담 전 기간 동안 일관되었다. 일본 정부의 대한 정책은 표면적으로는 '역청구권 주장 및 한일간 청구권의 상쇄'에서 '상호 포기 플러스알파'를 거쳐, '역청구권 주장 철회' 그리고 '경제 협력 방식'으로 변용되었다. 그러나 이 모든 정책에는, '한일 간의 청구권을 실질적으로 상호 포기하고 청구권 명목이 아닌 형태로 한국에 지불하겠다'라는 일본 외무성의 대한 전략이 일관되게 관철되어 있었다.

1952년 4월 제1차 한일회담이 결렬된 직후부터 약 1년간의 회담 제1차 중단기에, 경제 협력 방식의 정책적 기원이라고 할 수 있는 '상호 포기 플러스알파'안이 일본 외무성 아시아국에서 구상되었다. 이 안은 역청구권 주장과 이 주장을 뒷받침하는 법적 논리를 전제로 성립되었다. 1953년 1월경 '상호 포기 플러스알파'안은 외무성 내에서 유력한 대한 정책안으로 자리 잡았다. 대한 강경론의 선두에서 일본 정부 내의 한일회담 추진파를 견제해 왔던 일본 대장성이 1953년 10월 제3차 한일회담이 시작되기 직전 '상호 포기 플러스알파'안을 받아들이자, 이후 '상호 포기 플러스알파'안은 일본 정부의 대한 정책안으로서 수렴되었다. 그리고 1962년 '김-오히라 합의'로 청구권 문제가 최종 타결될 때까지 일본 정부는 한국에 대해 여러 가지 해결 방법을 제시했지만, 그 기저에는 '상호 포기 플러스알파' 구상이 항상 함의되어 있었다.

한국은 일본의 상호 포기 주장이 역청구권 주장과 같은 법적 논리에 기반하고 있다는 것을 잘 알고 있었기 때문에 일본이 역청구권 주장뿐만 아니라 상호 포기 주장도 포기하도록 요구했지만 일본은 받아들이지 않았다. 또, 일본의 주장들은 일제강점기를 정당화하는 역사 인식을 전제로 하고 있었기 때문에, 청구권에 관한 한일 간의 논쟁은 역사 논쟁으로 발전하면서, 1953년 10월부터 1958년 3월까지 4년 반에 걸친 긴 회담 중단기(회담 제2차 중단기)를 초래하기도 했다.

회담 제2차 중단기에 관한 기존의 연구에서는, 한국은 부산에 억류된 일본 어민과 평화선 내에서의 일본 어선 나포를 무기로 일본의 양보를 요구했고, 일본은 나가사키시 오무라수용소에 있는 한국인들의 북송을 거론하며 한국에 반격하는 등, 한국과 일본이 양국의 국민을 볼모로 이른바 '인질 외교'를 펼쳤다는 것을 비판적으로 해명하면서 한일 간의 교섭이 완전히 중단된 상태라고 언급하고 있다. 하지만 이 시기 한국과 일본이 대립과 갈등으로만 일관하지 않았다는 것이 본서 제3장에서 해명되었다. 한일 간의 공식적인 회담은 중단되었지만 일본 외무성은 주일한국대표부 및 미국대사관과 소통을 이어가며 한일회담 재개를 위한 물밑 접촉을 주도해 나갔다. 또, 워싱턴의 한국대사관과 일본대사관도 미국 국무성의 중재로 각각 본국 정부의 입장을 전달하며 간접적으로 한일 간 교섭은 명맥을 이어갔다.

쿠보다의 발언으로 제3차 한일회담이 중단되자 일본 정부 내에서는 대한 강경론이 다시 전면에 나왔다. 하지만 일본 외무성은 한국과의 공식 회담을 이대로 중단할 수 없으며 한일회담을 재개하기 위해서는 일본이 역청구권 주장을 철회해야 한다고 생각하고 있었다. 단, '한국에 대한 역청구권 주장은 철회하지만 공식 회담에서는 한국도 대일 청구권을 포기하도록 유도할 것이며, 이것이 실질적으로는 상호 포기가 될 것이다'라는 전략을 밝히면서 정부 내의 대한 강경론과 여러 이견들을 설득했다.

즉, '상호 포기'는 한국의 대일 청구권의 포기를 전제로 하고 있었다. 기시 총리가 일본의 역청구권 주장 철회를 표명할 때에도 일본은 기존의 법적 논리와 역사 인식을 그대로 유지한다는 태도를 감추지 않았다. 외무성은 정부 내에서 '한국에 대한 역청구권 주장을 철회하는 것은 일본의 일방적인 포기가 아니라 그 대가로 한국의 대일 청구권도 포기시킬 것'이라고 설명했다. '야마시타 보고서'로 대표되는 한일 청구권 문제에 관한 법적 논리와 일제강점기에 대한 정당화는, 외무성과 대장성을 포함한 일본 정부 전체 및 일본 국내의 보편적인 역사 인식이었다. 외무성은 이러한 일본 측의 인식을 한국과의 비공식 접촉을 통해 한국 측에도 계속 언급하고 있었다.

제5차 한일회담 이후 한국의 청구권 명목은 청구권 금액에 따라서 포기할 수도 있는 거래 대상으로 전락했다고 해도 과언이 아니다. 1962년 11월 김-오히라 회담에서 청구권 문제가 경제 협력 방식으로 최종 타결되는데, 본서에서 해명한 바와 같이 이것은 1950년대 일본 외무성이 구상한 '상호 포기 플러스알파'안과 연속성을 가지고 있다. 제6차 한일회담에서 박정희 정권이 청구권의 명목을 거의 포기하고 한국이 원하는 총액이 반영된 경제 협력 방식을 받아들인 것은, 한일간 청구권의 '상호 포기'라는 일본의 전략이 관철된 것이라고 할 수 있다. '플러스알파'는, 일본 외무성이 이 용어를 처음 언급할 때부터 한국에 대한 '덤', '경제 제휴', '경제적 원조', '경제 부흥에 대한 협력', '경제 협력' 등의 용어들을 사용하면서 '청구권 명목이 아닌 명목'으로 지불한다는 것을 분명한 방침으로 하고 있었다. 그리고 제5차 한일회담 이후 '한일 경제 협력', '경제 협력 방식'이라는 정책으로 구체화되어 갔다.

일본의 '상호 포기 플러스알파'안은 역청구권 주장의 논리적 기반이 되고 있는 기존의 법적 논리 및 일제강점기를 정당화하는 역사 인식이 응집된 것이었고, 이 안의 내재적 논리는 경제 협력 방식에 수렴되었다. 최종적으로 청구권의 명목이 사실상 배제된 채 경제 협력 방식으로 청구권 문제가 해결된 것은, 결국 일본의 기존 주장들이 모두 관철되었다고 볼 수 있다.

3. 청구권 문제에 관한 일본의 정책 결정 과정의 특징

기존 연구에서는 '한국'과 '일본'이라는 '국가'를 대외 정책의 주체적 행위자(actor)로 하여 한일회담의 교섭 과정을 분석하고 있다. 엘리슨이 주장한 '합리적 행위자' 모델에 해당하는 이 분석의 틀은, 당시 한국이 국가 이익을 위해 청구권의 명목을 포기할 수밖에 없었고, 미국 또한 자국의 냉전 전략을 위해 한일 양국을 압박하여 경제 협력 방식으로의 타결을 유도했다는 것을 설명하는 데 유용했다. 하지만 경제 협력 방식의 정책적 기원이나 이 문제에 관한 일본 정부의 정책 결정 과정을 설명하기에는 부족한 부분이 많았다.

본서에서는 '일본'이라는 '국가'가 아닌 실제로 정책을 구상하는 일본의 정부 조직에 착목하여, 한국 문제에 관한 일본 정부 내 관련 부처 간의 논리의 충돌 또는 합의가 한일회담에 어떠한 영향을 미쳤는지에 대해 해명하고 분석했다. 우연의 일치이지만, 앨리슨의 '조직 행동' 모델과 같은 분석의 틀이다. 또한 엘리슨의 '정부 내 정치' 모델과 같이, 일본 정부의 조직을 더욱 세분화하고 조직 내 관료들 및 정치인과 관료 간의 상호 작용을 해명하면서 경제 협력 방식이 구체화되어 가는 과정을 해명했다.

본서의 새로운 분석으로, 청구권 문제가 경제 협력 방식으로 타결된 요인을 '정치적 결탁', '한일 간 정치적 타협의 산물', '미국의 압력에 의한 일본의 대한 정책의 전환' 등으로 설명하던 기존의 논리와는 다른 측면이 드러났다. 즉, 기시 총리의 '역청구권 주장 철회'에 대한 정치적 결단, 청구권 총액 5억 달러에 대한 오히라 외상의 정치적 결단, 한일회담 타결을 서두른 사토 총리의 결단 등, 한일회담이 진전되고 청구권 문제가 경제 협력 방식으로 타결되는 데 결정적인 계기가 된 일본 정부의 중요한 결정들은, 외무성과 정책 결정자의 양호한 관계성을 배경으로 이루어졌다. 반면, 한일회담이 중단과 정체를 반복하면서 전혀 진전하지 못했거나 지지부진했던 요시다 정권, 하토야마 정권, 이케다 정권에서는 외무성과 정책 결정자 간의 교감이 원활하지 않았다.

기존 연구에서 강조했던 '한일회담에 관한 미국의 압력'에 대해서도 약간 다른 실체가 보였다. 한일회담 및 청구권 문제에 관한 미국의 개입이 한일 간 교섭의 촉진 요인이 된 것은 분명하지만 회담 타결의 결정적 요인이 되지는 않았다. 한국과 일본은, 자국의 외교적 역량의 부족을 실감하면서도 미국의 압력에 반발하거나 또는 미국을 의사 소통의 창구로 활용하면서 적절하게 미국의 개입을 허용했다. 아쉬운 점은, 한일 청구권 문제에 관한 미국의 인식은 일본 외무성의 구상에 많이 치우쳐 있었다. 일본 외무성은 국내 정치의 동향과 미국의 중재를 적절히 이용하면서, 초기 구상인 '상호 포기 플러스알파'에 대한 미국의 동의를 얻어냈고, 경제 협력 방식 및 지불 총액을 절충해 갔다.

4. 한일회담에 관한 일본 외무성의 역할: 일본 외교의 시점에서

본서에서는 일본 외무성이 한일회담에 관한 일본의 정책뿐만 아니라 한국과의 교섭에도 깊이 관여했음을 해명했다.[4] 한일 청구권 문제에 관한 외무성 내의 정책 형성 과정, 외무성의 대한 정책을 두고 전개되는 일본 정부 내 각 부처 간의 알력 및 관료 정치, 외무성과 정책 결정자인 정치인과의 관계성, 한국 문제에 관한 외무성과 미국의 상호 인식을 입체적으로 분석했다. 그리고 한일회담에 대한 미국의 개입과 정치가의 정치적 결단 과정을 일본 외무성의 대한 정책 및 대한 교섭과 연동하여 검토했다.

거듭 강조하지만, '일본 정부는 한일회담 초기부터 한일회담에 대한 전략이나 정책이 결여되어 있었고 한국과의 교섭에도 일관되게 소극적이었다'라는 기존의 주장을 다시 짚어봐야 한다. 본서에서 밝혔듯이, 일본은 한일회담 초기부터 청구권 문제에 관한 독자적인 정책과 교섭 전략을 가지고 있었다. 미국의 개입이나 정치가의 의사 결정이, 기존의 인식처럼 청구권 문제를 경제 협력 방식으로 타결하는 데 결정적 요인은 아니었다. 오히려 일본 외무성이 구상하고 있는 대한 정책 및 대한 교섭 전략이 정치가의 결단을 뒷받침하는 중요한 논거가 되었다고 볼 수 있다.

한편, 한국 정부가 한일회담을 추진하는 데 있어 일관되게 신뢰를 둔 곳은 일본 외무성이었다. 특히 주일한국대표부와 외무성과의 접촉은 항상 유지되었고, 이 때문에 한국에서 정변이 일어나고 정권이 바뀌어도 외무성과 한국 측은 초기 한일회담 때부터의 연속성을 가지고

4) 최근 일본 정치학계의 중국 관련 연구 분야에서도, 대중(対中) 정책의 형성에 관한 일본 외무성의 역할을 상세하게 분석한 성과가 있다(井上正也, 『日中国交正常化の政治史』(名古屋大学出版, 2010)). 이 연구는 본서와 마찬가지로, 일본의 대외 정책 형성 과정에서 보이는 강한 특징인 관료의 역할에 주목하고, 외교 정책의 형성과 대외 교섭에 관한 일본 외무성의 역할을 면밀하게 분석하고 있다. 이노우에(井上)는, 일본의 대중 외교(対中外交)에 관한 외무성 및 외무성 관료의 역할은 정책 형성뿐만 아니라 교섭의 차원에서도 크게 영향을 미쳤다고 분석하고, 이러한 외무성의 적극적인 역할을 평가하고 있다(pp.6~7).

교섭을 진행했다. 그리고 한일회담 대표단 간의 공식 회담, 고위직 정치 회담, 특사를 활용한 비공식 회담, 실무자 간의 물밑 접촉 등 이 모든 과정에 일본 외무성이 직접적으로 깊이 개입했다.

단, 일본 외무성은 어디까지나 자국 일본의 국익을 우선했다는 점을 각인할 필요가 있다. 외무성은 과거사의 정당화, 한국에 대한 멸시와 차별적 인식, 혐한 등이 만연했던 당시 일본 내 다수의 인식에 비하면 비교적 진보적으로 한국 문제에 임했다. 하지만, 외무성의 대한 정책의 기저에는 일본 내 다수와 같은 역사 인식이 있었고, 외무성은 이러한 역사 인식을 한 번도 포기한 적이 없었다.

참고문헌

1. 일본어 문헌

1-1. 미간행 사료

◆ 공문서

'행정기관이 보유하는 정보의 공개에 관한 법률'에 의거한 일본 외무성 개시 문서.

2007년 개시 청구 번호 2006-588.

2008년 개시 청구 번호 2006-588.

2013년 개시 청구 번호 9506-588.

日本外務省外交史料館所蔵戦後外交記録(일본 외무성 외교사료관 소장 전후외교 기록)

◆ 일본 국회회의록 검색 시스템(http://kokkai.ndl.go.jp)

1-2. 간행 사료 · 정기 간행물

大蔵省理財局外債課, 『日韓請求権問題参考資料(未定稿, 第2分冊)』, 1963.

大蔵省財政史室 [編], 『昭和財政史—終戦から講和まで: 1. 総説』, 1984.

————————, 『昭和財政史第1巻 : 総説』, 東洋経済新報社, 2000.

————————, 『昭和財政史第2巻 : 財政—政策及び制度』, 東洋経済新報社, 2000.

————————, 『昭和財政史第3巻 : 予算(1)』, 東洋経済新報社, 2000.

————————, 『昭和財政史第4巻 : 予算(2)』, 東洋経済新報社, 2000.

条約局法規課, 『講和条約研究資料 第一巻～第五巻』, 1950.

――――――, 『講和条約研究資料 第六巻―平和条約案に対する独乙国意見書―』, 1951.
――――――, 『領土割譲と国籍·私有財産 講和条約の研究 第一部(山下教授)』, 1951.
――――――, 『講和条約と在外資産 講和条約の研究 第二部(山下教授)』, 1951.
――――――, 『講和条約と外国財産 講和条約の研究 第三部(山下教授)』, 1951.
――――――, 『講和条約と工業所有権 講和条約の研究 第四部(山下教授)』, 1951.
――――――, 『戦争と契約 講和条約の研究 第五部(山下教授)』, 1951.
――――――, 『米国の独乙財産処理 講和条約の研究 第六部(山下教授)』, 1951.
――――――, 『講和条約研究資料(上巻)』, 1951.
――――――, 『講和条約研究資料(下巻)』, 1951.
外務省·法務省·農林省 [編], 『日韓条約と国内法の解説』, 大蔵省印刷局, 1966.
外務省条約局·法務府法制意見局 [編], 『解説平和条約―日本の約束』, 印刷庁, 1951.
西村熊雄, 『サンフランシスコ平和条約』, 鹿島研究所出版会, 1971.
[著者不明], 『在外財産問題の処理の記録―引揚者特別交付金の支給―』, 内閣総理大臣官房管理室, 1973.
『朝日新聞』
『毎日新聞』
『讀賣新聞』
『赤旗』

1-3. 단행본

赤木完爾·今野茂充 [編], 『戦略史としてのアジア冷戦』, 慶應義塾大学出版会, 2013.
浅野豊美 [編], 『戦後日本の賠償問題と東アジア地域再編』, 慈学社, 2013.
五百旗頭真, 『米国の日本占領政策』 上·下, 中央公論社, 1985.
五百旗頭真 [編], 『日米関係史』, 有斐閣, 2008.
―――――― [編], 『戦後日本外交史 新版』, 有斐閣アルマ, 2007.
五十嵐武士, 『日米関係と東アジア』, 東京大学出版会, 1999.
池井優, 『駐日アメリカ大使』, 文藝春秋, 2001.

———, 『語られなかった戦後日本外交』, 慶應義塾大学出版会, 2012.
石井修, 『冷戦と日米関係』, ジャパンタイムズ, 1989.
———, 『国際政治史としての二〇世紀』, 有信堂, 2000.
伊藤昌哉, 『池田勇人―その生と死』, 至誠党, 1966.
井上正也, 『日中国交正常化の政治史』, 名古屋大学出版会, 2010.
岩見隆夫, 『田中角栄―政治の天才』, 学陽書房, 1998.
————, 『岸信介―昭和の革命家』, 学陽書房, 1999.
太田修, 『日韓交渉―請求権問題の研究 [新装新版]』, クレイン, 2015.
大平正芳, 『私の履歴書』, 日本経済新聞社, 1978.
大平正芳回想録刊行会編, 『大平正芳回想録』, 鹿島出版会, 1983.
小此木政夫·張達重 [編], 『戦後日韓関係の展開』, 慶応義塾大学出版会, 2005.
——————·河英善 [編], 『日韓新時代と共生複合ネットワーク』, 慶應義塾大学出版会, 2012.
——————·文正仁 [編], 『市場·国家·国際体制』, 慶應義塾大学出版会, 2001.
菊池嘉晃, 『北朝鮮帰国事業: 「壮大な拉致」か「追放」か』, 中公新書, 2009.
————, 『北朝鮮帰国事業の研究 : 冷戦下の「移民的帰還」と日朝·日韓関係』, 明石書店, 2020.
岸信介, 『岸信介回顧録―保守合同と安保改定』, 廣済堂出版, 1983.
———·矢次一夫·伊藤隆, 『岸信介の回想』, 文藝春秋, 1981.
北岡伸一, 『自民党―政権党の38年』, 読売新聞社, 1995.
————, 『日本政治史―外交と権力』, 有斐閣, 2011.
木宮正史, 『国際政治のなかの韓国現代史』, 出川出版社, 2012.
————·李元徳 [編], 『日韓関係史 1965-2015: ①政治』, 東京大学出版会, 2015.
木村幹, 『朝鮮·韓国ナショナリズムと「小国」意識―朝貢国から国民国家へ』, ミネルヴァ書房, 2000.
———, 『韓国における「権威主義的」体制の成立』, ミネルヴァ書房, 2003.
———, 『近代韓国のナショナリズム』, ナカニシヤ出版, 2009.
清宮龍, 『素顔の首相と大物政治家 戦後編』, 善木社, 2010.
金斗昇, 『池田勇人政権の対外政策と日韓交渉』, 明石書店, 2008.
金東祚 [著], 林建彦 [訳], 『韓日の和解―日韓交渉14年の記録』, サイマル出版会,

1993.
金学俊,『朝鮮戦争—原因·過程·休戦·影響』, 論創社, 2007.
権容,『岸政権期の「アジア外交」—「対米自主」と「アジア主義」の逆説』, 国際書院, 2008.
楠綾子,『吉田茂と安全保障政策の形成』, ミネルヴァ書房, 2009.
———,『占領から独立へ』, 吉川弘文館, 2013.
グレアム·アリソン, フィリップ·ゼリコウ [著], 漆嶋稔 [訳],『決定の本質: キューバ·ミサイル危機の分析 第二版』 I·II, 日経BPクラシックス, 2016.
近代日本研究会 [編],『戦後外交の形成』, 出川出版会, 1994.
国際法事例研究会,『日本の国際法事例研究(6)戦後賠償』, ミネルヴァ書房, 2016.
小島晴則,『幻の祖国に旅立った人々：北朝鮮帰国事業の記録』, 高木書房, 2014.
————,『写真で綴る北朝鮮帰国事業の記録：帰国者九万三千余名最後の別れ』, 高木書房, 2016.
坂中英徳·韓錫圭·菊池嘉晃 [共著],『北朝鮮帰国者問題の歴史と課題』, 新幹社, 2009.
櫻澤誠,『沖縄現代史—米国統治、本土復帰から「オール沖縄」まで』, 中公新書, 2015.
佐道明広·小宮一夫·服部龍二 [編],『人物で読む現代日本外交史：近衛文麿から小泉純一郎まで』, 吉川弘文館, 2008.
椎名悦三郎追悼録刊行会,『記録 椎名悦三郎(下巻)』, 1982.
下村恭民·辻一人·稲田十一·深川由起子 [著],『国際協力：その新しい潮流』, 有斐閣選書, 2013.
杉道助追悼集刊行委員会編発行,『杉道助追悼録』 上·下, 1965.
鈴木宏尚,『池田政権と高度成長期の日本外交』, 慶應義塾大学出版会, 2013.
高崎宗司,『検証日韓会談』, 岩波新書, 1996.
————·朴正鎮 [編],『帰国運動とは何だったのか：封印された日朝関係史』, 平凡社, 2005.
高柳賢三,『英米法原理論 全訂版(英米法講義第1巻)』, 有斐閣, 1958.
————,『司法権の優位 増訂版(英米法講義第3巻)』, 有斐閣, 1958.
————,『英米法の基礎(英米法講義第4巻)』, 有斐閣, 1958.
武田竜夫,『日本の外交—積極外交の条件』, サイマル出版会, 1990.

田中孝彦, 『日ソ国交回復の史的研究―戦後日ソ関係の起点: 1945~1956』, 有斐閣, 1993.

谷田正躬·辰巳信夫·武智敏夫 [編], 『日韓条約と国内法の解説』, 大蔵省印刷局, 1966.

沈志華 [著], 朱建栄 [訳], 『最後の「天朝」』 上·下, 岩波書店, 2016.

陳肇斌, 『戦後日本の中国政策―1950年代東アジア国際政治の文脈』, 東京大学出版会, 2000.

ディヴィッド·ハルバースタム [著], 山田耕介·山田侑平 [訳], 『ザ·コールデスト·ウインター: 朝鮮戦争』 上, 文春文庫, 2009.

ディヴィッド·ハルバースタム [著], 山田耕介·山田侑平 [訳], 『ザ·コールデスト·ウインター: 朝鮮戦争』 下, 文春文庫, 2012.

テッサ·モーリス-スズキ [著], 田代泰子 [訳], 『北朝鮮へのエクソダス：「帰国事業」の影をたどる』, 朝日新聞社, 2007.

永野慎一郎·近藤正臣 [編], 『日本の戦後賠償―アジア経済協力の出発』, 勁草書房, 1999.

日韓漁業協議会, 『日韓漁業対策運動史』, 日韓漁業協議会, 1968.

波多野澄雄 [編], 『池田·佐藤政権期の日本外交』, ミネルヴァ書房, 2004.

――――――·佐藤晋, 『現代日本の東南アジア政策』, 早稲田大学出版部, 2007.

――――――, 『日本の歴史問題』, 中公新書, 2022.

波多野善大, 『国共合作』, 中央公論社, 1973.

服部龍二, 『大平正芳: 理念と外交』, 岩波書店, 2014.

――――――, 『日中国交正常化：田中角栄, 大平正芳, 官僚たちの挑戦』, 中公新書, 2011.

原彬久, 『岸信介―権勢の政治家―』, 岩波新書, 1995.

韓培浩 [著], 木宮正史·磯崎典世 [訳], 『韓国政治のダイナミズム』, 法政大学出版局, 2004.

朴正鎮, 『日朝冷戦構造の誕生1945-1965』, 平凡社, 2012.

ヴィクターD·チャ [著], 船橋洋一·倉田秀也 [訳], 『米日韓反目を超えた提携』, 有斐閣, 2003.

樋渡由美, 『戦後政治と日米関係』, 東京大学出版会, 1990.

福永文夫,『大平正芳:「戦後保守」とはなにか』, 中公新書, 2008.
船橋洋一,『いま歴史問題にどう取り組むか』, 岩波書店, 2001.
ブルース·カミングス [著], 鄭敬謨·林哲·加地永都子 [訳],『朝鮮戦争の起源1: 1945-1947, 解放と南北分断体制の出現』, 明石書店, 2012.
————————, 鄭敬謨·林哲·山岡由美 [訳],『朝鮮戦争の起源2 : 1947－1950,「革命的」内戦とアメリカの覇権』上·下, 明石書店, 2012.
保城広至,『アジア地域主義外交の行方: 1952-1966』, 木鐸社, 2008.
細谷千博,『サンフランシスコ講和への道』, 中央公論社, 1984.
————,『日本外交の軌跡』, 日本放送出版協会, 1993.
————·有賀貞 [編],『国際環境の変容と日米関係』, 東京大学出版会, 1987.
松岡完,『20世紀の国際政治』, 同文舘出版, 1982.
松岡完·広瀬佳一·竹中佳彦 [編],『冷戦史』, 同文舘出版, 2003.
牧原出,『内閣政治と「大蔵省支配」』, 中央公論新社, 2004.
宮城大蔵,『戦後アジア秩序の模索と日本』, 創文社, 2004.
————,『戦後日本のアジア外交』, ミネルヴァ書房, 2015.
宮下明聡,『ハンドブック戦後日本外交史』, ミネルヴァ書房, 2017.
村井良太,『佐藤栄作—戦後日本の政治指導者』, 中公新書, 2019.
森田一 [著], 服部龍二·昇亜美子·中島琢磨 [編],『心の一燈: 回想の大平正芳 その人と外交』, 第一法規, 2010.
矢次一夫,『わが浪人外交を語る』, 東洋経新報社, 1973.
山下康雄,『領土割譲の主要問題』, 有斐閣, 1949.
山本剛士,『日韓関係—協力と対立の交渉史』, 教育社, 1978.
山本満,『日本の経済外交—その軌跡と転回点』, 日経新書, 1973.
吉澤文寿,『戦後日韓関係—国交正常化交渉をめぐって [新装新版]』, クレイン, 2015.
吉次公介,『池田政権期の日本外交と冷戦』, 岩波書店, 2009.
吉見俊哉,『ポスト戦後社会—シリーズ日本近現代史<9>』, 岩波新書, 2009.
李鍾元,『東アジア冷戦と韓米日関係』, 東京大学出版会, 1996.
———·木宮正史·浅野豊美 [編],『歴史としての日韓国交正常化』 I·II, 法政大学出版局, 2011.

――――――・磯崎典世・浅羽祐樹 [著], 『戦後日韓関係史』, 有斐閣アルマ, 2017.
李庭植 [著], 小此木政夫・吉田博司 [訳], 『戦後日韓関係史』, 中央公論社, 1989.
李東元 [著], 崔雲祥 [訳], 『韓日条約締結秘話: ある二人の外交官の運命的出会い』, PHP研究所, 1997.
――――, 具末謨 [訳], 『日韓条約の成立―李東元回顧録 椎名悦三郎との友情―』, 彩流社, 2016.
李東俊, 『未完の平和』, 法政大学出版局, 2010.
劉仙姫, 『朴正熙の対日・対米外交』, ミネルヴァ書房, 2012.
ロー・ダニエル, 『竹島密約』, 草思社, 2008.
若槻泰雄, 『戦後引揚げの記録』, 時事通信社, 1991.
和田春樹, 『朝鮮戦争全史』, 岩波書店, 2002.
渡辺昭夫 [編], 『戦後日本の対外政策』, 有斐閣, 1995.
H・ニコルソン [著], 斎藤眞・深谷満雄 [訳], 『外交』, 東京大学出版会, 1968.

1-4. 간행 논문

アウロ・ブッサーニ, ミシェル・グリマルディ [著], 高秀成 [訳], 「所有権的担保―大陸法の概観―」, 『慶應法学』 第三四号, 2016, pp.157~192.
浅野豊美, 「サンフランシスコ講和条約と帝国清算過程としての日韓交渉」, 李鍾元・木宮正史・浅野豊美 [編], 『歴史としての日韓国交正常化』 Ⅱ, 法政大学出版局, 2011, pp.55~94.
――――, 「経済協力の国際政治的起源」, 浅野豊美 [編], 『戦後日本の賠償問題と東アジア地域再編』, 慈学社, 2013, pp.197~222.
安昭榮, 「韓日会談をめぐる日本の政策決定過程―1960年の局面転換期を中心に―」, 李鍾元・木宮正史・浅野豊美 [編], 『歴史としての日韓国交正常化』 Ⅰ, 法政大学出版局, 2011, pp.207~230.
五十嵐武士, 「アイゼンハワー政権の対外政策の解剖」, 『国際政治』 第105号, 1994, pp.94~111.
池田慎太郎, 「自民党の『親韓派』と『親台派』―岸信介・石井光次郎・船田中を中心に―」, 李鍾元・木宮正史・浅野豊美 [編], 『歴史としての日韓国交正常化』 Ⅰ, 法政大学出版局, 2011, pp.147~176.

池田直隆, 「アメリカの見た鳩山内閣の「自主」外交」, 『国際政治』 第129号, 2002, pp.173~185.

石井修, 「『政治経済戦争』としての米国対外経済政策―アイゼンハワー期―」, 『国際政治』 第70号, 1982, pp.100~119.

―――, 「冷戦変容期の国際政治」, 『国際政治』 第107号, 1994, pp.1~10.

伊藤隆·小此木政夫, 「李承晩の密書」, 『This is 読売』, 1999, pp.38~40.

井上正也, 「吉田茂の中国『逆浸透』構想―対中国インテリジェンスをめぐって, 1952-1954年」, 『国際政治』 第151号, 2008, pp.36~53.

岩崎政明, 「土地所有権の遡及的移転と課税処分―英国におけるequityの法理をめぐる議論を素材として―」, 『税務大学校論叢』 40周年記念論文集, 2008, pp.61~82.

太田修, 「二つの講和条約と初期日韓交渉における植民地主義」, 李鍾元·木宮正史·浅野豊美 [編], 『歴史としての日韓国交正常化』 Ⅱ, 法政大学出版局, 2011, pp.21~54.

奥園秀樹, 「朴正熙のナショナリズムと対米依存」, 『国際政治』 第126号, 2001, pp.65~79.

小此木政夫, 「米軍の南朝鮮進駐―間接統治から直接統治へ―」, 赤木完爾·今野茂充 [編, 『戦略史としてのアジア冷戦』慶應義塾大学出版会, 2013, pp.83~105.

菅英輝, 「アメリカの戦後秩序構想とアジアの地域統合」, 『国際政治』 第89号, 1988, pp.109~125.

―――, 「ベトナム戦争をめぐる国際関係」, 『国際政治』 第107号, 1994, pp.11~29.

―――, 「ベトナム戦争と日米安保体制」, 『国際政治』 第115号, 1997, pp.75~93.

―――, 「冷戦の終焉と六〇年代性―国際政治史の文脈において―」, 『国際政治』 第126号, 2001, pp.1~22.

菊池嘉晃, 「帰国運動·帰国事業と帰国者の「悲劇」」, 坂中英徳·韓錫圭·菊池嘉晃 [共著], 『北朝鮮帰国者問題の歴史と課題』, 新幹社, 2009, pp.275~281.

岸信介·高碕達之助, 「アジアの経済開発とナショナリズム」, 『アジア問題調査会』 1954年 1月号, pp.22~31.

北岡伸一, 「賠償問題の政治力学」, 北岡伸一·御厨貴 [編], 『戦争·復興·発展』, 東京大学出版会, 2000, pp.168~173.

木宮正史,「韓国における内包的工業化戦略の挫折」,『法学志林』第91巻第3号, 1994, pp.1~78.

―――,「1960年代韓国における冷戦と経済開発」,『法学志林』第92巻第4号, 1995, pp.1~116.

―――,「1960年代韓国における冷戦外交の三類型」, 小此木政夫·文正仁 [編],『市場·国家·国際体制』, 慶應義塾大学出版会, 2001, pp.91~146.

―――,「韓国の対日導入資金の最大化と最適化」, 李鍾元·木宮正史·浅野豊美 [編],『歴史としての日韓国交正常化』Ⅰ, 法政大学出版局, 2011, pp.115~144.

金恩貞,「日韓国交正常化交渉における日本政府の政策論理の原点」,『国際政治』第172号, 2013, pp.28~43.

―――,「日韓会談中断期, 対韓請求権主張撤回をめぐる日本政府の政策決定過程」,『神戸法学雑誌』第64巻第3·4号, 2015, pp.1~47.

―――,「日韓会談請求権問題における日本政府の政策的連続性」,『現代韓国朝鮮研究』第15号, 2015, pp.17~29.

―――,「1950年初期　日本の対韓請求権交渉案の形成過程―『相互放棄プラスアルファ』案の形成を中心に―」,『アジア研究』第62巻 第1号, 2016, pp.9~23.

金昌祿,「韓日請求権協定」,『歴史論評』2015年 12月号, pp.61~75.

金斗昇,「池田政権の安全保障政策と日韓交渉」,『国際政治』第128号, 2002, pp.192~210.

金民樹,「対日講和条約と韓国参加問題」,『国際政治』第131号, 2002, pp.133~147.

木村昌人,「日本の対韓民間経済外交」,『国際政治』第92号, 1989, pp.116~131.

小林玲子,「日韓会談と『在日』の法的地位問題: 退去強制を中心に」, 李鍾元·木宮正史·浅野豊美 [編],『歴史としての日韓国交正常化』Ⅱ, 法政大学出版局, 2011, pp.297~324.

呉忠根,「朝鮮分断の国際的起源」,『国際政治』第92号, 1989, pp.96~115.

崔永鎬,「終戦直後の在日朝鮮人·韓国人社会における『本国』指向性と第一次日韓会談」, 李鍾元·木宮正史·浅野豊美 [編],『歴史としての日韓国交正常化』Ⅱ, 法政大学出版局, 2011, pp.237~265.

坂元一哉,「日ソ国交回復交渉とアメリカ―ダレスはなぜ介入したか―」,『国際政

治』第105号, 1994, pp.144~162.
佐々木隆爾,「いまこそ日韓条約の見直しを」,『世界』第580号, 1993, pp.120~136.
――――,「アジア·太平洋戦争の戦後補償のために支払った金額」,『日本史研究』388号, 1994, pp.193~207.
佐藤哲雄,「第二次世界大戦後の日本の賠償·請求権処理」,『外務省調査月報』第1号, 1994, pp.77~115.
瀬々敦子,「大陸法国における信託の受容の在り方について—中国、日本、フランス、ドイル、ケベック、スコットランド等を比較して—」,『京都府立大学学術報告(公共政策)』第3号, 2011, pp.45~66.
添谷芳秀,「中国の台頭と日韓協力」, 小此木政夫·河英善 [編],『日韓新時代と共生複合ネットワーク』, 慶應義塾大学出版会, 2012, pp.73~94.
高崎宗司,「第三次日韓会談と「久保田発言」」,『思想』734号, 1985, pp.53~68.
――――,「日韓条約で補償は解決したか」,『世界』第572号, 1992, pp.40~47.
高松基之,「チャイナ·ディファレンシャル緩和問題をめぐってのアイゼンハワー政権の対応」,『国際政治』第105号, 1994, pp.60~79.
高橋伸夫,「中国と社会主義陣営—一九六〇年代を中心に—」,『国際政治』第107号, 1994, pp.30~42.
田中孝彦,「冷戦史の再検討」,『国際政治』第134号, 2003, pp.1~8.
田中宏,「日本の戦後責任とアジア—戦後補償と歴史認識—」,『アジアの冷戦と脱植民地化(近代日本と植民地 八)』, 岩波書店, 1993, pp.183~215.
張博珍,「日韓会談における被害補償交渉の過程分析」, 李鍾元·木宮正史·浅野豊美 [編],『歴史としての日韓国交正常化』Ⅰ, 法政大学出版局, 2011, pp.21~52.
鄭敬娥,「六〇年代における日本の東南アジア開発」,『国際政治』第126号, 2001, pp.117~131.
成田千尋,「米国のベトナム戦争介入と日韓国交正常化」,『史林』99巻2号, 2016, pp.29~61.
西原正,「日本外交と非正式接触者」,『国際政治』第75号, 1983, pp.1~11.
日朝協会,『日朝友好運動10年のあゆみ』, 1960, pp.5~6.
朴正鎮,「国際関係から見た帰国事業」, 高崎宗司·朴正鎮 [編],『帰国運動とは何だったのか』, 平凡社, 2005, pp.147~151.
———, 「日韓会談反対運動」, 李鍾元·木宮正史·浅野豊美 [編], 『歴史としての日韓国交正常化』 Ⅰ, 法政大学出版局, 2011, pp.261~290.
———, 「日韓会談と日朝関係 一九五〇～一九五九年」, 李鍾元·木宮正史·浅野豊美 [編], 『歴史としての日韓国交正常化』 Ⅰ, 法政大学出版局, 2011, pp.291~320.
朴ヨンジュン, 「『新時代』への道程」, 小此木政夫·河英善 [編], 『日韓新時代と共生複合ネットワーク』, 慶應義塾大学出版会, 2012, pp.23~71.
服部龍二, 「大平·金鍾泌会談記録—1962年秋」, 『人文研紀要』 第65号, 2009, pp.193~234.
原朗, 「戦争賠償問題とアジア」, 『アジアの冷戦と脱植民地化(近代日本と植民地八)』, 岩波書店, 1993, pp.269~289.
樋口敏広, 「日米関係の中のガリオア返済交渉」, 浅野豊美 [編], 『戦後日本の賠償問題と東アジア地域再編』, 慈学社, 2013, pp.223~271.
平山龍水, 「朝鮮半島と日米安全保障条約」, 『国際政治』 第115号, 1997, pp.58~73.
藤井賢二, 「李承晩ラインと日韓会談」, 『朝鮮学報』 2004年 3月号, pp.121~150.
藤井新, 「朝鮮半島と国際連合」, 『国際政治』 第92号, 1989, pp.132~144.
ペテル·デュラナ, 「日本社会党の対朝鮮半島政策の源流と展開」, 李鍾元·木宮正史·浅野豊美 [編], 『歴史としての日韓国交正常化』 Ⅰ, 法政大学出版局, 2011, pp.177~206.
松岡完, 「一九五〇年代アメリカの同盟再編戦略」, 『国際政治』 第105号, 1994, pp.80~ 93.
三谷太一郎, 「脱植民地化の意義」, 『アジアの冷戦と脱植民地化(近代日本と植民地八)』, 岩波書店, 1993, まえがき.
柳町功, 「戦後日韓関係の形成とその経済的側面: 担い手たちの行動を中心に」, 『経済学研究』 第71巻第1号, 2004, pp.51~72.
山下康雄, 「在韓日本資産に対する請求権」, 『国際法外交雑誌』 第51巻 第5号, 1952, pp.1~30.
山本剛士, 「日韓関係と矢次一夫」, 『国際政治』 第75号, 1983, pp.114~129.
湯浅成大, 「アイゼンハワー期の対中国政策」, 『国際政治』 第105号, 1994, pp.45~59.

吉川洋子, 「対比賠償交渉の立役者たち」, 『国際政治』 第75号, 1983, pp.130~149.

吉次公介, 「池田＝ケネディ時代の日米安保体制」, 『国際政治』 第126号, 2001, pp.37~51.

李元徳, 「日韓基本条約と北朝鮮問題：唯一合法性条項とその現在的含意」, 李鍾元·木宮正史·浅野豊美 [編], 『歴史としての日韓国交正常化』 I, 法政大学出版局, 2011, pp.321~349.

李尚珍, 「日朝協会の性格と役割」, 高崎宗司·朴正鎮 [編], 『帰国運動とは何だったのか』, 平凡社, 2005, pp.235~267.

李鍾元, 「韓日会談とアメリカ―『不介入政策』の成立を中心に」, 『国際政治』 第105号, 1994, pp.163~181.

―――, 「韓日国交正常化の成立とアメリカ―一九六〇~六五年」, 『年報近代日本研究』 第16号, 1994, pp.272~305.

―――, 「日韓の新公開外交文書に見る日韓会談とアメリカ(一)」, 『立教法学』 第76号, 2009, pp.1~33.

―――, 「日韓の新公開外交文書に見る日韓会談とアメリカ(二)」, 『立教法学』 第77号, 2009, pp.109~140.

―――, 「日韓の新公開外交文書に見る日韓会談とアメリカ(三)」, 『立教法学』 第78号, 2010, pp.155~205.

李錫敏, 「トルーマン政権期における『冷戦戦略』の形成とアジア冷戦の始まり」, 赤木莞爾·今野茂光 [編], 『戦略史としてのアジア冷戦』, 慶應義塾大学出版会, 2013, pp.11~37.

李東俊, 「日韓請求権交渉と『米国解釈』」, 李鍾元·木宮正史·浅野豊美 [編], 『歴史としての日韓国交正常化』 I, 法政大学出版局, 2011, pp.53~82.

―――, 「旧朝鮮銀行在日資産の再編と韓国の対日請求権交渉」, 浅野豊美 [編], 『戦後日本の賠償問題と東アジア地域再編』, 慈学社, 2013, pp.111~155.

1-5. 미간행 논문

趙胤修, 「日韓漁業の国際政治―海洋秩序の脱植民化と『国益』の調整―」, 東北大学法学研究科博士学位論文, 2008.

2. 한국어 문헌

2-1. 미간행 사료

◆공문서

한국외교사료관 한일회담외교문서

2-2. 간행 사료 · 정부 간행물 · 정기 간행물

大韓民国政府,『対日賠償要求調書』, 1954.

大韓民国政府,『한일회담백서』, 1965.

『東亜日報』

『朝鮮日報』

『韓国日報』

2-3. 단행본

국민대학교 일본학연구소 [편],『외교문서 공개와 한일회담의 재조명』1·2, 선인, 2010.

김동조,『회상 30년 한일회담』, 중앙일보사, 1986.

———,『냉전 시대의 우리 외교』, 문화일보사, 2000.

김영호,『한국전쟁의 기원과 전개과정』, 성신여자대학교출판부, 2006.

김용식,『희망과 도전 : 외교회고록』, 동아일보사, 1987.

김유택,『재계회상』, 한국일보사, 1981.

김현수,『일본에서의 한일회담 반대운동』, 선인, 2016.

박명림,『한국전쟁의 발발과 기원』, 나남, 2003.

———,『제1공화국의 수립과 위기』, 한길사, 2010.

박진희,『한일회담: 제1공화국의 대일정책과 한일회담의 전개과정』, 선인, 2008.

박천욱,『독학 국사』, 일빛, 2004.

박태균,『한국전쟁』, 책과함께, 2005.

배의환,『보리고개는 넘었지만—裵義煥回顧録』, 코리아헤럴드·내외경제신문, 1991.

브루스 커밍스 [저서], 조행복 [번역], 『브루스 커밍스의 한국전쟁』, 현실문화, 2017.

서중석, 『한국 현대사』, 웅진지식하우스, 2013.

유의상, 『대일외교의 명분과 실리－대일청구권 교섭과정의 복원』, 역사공간, 2016.

유진오, 『한일회담—제1차 회담을 회고하면서』, 한국외교안보연구원, 1993.

———, 『한일회담』, 외무부 외교안보연구원, 1994.

이동원, 『대통령을 그리며』, 고려원, 1992.

이원덕, 『한일 과거사 처리의 원점—일본의 전후처리 외교와 한일회담—』, 서울대학교출판부, 1996.

이재오, 『한일관계사의 인식 —한일회담과 그 반대운동』, 학민사, 1987.

임병직, 『임정에서 인도까지: 임병직 외교 회고록』, 여원사, 1964.

장박진, 『식민지 관계 청산은 왜 이루어질 수 없었는가: 한일회담이라는 역설』, 논형, 2009.

———, 『미완의 청산』, 역사공간, 2014.

한배호, 『한국 정치사』, 일조각, 2008.

6·3동지회 [편], 『6·3학생운동사』, 6·3학생운동사 편집위원회, 1994.

2-4. 간행 논문

김경묵, 「일본 사회운동의 하나로서 재일코리언의 사회운동」, 국민대학교 일본학연구소 [편], 『외교문서공개와 한일회담의 재조명1: 한일회담과 국제사회』, 선인, 2010, pp.252~280.

김은정, 「경제 협력 방식의 성립을 둘러싼 일본의 정치과정」, 『일본공간』 20호, 2016, pp.208~240.

남기정, 「샌프란시스코 평화조약과 한일관계: '관대한 평화'와 냉전의 상관성」, 『동북아 역사논총』 제22호, 2008, pp.37~71.

다카사키 소오지, 「일본 정계의 제2공화국관」, 『韓国史学報』 제7호, 1999, pp.353~379.

박명림, 「이승만의 한국문제·동아시아·국제 관계 인식과 구상—악마화와 신화화, 건국 담론과 분단 담론의 대립을 넘어」, 『역사비평』 통권 83호, 2008, pp.58~88.

박정진, 「일본의 한일회담 반대운동: 북한의 통일전선전술과 '일한회담반대통일

행동'의 전개」, 국민대학교 일본학연구소 [편], 『외교문서공개와 한일회담의 재조명1: 한일회담과 국제사회』, 선인, 2010, pp.197~250.

빅터차, 「1965년 한일 수교 협정 체결에 대한 현실주의적 고찰」, 『한국과 국제정치』 Vol.25, No.1, 1997, pp.263~297.

박태균, 「한일협정 반대운동시기 미국의 적극적인 개입정책」, 국민대학교 일본학연구소 [편], 『외교문서공개와 한일회담의 재조명1: 한일회담과 국제사회』, 선인, 2010, pp.71~97.

오오타 오사무, 「한일회담에 관여한 한국 관료의 일본인식」, 『韓国史学報』 제7호, 1999, pp.311~351.

유영구, 「한일·북일관계의 고정화 과정 小考: 55년 체제에서 1965년 한일 국교정상화까지」, 『中蘇研究』 21권 4호, 1997, pp.137~177.

이동준, 「한일청구권교섭과 '미국해석': 회담 '공백기'를 중심으로」, 국민대학교 일본학연구소 [편], 『외교문서공개와 한일회담의 재조명1: 한일회담과 국제사회』, 선인, 2010, pp.39~70.

이이범, 「한일회담의 타결과 일본 국내정치 관계」, 국민대학교 일본학연구소 [편], 『외교문서공개와 한일회담의 재조명1: 한일회담과 국제사회』, 선인, 2010, pp.101~123.

임범부, 「재일코리안의 법적 지위의 변천과 문제점」, 『한일수교 50년, 상호 이해와 협력을 위한 역사적 재검토 1』, 경인문화사, 2017, pp.187~194.

장박진, 「한일회담에서의 피해보상 교섭의 변화과정 분석—식민지관계 청산에 대한 '배상', '청구권', '경제협력'방식의 '연속성'을 중심으로」, 『정신문화연구』 제31권 제1호, 2008, pp.209~241.

———, 「한일회담에서의 기본관계조약 형성과정의 분석: 제2조 '구조약 무효조항' 및 제3조 '유일합법성 조항'을 중심으로」, 『국제·지역연구』 제17권 제2호, 2008, pp.1~39.

———, 「한일회담 청구권 교섭에서의 세부항목 변천의 실증분석: 대일8항목요구 제5항의 해부」, 『정신문화연구』 제34권 제1호, 2011, pp.86~117.

———, 「한일회담 청구권 교섭에서의 세부항목 변천의 실증분석: 대일8항목요구 제2항의 해부」, 『일본공간』 Vol.6, 2011, pp.195~241.

———, 「대일평화조약 제4조의 형성과정 분석: 한일 간 피해보상 문제에 대한

'보상', '청구권'의 이동(異同)」, 『국제·지역연구』 제20권 제3호, 2011, pp.1~42.

———, 「전후 한국의 대일배상 요구의 변용: 미국의 대일배상 정책에 대한 대응과 청구권으로의 수렴」, 『아세아연구』 제55권 제4호, 2012, pp.116~153.

———, 「미국의 전후 처리와 한반도 독립문제 : '근거 없는 독립'과 전후 한일관계의 기원」, 『아세아연구』 제56권 3호, 2013, pp.23~64.

정병욱, 「조선총독부관료의 귀환후의 활동과 한일교섭—同和協会·中央日韓協会를 중심으로」, 광복60년기념사업추진위원회 편저, 『광복60 새로운 시작 종합학술대회 자료집 I』, 2005, pp.214~232.

정진아, 「이승만 정권의 자립경제론, 그 지향과 현실」, 『역사비평』 통권 83호, 2008, pp.89~116.

조윤수, 「평화선과 한일 어업 협상－이승만 정권기의 해양질서를 둘러싼 한일간 마찰」, 국민대학교 일본학연구소 [편], 『외교 문서공개와 한일회담의 재조명2: 의제로 본 한일회담』, 선인, 2010, pp.421~445.

최영호, 「해방 직후 재일한인 단체의 본국지향적 성격과 제1차 한일회담」, 국민대학교 일본학연구소 [편], 『외교문서공개와 한일회담의 재조명2: 의제로 본 한일회담』, 선인, 2010, pp.18~49.

후지이 다케시, 「제1공화국의 지배 이데올로기—반공주의와 그 변용들」, 『역사비평』 통권 83호, 2008, pp.117~151.

3. 영어 문헌

3-1. 미간행 사료

◆공문서

Record Group 59, National Archives Ⅱ, College Park, Maryland (NA), United States of America

·General Records of the Departments of State, Central Decimal Files.

1950-54(NND822902) (Decimal #s 694.95A/3-1753 to 694A.2972/2-1450).

1955-59(NND877402) (Decimal #s 694.0026/4-158 to 694.95B/12-2056).

·General Records of the Departments of State, Lot Files.

Miscellaneous Records Relating to Japan and Korea, 1945-53 (NND867207), List:1.

Miscellaneous Lot Files BUREAU OF FAR EASTERN AFFAIRS—Correspondence and Subject Files, 1959(NND937313), List:3.

Miscellaneous Lot Files Subject Files Relating to Japan, 1954-59(NND917353), List:6.

·General Records of the Departments of State, Lot Files, Microfilmed.

Records of the Office of Northeast Asian Affairs, Japan Subject Files, 1947-1956(NND 867210), List:8.

Record Group 84, National Archives Ⅱ, College Park, Maryland (NA), United States of America

·2826(NND948800) Japan; U.S. Embassy, Tokyo; General Records, 1936-1963 (Decimal #s 305 and 320).

·2828(NND832469) Japan; Office of the U.S. Political Advisor For Japan, Tokyo; Classified General Records, 1945-1952(Decimal #s 305 and 320).

·2828A(NND959026) Japan; U.S. Embassy, Tokyo; Classified General Records, 1952-1963(Decimal #s 305 and 320).

·2845(NND931501) Korea; U.S. Embassy, Seoul; General Records, 1953-1963 (Decimal #s 305 and 320).

·2846(NND822402) Korea; U.S. Embassy, Seoul; Classified General Records, 1953-1963(Decimal #s 305 and 320).

·2846(NND948813) Korea; U.S. Embassy, Seoul; Classified General Records, 1953-1963(Decimal #s 305 and 320).

◆사문서

William J. Sebald Papers, 1887-1980 [hereafter, Sebald Diaries], Special Collections and Archives Division, Nimitz Library, U.S. Naval Academy, Annapolis, Maryland.

찾아보기

ㄴ

ㄷ

ㅁ

ㅂ

ㅅ

ㅇ

ㅈ

ㅊ

ㅋ

ㅍ

ㅎ

기타

김은정

일본 고베시 公益財団法人ひょうご震災記念21世紀研究機構 주임연구원.

2009년 3월 오사카시립대학(현, 오사카공립대학) 법학부 졸업, 2015년 3월 고베대학 법학연구과 졸업(정치학 박사학위 취득) 후, 고베대학 법학연구과 특임연구원, 오사카시립대학 초빙연구원, 일본 문부성 산하 학술진흥원 외국인특별연구원(한국의 HP 연구 교수에 해당) 등을 거쳐 현직. 일본정치외교사가 전공이며 그중에서 해방 후 한일 관계를 연구하고 있다. 박사논문 및 이후의 연구 테마는 주로 한일회담과 청구권 문제에 집중해 왔고, 현재는 냉전기 일본 외교 및 한일 관계에 대해 연구를 하고 있다.

2014년부터 일본 간사이 지역의 여러 대학(近畿大学, 関西大学, 甲南大学, 関西国際大学 등)에서 정치학, 국제 정치학, 일본 외교사를 강의하고 있다.

지은 책으로 『日韓国交正常化交渉の政治史』, 『歴史認識から見た戦後日韓関係』(공저), 『한일협정과 한일관계』(공저), 『日韓会談研究のフロンティア—』(공저), 『大平正芳の中国·東アジア外交』(공저) 등이 있고, 여러 편의 학술논문이 있다. 일본에서 공표된 일본어 논문은 일본의 포털사이트에서 검색 및 다운로드가 가능하다.